第一册

# 走向文革之路

## 中国"文化大革命"史稿

（上部）

# Towards the Cultural Revolution

## A History of the Chinese Cultural Revolution (I)

*Qiming Sun*

孙其明 ［著］

美国华忆出版社

Remembering Publishing. USA

Copyright © 2023 by Remembering Publishing, LLC. USA

ISBN： 978-1-68560-085-3 (Paperback)
　　　 978-1-68560-086-0 (eBook)
Remembering Publishing, LLC
RememPub@gmail.com

Towards the Cultural Revolution
*A History of the Chinese Cultural Revolution (I)*
Qiming Sun

走向文革之路
　　中国"文化大革命"史稿 上部（第 1 册）

孙其明 [著]

出　版：美国华忆出版社
版　次：2023 年 10 月　第一版　第一次印刷
字　数：376 千字

All rights reserved.
No part of this book may be reproduced in any form or by any electronic or mechanical means, including information storage and retrieval systems, without permission in writing from the publisher. The only exception is by a reviewer, who may quote short excerpts in review.

作品内容受国际知识产权公约保护，版权所有，侵权必究

第一册

# 走向文革之路

## 中国"文化大革命"史稿

（上部）

Towards the Cultural Revolution

A History of the Chinese Cultural Revolution (I)

*Qiming Sun*

孙其明 [著]

美国华忆出版社

Remembering Publishing. USA

Copyright © 2023 by Remembering Publishing, LLC. USA

ISBN： 978-1-68560-085-3 (Paperback)
　　　　978-1-68560-086-0 (eBook)
Remembering Publishing, LLC
RememPub@gmail.com

**Towards the Cultural Revolution**
*A History of the Chinese Cultural Revolution (I)*
Qiming Sun

**走向文革之路**
　　中国"文化大革命"史稿 上部（第1册）

孙其明 ［著］

出　　版：美国华忆出版社
版　　次：2023年10月 第一版 第一次印刷
字　　数：376千字

---

All rights reserved.
No part of this book may be reproduced in any form or by any electronic or mechanical means, including information storage and retrieval systems, without permission in writing from the publisher. The only exception is by a reviewer, who may quote short excerpts in review.

作品内容受国际知识产权公约保护，版权所有，侵权必究

# 全书概要

本书分为两部，上部《走向文革之路》（1-5册），对文革前中共革命及执政的历史追述，阐述文革发生的原因和条件，特别是毛泽东最终为发动文革所做的准备和布局；下部《自我毁灭的"革命"》（6-10册），全面展现文革从发动、发展以及最后惨败的全过程。全书共十册约 400 万字，是迄今为止已经出版的同类书籍中对文革及其起源描述和分析最为深入和详细的专著。

第 1 册一方面追溯中共革命的历史和遗产，揭示文革的发生绝非偶然，导致文革发生乃至肆虐的许多因素早已萌发于中共进行革命战争之时，尤其是延安整风运动，是走向文革之路的起点；另一方面述及中共夺取政权之后，很快背弃在中国建立民主政治制度的承诺，大搞"党天下"，最终使得"联合政府"名实皆亡的历史真相。

第 2 册进一步论述中共在全国掌权后，在确立一党专政的同时，不仅以建立社会主义制度为名，违背长期实行"新民主主义"经济政策的诺言，提前对农业、手工业和资本主义工商业进行社会主义改造，实现中共对国民经济的彻底垄断；同时在思想文化领域推行新的专制，为文革的发生和发展奠定国家制度的基础。

第 3 册描述中共在建立社会主义制度后，因违反社会发展的客观规律和民众的意愿，加之受到国际形势的影响，不得不进行若干反思。但以毛泽东为首的最高层却因深受其意识形态教条的束缚，再次食言自肥，从整风转向反右，对近百万知识精英进行残酷镇压，也为发动大跃进运动，最终导致特大灾难铺平道路。

第 4 册描述 1957 年至 1960 年中共违背经济发展规律，提出和制定社会主义建设总路线，以非常手段发动大跃进、人民公社化运动，导致出现经济乱象，以及灾难后仍一意孤行。在庐山会议后，中共在党内和全国范围内镇压异己，坚持错误，最终造成特大饥荒。大跃进运动的惨败是走向文革的最重要的催化剂。

第 5 册披露大跃进运动失败后，中共高层在应对危机、纠正错误的过程中的分歧。著名的"七千人大会"期间，毛泽东受到责难。毛泽东为了夺回失去的主导权，重提阶级斗争和宣扬反修防修，开展城乡"社会主义教育运动"，在思想文化领域再掀大批判。毛泽东为倒刘和清除异己，为文革谋篇布局，走完通向文革之路的最后一步。

第 6 册描述 1965 年 11 月，毛泽东批准上海《文汇报》公开发表姚文元的批判《海瑞罢官》的文章，正式揭开文革的序幕。毛频出奇招，多次发动全党全国将文革之火越烧越旺，将斗争矛头正式指向刘少奇等人，对中共领导机构进行改组，让林彪替代刘少奇作为自己的接班人，为进一步扩大文革运动创造条件。

第 7 册述及中共八届十中全会后，为进一步发动群众，特别是大中学校的青少年起来造反，毛泽东采取多种措施，如支持红卫兵运动，支持破四旧、立四新，支持全国性大串联，号召大批资产阶级反动路线，将文革之火烧向工厂、农村。毛泽东还亲自出马，鼓励上海的工人起来造反，致使夺权之风风靡全国，中国更加混乱。

第 8 册描述夺权狂潮席卷神州大地，导致全国武斗连绵不断。为了解决夺权中的无政府状态和武斗难题，毛泽东不得不让军队介入地方的文革，进行三支两军，同时处理军队支左出现的各种偏差，如武汉 7.20 事件，以及二月逆流和 5.16 兵团的反周喧嚣等。

第 9 册描述全面夺权导致全面内战，形势频临失控的情况下，毛泽东不得不采取措施亡羊补牢，如毛周联手抛出王力、关锋、戚本禹等人，同时派出工人和解放军，突袭清华大学，制止武斗，随后加紧建立各省革命委员会，召开九大，重建最高领导机构，达到由乱到治的目的，且由此开始更多灾难的斗、批、改。

第 10 册描述中共在重建新秩序中，权力再分配引发党内高层斗争，毛泽东和林彪反目为仇，导致 1971 年 9.13 事件的发生，及其巨大影响，同时披露文革最后几年间，毛泽东顽固坚持无法持续的继续革命，先后与周恩来、邓小平等人进行的博弈和对广大民众的镇压，直到其本人去世，四人帮被抓，以及新的中共中央在善后过程中发生的斗争。

# 全书总目录表

| 上部　　走向文革之路 |||
|---|---|---|
| 第一编 | 中共的历史遗产 | 第一册 |
| 第二编 | 喜忧参半的新国家新制度 | |
| | 喜忧参半的新国家新制度 | 第二册 |
| 第三编 | 左祸愈演愈烈，灾难亘古罕见 | |
| | 左祸愈演愈烈，灾难亘古罕见 | 第三册<br>第四册 |
| 第四编 | 中共高层的分裂和文革的酝酿 | 第四册<br>第五册 |
| 下部　　自我毁灭的"革命" |||
| 第一编 | 文革之火燃遍全国与天下大乱 | 第六册<br>第七册 |
| 第二编 | "全面夺权"与"全面内战" | 第七册<br>第八册<br>第九册 |
| 第三编 | 新秩序与新灾难、新冲突 | 第九册<br>第十册 |
| 第四编 | 文革势成强弩之末，毛氏美梦灰飞烟灭 | 第十册 |

# 目 录

## 上 部

### 第一册

自 序　我为什么要研究文化大革命？...............................I

1. 第一编　从中共革命的历史和遗产谈起...................1

　1.1 应运而生的中国共产党和新的革命运动..................2

　1.2 艰难曲折的革命历程和中共的最后胜利.................78

　1.3 对中共革命的全面反思.....................................201

2. 第二编　喜忧参半的新国家和新制度.....................343

　2.4 从"联合政府"到中共的"党天下"...................344

### 第二册 ...............................................................443

　2.5 "提前"过渡：背离国情民心的经济大变革..........449

　2.6 思想文化领域：新专制取代旧专制.....................563

　2.7 毛泽东和中共治国治党的"三大法宝"................675

3. 第三编　"左祸"愈演愈烈，灾难亘古罕见.............836

　3.8 历史发展的十字路口：中国向何处去？..............838

## 第三册

    3.9 整风转向"反右"：新国家的第一次大浩劫................ 1017

    3.10 从大跃进到大饥荒：又一次特大浩劫.......................... 1262

## 第四册

    4. 第四编　中共高层的分裂与"文革"的酝酿...................... 1778

    4.11 挽救危机：中共高层的应对与分歧.............................. 1780

## 第五册

    4.12 为"反攻"再出奇招，毛泽东夺回主导权................... 1970

    4.13 毛泽东的惊人发现："赫鲁晓夫"就在身旁............... 2120

# 自 序

## 我为什么要研究文化大革命？

经过20多年的不懈努力，这部长达400多万字的《中国"文化大革命"史稿》终于基本上完成了。在暗自庆幸多年的夙愿得以实现的同时，作为本书的作者，深感有必要以《自序》为题，就自己研究文化大革命以及撰写此书的若干真实想法再说几句，也算是向本书未来可能的读者吐露一点自己的"心声"，说明我撰写此书的"初衷"，便于读者们更好地理解本书的内容吧。

要说的第一个问题，是我为什么要下功夫研究文化大革命？

众所周知，自1976年底文化大革命运动宣告结束以来，特别是在中共十一届六中全会做出彻底否定文革的决议之后，国内研究文革的人也越来越多。当然更多的则是文革的亲历者，包括许许多多文革的受害者，也都纷纷著书写文章，或回忆文革中的历史事实，或对文革期间发生的各种事件进行分析和研究，发表自己的看法。也正是在这一大潮的推动下，我也加入了文革研究者的行列，并最终下决心下功夫对文革进行更加深入和全面的研究。不过，我决心研究文革的动机虽然与绝大多数研究者基本相同，却又有自己某些"独特"的条件和想法。

其一，同绝大多数研究者的看法一样，我也认为，中国在上世纪六、七十年代所发生的文化大革命运动不仅是中国历史上，也是世界历史上十分罕见的历史事件。它的重要性、特殊性乃至所产生的深远影响，无论怎样估计都不为过。

当年毛泽东和以中共党的名义发动文化大革命运动时，以及在整个运动持续的十多年间，文革都曾经被吹得天花乱坠，不仅被誉为史无前例的"伟大"的无产阶级"文化"的和"政治"的"大革命",而且是对马克思列宁主义的"最新发展",马列主义发展史上的"第三个里程碑",是国际共产主义运动历史上的"伟大创举"等等。然而,毛泽东去世不久,对于文革的评价便发生了"天翻地覆"的变化。无论是官方,还是广大民众,都很快认识到,文革运动不仅给整个中华民族和全国人民,而且也给执政者中共带来的只是前所未有的巨大灾难和亘古罕见的"特大浩劫"。不仅如此,文革虽然发生在中国,也对整个世界产生了难以估量的消极影响,故而被国外的许多有识人士称为一场"人类悲剧"。

诚然,对于文革究竟应当如何评论,多年来国人的看法并不一致,且至今仍然见仁见智,众说纷纭,莫衷一是。但褒也好,贬也罢,也无论其是对还是错,是是还是非,都反映了一个谁也无法否认的客观事实,即文革在中国的历史上,都堪称极不寻常的一页,它的重要性绝不能小觑,更不可能像某些人希望的那样,可以视而不见,听而不闻,甚至可以随意将其从中国的史书上抹掉。既如此,凡是尊重历史的人,特别是包括本人在内的史学工作者,都不能不十分重视对文革这样重要的历史问题进行研究。

其二,我不仅学的是史学专业,后来也一直从事中国历史,特别是中共党史、中国革命史和中国近现代史的教学和研究工作,而且也是文革运动自始至终的亲历者和参与者。无论是作为史学工作者的专业责任感,还是自己在文革中的亲身经历,无疑都对我下决心深入全面地研究文革产生了极大的促进作用。

我是1963年夏秋考入中国人民大学历史系中共党史专业的。当年的人大是全国高校中唯一设有中共党史专业的高校,该专业的执教者是包括著名学者何干之、胡华在内的一大批水平很高的教师,师资力量十分雄厚。虽然在大学学习的五年里,由于文革的发生,我和我的同学都没能读完预定的课程,但毕竟为我此后从事这方面的专业工作打下了比较坚实的基础。也正是在北京读大学的日子里,文化大革命的烈火被点燃,我也因此被卷进文革的大潮之中,成为文革的拥护者、亲历者和参与者。文革初期,我和许多同学一样,积极响应

"伟大领袖"和党中央的号召,当过红卫兵,进行过各类"革命造反"活动,写过批判老师和学校领导干部的大字报,参加过许多批斗"黑帮""走资派"的大会,也曾到外地去进行过所谓的"革命串联"等等。可以说,除了没有参与过激进的"打、砸、抢、抄、抓"外,文革中其他所有的"革命行动",我几乎都经历过。1968年12月,按照中央的决定,我从学校毕业,分配到安徽省砀山县的一个国营农场"劳动锻炼",接受"再教育"。一年后,被调到该县的革委会机关工作。在此后的六、七年里,直到毛泽东逝世、文革运动宣告结束的前夕,我先后在县革委会的上山下乡办公室做过接待、安置知识青年的工作,在宣传部门担任过专职理论干部,继续充当文革理论、路线、方针、政策"吹鼓手"的角色。可见,我也可以算是亲身经历过文革全过程,对许多大事件都比较了解,且感受较深的亲历者之一。尽管当年我一直是按照官方的调门认识文革、看待文革、宣传文革的,谈不上任何"觉悟",但这样的经历毕竟对我在思想获得"解放"后重新认识文革不无"好处"。

总之,一是我的专业背景和从事专业工作的责任感,一是我在文革中的亲身经历,这两者的结合,不仅促使我后来做出了深入研究文革的决定,同时也在一定程度上为我的研究工作提供了许多不可或缺的便利条件。

其三,文革结束以来国内文革研究中所出现的许多乱象,特别是官方对于文革态度的变化,也在相当大的程度上引发了我的"担忧",进一步激起我作为史学专业工作者强烈的责任感和使命感,促使我更加坚定自己的决心:排除万难,为廓清历史的迷雾而贡献自己的绵薄之力。

在经历了真理标准问题大讨论的拨乱反正,中共十一届六中全会做出了彻底否定文革的决议之后,国内逐渐出现了一个文革研究的高潮。这当然是一件大好事,许多文革的亲历者和研究者曾为此做出了很大的贡献。但是,毋庸讳言,很多问题也因此大量地暴露出来。由于中共中央的决议本身就存在着极大的局限性和片面性,而官方的史书又只能完全照抄照搬官方的调子,按照官方的政治需要对历史进行取舍，不能完全客观地反映历史的真相，甚至在很多问题上歪曲和篡改历史。在官方史书的影响下，许多民间学者也不敢真正"解放"思想，秉笔直书，只是重复官方的描述和观点。此外，还有许多亲历者，出于自身利益的考虑，在回忆录中只讲对自己有利的事情，而千方百计地掩饰自己的过错或"罪恶"。这样一来，必然导致广大的读者难辨真假，难分是非，乱象丛生。

这还不算，更让人无法认可的是，执政的中共当局对待文革这场早已被实践证明为"特大浩劫"的态度逐渐发生了重大变化，越来越倒退，越来越不可理喻。

尽管在上世纪八十年代初，当时的中共中央所做出的彻底否定文革的决议也有很大的局限性和片面性，但它的立场和观点毕竟基本上还是正确的，并且对推动中国历史的转变和重新走上比较正常的发展道路产生了巨大的作用。可以说，今天的人们谁也不能否认，如果没有对文革的彻底否定，就不可能有后来的"改革开放"，也不可能有八十年代之后中国社会的进步和经济的发展。不仅如此，最高层当年关于彻底否定文革的决议也对推动中国国内文革的研究产生了积极的影响。虽然在八十年代以后兴起的文革研究的浪潮中，如上所述，也出现过许多"乱象"，但只要当局允许学术界和广大民众对文革继续进行合法深入的研究，随着文革"真相"被越来越多地"挖掘"出来，人们对文革的认识自然也就会越来越清楚，高层所作《决议》的局限性和片面性也将逐步得到纠正，其结果则必然更能有效地推动中国社会的进步和经济的发展。

然而，让许多人想不到的是，随着中国政治形势的变化，执政当局对文革的态度也开始发生变化，不是在原先中央彻底否定文革的《决议》上继续前进，而是逐步走向倒退。虽然迄今为止还没有一届新的中央敢于公开否定此前的《决议》，明确地为导致"十年浩劫"的"十年文革"翻案，搞什么"否定之否定"，但最高层的所作所为却越来越让人感到匪夷所思。首先是在官方的宣传和编撰的史书中不提或尽量少提文革，即便不得不提，也都采取轻描淡写、语焉不详的手法；露骨一点的则干脆大玩起文字游戏来，转弯抹角地把"十年浩劫"说成是颇具"正能量"的"十年艰难探索"。其次是全面地彻底地"封杀"国内的文革研究。除了由官方直接主持，或由某些御用学者撰写并经官方批准，涉及文革内容的书籍可以出版外，学术界和亲历者所写有关文革的文章、书籍都不准在中国大陆公开发表和出版。更有甚者，所有提及文革内容的文艺创作，包括各种影视作品、小说、文革亲历者的回忆录等等，哪怕只有片言只语涉及文革，也都遭到严格审查，被迫删去有关内容，否则就被打入"冷宫"。当局之所以要如此倒行逆施，说穿了，就是要让亲历过文革的老人们统统忘记文革，让文革后出生的年轻人对文革一无所知，根本不知道文革这样的事情曾经在中国发生过，一句话，就是把文革从中国和中共的历史上彻底抹去。他们的"政治考量"也并不"神秘"，就是害怕中共被"抹黑"，可谓"司马昭之心路人皆知"也。但这样做的结果，不仅造成了许多学者所说的"文革发生在中国，文革学却兴旺在国外"的反常，更重要的是导致了最近十几年来文革的"残渣"不断泛起，文革的"幽灵"仍在九州大地肆意游荡的乱象，类似于文革前和文革中的许许多多言行迅速死灰复燃，某些当权者甚至开始肆无忌惮地开历史倒车。如果任其发展下去，必将对国家和民族的前途产生难以预测的巨大灾难。

当然，无论是世界还是中国的历史发展，都有不以少数人的主观意志为转移的客观规律，当局的"愚民"政策虽可逞凶于一时，却终究难以阻挡历史潮流滚滚向前。事实上，即便是在"黑云压城城欲摧"的政治高压之下，学术界和文革的亲历者中，仍然不乏天良未灭的有识人士在继续坚持文革的研究，并且取得了不小的成果。政治高压不仅未能阻止他们对历史真相和客观真理的追溯，反而更加坚定了他们永不放弃的信心。作为众多文革的研究者之一，我也与他们一样，"人同此心、心同此理"，并且将其作为自己坚持不懈，不达目的决不罢休的重要动力之一。

要说的第二个问题，是我进行文革研究所走过的"艰难"历程。

我坦承，由于自己年轻幼稚，从小接受的是中共党的教育，也不懂得独立思考，过于迷信毛泽东和共产党，故而整个文革期间，我都是文革的拥护者和参与者，几乎谈不上有任何觉悟。我的思想发生转变，是在文革结束，尤其是在中共最高层作出了彻底否定文革的《决议》之后。应该说，这样的觉悟算是比较迟缓的。不过，因为当时我正好调到安徽大学，正式开始从事高校的中共党史和中国革命史的教学研究工作，思想认识相对而言转变得比较快，也算是比较顺利地跟上了时代前进的步伐。当时，整个国家、社会和各个领域都在进行拨乱反正，自然不可能不涉及和影响到中共党史和中国革命史这一学科，影响到我的教学和研究。正是在如此的大气候之下，我也和学校的同行们一起，开始了拨乱反正。由于我在安徽工作，而中共的主要创始人陈独秀又是安徽人，且多年来受到了极不公正的待遇，故而我首先选择陈独秀问题为自己的研究课题，于1980年春公开发表了题为《陈独秀是否汉奸问题的探讨》的论文，明确指出，指责陈独秀为"汉奸"，完全是中共党内王明和康生等人毫无根据的诬陷，必须予以彻底推翻。此文发表后学术界乃至社会上的反应堪称良好，使我受到了极大的鼓舞，除继续搞陈独秀的研究外，我又在母校老师胡华教授的支持、鼓励下，将陈独秀的研究范围扩大到他的全家，开始挖掘资料，撰写他的两个儿子、也是中共革命时期著名的烈士陈延年、陈乔年的传记。此后，我的研究范围又继续扩大，先后进行过共产国际与中国革命、中苏关系等课题的研究，并从上世纪九十年代开始，转而进行中共执掌全国政权之后，也就是官方所称的社会主义历史时期的研究。也正是在这一研究过程中，我越来越感到文革研究的重要，越来越认识到人们通常所说的"文革十年"，是中共党史、中华人民共和国史无法绕开的极为重要的一段历史，从而萌生了将其作为重点研究课题的想法，并逐渐将其付诸于行动。

如前所述，也就在上世纪九十年代中期，我决定重点研究文革之时，此前八十年代相对宽松的政治气氛实际上已经荡然无存，当局已开始对文革之类的研究予以"封杀"。不仅有关的研究成果被禁止发表和出版，研究者还有可能在政治上遭受责难。这不能不使我感到"担忧"。有些同行和朋友知道我要研究文革，也好心地劝我不要做这样无功或不讨好的"傻事"。但经过一番思想斗争，我最终还是说服了自己：不能因风险的存在而放弃。我一直还记得已经逝去的胡华老师曾经对我们说过的一句话："研究无禁区，宣传有纪律。"不管当局今后是否允许出版自己的研究成果，而对文革进行研究，都是没有错的。

我的主意一旦打定，自然也就顾不得风险不风险了，并且立即行动起来。我深知，"十年文革"的内容极为"丰富"，我虽然是自始至终的亲历者，对于文革的研究有一定的便利条件，但毕竟个人的经历局限性很大。对于文革期间发生的诸多大事件，我虽然都知道，但也只是了解这些事件的大概情况或若干皮毛，却搞不清它的来龙去脉。要进行研究，则不能不下比较大的功夫，首先是要广泛地收集资料。

也许是出于所学专业特有的敏感，早在文革期间，我实际上已经有意或无意地注意收集和积累有关的资料了。只是因为当年这样做的目的并不明确，而自己又是完全站在文革拥护者的立场上，感兴趣的都是所谓"正面"的材料，所收集的东西局限性自然极大。尽管如此，得以保存下来的部分资料，对我后来的研究还是起了一定作用的。而我真正开始有目的地大量收集文革的资料，则是在上世纪九十年代的后期。

由于至今官方还没有开放档案，我和绝大多数学术界的研究者一样，不可能从国家的各类档案中查阅到有关资料，只能从官方批准公开或内部出版的书籍中寻找有史料价值的东西。好在文革结束以来，官方党史的有关机构也先后编撰和出版了若干重要的书籍，如《建国以来重要文献选编》《建国以来毛泽东文稿》《毛泽东传》《毛泽东年谱》《刘少奇传》《刘少奇年谱》《周恩来传》《周恩来年谱》以及《中国共产党历史》的第一、第二卷等等，提供了许多重要史料。

除了与中央高层直接有关的上述书籍外，各个省、市、自治区乃至地县一级党委都设立有党史资料收集和研究的机构，并先后编撰和公开出版了研究该地区历史的各类史书，同样提供了许多重要的历史资料。所有这些，都成为我努力予以收集的东西，尤其是各地出版的史书和资料，虽为公开出版，但由于所出的数量较少，大部分都难以在书店中买到，我不得不先后跑遍全国所有的省、市、自治区，直接到当地的研究部门去购买。尽管上述官方的书籍不可避免地存在着许多不尽人意的欠缺，但它的大部分内容还是符合历史事实的，故而对于其他的研究者而言，仍可算是必不可少的参考。

除了官方的东西，更多更重要的资料则来自文革亲历者的回忆和众多研究者的研究成果。由于上世纪八十年代的政治氛围相对比较宽松，距离文革时期也比较近，特别是许多文革的亲历者都还健在，故而大量的回忆录得以公开出版，民间独立的研究者所写的文章、专著也能够公开发表和出版，我也因此通过书店和订阅各种刊物，购买到了许多有关的书籍，收集到了大批有关的文章。九十年代之后，当局虽然逐渐加大了对文革研究的控制，却仍然难以阻挡人们渴求了解文革真相的热情，许多文章仍然能够通过互联网传播；一些重要的亲历者的回忆录和研究者的著作虽然无法再在大陆出版、发行，被迫转移到香港、澳门、台湾或外国刊印，但也可以通过各种途径，辗转传回境内。仅仅从我能够收集到的资料看，这方面的东西也很多，对我开展研究工作的帮助也可以说很大。诚然，由于各种原因，无论是亲历者的回忆，还是研究者的文章和著作，对于文革运动中重大事件的叙述并不一致，甚至矛盾甚多，真假难辨，作为负责任的研究者而言，自然必须尽可能地进行考证，以决定取舍。个中的难度虽然不小，但我认为，能够看到更多的材料，总比找不到材料或材料太少要好。

总之，经过十几年的努力，上述两大方面的资料，我收集到和保存的数量，粗粗算了一下，大概不会少于一亿字。可以毫不夸张地说，没有这么多的资料打底，我也不可能写出长达 400 多万字的书稿。

在花大力气收集资料的同时，我也开始对资料进行初步的梳理。此时，我已调到上海工作，任职于同济大学社会科学系和文法学院。1997 年，经过学校同意，我首先为同济的本科生开设了一门题为《文化大革命研究》的选修课。第一次开课时选课的学生就多达数百名。2002 年，我又为所在的文法学院的研究生开设了同名的选修课。在同济大学的授课，实际上为我后来撰写文革史稿作了进一步的准备。

时至 2010 年，已经正式退休数年，早已摆脱了繁忙的行政、教学事务，且集中收集资料的工作也大致告一段落后，我自感可以心无旁骛地集中精力进行写作了，遂于当年的 5 月间正式动笔，开始起草《中国"文化大革命"史稿》的初稿。在此后的十多年里，除了外出旅游或继续收集新的资料外，我几乎每天都要坚持工作四、五个小时，或撰写书稿，或阅读资料。俗话说，功夫不负有心人，我的不懈努力，终于获得了一定的成果。2021 年初，《史稿》的初稿顺利完成。同年春夏，我又用了近半年的时间，对该书的初稿进行了认真反复的审改。到我开始写这篇《自序》之时，总算多年来悬在心中的一块石头得以落地了。人们常以"十年磨一剑"来形容所获工作成果之不易，而本书的写成，则是"二十多年磨一剑"的结果，个中的艰难也只有我自己才能真正体会得到。尽管因为我的水平不高，又受客观条件所限，所磨出来的"剑"不见得"精湛"，也不一定合乎某些读者的口味，但我深信不仅自己的"心愿"是纯真的，既不为名，也不为利，所付出的"精力"也是实实在在的，故而不管这部书稿最终能不能问世，所播下是"龙种"还是"跳蚤"，我都可以"无愧无疚"地自得其乐了。

要说的第三个问题，是我写这本文革《史稿》的宗旨、目的和设想。

对于前者，其实非常简单，一句话就能概括："为了恢复文革历史的真实面目"。毫无疑问，这不仅是我研究文化大革命，撰写文革《史稿》的宗旨和目的，而且是唯一的宗旨和目的。如果说得更具体一点，就是我要通过研究使得愿意阅读本书的所有读者，包括我们的子孙后代，了解曾经在中国发生过的文化大革命运动的事实真相，澄清执政当局某些人蓄意散布的种种历史迷雾。

众所周知，在中国两千多年来的史学研究中，从史学的祖师爷司马迁，到当代的许多史学大师，都有一个不能动摇的优良传统，就是"秉笔直书"，也就是必须写真实的而不是虚假的历史。才疏学浅的我虽然无法与大师们比肩，却不能不学习和继承他们"秉笔直书"的精神。尽管由于各种原因，要真正做到这一点并非易事，但既然从事历史研究工作，就不能不努力去做。为此，除了前面说的，首先要花大力气尽可能多地收集史料，还要在研究的过程中对史料认真进行分析、辨别，去伪存真，确保其真实可靠；而在撰写书稿时，则必须注明所引述史料的来源和出处；对于属于"孤证"一类的，如果一时难以判定其真实性，则必须予以说明。此外，也是更重要的，是不能故意掩盖、甚至篡改历史事实，既不应"为尊者讳"，也不能沿袭"胜王败寇"的做法，违背实事求是的原则，对所谓的"坏人"乱泼"脏水"，将其"妖魔化"。问题在于，虽然在主观上我十分努力，却也不能不受到主观、客观等各方面条件的局限，本书仍然难免会有诸多不足，甚至出现违背事实的地方。对此，我只能真诚地接受读者的批评和指正而别无他求。

除了在述及历史事实时有可能出现失误，我在书中所发表的各种观点，则更加难保完全正确。写历史，作者总要发表自己对历史人物和历史事件的评述，且所说不能不带有更多的主观色彩。在本书的编撰过程中，我也不想隐瞒自己的看法，至于说得对不对，那就不是我能说了算的。对我的某些观点，甚至许多评述，有读者不赞成，或强烈反对，都是无可厚非的。我的看法只是一家之言，只能给读者提供参考，绝没有强加于人的意思，自然也欢迎读者予以言之有理的批评。

对于后者，即全书内容的设想和安排，我要说的只有两点：一是本书分为两部，第一部题为《走向文革之路》，所述主要是文革前中国历史的过程，旨在说明文革是如何逐步发展而成的。当年中共九大的政治报告就曾明确地说过，"这一次有亿万革命群众参加的无产阶级文化大革命，决不是偶然发生的。这是存在于社会主义社会中两个阶级、两条道路、两条路线长期尖锐斗争的必然结果"。我虽然并不赞同什么"两个阶级、两条道路、两条路线"斗争的说法，却认为文革的发生确有其"历史的必然性"，只是我对于这个"历史必然性"的理解，与九大的报告完全不同而已。也正是为了说明我所理解的'历史必然性'，本书才以相当长的篇幅描述了中共革命的胜利及其留下的"遗产"，特别是详细地回顾了中共夺得全国政权之后的许多重大事件。我以为，如果不了解文革之前的这段历史，就根本无法理解文革是怎样发生的问题。第二部题为《自我毁灭的"革命"》，写的是文革十年多的整个历史发展过程，以及毛泽东去世后对文革的彻底否定。由于文革的历史内容极为"丰富"，也极为"复杂"，很难理清其发展脉络，我采取了"纪事本末"的史学研究方法，亦即基本上以历史事件发生的时间为序，同时述及这一事件发生前后与之有关的重要事实，使得读者们能够了解其前因后果或来龙去脉。二是也许会有读者读了这本《史稿》之后对其提出质疑，甚至指责我只写"错误"的东西，不提或不写"正确"的内容，故而抹杀了中共执政的"伟大成就"。对此，我必须声明，我从不否认毛泽东时代也有正确的一面，也不否认中共在整个执政期间取得过若干成就。但我研究的是文化大革命这一专题，所写的是文革"专史"，而非中国共产党或中华人民共和国的"通史"，这本《史稿》的主旨是要展示文革的来龙去脉，所涉及的也只能是与文革有关的事件。试问，如果是"正确"的决策，或取得的"成就"，能够导致文革灾难的发生吗？如此起码的逻辑，想必有头脑的读者都是可以理解的吧！

  最后要说的还有：如前所述，我的文革研究和写成的《史稿》吸收了许许多多文革亲历者和研究者的成果，我必须对他们表示衷心的感谢！

孙其明

2021年6月中旬于上海寓所

# 1. 第一编

# 从中共革命的历史和遗产谈起

20世纪60年代中国的"文化大革命"究竟是如何发生的？这是研究文革历史的学者必然碰到，而无法回避的第一个重大问题。冰冻三尺，非一日之寒。文革的发生既非偶然，也非一日之功。为此，不仅需要搞清文革得以发生的全部社会历史条件，其中包括各种客观的和主观的条件，还要追根溯源，说明文革风暴的兴起，如何从青萍之末到最终席卷神州大地的历史发展过程。凡是客观而又深入的研究者都不难发现，促使文革发生的许多因素，早在中国共产党领导革命的过程中，就已萌发、产生了。正是那些当年似乎并不起眼的事情，在革命胜利之后的进一步发展、扩大，最终酿成了一场特大浩劫。今天，人们痛定思痛之际，如果不能将其如实地发掘出来，就无法使国人从源头上真正理解、认识文革的来龙去脉。而要做好这一发掘工作，就必须首先对中共革命的历史及其遗产予以重新评估和全面反思，并以此廓清多年来官方或因政治需要，或因偏见而制造的迷雾，摒弃各种人为制造的假历史，恢复历史的真实面目。正因为如此，本编不能不从中共革命的历史及其遗产谈起。

## 1.1 应运而生的中国共产党和新的革命运动

中国共产党的诞生,无疑是近代中国历史发展的产物,尤其是近代中国革新和革命事业不断发展的必然结果。同时,它也与 20 世纪初世界历史的风云变幻密不可分。中共初创伊始,便在当时世界上最激进的革命理论——马克思列宁主义的指导下,着手推动一场全新的革命运动,并在中共早期领袖陈独秀等人的努力下,摆脱了草创初期的幼稚与空想,实现了具有重大历史意义的战略策略调整,从而使自己在中国政治历史的舞台上初步站稳了脚跟。

### 1.1.1 对中国近代历史的新解读

#### 1.1.1.1 中国封建社会的强盛与衰落

在公元 16 世纪以前,世界上各主要区域的文明,包括以中国为主的东方文明和以欧洲为主的西方文明,都已进入了被西方称为中世纪的发展时期。不过,由于相距遥远,交通阻隔,各地区彼此极少往来和交流,其文明的发展基本上处于各自独立且互不影响的状态,其发展的水平也大不相同。

作为东方文明主要代表的中国文明,是世界上最古老的、连续不断的文明。大约两千多年前,中国便进入了被西方称为中世纪,而中国人则称之为封建社会的时代,[1]足足比西方早了一千多年。更值得一提的是,在漫长的封建社会里,中国文明的发展曾经取得过极为辉煌的成就,达到过在中世纪的历史条件下所能达到的极高水平,在当时的世界各地区各民族中"名列前茅"。尤其是在公元 7 至 13 世纪,即中国的唐、宋、元王朝期间,中国不仅是当时世界上最大的国家,也是最富、最强的国家,令全世界称羡。[2]

中国文明的发展之所以能在中世纪封建社会取得巨大的成就,

自然是有各种原因的。对此,中外学者进行过不少的研究和探讨,提出过许多看法。[3]人们谈得比较多的,是地理方面的因素,当然也涉及到政治、经济、文化等方面的原因。所有这些都是言之有理,言之有据的。这充分表明,促使中国文明在中世纪封建社会获得高度发展的因素是多方面的,十分复杂而并不单纯。不过,笔者认为,最根本的原因在于,中国自进入封建社会以后,经过漫长岁月的逐步发展和逐步完善,中国建立了一套十分成熟,特色明显,相对稳定,政治、经济、文化诸方面相配套的封建制度体系。无疑,这是同时代的西方文明所不及的。

对于中国的封建制度体系及其促进文明发展的历史作用,中外学者有过很多的研究和分析,本书既无可能,也无必要再作详细论述,只能就其最重要的几点略略提及。首先是在政治制度方面,以天道天命观为支撑的绝对皇权,以大一统为"天地之常经"的高度的中央集权,以科举制度为依托的官僚制度等等,均为其基本特征。其次,以土地私有制为基础的,以个体农业与家庭手工业相结合的自给自足的小农经济为主,则构成了基本的经济制度。至于文化制度方面,则是众所周知的将孔孟儒学定于一尊,最终形成了儒学在思想文化、意识形态领域的绝对统治,而儒学则以各种独特的观点和丰富的思想内容,如天道天命观,大一统思想,三纲五常伦理观,重农抑商理论,存天理灭人欲之说等等,为维护帝王官僚的统治地位和社会秩序,为维护和发展小农经济服务。毋庸讳言,正是包括上述要点和特点的封建制度体系,在中国中世纪封建社会的早期和中期,造就了高度发达的文明成果。

在人类社会进入资本主义和社会主义制度一统天下,科学技术高度发达,工业和后工业时代文明成果无比辉煌的今天,相比较而言,中世纪封建社会无疑显得十分落后,似乎不值得一提。然而,如果着眼于人类社会的历史发展长河,中世纪的封建社会制度相比于古代的奴隶社会制度,却是优越而进步的,且对人类社会的进步、文明的发展起过非常重要的作用。而在这方面,中国的封建社会制度对人类文明发展的贡献,表现得尤为突出。

然而，历史要发展，社会要前进。在人类社会历史进步的过程中，并不存在十全十美、绝对优越、永远不变的社会制度。对中世纪封建的社会和制度来说，也是如此，它终将被更先进、更优越的社会和制度所替代，任何国家和民族都不可能例外。问题仅仅在于，不同的国家和民族，由于现存的社会制度所具有的特点存在差别，当社会变动、新旧交替的时代到来时，各国各民族现存的社会制度应对社会变迁和社会革新的态度和结果自然也就大不一样。

如前所说，中国中世纪封建社会的文明曾在唐、宋、元王朝时期，发展到前所未有的水平，一度走在世界最前列。但是，从公元14世纪的元末明初起，中国的封建社会就开始走下坡路了。尽管与过去比，似乎还谈不上倒退，某些方面仍有令人称颂的成就，如在建筑和造船技术方面的发展等，但从总体说，文明的发展已陷入停滞的状态，衰落的趋势已不可逆转。

中国的封建社会在进入后期时日趋衰落，原因自然很多。中外学者见仁见智，提出过各种看法。笔者认为，其病根仍为中国自身的封建制度体系。任何事物都有两重性，中国的封建制度体系也不例外，其积极的和消极的因素都是与生俱来的，且都会对文明的发展产生影响。更重要的是，所谓的积极因素与消极因素在一定的历史条件下也会发生转化，产生不同的效果。在早期和中期，中国的封建制度体系确有被称为优势的许多特点，因而对中国文明的高度发展立下了汗马功劳。但是，令人始料未及的是，到了后期，在新的历史条件下，优势却变成了劣势，成为文明进一步发展的绊脚石。尤其是在社会历史面临大变动时，中国封建制度体系中的一些重要的特点却成了阻挡其自身主动变革的巨大障碍。

毋庸置疑，以皇权至高无上，组织严密的官僚政治，高度的中央集权和大一统的治国理念为基本特征的专制的政治制度，曾经为中国文明的延续而不中断，为保证中国辽阔的疆域不至于沦丧，防止过长时间分裂局面的出现等等，做出过巨大贡献。然而，中央权力过于强大，对地方的控制过于严苛，大一统统得过死，却不能不带来极大的负面影响，即扼杀和窒息了地方的积极性，特别是各地区的创新精神，尤其是在社会面临大变动之际，其负面作用就更大了。在经济制度方面，封建的中国长期强调以农立国，重农抑商，也曾对发展小农经济及其附属的家庭手工业经济产生过极大的作用，但对中国商业经济的发展却并不是福音。历史已经证明，后封建时代，或曰新的经济形态，正是从商业经济的繁荣中孕育发展起来的。此外，最值得一提的还有思想文化领域儒学的绝对统治制度，它曾经为维护封建的政治统治、社会秩序，为经济的发展，特别是文化的发展起过积极的作用，但另一方面，近两千年来，儒学早已逐渐演变成全国官民，特别是知识阶层人士的精神锁链，其为害最大者，便是束缚乃至窒息国人的思想，阻碍乃至反对变革和革新。正是出于维护自身统治地位的需要，统治者不仅总是利用儒学强调社会稳定的重要，以防所谓的"犯上作乱"之举，而且不断地宣扬"天不变，道也不变"，强调"法古"和"祖宗之法不可变"等等观念，毫不隐讳地阻碍变革，反对变革。诚然，孔孟当年所创之儒学，并不是没有极具价值的观点和内容，故不应将其全盘否定，但是儒学的核心内容却是保守的，无助于社会的变革和革新。更重要的是，自从汉武帝独尊儒术以来，儒学便逐渐成为历代统治者实行思想文化专制的主要工具，任何与其不合之思想、行为都被斥为离经叛道，受到惩处。正如学者李卓如所说："二千年以来无议论，非无议论也，以孔夫子之议论为议论，此其所以无议论也。二千年来无是非，非无是非也，以孔夫子之是非为是非，此其所以无是非也。"[4]如果说得更形象一点，孔孟儒学的专制统治就好比是一个思想文化的鸟笼子，而所有国人的头脑就像鸟一样被关在这个坚固的笼子里，无法飞出去。若有人企图挣脱笼子的束缚，自由地思想，其结果必然会碰得头破血流。

总之，正是在历史上曾经起过积极作用，曾经促使中国文明发展取得过巨大成就的封建制度体系，后来却演变成文明进一步发展的主要障碍，使公元14世纪之后的中国封建社会逐渐陷入停滞状态，开始走下坡路了。旧的封建制度体系因其成熟过度而在慢慢腐烂之中，而新的东西却难以在这腐烂中自行萌发、成长起来，真可谓"成也萧何，败也萧何"也。

不过，需要说明的是，在中国封建社会的文化发展逐渐陷入停滞的最初二、三百年间，亦即公元 14 至 16 世纪之间，中国文明发展的水平与当时的西方文明相比，尚无大的差距，在某些方面，如造船和航海技术方面，仍比西方先进，处于世界的领先地位。公元 15 世纪明朝的郑和七下西洋时，无论是船队规模之大，乘载的人数和货物之多，都是稍后西方探险家哥伦布、达·伽马和麦哲伦等人的船队所无法相比的。这是因为当时的西欧各国，仍处于中世纪社会，尚未发生大的变革，故而并不比中国强，甚至在很多方面弱于中国。然而，尽管在表面上，中国仍略占优势，但此时各种新的因素实际上已在西方悄然萌发和滋长，大变革的风暴已在酝酿之中。

众所周知，就在 15 世纪尚未结束，16 世纪即将到来之际，一场大变革就在西欧拉开了序幕。它的起点就是著名的地理大发现。从公元 1492 年到 1520 年，在短短的三十年里，伟大的航海探险家哥伦布、达·伽马、麦哲伦分别经过艰苦卓绝的努力，相继发现美洲新大陆和欧洲通往亚洲的海洋新航线，完成了人类的第一次环球航行。他们的壮举证实了人类居住了百万年的大地是一个球体，发现并沟通了欧、亚、美、非几块大陆的关系。其后二百多年中，在地理大发现的带动和促进下，西欧并连带北美，又接连发生了一系列重大事件，其中最引人注目的则是西方学者所称的科学革命、工业革命和政治革命。[5]三大革命不仅极大地促进了社会生产力的发展，使得最近一百多年中所创造的生产力，"比过去一切世代创造的全部生产力还要多，还要大"，[6]而且催生了一个全新的社会和制度，即后来被人们称为资本主义的社会和制度，宣告了人类历史上资本主义新时代的到来。

西欧各国之所以被率先卷入大变革的风暴，率先摆脱旧的中世纪社会的束缚，踏入新的资本主义时代，原因很多。对此，中外学者也都作过十分透彻的分析，无须本书再作更多的评述。笔者只想简要地指出以下两点：一是由于商业经济和贸易的发展，使西欧各国为了获得高额利润和发财致富，变得十分的贪婪，并产生了疯狂的对外扩张的欲望。历史早已证明，正是这种贪欲，成了世界大变革兴起并最终席卷全球的原动力,或如恩格斯所说,"自从阶级对立产生以来,正是人的恶劣的情欲——贪欲和权势成了历史发展的杠杆"。[7]这种情况,是当时实行"重农轻商",大谈"重义轻利",一味地强调"维持现状",自我封闭的中国人所无法想象的。二是西欧虽然也同中国一样,建立起了中世纪的专制统治,但是相比较于中国的封建制度体系,西欧各国的专制统治既不成熟,也不严密,具有十分松散的特点,故而对其臣民的束缚远不像中国那么厉害。原先的所谓"劣势",在新的历史条件下,却变成了"优势"。也许,这就是历史的辩证法!

不管怎么说吧,在公元16世纪之后的三、四百年间,西欧各国,还有从欧洲移民到北美后新建立的美国,不仅率先进入了新时代,且获得了极大的好处。首先是社会生产力得到空前迅速的发展,正如马克思、恩格斯所说:"自然力的征服,机器的采用,化学在工业和农业中的应用,轮船的行驶,铁路的通行,电报的使用,整个大陆的开垦,河川的通航,仿佛用法术从地下呼唤出来的大量人口,——过去哪一个世纪能够想到有这样的生产力潜伏在社会劳动里呢?"[8]不仅如此,随着生产力的大发展,欧美各国的经济制度和政治制度也发生了巨大的变化,中世纪的大厦轰然倒塌了,"起而代之的是自由竞争以及与自由竞争相适应的社会制度和政治制度,资产阶级的经济统治和政治统治"。[9]随着资本主义新制度的崛起,欧美各国的财富迅速增加,国家实力迅速增强,短短的数百年中,就从中世纪并不起眼的小国、穷国、弱国变成了新时期的大国、富国和强国,并开始称霸全世界。诚然,所有这些成果的获得,无不伴随着对落后国家和民族的野蛮掠夺和疯狂杀戮,无不浸透着无数受害者的鲜血和生命。站在道德的立场上,对欧美各国扩张、称霸所犯下的滔天罪恶,理所当然地必须予以无情的谴责。不过,如从人类历史发展的角度看,资本主义新世界在欧美的崛起,无疑极大地推动了人类文明的腾飞,大大地加快了人类历史前进的步伐,却也是不争的事实。

欧美的大变动必然逐渐地影响全世界,对此,马克思、恩格斯曾经极为深刻地指出:"资产阶级,由于一切生产工具的迅速改进,由于交通的极其便利,把一切民族甚至最野蛮的民族都卷到文明中来了。它的商品的低廉价格,是它用来摧毁一切万里长城、征服野蛮人最顽强的仇外心里的重炮。它迫使一切民族——如果它们不想灭亡的话——采用资产阶级的生产方式;它迫使它们在自己那里推行所谓文明制度,即变成资产者。一句话,它按照自己的面貌为自己制造出一个世界"。[10]天下大势既然如此,中国乃至整个中华民族,自然也不可能置身事外。

不过,古老的中国不仅历史悠久,而且自进入中世纪以后,还建立了一套完整的封建制度体系,并曾推动自身的文明发展达到当时世界的最高水平,再加上地处东亚,与欧美国家相距甚远,致使欧美大变革的发生和资本主义新世界的崛起在最初的二、三百年间,很难像对待美洲、非洲乃至亚洲的印度等国那样,立即明显地直接影响中国,而只能产生相对间接的作用,即迅速地拉大了东西方之间文明发展水平的差距,改变了中国与欧美各国实力对比的态势。

### 1.1.1.2 中国遭遇数千年未有之变局

公元 16 世纪初西欧各国完成地理大发现,并开始酝酿科学、工业、政治三大革命之时,正值中国的明末清初之际。在此期间,九州大地上也有一件重大事件发生,即大明王朝因腐败透顶而灭亡,被来自东北边陲的大清王朝所替代。初创时期的清王朝相比于垂死的明王朝,毕竟有些生气,似乎给古老的中国带来了一线希望或一缕曙光。清王朝的前期,也出了几个堪称颇有作为的皇帝,即康熙、雍正和乾隆。然而,希望不久还是破灭了。根本原因在于,清王朝不仅继承了实际上早已千疮百孔的一整套封建制度体系,甚至进一步强化了封建统治,未作任何革新。出身少数民族的清王朝统治者,为了巩固自己的统治地位,接受了元朝蒙古族统治者的教训,采取了不少汉化的措施,特别是在思想文化方面,继续将儒学奉为正统,以平息汉族的不满和反抗。此举一度为众多汉族士大夫所称颂。然而,儒学的专制统治虽然有助于维护清王朝的统治,却不可能给中国社会带来福音。加之清王朝始终不忘以钳制国人的思想为第一要务,且屡兴残酷的"文字狱",国人的思想完全被窒息,革新之路几乎被彻底断绝,而各种社会积弊则越积越深。此外,对始于明朝的某些愚蠢做法,清王朝不仅未加任何改变,且将其进一步推向极端。其中为害最深者,则是盲目自大、固步自封和闭关自守。于此,中外学者的精辟论述颇多颇详,[11]无须笔者予以重复。事实上,此类出于维护自身统治权力而实行的下下之策,不啻是一剂慢性毒药,其结果只能"适得其反"。

也许有人会对上述看法提出质疑,理由是清王朝也出现过"康乾盛世",不应对其完全否定。诚然,多年来为人们所津津乐道的"康乾盛世",并非毫无根由。康熙、雍正、乾隆几位皇帝也非庸碌之辈,在位期间,他们也确实做过几件值得称道的大事,诸如收复台湾,抵制沙俄的扩张,促进多民族的和平相处,成功地组织编纂了《康熙字典》《四库全书》等等。所有这些,均不应否定,也没有必要去争论"盛世"的有和无。以笔者之见,关键在于如何去看待它。若从历史的和比较的角度看,所谓的"康乾盛世",可分为两层含义。其一,是从中国自身的历史发展,即从纵向进行比较分析:自秦汉以后,历史上曾先后出现过"文景之治""贞观之治""开元盛世"等等和平繁荣时期,但从元末明初开始,由于政治腐败,经济不振,百姓生活每况愈下,繁荣景象数百年不见。满族入关以后,尤其是在康、雍、乾时期,几个皇帝则在所谓的"勤政、爱民、崇正学"方面表现不俗,一扫明朝数百年来的怠惰疲惫之风,致使国家疆域得以扩大、稳定,社会经济有所恢复,出现了类似于唐宋时期的繁荣景象。因此,不仅与明王朝比,而且与清王朝后期的腐败比,称康乾时代为"盛世"似乎还说得过去。不过,即便如此,所谓的"康乾盛世"与唐宋时期的繁荣毕竟不可同日而语。就中国封建社会的发展进程而言,唐宋时期尚处于上升阶段,如人之青壮年,其繁荣可谓之"真正的繁荣",而明清以后则不然,封建社会已日趋没落,如人之老暮也。"夕阳无限好,只是近黄昏"。历史的发展此时已提出新的任务,即通过大变革,实现社会更替,否则便不可能挽救旧的社会形态日趋没落的命运。事实上,即便是所谓的"康乾盛世",也只是为旧的封建社会做了一点补苴罅漏之事，而无任何可称为"革新"的努力，其实质，充其量也只能是封建社会的回光返照而已。其二是从世界的历史发展，即从横向进行比较。公元 17 至 18 世纪，即"康、雍、乾"所处的一百五十年间，如前所述，欧美各国已完成地理大发现，科学革命的发展如火如荼，政治革命已席卷西欧北美大陆，工业革命亦正式拉开了帷幕，总之，社会大变革的浪潮正风起云涌，社会生产力的发展已突飞猛进，其影响正迅速地扩展至全世界。而此时的清王朝却固守着没落的中世纪封建制度，不仅毫无变革的新气息，而且十分顽固地抗拒着外来的可能引发任何变革的影响，将明朝以来就已产生的"盲目自大""固步自封""闭关自守"，即所谓的"三自"方针推向极端，不仅对外部的变化毫无所知，且根本不愿去了解所发生的变化，更谈不上主动地学习西方的先进经验了。瘦死的骆驼比马大，尽管中国当时尚能挟历史之余威，尚未衰落到毫无御敌之力，而欧美各国也没有强大到天下无敌手，康熙、雍正、乾隆等皇帝及其治下的大臣官僚们仍可以关起门来自吹自擂，傲视群雄，但中国的国力与欧美各国相比，实际上差距却越来越大，强弱之势正在迅速地发生变化。"康乾盛世"逝去不到五十年，几乎是在一夜之间，中国仍然强大的肥皂泡就被欧美列强无情地戳破了。如此再来看所谓的康乾盛世，不能不令人产生名不副实之感，也不能不令国人十分汗颜。

简而言之，明清以来，中国的封建社会发展停滞，日趋没落，连所谓的"康乾盛世"也未能改变这一趋势，而差不多同时期的欧美却因大变革的风暴骤起，不仅迅速摆脱中世纪的束缚，且突飞猛进，致使彼此的差距迅速拉大。前者落后，后者先进。相互间的碰撞早晚要发生。落后者必然挨打，也必然因失败而饱受屈辱，这将是无法避免的厄运。

果然，公元 19 世纪中叶，西欧列强的扩张之箭终于射到了中国的大门之前。为首的是英国。因向中国贩卖鸦片而遭拒的英国人终于下决心用大炮敲开中国的大门，发动了鸦片战争。经过几年的较量，腐败的清王朝最终败下阵来，不得不屈辱求和，与大英帝国签订了中国历史上第一个丧权辱国的不平等条约，答应向英国割地、赔款、开放通商口岸等等。鸦片战争及中英南京条约此后被公认为中国历史的一个极重要的转折点，标志着中国由古代中世纪的封建社会向近代半殖民地半封建社会转变的开始。[12]

英国率先发难，且轻易得手之后，欧美的其它列强，如法国、美国等也紧随其后，趁火打劫，挟英国之余威，胁迫中国对其开放，也获得了可观的利益。尽管如此，列强们并未感到满足。受疯狂的扩张欲望的驱使，十几年以后，英国又勾结法国，对中国发动了第二次鸦片战争，并攻进皇城所在地北京。期间，沙俄也乘机将魔爪伸进中国。在列强的沉重打击下，清政府再次屈服，先后分别与英、法、俄等签订了《天津条约》和《北京条约》，将涉及领土等主权的一大批权利拱手相让。接着，又是中法战争、中日甲午战争、八国联军侵华战争等等，总之，在不到六十年的时间里，西方列强多次以武力对付中国，不断扩大其在中国的侵略权益，甚至连过去一向遵中国为师，不久前才因实行明治维新而有所起色的日本，也野心勃勃地向中国挑战，且出乎国人意料地得逞了。而在列强上述一系列的侵华战争中，清王朝虽然都程度不同地进行过抵抗，但最后均以失败及满足列强的所有无理要求告终。

鸦片战争之后的六、七十年间，列强以包括军事、政治、经济和文化在内的各种手段对中国的侵略，无疑对中国社会历史的演变产生了前所未有的巨大影响。在基本上不受外界干扰而独自发展，且延续了数千年的中华民族的社会与文明，从此不得不在外部势力的主导下，改变其固有的前进轨迹，被迫与过去的闭关锁国状态彻底告别，将自己逐渐地融入世界化的潮流之中。诚然，中国在走上新道路的过程中，将不得不与屈辱、痛苦、灾难相伴，但凤凰只能在熊熊的烈火中才得以涅槃，中国的新生也只能在经历了重重磨难之后才有可能实现。

对于上述论断，中外学者早已从各种不同的角度作过分析。为使这一观点更加明确，笔者也想就此问题略说几句。

列强的侵入，首先给中国和中华民族带来的，或者说中国国人首先感受到的，当然是屈辱、痛苦和灾难。不久前还自认为是处于天地之中，傲视周边尚未开化之蛮夷的天朝大国，却突然在几个蛮夷小国的打击下一次又一次屈膝求和，在入侵者的大炮威逼下，一次又一次地将涉及领土、关税、司法等的国家主权拱手相让，独立的中国从此变成了受人宰制的半殖民地，这不能不使中国很多朝野之士深感羞耻和痛苦；明明是受到强盗的欺负，结果却要向强盗支付巨额赔款，如此不公平，必然激起被掠夺者的无比愤懑。此外，在列强入侵的过程中，华丽的宫殿被焚毁，无数的民居民产被战火化为乌有，成千上万的官、兵、民抛头颅、洒鲜血，成为入侵者的枪下之鬼，刀下之魂。总之，中国人之生命财产的损失无以计数。更重要的还在于，中国百姓除继续受到本国封建统治的压迫和剥削外，头顶上又多了一个凶恶的压迫者和剥削者，即西方列强，所遭受的灾难与鸦片战争前相比，无论是其深度还是广度，均有过之而无不及。

其次，列强的侵入，也给本已摇摇欲坠的清王朝以沉重的打击。在所谓的"康乾盛世"后期，清王朝已开始衰落，各族民众的反清斗争此起彼伏，致使清朝统治集团手忙脚乱。而鸦片战争后列强的多次入侵，更使清王朝无力招架，由此而进一步暴露了统治集团的腐败无能。内忧与外患的日趋严重，预示着清王朝的统治来日无多，快走到尽头了。不仅如此，列强的入侵所打击的并不只是一个王朝，也是在中国延续了两千多年的封建社会的制度体系。封建王朝与封建的制度体系是紧密地联系在一起的，一荣俱荣，一损俱损。尽管中国的封建制度体系，从外壳到内核，都显得特别坚硬，但在既是强盗，又是先进生产力和先进社会制度的代表者，即西方列强的冲击下，中国落后的封建制度体系终究难免被逐渐打破、被逐步替代的命运。鸦片战争后中国由封建社会逐渐演变为半封建社会的事实便是最有力的证明。诚然，迄今为止，对所谓"半封建社会"的内涵，中外学者尚有不同的解读，但有一点却是公认的，即"半封建"的另一半，肯定不再是旧的东西，新的内容已经出现了。

实际上，所谓的新内容，也是列强入侵有意和无意地造成的。其中包括新的生产力和生产关系，新的科学技术，新的思想观念，也包括新的生活方式等等。其间，某些新还会派生出另一新、另二新等等。总之，其内涵十分丰富，也极为复杂。人们很难用一个或若干词汇来加以概括，只能说，所有这些，都是过去中国所没有的。必须指出，说列强入侵所带来，既包括列强直接带来的，也包括受列强的影响，中国人学而用之所形成的，列强所起的只是间接的作用。无疑，这后一方面则是最主要的。

上述列强的入侵对中国所产生的几个方面的影响，显然不能反映事情的全貌，而只是笔者择其要者稍加罗列而已。即便如此，人们已可从中看出若干端倪。对中国和中华民族来说，其中既有痛苦和灾难，又暗含着机会和希望；既是大坏事，又不全是坏消息。更加令人困惑的是，所谓的坏和好，总是纠缠在一起，往往作为同一事实的不同的两面呈现在世人面前，远不像黑白那样分明。如果一定要用最简洁的语言来描述所发生的一切，那就只能说，列强的入侵毫不留情地搅乱了中国沉寂了数千年的一潭死水，或者借用当年的亲历者之一李鸿章的话：中国遭到了"数千年来未有之变局"。而面对如此巨大的变化，古老的中国下一步将走向何处？对于这一存亡攸关的前途问题，其最终的答案虽然与列强在中国的所作所为不无关系，更与中华民族和中国人民如何应对紧密相连。说得更明确一点，西方列强虽能在一段时间内控制中国，却不能永远主宰神州大地，中国将何去何从，最终起决定作用的，只能是中国自己的选择。

### 1.1.1.3 从被动应对到主动奋斗

面对着鸦片战争以来欧美列强的入侵所带来的沉重打击，即便是因为盲目自大而沉睡了数百年的中国，也不可能无动于衷。不过，中国最初的反应却是十分被动的。由于长时间的自我封闭，中国人从上到下，从官到民，对西方列强的认识极为肤浅，甚至可笑至极，对外来的冲击也毫无思想准备，故被动自然难免。随着列强入侵的不断发展，中国人的认识也在与时俱进，应对之策也逐渐由"被动"变为"主动"。必须指出的是，"被动"与"主动"当然是不同的，但又很难将前者和后者区分清楚，两者总是搅在一起，彼此混杂。尽管如此，从被动应对到主动奋斗，作为一个发展过程却是清晰可辨的。

古老的以汉民族为主体的中华民族，本来就有反抗外来侵略的传统。秦汉以来，汉民族所在的中原地区就因多次遭到来自边疆地区少数民族的侵扰，而不得不奋起抵抗。站在今天的立场上，过去发生的所谓入侵和抵抗，都只是中华民族内部的纷争，包括17世纪的满清入关和汉族的抗清斗争在内，都是如此，但它毕竟培育出了反侵略的精神和传统。因此，19世纪中叶开始的欧美列强的入侵，必然会激起中华民族的反抗。而这也正是"被动"应对的最初体现。

西方列强入侵之后，"把中国变为半殖民地和殖民地的过程，也就是中国人民反抗帝国主义及其走狗的过程"。[13]参与抵抗侵略的不仅有清朝的官兵，也有当时的平民百姓，从鸦片战争时林则徐等爱国将士的抵抗、广州市郊三元里民众的抗英斗争，到19世纪末20世纪初清军官兵和义和团对八国联军的抗击，这样的反侵略斗争可谓连绵不断，从未停止过。其宗旨只有一条，即不让列强灭亡中国的企图得逞，由此而形成了近代中国历史上中华民族应对列强入侵的一个新主题：救亡。尽管在辛亥革命之前延续了数十年的反侵略斗争屡屡受挫，未能将入侵者赶出中国，但中华民族和中国军民不甘屈服的精神和传统，毕竟对入侵者产生了一定的震慑作用，在某种程度上遏制了它们瓜分中国，彻底灭亡中国的狂妄野心。

挽救危亡的努力不仅体现在中国军民直接的反侵略斗争中，更反映在一代又一代志士仁人面对列强的冲击开始的"反思"上。随着列强入侵的进一步扩展，救亡运动亦在逐渐深化，以自强为目的革新浪潮终于在古老的中国大地上缓慢地兴起。

在中国的历史上，汉民族虽然多次遭受边疆少数民族的侵扰，就文明发展的程度而言，汉民族始终处在优势地位，入侵者则总是被视为落后的"蛮夷"。即便是后来取得全中国统治大权的蒙古族、满族，最终也不得不"汉化"，承继汉民族文明的成果。因此，欧美列强入侵中国之初，从上到下的中国人，虽被列强各国打败，却仍旧以"蛮夷"视之。然而令国人始料未及的是，新来的"蛮夷"不仅不是落后的未开化之辈，反而在很多方面优于中国，它们不仅未被"汉化",而且要"西化"中国。这不能不使很多中国的官民感到震惊。于是,清王朝中相对比较开朗,尤其是在交涉和较量中与欧美列强直接接触的一些官员,如林则徐等,不得不睁开眼睛,去了解列强各国的情况,去认识世界,不得不在中国遭受失败之后进行反思,也不得不在无情的事实面前感受到并承认列强的长处和中国的短处,进而提出了"师夷之长技以制夷"这一著名的应对列强入侵的策略思想。该思想最初来源于林则徐,此后则由林则徐的同僚及好友魏源在《海国图志》一书中予以进一步的发挥。[14]尽管林则徐、魏源的认识只是初步的,仍有明显的历史局限性,却并不因此失其光辉,他们毕竟前无古人地喊出了近代中国必须向西方学习,进行革新的第一声。不过,很可惜,他们的呼喊在当时的中国却是空谷足音,应者寥寥,反倒是隔海千里的日本人,很快注意到魏源的呕心沥血之作,并成为他的知音。

欧美列强发动鸦片战争,用大炮敲开了中国的大门,虽给了中国这个沉睡了数百年的庞然大物沉重的一击,却没有使之真正惊醒,大多数官员仍懵懵然,并不知大祸将至,国将从此无宁日,除了被动的抵抗外,也不知其他的应对之策。而因战火暂时停歇而形成的间隙,也在某种程度上麻痹了国人的神经,被国人误认为危难已过,从此天下仍然太平,中国仍不失为天朝大国,似乎一切都还是原来的样子。其实,即便是在短暂的和平时期,中国已开始发生变化。列强各国根据第一批不平等条约所获得的权利,获得了经营中国的第一批基地的许可证,如香港、上海等。为了方便进一步扩大它们的侵略,列强开始大力地开发这些地方,引进西方的各种文明。列强的目的,当然是要将其建成自己扩大对华侵略的桥头堡,但在客观上也给中国带来了许多新的东西。尽管清王朝的最高统治者仍视而不见,但它却逐渐地打开了一些中国人的眼界,使它们在自己的家门口看到了过去见所未见、闻所未闻的新事物。更让清王朝始料不及的是,它所梦想的"和平"只是昙花一现,新的灾难很快便来到了。

正当清政府暗自庆幸厄运已过,可以继续苟延残喘之时,一场新的大风暴骤起,霎时打破了清王朝的苟安之梦。此次风暴来自两方面：一方面来自封建统治者的老对手，即以农民为主的民众反抗；另一方面则来自于新对手，即欧美列强的继续扩张。

首先爆发的是以洪秀全为首的太平天国农民暴动。官逼民反，因对封建统治者的压迫和剥削而无法忍受，农民只好起来造反，二千多年来，历朝历代都发生过。清王朝统治期间，农民造反也不鲜见。不过，此次太平军发难，虽然基本上沿袭了历代农民造反的模式，却也有许多新的特点，尤其是其动员的民众之广，规模之大，进展之神速，持续时间之长，给统治者打击之沉重，皆清朝二百多年中前所未有。此外，此次农民的造反又与列强新的侵华战争交织在一起，对清王朝来说，可谓内忧与外患并发，所遭遇的危机无疑是空前的。尽管农民并非新的生产力和生产关系的代表，农民的造反也算不上真正意义上的"革命"，对中国社会不可能起变革和革新的作用，如果获得成功，充其量也只能在封建制度的框架内实现改朝换代，但它对封建社会和封建统治者的冲击作用却是不可低估的。太平天国的造反虽然最终失败了，但正如有学者所说："太平天国搅乱了整个封建制度，这种搅乱是统治阶级永远无法平复的。"[15]

在金田起义爆发，太平军占领南京之后不久，来自另一方面的风暴也接踵而至。英、法两国因要求修约以扩大其侵略权益而遭拒，遂再次动用武力，联合起来对华发动了第二次鸦片战争。此次战火断断续续，前后持续了四年之久，入侵的英法联军竟打进了皇城所在地北京，逼得咸丰皇帝仓皇逃往热河，且导致华丽的皇家园林圆明园被焚烧劫掠一空。清王朝大败之后，不得不再次屈辱求和。英法列强由此获得新的大批利权，甚至连趁火打劫的沙俄也在此次战争中获利颇丰。显然，相比于40年代的第一次风暴，此次风暴对清政府的打击更甚，再加上它几乎发生在太平天国农民造反的同时，其势之凶猛更不一般。诚然，农民造反与列强的侵华战争并无直接的联系，但对于同一个打击对象清王朝而言，却无疑会产生彼此呼应，影响倍增的效应，不能不产生切肤之痛。

事实上，内忧和外患的双重打击，不仅使清王朝的高层统治者深感震撼，也在中下层的官僚士大夫中激起了更多的反响，终于促使一些人如同其前辈林则徐、魏源那样，重新开始反思。

在19世纪50年代至60年代初，经过反思提出学习西方，在中国进行改革的人，其中载于史册而比较著名的有冯桂芬、王韬、郑观应等人，还有曾是太平天国后期领导人之一的洪仁玕和一度被卷入农民造反的容闳等。尽管他们的主张与早期的林则徐、魏源大致相同，但由于他们受到的震撼更大，又得到刚移植到中国不久的资本主义新文明成果的启迪，故而感受更深，所提出的革新主张更为具体。更重要的是，他们的观点在同样受到震撼的清政府若干上层人士中引起了共鸣，其中包括朝廷大员奕䜣、文祥和地方大官曾国藩、李鸿章、左宗棠等。正是他们，将革新的议论变成了实践，因而有了自强运动或洋务运动的兴起。

### 1.1.1.4 洋务运动和维新变法的是与非

始于19世纪60年代，而延续了30年的自强运动或洋务运动，一直是中国近代史上颇受争议的大事件，或褒或贬，贬之者似乎更多。曾有学者认为："所谓'中兴'，所谓'自强'，都不过是自欺欺人之谈。"[16]其理由，不仅涉及到举办者的动机，还涉及到洋务运动的活动内容和实际效果等等。不过，笔者以为，如此评价有失偏颇，难以苟同。

对举办洋务的动机持批评态度者认为，洋务派承认西洋的"船坚炮利"，主张向洋人学习，其根本目的是"为了维护国内的封建统治秩序"，为此，"只能容忍外国在中国的侵略势力，以便依靠洋人的帮助来镇压人民的革命斗争"，所谓的办洋务就是办军务，"也就是联合外国力量来共同镇压太平天国及其它农民起义力量"。[17]这一流行了多年，以偏概全的观点曾经影响过一代又一代人，笔者过去也接受过这种看法。然而，它并不完全符合历史史实。

诚然，作为封建统治者，包括洋务派的官僚，总是要镇压农民造反的，故洋务派学西方，办洋务，买新式枪炮，发展军事工业无疑有更好地镇压民众反抗的考虑，谁也不能否认这一点。洋务派官僚甚至也说过民众造反是"心腹之患"，而列强侵略只不过是"肘腋之忧""肢体之患"等等，表明他们对民众造反确实特别重视。但是，这并不是洋务派办洋务的唯一目的。面对列强的侵略和敌强我弱的力量对比，洋务派也希望通过办洋务，逐渐改变中国落后于列强的现状。列强的入侵虽然只是"肘腋之忧"，也不能不予以应付。事实上，洋务派也经常谈到只有自强才能御侮，认为"制敌在乎自强，自强必先练兵"。他们所说的"敌"，指的当然是欧美列强。李鸿章也明确说过："中国但有开花大炮轮船两样，西人即可敛手。"[18]此想法虽然过于天真，却不能否认他已有必须师夷之长技，才能制夷的明确意识。此外，再从后来的事态发展来看，洋务运动建成的新式海军舰队也确实用来抵抗过欧美列强和日本的侵略，虽然仍然未能避免战败的厄运，却不能因此完全否认其在反侵略战争中的作用。至于失败的原因，那是另一回事，需要另作分析。总之，洋务派也好，清政府也好，办洋务既是为了镇压人民革命，也有通过自强，抵御外侮的考虑，后人的评价，决不应以偏概全。

除洋务派官僚办洋务的动机受到质疑外，洋务运动中的活动内容及其效果，多年来也饱受非议。斥之者认为，洋务派所办的各种"洋务"，规模太小，依赖洋人，弊端甚多，效果甚微，根本达不到自强的目的。尽管对前人的此类批评大多符合事实，但笔者认为，非议者对洋务运动的积极面看得太少，而对其消极面则宣扬过多，对前人的要求过于苛刻，所评显然有失公允。

众所周知，始于19世纪60年代初的洋务运动大致做了以下几个方面的工作。

其一，购买西方比较先进的枪炮弹药和军舰等，仿效西法编练陆军海军。鉴于在两次鸦片战争中失败的教训，洋务派认为，必须改变中国在军事装备和练兵方法方面的落后状态；而在中国一无所有的情况下，只能花钱去购买列强的坚船利炮。尽管洋务派的认识仍十分肤浅，且带有镇压农民造反的不良动机，并且因为缺乏经验，曾经上过洋人的大当，闹过笑话，但这一做法却是无可非议的，也是非常必要的。即便是买了西方的枪炮军舰并未真正使中国在后来的反侵略战争中避免重蹈失败的覆辙，而此事做与不做，是与非仍是清楚的。

如果作一点反向思维,假设在多次失败后,清王朝的官僚们仍像过去那样,对西方的先进军事装备视而不见,甚至仍将其看成是"奇技淫巧"而拒之国门外,固守着落后的刀矛剑戟之类的武器而毫无作为,后人又将如何评说呢?那还不被后人骂得狗血喷头才怪呢!

其二,在中国创建了第一批近代军事工业和民用工业企业。在洋务运动以前,中国没有任何使用大规模机器生产的近代工业企业。在购买西方先进武器的同时,洋务派已认识到,只买不造,毕竟非长久之计,于是便有了安庆内军械所、江南制造局、金陵机器局、福州船政局等第一批近代军事工业企业的创办。接着,洋务派又创办了中国的第一批民用工业企业,如上海轮船招商局、开平矿务局、漠河金矿、上海机器织布局等,修筑了唐山——胥各庄铁路等等。至此,近代工业终于在古老的中国大地上破土而出了。尽管在洋务运动时期,中国工业化的规模、效益远不能与西方的工业革命相比,也逊色于日本的明治维新,在管理上还存在着封建化官僚化垄断化等各种弊病,但第一批近代工业企业的创办,不仅首次将先进的资本主义的生产力、生产关系、生产流程引入中国,开了中国工业化的先河,而且催生出了近代中国新的社会力量,如资产阶级和无产阶级,总之,给古老的中国注入了若干新的活力。

其三,实行若干新举措,开创中国近代文化、教育、科技事业之先河。办洋务,不论是同外国人打交道,还是买武器、兴实业,都需要大量懂外语、掌握近代科技知识的人才。然而,两千多年来,中国在思想文化领域里实行的是以孔孟儒学为最高权威的专制制度,知识分子,亦即士大夫们只知尊孔读经、读书做官,或"避席畏闻文字狱,著书都为稻粱谋",大多对科技毫无兴趣,根本无法胜任近代化的重担。因此,洋务派不得不采取一系列新举措,培养新的人才。从设立京师同文馆到开办机械学校、船政学堂、电报学堂、水师学堂等等,从翻译西学书籍、传播近代科技知识,到派遣留学生出国学习,过去从未有过的、第一批近代文化、教育和科技的新设施出现在古老的九州大地上,许多不同于以往士大夫的新人才被哺育出来。尽管洋务运动中的上述新举措规模较小,所创的新事业和培养的新人才在偌大的中国只能是凤毛麟角，也并未对整套旧制度形成挑战和冲击，但它毕竟开启了中国近代文化、教育和科技事业的大门，打破了以儒学为指导的旧制度一统天下的局面。从某种意义上说，洋务运动在文化领域的所作所为，并不逊色于它所创办的新工业，尤其是在影响深远方面，后人更应予以足够的估计。

笔者对洋务运动活动内容的上述概括，虽不能囊括其全部，却也大致反映了它的主要成果，并在指出其所存在的弊病的同时，说明了它所起的主要历史作用。也许，仍有人会提出质疑，认为洋务运动虽然做了不少事，却并没有像日本的明治维新那样，使中国"自强"，最终在中日甲午战争中被宣告"破产"了，因此对之不能过誉。确实，历时三十多年的洋务运动，并未实现洋务派乃至国人所期望的自强，总的效果也不尽人意。洋务派官僚做了很多事，却也有不少事未做好，更有许多该做的却没有做。究其原因，主要是历史的阶级的局限性在起作用。这种局限性不仅体现在包括洋务派官僚在内的清王朝封建统治集团身上，也体现在从上到下的整个中国身上。打个比方，持续了三十多年的洋务运动，就好比是一个戴着手铐脚镣的人在跳舞，只能缓慢地挪动，想迈大一点步子都不可能，更谈不上自由地发挥了。所谓的"手铐脚镣"，就是因历史的阶级的局限性所形成的阻碍革新的绊脚石。它首先来自布满当时朝野的顽固守旧派和顽固守旧思想。事实上，洋务运动每前进一步，都会受到倭仁[19]之流的强烈反对，受到最高当权者慈禧的掣肘，甚至受到一些不明真相的下层民众的抗议，如因设立同文馆、修筑铁路等所引起的大争论。这样的例子实在是不胜枚举。"青山遮不住，毕竟东流去"。顽固守旧派和顽固守旧思想虽然无法阻挡历史的洪流，但他们所起的作用之大，其理由之荒谬，实在是今天的人们所难以想象的。其次，阻力也来自洋务派官僚自身。他们虽与顽固守旧派不同，力主革新，但他们也是封建统治集团的成员，不仅难以超越统治者因其利益所在而设定的框框，也受到千年来封建传统思想的束缚，难以大步前进，无法适应历史发展所提出的，诸如改革整套封建制度的更高要求。洋务派最为后人诟病的所谓"中学为体、西学为用"，正是在这样的历史背景下出笼的。此说承认西学可用,较之过去的盲目自大确有进步,但强调中学为体,不可改变,则无疑阻碍了革新的进一步发展。阻力如此之大,革新之难,真可谓"难于上青天",而洋务运动的成效不能尽如人意,也就可以理解了。

即便如此,也不能苛求前人,否认洋务运动在中国近代化历史进程中的重要推动作用。有学者称洋务运动走出了中国"近代化一小步"。[20]笔者则认为,更确切一点,应当说走出了中国近代化的"第一步",在中国近代化的历史上起了肇始、发轫的作用。步子虽然小了点,也未继续走历史要求的第二步、第三步,但它毕竟在推动历史在向前发展,而非拉历史倒退,其历史功绩决不可小觑。再说,中国的"自强"大业决非一代人或两代人所能完成,需经过多代人的前仆后继才能实现。而能勇敢地迈出第一步者,俗话说,第一个吃螃蟹者,无论怎么讲都是可敬可佩的。当笔者在写上述这些话时,正值2010年上海世界博览会举办之时,又恰逢上海江南造船集团公司庆祝其创建145周年之日,而世博会的举办地正是洋务运动期间创办的江南制造局旧址及其周边地区。这显然不只是历史的巧合。中国如今的工业化和现代化成就当然是一百多年前所不能比的,然而抚今追昔,却不能不使笔者又对中国近代化的先驱者们更多了几份敬意!

中国历来都有评史论人的传统。笔者所说的先驱者们,其代表人物不仅包括洋务运动早期的推动者奕䜣、文祥、曾国藩、李鸿章、左宗棠等人,也包括后期的张之洞、盛宣怀等。就其个人在洋务运动中的作用而言,自然各不相同,其中当以李鸿章最为突出。不管他们的出身如何,代表哪个阶级,他们都是中国革新事业和近代化事业的先驱,或先行者,都是近代中国由被动应对开始向主动奋斗转变的重要人物,其功皆不可没。作为开启中国革新和近代化道路的第一代,也不管他们自己当年是否意识到,他们的所作所为都为第二代、第三代的出现准备了条件。如此说,并不是对他们的一生作全面评价,这不是本书的任务。笔者只是就事论事,对他们在推动近代的革新,开启近代化历史进程方面的作用作出公允的评价而已。

洋务运动和洋务派虽然对推动历史的发展作出了积极贡献,但因受历史局限性的影响，它并没有达到预定的自强的目标。在甲午战争的冲击下，它不得不悄然地退出历史舞台。人们常说，甲午战争宣告了洋务运动的破产。此言并不十分准确。其实，洋务运动所进行的革新事业并没有停止，它所取得的进展也没有完全被打水漂。只是作为革新事业的一个历史阶段，它的任务已经完成，新的阶段即将揭幕，新的第二代即将登上历史舞台，此即维新变法运动和维新派。

洋务运动的结束和维新变法运动的兴起，都与中日甲午战争有关。中国在战争中的失败，北洋舰队的覆灭，中日马关条约的签订，再一次震惊了中国朝野。泱泱大国竟败于刚刚崛起的小国日本，且再一次被迫割地赔款，令许多中国人感到无地自容，不得不认真反思，真正开始醒悟过来，正如梁启超所说："唤起吾国四千年之大梦，实自甲午一役始也。"[21] 由此，不仅要求革新的人愈来愈多，而且提出了更多、更广的革新要求。维新变法运动和维新派应运而生。

维新变法运动和维新派是站在洋务运动和洋务派的肩膀上成长起来的。维新派既在洋务运动中受到过启发，又对它的教训进行了反思。他们认为，仅仅学习西方的坚船利炮、声光化电并不能解决问题，必须在政治、文化、教育的制度方面进行各种改革，实行变法，如梁启超所说："变法之本，在育人才，人才之兴，在开学校，学校之立，在变科举，而一切要其大成，在变官制。"[22]

从1895年的"公车上书"算起，到1898年的"百日维新"结束，在三年多的时间里，维新变法运动发展迅速，如火如荼，却又大起大落，令人扼腕。相比于洋务运动，维新变法运动不仅变革的内容丰富得多，且有许多新的特点：其一，维新派主张开民智，兴人权，定宪法，设议会，改官制，以此对政治体制进行革新，建立君主立宪制度。如此主张，这在中国显然是破天荒的，也是十分大胆的。维新派虽然并未提出推翻帝制的要求，但实质上是想用民主取代专制。其二，维新派强调要兴实业，开矿山，修铁路，办邮政，保护和奖励工商业。这些，虽然都是洋务派做过的事，却大大超过了洋务派设定的范围，更有利于资本主义经济的发展。其三，维新派提议废八股文，改试策论，创设大中小学堂，提倡出国留学，鼓励创办报刊，自由组织学会等，在文化、教育方面进行革新。对此，维新派不仅大力鼓吹，而且身体力行，办报刊，组学会，自由地发表讲演。他们的所作所为，不仅再一次冲击了封建的文化专制制度，还给19世纪末的中国思想文化界带来了前所未有的活跃景象。其四，为了推动维新变法运动，维新派大造舆论，一方面在社会上进行宣传，动员民众，主要是士大夫们支持革新，另一方面，则不断地上书清廷的最高统治者，上下结合。这是洋务派不敢想，也不敢做的，不仅使维新变法运动获有一定的群众基础，可以下促上，也说服了光绪皇帝，使变法得以自上而下地推进。

上述事实表明，维新派的革新方案在中国是前无古人的，如能真正实现，并在实践中予以进一步完善，中国的自强，中国的近代化，都是有希望的。但是很可惜，维新变法运动却在方兴未艾时，突然被扼杀了。

维新变法运动遭到失败的根本原因，无疑应当归咎于顽固的封建思想和封建制度，归咎于封建统治集团的既得利益者。维新变法运动不仅触犯了实际掌握清廷最高权力的慈禧太后，也触犯了大多保守官僚的利益。他们虽然十分腐败，却仍然拥有比维新派强得多的力量，因而能够毫无顾忌地将维新派镇压下去。不过，维新派自身的历史局限性也值得反思。对不掌实权的光绪皇帝期望过高；不敢对阻碍革新的儒学进行批判，反而想利用孔子推进革新；不懂得发动下层民众；缺乏政治经验，过于急躁等等，这都是必须汲取的历史教训。总之，维新变法运动的流产，已充分表明中国的封建王朝积弊过深，自身已不可能自上而下地进行真正有效的革新，它只能逐步走向灭亡。诚然，到了20世纪初，在列强新的侵华战争的沉重打击下，清王朝也不得不打起改革的旗号，实行所谓的新政，做了许多当年维新派未能做成的事，如改革军制，编练新军；改革政治制度，筹备君主立宪；奖励实业，促进工商发展；废除科举制度，创建新式学堂，鼓励出国留学等等，其目的当然是为了挽救它濒临灭亡的命运。然而，新政虽然也在客观上推动了中国历史的进步和发展，却没能给清王朝带来好运，反而加速了它的灭亡。原因在于，大势已去，时不再来，历史再也不会给清王朝以机会了。

维新变法运动虽然中途夭折了，但它在中国近代化历史的进程中，仍是值得讴歌的。它在推动历史进步，促进革新大业方面所起的作用是必须予以肯定的，而它的受挫也教育和启迪了后人。新的革新风暴正是在它的基础上发展起来的。而维新派作为第二代革新者，以康有为、梁启超和谭嗣同等戊戌六君子为代表，他们的历史功绩，也将永垂史册。

对于维新变法运动和维新派的历史功绩，中外学者的评价并无大的不同。不过，多年来总有人把维新变法称为"改良主义"运动，并冠以"资产阶级"的帽子，从而贬低它的历史作用。因此，笔者也想就此话题多说几句。

改良和改革，其意基本相同，它的特点都是以非暴力手段推动社会历史的变革和革新，并以此区别于采取暴力手段的革命。然而，也不知从何时起，在汉语中，改革是褒义的，改良却似乎成了贬义词，特别是将其引申为改良主义，再加上资产阶级的帽子，将它与"革命"相对立，其贬斥之意就更明显了。既如此，将维新变法说成是"资产阶级的改良主义运动"，无形中就淡化了它的历史意义，这显然有失偏颇。尽管笔者有意不用"改良"这个词，但维新变法运动确是一种"改良"，与"革命"不同，两者的主要区别在于，在推动社会进步方面，所采取的方法和手段不一样，并无好坏之分。在"改良"和"革命"之间，也不论是否使用暴力，都谈不上绝对的好和坏，也可以说各有利弊，关键在于，它是否适应当时的历史条件和历史要求，是否真正推动社会历史的进步。再说，"改良"与"革命"，虽有区别，却并非黑白分明，完全对立，而是彼此互有联系，或互为条件，互相转化。改良可能引发革命，或为革命准备条件，而革命中也包含有改良和改革，或转化为改良和改革。这在人类历史上都是屡见不鲜的。因此，我们应当为"改良"正名，为维新变法运动正名，为过去受过批判的各种"改良"之举，如所谓的"实业救国论""教育救国论""科学救国论"等正名，如果没有教育、科学的改革、改良，如果不发展实业，真正的革命也是不可能发生和胜利的。历史已经清楚地表明，正是在维新变法的基础上，新的革新风暴，即辛亥革命酝酿、发展起来了。

#### 1.1.1.5 辛亥革命：中国近代史上第一座里程碑

作为中国近代历史上第三代革新者的杰出代表和领袖人物，孙中山早在甲午战争前后便开始了他的革命活动。在此以前，他虽然也对清王朝有过幻想，但很快便认识到清廷不可能实行真正的改革，遂下决心以武力推翻清王朝的统治。他创建了兴中会，并致力于发动武装起义。然而，他虽然早已被清政府目为"乱党""叛匪"，最初却并没有引起国人的关注，也没有得到大多数国人的支持。当时，维新变法运动正在兴起，街谈巷议都是关于维新变法的事，国人关注的是康有为、梁启超，而非孙中山。大多数国人仍将复兴的希望寄托在清政府身上。不过，随着变法运动被清政府残酷镇压，随着19世纪末20世纪初一系列重大事件的发生，情况开始发生变化。

由于列强瓜分中国的危机日趋严重，民众反抗侵略者的斗争再次掀起高潮，以北方农民为主自发而起的义和团运动席卷京津地区，并一度被清政府所利用，诱发了所谓的八国联军侵华战争。在列强的沉重打击下，清政府狼狈不堪，西太后被迫挟持光绪皇帝出逃，最终不得不屈膝投降，再次和各国列强签订丧权辱国的辛丑条约。一方面，列强的蛮横侵略行为，激起了中国人民更大的愤怒，使国人深感挽救国家危亡之迫切；而另一方面，清政府的无能和无耻，无疑更让国民感到无比失望。加之此前清政府又刚刚将维新变法运动镇压下去，使中国失去了一个自新自强的好机会，越来越多的人对这个愚蠢、腐败的清王朝不满，不少人因此走上反清的道路，开始响应以孙中山为代表的革命派的号召。

从改良转向革命，历史潮流的这一变化，还得益于中国社会的逐渐进步。在洋务运动和维新变法运动的推动下，新的生产力和新的生产关系逐渐发展起来，加之列强侵略的深入，欧风美雨的浸染，新思想的影响日趋扩大，新的社会力量渐渐成长起来。其中，最重要的是资产阶级、无产阶级以及和封建士大夫不同的新知识阶层。尤其是新知识阶层，或新知识分子，大多是新学堂的学生和出国留学生，他们受新思想的影响较大，对西方的情况比较了解，又十分关心国家的前途和命运，对历史潮流的变化最敏感。因此，当历史的发展提出新的要求时，便有愈来愈多的新知识分子走上反清的革命道路，并成为革命派的主要骨干。

正是在上述历史背景下，反清的革命派得以迅速发展壮大。华兴会、光复会等反清革命团体相继成立。1905年，孙中山及其领导的兴中会联合黄兴、蔡元培及华兴会、光复会等，在日本成立了统一的革命团体，即中国同盟会。这是近代中国第一个全国性的资产阶级革命政党。更重要的是，同盟会成立时，明确提出"以驱除鞑虏，恢复中华，创立民国，平均地权为宗旨"，号召全国民众起来推翻满清王朝的专制统治，建立民主的共和国。这充分表明，资产阶级领导的革命和过去的农民造反完全不同，他们所要求的不仅仅是改朝换代，而是革新社会制度。同盟会成立后不久，孙中山又把它的革命思想概括为民族、民权、民生三大主义，使革命派有了更明确的理论指导。

同盟会成立后，革命的声势越来越大。同盟会不仅进行革命宣传，大造革命舆论，而且派会员到全国各地组织武装起义。尽管在1911年的武昌起义之前，革命派的努力都没能奏效，但也沉重地打击了清王朝的统治，动员了民众，扩大了影响，为最后的成功作了准备。

不过，辛亥革命前革命派虽然已成为推动中国历史革新的主要力量，但当时还有一支社会政治力量活跃在历史舞台上，这就是立宪派。尽管维新运动失败后历史潮流已发生变化，支持革命的人日益增多，但坚持改良立场的仍大有人在。再加上庚子之变后清政府被迫实行所谓的新政，宣布要筹备立宪，这对立宪派无疑是很大的鼓舞。立宪派成员中，既有原来的维新派，即康、梁等人，他们又被称为保皇派，但他们仍坚持原来的主张，实行君主立宪，也可算作立宪派；又有受清政府"新政"的鼓励，而要求实行君主立宪制度的朝中大臣和封疆大吏，如袁世凯、张之洞、岑春煊、张謇等。立宪派也开展了各种活动，敦促清政府尽快实现立宪的诺言。他们的目的和清政府一样，都是为了挽救清王朝，但又有所不同。他们要求清政府进行改革，而清政府的新政却带有很大的欺骗性，总是故意拖延，迟迟不肯兑现实行立宪的诺言。他们最初也反对推翻清王朝的革命，一度与革命派对立，甚至与革命派进行过激烈的论战，但他们的活动实际上却帮助了革命派，而打击了清王朝。最后，当他们看到，清王朝已无可救药，且大势已去，便立即加入革命之中，和革命派一起，将清王朝打翻在地。

就在革命派加紧进行革命活动，而立宪派也在不断地向清政府施压之时，革命的形势亦逐渐成熟起来。在此期间，一些突发事件无疑成了革命的催化剂。首先，1908年，光绪皇帝和慈禧太后相继死去。对清王朝和当时的中国来说，这显然不是一件小事。尤其是西太后之死，其影响不可低估。作为数十年来掌握实权的最高统治者，西太后有比较丰富的统治经验和较强的统治能力。尽管此时清王朝已日薄西山，摇摇欲坠，但西太后的存在，仍不失为一种支撑的力量，而她一死，清王朝统治集团内部的凝聚力顿时大减，继任的最高统治者摄政王载沣又无统御全局的能力，且对包括人事等一系列重大问题处置失当，使统治集团内许多实力派人物，如袁世凯为首的北洋派等等，心生异志，危机时刻再不愿为清王朝卖命。虽不能说西太后之死是清王朝迅速灭亡的主要原因，但也不能完全否认它们之间存有某种连带关系。其次，则是立宪运动的严重受挫。西太后死后，1909年3月，清廷下谕旨重申实行"预备立宪"，使立宪派重新燃起希望，立宪运动再起高潮。但立宪派很快发现，这又是一场骗局。清政府对立宪毫无诚意，不仅一味拖延，而且偷梁换柱，把民主立宪变成了继续维护其专制统治的手段。一方面，清政府千方百计地压制和打击立宪派的和平请愿活动，另一方面，又把许多皇族成员塞进钦定的内阁，以继续控制政府大权。清政府的倒行逆施不仅遭到革命派的强烈反对，而且激起立宪派的愤怒，使立宪派感到彻底失望。此外，同样也是由清政府的愚蠢做法所激起，一个以维护国家利权为宗旨的保路风潮迅速席卷全国。起初，清政府为推行所谓的新政，曾允准民商成立公司，征集商股，修铁路，开矿山。但是，当各地商民纷纷行动起来，要求政府交涉，收回被外国列强窃夺的路矿权时，清政府却在列强的压力下食言自肥。1911年5月，所谓的皇族内阁一成立，便宣布将铁路收归国有，并以此为借口，向列强借款，变相地出卖国家利权。这种出尔反尔的做法，不能不激起全国商民的愤怒，保路风潮由此而更加汹涌澎湃，迅速波及湖南、湖北、四川、广东、浙江、江苏、河南、山西、安徽等省。尤其是在四川，民众的斗争不仅风靡全省，且因清政府的疯狂镇压，局部地区已由和平的抗争发展到武装起义，迫使清政府不得不从湖北和其它地区调兵到四川，加强对民众的镇压。上述事实充分表明，腐败无能的、濒临悬崖尚不知勒马、仍想苟延残喘的清王朝，其末日已经来临。正是它自己一次又一次地充当反面教员，使全国越来越多的民众认识到，不能再让它继续统治下去了。总之，一方面，以革命派为代表的革新力量不断地向清王朝发起冲击，动摇其统治，另一方面，清王朝也在自我孤立，自掘坟墓，使干柴布满神州大地，小小的火星便能燃起大火，置清王朝以死地。

正是在这样的形势下，1911年10月10日，革命派首先在武昌发难，打响了致命的第一枪。中国近代史上被称为辛亥革命的大幕由此拉开。随着武昌首义告捷，全国各地纷纷响应，越来越多的人被卷入革命大潮。其中不仅有革命派，也有立宪派，还有许多对满清统治者不满的旧官僚。他们的动机虽然各不相同，却无疑都起了壮大革命声势的作用，有助于彻底撼动清王朝的统治。在革命浪潮的冲击下濒临绝境的清政府，不得不重新起用一度被它罢黜的实力派人物袁世凯。然而，袁世凯早已对清廷心怀异志，在重新掌握清廷的大权之后，并不愿意真正为清廷卖命。在列强各国的支持下，他开始施展权谋。一方面，袁世凯以实力为后盾，压迫革命派，以迫使革命派作出妥协；另一方面，则以革命所造成的声势向清廷施压，迫其退位。他的最终目的是将最高权力掌握在自己手中。经过一番讨价还价，他终于达到了目的。正如大家所知道的，新的中华民国虽然成立了，清朝皇帝也退位了，而刚刚当选不久的临时大总统孙中山，却不得不把总统的宝座让给袁世凯。至此，辛亥革命亦告一段落。

对于辛亥革命从发生、发展到高潮及其最终结束，其大致过程及各种细节，史学家们已有大量著作出版，作过详细描述，但对若干重大问题的看法却不尽相同。因此，笔者也想就此发表一点意见。

首先，应当如何看待各派人物在推动革命的过程中所起的作用？毫无疑问，以孙中山为代表的革命派所起的作用最大、最重要，对此，人们并无分歧。但对立宪派所扮演的角色应如何评价，则看法不一，且贬之者多。诚然，立宪派曾反对过革命，后来又千方百计地夺取革命的领导权，但在武昌首义后群起响应，纷纷加入革命，则对壮大革命声势起了十分重要的作用，这是不应否定的。此外，当革命派坚持废除帝制，实行共和制度时，立宪派最终放弃了君主立宪的主张，这也应当予以肯定。不过，立宪派的问题相对而言比较容易解决，分歧更大的是如何评价以袁世凯为首的北洋派旧官僚的所作所为。多年来，辛亥革命时期的袁世凯一直被看成是反面人物，视其为破坏辛亥革命的祸首，斥之为窃国大盗，完全否定了他曾经起过的积极作用。[23] 今天看来，这种观点显然有失偏颇。确实，袁世凯并不是一个革命派，在革命发生前，他主张君主立宪，并不赞成革命；革命成功后，他掌握了大权，又大搞专制，进而企图复辟帝制，这都应当受到批判。但是，在革命浪潮兴起之后，他虽然掌握了清政府的大权，却不愿死心塌地地为清廷卖命，并最终迫使清帝退位，接受了共和制度。袁世凯这样做，当然不是要维护革命的利益，而是为了夺取权力，但在客观上毕竟推动了革命的进程，对革命的成功起了加速的作用。这也是当时的革命派所希望的。反之，如果握有实力的袁世凯完全听命于清廷，逆潮流而动，疯狂地镇压革命，则必然引发大内战，尽管革命也有可能取得胜利，无疑要付出更大的代价。当然历史不能假设，但如此反向思维，则可以帮助人们进行比较，更清楚地认识某些问题。显然，当时的革命派都不希望如此，对革命的发展也不会有任何好处。正因为如此，不管袁世凯的动机如何，他在革命发展过程中的所作所为，客观上为加速革命的胜利起了一定的作用，甚至是较大的作用，从而推动了历史的前进。这样说，并不是为袁世凯的一生作出全面评价，只是就他在辛亥革命中的作用实事求是地进行评估。至于他在执掌大权以后的表现当如何评价，则是另一回事。对袁世凯这样一生十分复杂的历史人物，不能只是简单地戴上一顶好人或坏人的帽子，而应当进行具体分析。总之，通过对上述各派人物的分析，完全可以得出这样的结论：辛亥革命的成功是由革命派为首而形成的、包括立宪派、旧官僚和全国民众在内的合力推动的结果。

其次，是如何评估辛亥革命的成果，即所谓的胜利和失败的问题？多年来，人们对此的看法并不完全一致。笔者认为，首先必须弄清评论的出发点，即必须站在历史发展的立场上，去研究重大的历史事件，看它是否推动历史的前进及其作用的大小，而不是从某些党派和少数人的利益出发，简单地对历史事件予以褒贬。

毫无疑义，从推动中国历史发展、尤其是推动中国近代革新事业的角度来看，说辛亥革命取得了伟大胜利，这并不为过。它不仅推翻了清王朝的专制统治，而且结束了在中国延续了两千多年的封建帝制，建立了以民主为灵魂的、以共和为名称的新的国家制度。它不同于中国历史上任何一次改朝换代，称得上是真正的革命。它将中国的近代化和现代化事业向前推进了一大步，堪称是中国近代史上"第一座里程碑"。尽管由于历史的条件所限，辛亥革命并没有真正实现民主，也未能使中国迅速实现近代化和现代化，但它毕竟为之创造了前提。革命的浪潮不仅有力地冲击了中国的封建专制思想和专制制度，而且进一步扩大了民主主义思想的传播，使民主政治的许多新因素开始在中国出现，如政党、议会等。革命还为新型工商业的发展扫清了若干障碍，使革命后的十多年里资本主义经济得以较快地发展。

毋庸讳言，辛亥革命也有不足，乃至失败的一面。其中，最主要的表现在于，革命所希望达到的最终目标，即建立一个真正独立的民主国家，未能成为现实。革命未能使中国摆脱西方列强的控制，真正恢复国家的主权。实行民主共和制度的中华民国虽然建立了，却名不副实，并未建立真正的民主政治制度。由于西方列强的侵略和控制，国家不能独立，加上封建专制制度的统治，这是阻碍近代中国发展的两大根本原因。辛亥革命未能完全解决这两大问题，如很多学者所说，未能真正改变中国的半殖民地半封建社会，因此而认为辛亥革命并不彻底，或遭到了失败，是符合历史事实的。对此，后人应当认真总结经验教训，应当继续努力，完成前人未竟之大业，而不是苛求前人。

如果对革命受挫或失败进行反思，则必须承认，力量对比悬殊，无疑是革命受挫或失败的客观原因，也是根本原因。就国家独立的问题而言，西方列强的力量十分强大，当时的中国国力虚弱，根本无法直接与之对抗，革命派对此也无可奈何。尽管在主观上革命派对列强的侵略本质认识不足，对列强存有幻想，其教训十分深刻，然而，即便革命派不犯错误，也无法改变敌强我弱的客观事实。反对专制，实行民主的问题，同样与客观的力量对比有关。清王朝和皇帝虽然被推翻了，封建专制也因此受到沉重打击，但在中国，封建思想的影响根深蒂固，专制势力异常强大，满清统治者虽被打倒，但汉族封建地主的力量并未受到大的冲击，且很快聚集到毫无民主意识、以袁世凯为首的北洋派旧官僚的旗下。此外立宪派虽然也被迫赞成共和，却并不真正懂得民主为何物，骨子里还是专制那一套东西，并很快与旧官僚们站到一起。即使是在革命派队伍里，也有不少人受到专制思想的影响，最终被旧官僚拉过去。更重要的是，以袁世凯等旧官僚为首的专制势力大权在握，控制着几十万军队，又得到西方列强的支持，专制阵营的力量远远超过革命民主派。以孙中山为代表的革命民主派，虽然也为反对专制势力卷土重来，建立民主政治制度，作过一些努力，但双方较量的结果却可想而知。

尽管革命民主派的努力未能成功，但他们的奋斗精神仍值得肯定。清帝退位，袁世凯上台以后，专制与民主的斗争就成了国内政治的核心问题之一。袁世凯虽然参与推翻了清王朝，并以此为交换，获得了最高的统治权力，却对限制其权力的民主政治制度毫无兴趣，并开始逆潮流而动，走上了维护和复辟专制制度的道路。他的倒行逆施当然是革命民主派不能答应的。为了在中国确立民主的政治制度，革命民主派不仅制定了临时约法，将同盟会改组为国民党，而且积极地开展竞选活动，力图在国会中取得多数席位。在革命民主派中，在为建立民主政治制度进行的斗争中，宋教仁的表现最为突出。他为国民党的竞选四处奔走，且一度取得不小的成绩，从而对袁世凯产生了很大的威胁。袁世凯为此企图收买他，却遭到他的严词拒绝。正因为如此，袁世凯终于下毒手，将他暗杀。他为民主所作出的牺牲，彻底地暴露了袁世凯反对民主，要当专制魔王的真面目，也使革命民主派真正警醒过来，彻底丢掉对袁世凯的幻想。

　　宋教仁为建立民主政治制度的奋斗虽然失败了，他的事迹却是可歌可泣的，将永垂史册。然而，遗憾的是，多年来，人们对他的评价却是贬多褒少。比较流行的观点是，宋教仁"醉心"于资产阶级的议会民主制度，他的失败证明资产阶级的民主在中国是行不通的。尽管这种说法也承认，实行资产阶级民主在当时的中国有进步的意义，却并不承认它对革新中国的普世价值，从而也贬低了宋教仁努力的重要作用。这是笔者所不能苟同的。事实上，在辛亥革命推翻了清王朝的专制统治，建立了共和制的中华民国，而袁世凯反对民主共和的真面目尚未完全暴露之时，革命民主派必须要做，且唯一能做的，就是努力建设民主的政治制度，使中国成为名副其实的共和国。因此，宋教仁的执着，是合乎历史潮流的。他和革命民主派的失误，在于缺乏政治斗争经验，对袁世凯为首的专制势力缺乏足够的认识和必要的警惕，也未能将整个国民党和民众的力量动员起来，迫袁世凯等人就范。如果他们不犯错误，结果可能不同，但也可能失败。然而不管怎样，我们不能以成败论英雄，应当看它是否顺应历史的潮流。至于将宋教仁的失败作为资产阶级民主在中国永远行不通的根据，这就更难令人信服了。不可否认，民主的政治制度是资产阶级创立的，但它并不是资产阶级的专利，而是人类文明发展的共同成果，具有普世价值。全世界所有的民族和国家最终都必须走上民主政治之路，只是实现民主的具体形式会有所不同，中国也是如此，且辛亥革命以后的百年历史已经雄辩地证明了这一点。宋教仁当年的失败，根子在于中国的专制传统太深厚，影响太大，尚不具备实现的历史条件。但历史在发展变化，总有一天条件会成熟起来。由此再来看宋教仁等人的奋斗，他们不愧为在中国建立民主政治的先驱者，虽败犹荣也。

　　再次，是如何看待宋教仁被害后，以孙中山为代表的革命民主派进行的斗争？袁世凯暗杀宋教仁得手后，知道此举必然会激起国民党的反弹，便在事先作好准备的情况下，决定以武力为后盾，先下手为强，向国民党发起进攻。宋教仁之死果然使国民党人无比愤怒，但如何应对，起初国民党内部的意见并不一致，直到袁世凯开始动手，孙中山、黄兴等才下决心发动反击。国民党人掌权的江苏、江西、安徽、广东、湖南、福建、四川、上海等省区，公开宣布独立，并以武力对抗北洋军。然而，由于北洋军优势明显，且早有准备，而国民党起事仓促，准备不足，所部军队又缺乏统一指挥，故双方激战近两个月，国民党终于遭到失败，各省的独立相继被取消。此即国民党的"二次革命"，又称"赣宁之役"。随后，袁世凯又宣布国民党的领袖和骨干孙中山、黄兴等人是"暴徒"，予以通缉，迫使他们亡命国外。面对袁世凯的倒行逆施，步步紧逼，国民党人奋起反击，当然十分必要，但在斗争的策略方面，无疑教训不少，值得反思。它也说明，革命民主派并没有找到继续革命的正确道路。更可惜的是，此次反击受挫，革命民主派的力量大大受损，元气大伤，内部凝聚力也受到严重影响。

相反，在顺利地击败国民党的反抗以后，袁世凯则得意忘形，变得更加狂妄了。然而，物极必反，这并没有给他带来真正的好运。他错误地估计形势，自以为天下无敌，毫无顾忌地推行其专制独裁政策，最后竟敢冒天下之大不韪，悍然复辟帝制，自称"洪宪皇帝"。"多行不义必自毙"，逆历史潮流而动者必将被历史所淘汰。愈来愈骄横的袁世凯并不懂得这个真理，他终于在全国民众的唾骂声中身败名裂，结束了自己的生命。

袁世凯复辟帝制的惨败，以及后来张勋、康有为等拥清朝废帝复辟的短命，都充分说明，尽管辛亥革命之后，中国未能实现真正的民主，但封建帝制的废除和共和制度的建立，已为全国大多数民众所接受，已成为历史的潮流，不可能再倒退回去。任何人企图逆潮流而动，都不会有好下场。此后，在中国手握大权，醉心于独裁专制者仍大有人在，却没有一个敢于公开称帝的。诚然，在中国，民主与专制的斗争远没有结束，还有很长的路走，需要一代又一代的人不断地作出努力，但历史的发展趋势是无法改变的。

总而言之,辛亥革命取得了伟大的胜利,在近代中国的历史上树起了一座新的里程碑。然而,由于历史条件的限制,它没有,也不可能完成中国革新事业提出的所有任务。它曾以其取得的辉煌成果给国人带来欢欣和希望,而它的受挫也使许多仁人志士颇感失落。面对困境,有人颓废、堕落,更多的人则是奋起,进行反思,作新的探索,继续在中国曲折的革新道路上前进。

## 1.1.2 历史的呼唤与中国共产党的诞生

### 1.1.2.1 辛亥后的中国:天下大乱与社会进步并存

中国共产党最早成立于 1920 年,即辛亥革命发生的十年之后。尽管当年此事并不起眼,亦鲜为人知,但今天来看,却是一件十分重要的大事。因此,对中共诞生的社会历史条件,尤其是当时的国内外形势进行认真的分析,无疑是非常必要的。那么,辛亥革命之后的中国究竟是何种状况呢?

对此,中外学者以及政治人物有过许多论述。最基本的看法可用四个字来概括:"天下大乱",或如毛泽东所说:"国家的情况一天一天坏,环境迫使人们活不下去。"[24]这样的看法当然符合历史的事实。袁世凯掌握国家大权以后,一方面继续实行向西方列强妥协的外交政策,出卖国家利益,尤其是为了换取日本对自己复辟帝制的支持,答应日本所提出的扩大侵略的"二十一条"要求,致使中国的民族危机更加严重,亡国灭种的危险更加迫在眉睫。另一方面,在国内,袁世凯践踏民主共和,加紧恢复其专制独裁统治,在大肆镇压革命民主派的同时,大搞尊孔读经活动,使整个中国变得乌烟瘴气。最后,他又公然自称皇帝,复辟帝制。他的倒行逆施虽然在全国民众的反对声中失败了,但继任的北洋军阀们并没有改变其专制的政策,致使新建立的中华民国只剩下一个躯壳,其民主的灵魂几乎完全丧失。更有甚者,由于北洋军阀集团内部发生分裂,分裂为以段祺瑞为首的皖系,以曹锟、吴佩孚为首的直系等等。他们为了争夺对中央政府的控制权,经常兵戎相见,大打内战,弄得国无宁日,民不聊生。正因为如此，这一时期也被很多人称为中国近代历史上最黑暗的时期。这也充分表明，辛亥革命确实未能真正解决中国所面临的许多重大问题，中华民族自近代以来就存在的民族矛盾和社会矛盾依然十分尖锐，中国必须继续革新或革命。

事实上，在辛亥革命以后的中国，以孙中山为首的革命民主派也没有停止过自己的斗争。如前所述，革命民主派进行过"二次革命"，也和全国人民一起，反对过袁世凯复辟帝制。袁世凯死后，孙中山又先后发动了反对北洋军阀专制的护法运动。他还对革命民主派的力量进行重组，建立了中国国民党，如此等等。尽管革命民主派的努力都未能成功，但他们屡败屡战，从不气馁的精神却令人敬佩。不过，革命民主派的多次失败也说明，孙中山等人尚未找到继续革新和革命的正确道路。他始终将军事斗争作为主要的手段，企图以武装斗争推翻北洋军阀的统治，对动员和发动广大民众并不重视。武装斗争当然十分必要，但是缺少广大民众支持的单纯军事行动，不可能取得胜利。况且，孙中山过于依赖地方军阀，并没有建立自己的革命武装，受挫自然难免。事实证明，辛亥革命后的中国，不仅需要继续革新和革命，而且需要新的革命力量加入革新和革命大业，需要探寻新的正确的革新和革命道路。而这，正是历史发出的呼唤，也正是中国共产党应运而生的历史背景。

更为重要的还有，历史不仅提出了要求，而且也为新的革命力量的出现准备了必要的条件。辛亥革命后的中国，不仅有天下大乱的一面，也有社会进步的一面。多年来人们谈得最多的是社会的黑暗和倒退，却忽视了当时出现的社会进步。实际上，任何事物都有两重性。出现天下大乱的一个重要原因，既和统治者的倒行逆施有关，又同它们的控制能力大大下降密不可分。其结果，一方面造成国家的分裂，社会的无序，这当然是不好的，但另一方面，必然使新的事物容易萌发和生长，再加上革命运动或多或少的推动作用，新事物自然有了更多的发展空间。正是在这样的背景下，与过去相比，辛亥革命后的中国社会有了显著的进步。它反映在经济、政治、思想文化等各个方面。

经济上，由于革命的推动和促进，带有资本主义性质的工商业有了较快的发展。再加上当时西方列强正在进行第一次世界大战，对中国民族工商业的压迫和排挤相对减轻，因此，辛亥革命后的十多年，成为中国民族工商业发展的"黄金时代"。有关统计数据显示，1912年至1919年，中国新建的近代工业企业，约470个，投资9500万左右，加上原有企业的扩建，新增资本达1亿4000万，约为辛亥革命前50年的总和。[25]民族工商业的兴盛，不仅有利于经济的繁荣，更有利于新的社会力量，即资产阶级、工人阶级以及为新经济服务的知识分子队伍的壮大。当然，我们也不能夸大当时中国民族工商业的发展水平，与发达国家相比，当时中国近代工商业经济的发展仍是微不足道的，但与辛亥革命前比较，毕竟有了较大的进步，这是不争的事实。

政治方面，民主共和毕竟在形式上取代了专制的封建帝制，虽然经历了几番曲折，但皇帝及其一整套制度体系，毕竟被完全扫进了历史的垃圾堆。与此相联系，政党、竞选、国会、约法或宪法等，这些与民主政治有关的新东西，毕竟在形式上走进了中国人的视野之中，登上了中国的政治历史舞台，甚至成为各派政治力量进行斗争的武器之一。其中最值得一提的是政党和政党政治的合法存在。尽管反对党多次遭到专制统治者的打压，各种所谓的党派亦良莠不齐，进步的保守的反动的政党并存，彼此之间的斗争也非常激烈，在斗争过程中并没有真正遵循民主政治的规则，甚至成为天下大乱的因素之一，但其意义仍是重大的。它是过去历朝历代所没有的。在此以前，"结党"总是与"营私""谋反"联系在一起，被视为大逆不道，罪不可赦。而现在，组成政党变得合法或半合法了，这不能不是一个进步。如果没有政党政治的合法化或半合法化，作为革命民主派的国民党以及其它政党就难以生存，后起的共产党也难以建立，中国的革新和革命事业就不可能继续发展。

再从思想文化方面看，进步就更加明显了。伴随着政党政治的存在，思想言论自由，新闻出版自由，集会结社自由等，毕竟在原则上得到了公认，专制皇权时代舆论上的专制和一统天下的局面，在相当大的程度上被打破。当权的北洋军阀统治者虽然并不喜欢民众拥有这样的民主自由权利，也总是制造各种借口对不利于自己的思想、言论、报刊和出版物进行打压，但效果毕竟有限。正因为如此，各种新报刊、新书籍、新社团如雨后春笋般应运而生。为了探求中国的出路，很多人，很多社团创办了自己的报纸，出版有自己的书籍，发表自己的见解，形成了自春秋战国以来前所未有的"百家争鸣"局面。也正是在这样的社会氛围中，笔者将在下文叙述的新文化运动才得以兴起，各种新思潮才能在中国得到广泛的传播。这在以往的中国，是人们想也不敢想的，甚至直到百年后的今天，仍是人们所期盼，却未能完全实现的梦想。毫无疑问，思想文化方面的相对自由，对于新的革新和革命力量的成长，对于国人进行探索，寻找新的出路都是十分重要的。

上述事实充分地表明，辛亥革命后的中国不仅出现了天下大乱的黑暗局面，也有社会进步的一面。倒退与进步并存，黑暗与曙光同在，这看似十分矛盾，也十分奇怪，其实也好理解。从某种意义上讲，正是乱，反映了专制统治被削弱，从而为新生事物的成长，为历史的进步扫清了道路。大乱与黑暗是坏事，也是好事。人们常说，天下大乱，群雄并起，或说乱世出英雄，如此等等，表达的就是这个道理。而这样的实际例子，在古今中外的历史上，并不鲜见。

正是辛亥革命后中国社会的复杂状况，为中国共产党破土而出准备了最合适的土壤。当时社会历史的发展，即倒退与进步、黑暗与曙光的同时存在，不仅提出了组建新的革命政党和团体的要求，而且为之准备了必要的条件，使这种要求的实现有了可能。过去人们重视前者，忽视后者，这带有很大的片面性，无疑应当予以纠正。更为重要的是，除了已经具备的必要的社会环境和社会氛围外，辛亥革命后的中国和世界还发生了一系列重大事件，从而大大促进了中国共产党的诞生，这就是第一次世界大战、新文化运动、五四爱国运动和俄国十月革命。

### 1.1.2.2 新文化运动不朽的历史功绩

新文化运动发轫于 1915 年，开始于陈独秀创办的《青年》杂志（后改名为《新青年》）。新文化运动不仅是洋务运动以来革新和革命事业不断发展的产物，更是先进的中国人对以往的奋斗，特别是对辛亥革命进行深刻反思的结果。这一点，十分清楚地反映在新文化运动的首倡者陈独秀的思想变化上。

陈独秀生于 1879 年，年轻时曾拥护过维新变法运动，自称"康党"，后来又积极投身于反清斗争，成为"乱党"。辛亥革命时期，他曾是安徽革命党人中极有影响的骨干分子。国民党的"二次革命"失败后，他亡命日本。正是在日本期间，陈独秀痛定思痛，对革命的成败，也对整个中国的历史进行了深深的反思，并由此认识到，中国的革新和革命之所以屡屡受挫，关键在于没有一个思想文化革命，国人未能在思想伦理上真正有所觉悟。他说："自西洋文明输入吾国，最初促吾人之觉悟者为学术，相形见绌，举国所知矣；其次为政治，多年来政象所证明，已有不克守缺抱残之势。继今以往，国人所怀疑莫决者，当为伦理问题。此而不能觉悟，则前之所谓觉悟者，非彻底之觉悟，盖犹在悄恍迷离之境。吾敢断言曰：伦理的觉悟，为吾人最后觉悟之最后觉悟。"[26] 正因为如此，陈独秀下决心为唤起国人的思想伦理觉悟而努力。1915 年他从日本回国后，便在上海创办了《青年》杂志，揭开了新文化运动的序幕。从此，陈独秀以该杂志为主要阵地，发表了一系列文章，大破旧的思想伦理观点，大倡新思想新伦理新文学，迅速在全国的思想文化界，尤其是在青年知识分子中激起了强烈的反响。1917 年春，陈独秀应蔡元培的邀请，到北京大学任教，《新青年》也迁到北京。更多的杰出人物加入到新文化运动中来，如李大钊、胡适、鲁迅等，北京大学等大中学校的学生也纷起响应，各种宣传新思想新文化的刊物纷纷出版，新文化阵营得以迅速发展壮大。

新文化运动之所以能在短短的几年里，在中国的思想文化界产生极大的震撼作用，自然与它的内容密切相关。这主要表现在以下几个方面：

其一，新文化运动揭幕伊始，便高高举起民主和科学两面大旗，为中国的革新事业指明了正确的前进方向。民主，当时也称人权，或因其英文的读音又被称为"德先生"；科学则被称为"赛先生"。陈独秀在《青年》创刊号上发表的文章中说："自人权平等之说兴"，欧洲才得到解放。"近代欧洲之所以优越他族者，科学之兴，其功不在人权说下，若舟车之有两轮焉"。"国人欲脱蒙昧时代，羞为浅化之民也，则急起直追，当以科学与人权并重"。[27]几年以后，陈独秀又在《本志罪案之答辩书》中更加明确地指出："西洋人因为拥护德赛两先生，闹了多少事，流了多少血，德赛两先生才渐渐从黑暗中把他们救出，引到光明世界。我们现在认定只有这两位先生，可以救治中国政治上道德上学术上思想上一切的黑暗。若因为拥护这两位先生，一切政府的压迫，社会的攻击笑骂，就是断头流血，都不推辞。"[28]可见，新文化的倡导者在提倡民主和科学时，不仅旗帜鲜明，态度坚定，而且毫不畏惧，气概非凡。

实事求是地说，在近代中国的历史上，民主也好，科学也好，并非新文化运动首创。在此以前，维新派、革命派都提倡过。但是，对于民主和科学的重要价值，民主与科学这两者之间密不可分的关系，在中国实行民主与科学的极端重要性等等，新文化运动倡导者的认识，要比他们的先辈深刻得多。他们与前辈不同，不仅仅是将民主与科学作为一般的口号提出来，而是将其作为带根本性的纲领予以强调，将其作为救治黑暗中国的唯一良方呈现给国人的，且态度之坚定，也是其前辈无法相比的。此后的历史已经充分证明：民主与科学这两大纲领，对于改造中国多么重要，至今仍不失其重大意义。

其二，新文化运动始终坚持以民主与科学为纲，猛烈地批判统治了中国两千多年的孔孟儒学，在中国首次勇敢地喊出了"打倒孔家店"的口号。这无疑也是前无古人的壮举。在此以前，维新派和革命派虽然也倡导过民主与科学，却不敢触动以孔孟儒学为代表的封建专制思想和封建伦理道德，也不懂得这两者之间是完全对立的，如水火之不能兼容。维新派甚至企图将其调和，宣扬所谓的"托古改制"。自汉朝以来,也不断有人对已经一统天下的孔孟儒学提出质疑和批评,但人少势微,成不了气候。而新文化运动的倡导者与其前人完全不同,从一开始就十分清楚地认识到,民主与科学和封建专制思想不能并存,提倡民主与科学,就必须无情地抨击封建的专制思想和伦理道德,如陈独秀所说:"要拥护那德先生,便不得不反对孔教、礼法、贞节、旧伦理、旧政治。要拥护那赛先生,便不得不反对旧艺术、旧宗教。要拥护德先生又要拥护赛先生,便不得不反对国粹和旧文学。"正是基于如此深刻的认识,新文化运动的倡导者从一开始就向封建的专制思想和伦理道德,向集封建的思想和伦理道德大成的孔孟儒学发起了猛烈的进攻,并产生了巨大的影响。

对于新文化运动的反孔批孔斗争,不仅当时的顽固守旧派强烈地表示反对,后来也有人提出过非议,其理由无非是新文化运动把孔子、孟子一棍子打死,过于激进。事实并非如此。新文化运动的倡导者并没有全盘否定孔孟的思想,他们所抨击的是孔孟思想中为专制统治服务的旧伦理道德,所触动的是中国的中枢神经和根基。对于孔孟思想中有价值的内容,他们并没有否定。对这一点,陈独秀说得很清楚:"我们反对孔教,并不是反对孔子个人,也不是说在古代社会无价值。不过因他不能支配现代人心,适合现代潮流,还有一班人硬要拿他出来压迫现代人心,抵抗现代潮流,成了我们社会进化的最大障碍。"[29]事实也证明,如不将这个最大的障碍彻底扫除,中国的社会就无法前进,中国的革新事业就不可能成功。这正是新文化运动反孔批孔的意义所在。

其三,为了彻底地反对旧思想旧道德,新文化运动高举文学革命的旗帜,反对旧文学,提倡新文学,反对文言文,提倡白话文。中国古代的文学曾经取得过辉煌的成就,也是中国古代文明高度发展的重要标志之一,为维护长期的封建统治立下过汗马功劳。然而,随着社会的发展,时代的变迁,古代的旧文学及其主要的语言表达方式,即文言文,愈来愈不适应社会的需要,越来越成为束缚人们思想的框框。旧文学充斥于中的封建的思想和伦理道德说教,文言文的艰涩难懂,无不成为自由思想和文化普及的障碍,必须从内容到形式进行彻底的改革，将几千年来宣传封建旧思想的旧文学，改造成适合传播民主与科学新思想的新文学，摒弃深晦艰涩的文言文，改用明白易懂的白话文。正是在这样的背景下，新文化运动的倡导者先后发起了文学改良和文学革命。无疑，这也是一件功德无量的大事，对中国的思想文化建设起了巨大的促进作用。

正是上述新文化运动的所作所为，震撼了当时的中国社会，尤其是中国的思想文化界，为推动历史的前进作出了不朽的贡献。

首先，新文化运动促成了中国近现代历史上前所未有的启蒙运动、思想解放运动。

从19世纪末到20世纪初，为了促进中国的社会变革，洋务派、维新派和革命派均在不同程度上倡导向西方学习，做过启蒙的工作。但是，由于他们引进的"西学"或"新学"过于肤浅，又缺乏系统，加之他们根本不敢触动封建的"中学"或"旧学"，因而对国人所起的启蒙作用很小。中国近代史上真正的启蒙运动兴起于新文化运动之后。新文化运动以民主与科学为武器，猛烈地抨击封建主义的蒙昧无知，无情地攻打以孔孟儒学为核心构筑的封建主义堡垒，从而大大地启迪了国人，尤其是知识青年的理智，使他们如同拨开云雾见太阳一般豁然开朗，由此而吹响了思想解放的号角。

国人和知识青年的思想解除了孔孟儒学和封建礼教的束缚，获得解放所带来的一个直接成果，便是各种新思潮在中国的传播。来自西方的新思潮虽然内容庞杂，良莠不齐，但它毕竟打破了中国思想文化界延续了两千多年的"万马齐喑"的沉闷，促成了自春秋战国以来从未有过的"百家争鸣"的生动局面。更为重要的是，正是由于思想的解放和百家争鸣的出现，马克思主义或科学社会主义，作为被引进的新思潮之一，也开始在中国得到传播。对此，笔者还将在下文作进一步阐述。

其次，新文化运动培育出了一代掌握新思想，以改造黑暗中国为己任的新人，特别是一代新青年，为五四爱国运动的兴起和中国共产党的成立准备了骨干。

新文化运动的根本宗旨，就是要革国民思想的命，改变国人的思想,尤其寄希望于青年。运动伊始,果然在国人中,特别是在青年学生中激起极大的反响。他们争相阅读《新青年》,为之激动,为之赞叹。当时就有很多青年说:"我们素来的生活,是在混屯的里面,自从看了《新青年》渐渐地醒悟过来,真是像在黑暗的地方见到了曙光一样。"毛泽东后来也回忆说:"《新青年》是有名的新文化运动的杂志,由陈独秀主编。当我在师范学校做学生的时候,我就开始读这一本杂志。""有很长一段时间,每天除上课、阅报以外,看书,看《新青年》,谈话,谈《新青年》;思考,也思考《新青年》上所提出的问题。"[30]正是随着新文化运动的发展和深入,越来越多的知识青年接受了民主与科学为核心的新思想,一大批新人,主要是新的青年茁壮地成长起来,他们以改造黑暗的旧中国为己任,并立即行动起来,纷纷建立各种新的团体,探求救亡图存、振兴中华的道路,这不仅促成了伟大的五四爱国运动,而且在中国的大地上,揭开了以"改造中国和世界"为宗旨,具有广泛群众基础的社会改造运动的序幕,为以后中国社会的大变革开了先河。

在五四前后成立的各种革新团体中,中国共产党当然最为重要。中共的创立无疑也得益于新文化运动。不仅中共的主要创始人陈独秀、李大钊就是新文化运动的倡导者,而且中共早期的骨干也都是新文化运动培育出来,并在五四爱国群众运动经受过锻炼的先进青年,其中包括毛泽东、周恩来等等。如果没有新文化运动,中共就不可能很快出世,这是谁都无法否认的历史事实。

在促进中国共产党诞生的过程中,值得一提的还有,新文化运动不仅为马克思主义的传播扫清了障碍,而且在运动的后期,李大钊、陈独秀等已将介绍俄国革命,宣传科学社会主义,即马克思主义作为新文化运动的主要内容。正是由于他们的努力,一批先进的知识分子很快接受了马克思主义,为中共的创立奠定了自己的理论基础。

不过,在谈及马克思主义传播时,有一个重要的问题值得认真研究:在20世纪初极不发达的中国,为什么社会主义或马克思主义思潮会受到部分知识精英的青睐,并很快在中国得到传播呢?对此,很多人作过解释。然而,这是一个比较复杂的问题,是由多种因素造成的，不能用教条主义的说教作简单的回答，必须进行具体的分析。

按照一般规律，社会主义或马克思主义发源于资本主义比较发达，民主主义思想已有很大影响的国家和地区。由于社会的发展，早期资本主义的弊病和早期民主主义思想的局限性，已明显地暴露出来，部分知识精英便据此认为，资本主义社会并非所有人的天堂，民主主义也不能给所有的人带来真正的民主、自由和平等，社会主义学说由此而出现。社会主义最初只是一种理想或乌托邦空想，到了19世纪40年代，经过马克思恩格斯的努力和创造，才从空想发展成为所谓的科学，即后来被称为马克思主义的理论。它的宗旨是在推翻资产阶级统治的后资本主义时代，建立一个没有剥削和压迫，比资本主义社会更公平更自由，所有的人都能得到幸福的人间天堂，即社会主义和共产主义社会。总之，马克思主义是在资本主义社会的基础上，为解决资本主义存在的矛盾和弊病而创立的，当然主要适应资本主义相对比较发达的国家的需要，且以资本主义社会中无产阶级这一新的社会力量为其社会基础或阶级基础的。

然而，在19世纪末20世纪初的中国，资本主义虽然有了初步的发展，民主主义也开始产生影响，但中国仍是一个十分落后，政治经济文化方面仍是封建主义占绝对优势的国家；社会内部的矛盾虽然十分尖锐，却主要不是由资本主义的发展所引起，更不是因为实行民主主义所产生。照理说，社会主义或马克思主义在中国是无用武之地的，很难适应当时中国社会的需要，也不会引起国人的重视。但奇怪的是，实际情况正好相反，奥秘究竟何在？

事实上，在辛亥革命以前，社会主义或马克思主义虽然在欧洲已创立了半个多世纪，但对中国几乎毫无影响。这并不是中国没有一个人知道社会主义或马克思主义，原因在于当时中国的社会环境或国情，与欧美差得太远，远非中国所需要，即使有人知道社会主义，也不会对之感兴趣。孙中山就是典型的例子。他对欧美的各种新思潮，最感兴趣的仍是民主主义，尽管也夹杂一点社会主义的色彩。即便是在辛亥革命之后的最初几年里，中国的知识精英们感兴趣的也是民主主义。以陈独秀、李大钊、胡适、鲁迅为代表的新文化运动的倡导者就是如此。他们当时认为，要解决中国的问题，只能靠民主主义。必须肯定，就当时中国的国情而言，他们的认识并不错。这也正是新文化运动能够发生巨大影响的根本原因所在。

那么，对一部分知识精英，主要是革命民主派中的激进分子，即陈独秀、李大钊等人，为什么后来风向又变了呢？

风向的变化主要发生在五四爱国运动前后。促使一部分知识精英选择方向变化的原因很多，但最重要的则有以下几个方面：

首先，当然是因为国际形势发生了变化。其中最为重要的大事，一是第一次世界大战爆发。这次主要在西方列强之间发生的大规模战争，对整个资本主义世界的打击和破坏是空前的，几乎使资本主义社会走到了濒临崩溃的地步，将西方资本主义和民主主义的弊病完全暴露出来，导致其神话的破灭。此外，就西方列强对中国的关系而言，虽然它们对中国的侵略曾激起中国民众的愤怒，但在第一次世界大战中，列强所宣扬的所谓"公理战胜强权"曾一度给中国民众带来希望。但是，西方列强在大战中及大战后对日本扩大侵华权益，却予以纵容和支持，便很快使中国民众的幻想完全破灭了。二是苏俄革命的爆发。沙皇统治下的俄国以前也是疯狂侵略中国的列强之一，中国民众对之并无好感。但是1917年的俄国十月革命发生并取得胜利后，情况却发生了很大的变化。新建立的革命政府很快宣布改变以往沙皇的侵华政策，放弃沙俄在中国获得的侵略权益。此举立即在中国民众中激起很大的反响，很多人开始对新的苏俄刮目相看。此外，由于俄国革命党人自称信奉马克思主义，他们所进行的是社会主义革命，这也立即引起中国一部分知识精英的莫大兴趣，促使他们去深入了解苏俄革命的情况，并开始研究马克思主义和社会主义。于是，一方面西方资本主义列强的所作所为，使中国广大的民众对资本主义的那一套颇感失望，而另一方面，一部分先进的知识分子开始对苏俄革命产生好感，开始被导致俄国革命胜利的社会主义和马克思主义所吸引，并最终接受了社会主义或马克思主义。二十多年后，毛泽东说："十月革命一声炮响，给我们送来了马克思列宁主义。十月革命帮助了全世界的也帮助了中国的先进分子，用无产阶级的宇宙观作为观察国家命运的工具,重新考虑自己的问题。走俄国人的路——这就是结论。"[31]这个看法,应当说基本上是符合历史事实的。

其次,中国国内形势的继续恶化,也是风向变化的原因之一。如前所说,辛亥革命以后,由于封建专制主义思想的顽固,加之革命民主派的幼稚和软弱,大多数民众的冷漠,在中国实施民主主义的努力遭到失败,中国的情况似乎变得更加混乱了,这不能不使部分知识精英感到失望。许多人由此认为,民主主义在中国行不通,解决不了中国的问题,必须选择其它道路。在此过程中,曾有人青睐过无政府主义等其它的主义,而激进的民主主义者则更倾向于社会主义或马克思主义。

再次,除了上述外部原因,新的社会主义或马克思主义理论本身所具有内容和特点,无疑也对中国当时的先进分子产生了较大的吸引力。中国激进的知识精英们,他们探求真理的出发点都是为了救国救民,改造当时的黑暗社会,任何革新的方案,只要对此有效,他们都会感兴趣。新的社会主义或马克思主义具有反对现存社会的强烈革命精神,不仅反对封建专制主义,更是反对资本主义的,这不能不在中国激进的知识精英中产生强烈的共鸣,成为旨在彻底改造中国社会的知识分子的最佳选择。不仅如此,新的社会主义或马克思主义主张建立一个没有剥削,没有压迫,人人平等,人人幸福的新社会,这对于深受中国古代大同社会思想影响的知识分子,无疑也是心心相通的。尽管他们并不真正了解未来的社会主义和共产主义社会到底是个什么样子,但这并不妨碍他们认定,只有社会主义或马克思主义才能救中国。此外,新的社会主义或马克思主义主张发动、依靠广大民众的力量,尤其是新的下层劳工阶级,像俄国一样,用进行阶级斗争的方式,来达到革命改造的目的,而不是单纯依靠武力,或仅仅醉心于少数人的军事行动。在中国的先进分子看来,这不失为一条真正的新路。

最后,还有一点也必须提及。中国的先进分子最初接受马克思的社会主义理论的人并不多,其中最著名的为李大钊、陈独秀。而他们都是新文化运动的倡导者,在思想文化界威望很高,影响很大,被誉为青年的导师。由于他们首先接受了马克思主义，随后又大力地开展宣传，使得更多的青年知识分子追随其后，成为马克思主义的信仰者。因此，他们在传播马克思主义过程中所起的特殊作用也不可低估。

总之，在上述各种因素的共同影响下，以前国人并不重视的马克思主义或社会主义，却成为中国先进的知识分子的重要选择。正是这，如多年来中国官方所说，为中共的诞生奠定了思想理论基础。毋庸讳言，今天看来，当年很多人接受马克思主义或社会主义时，并不真正了解它，用瞿秋白的话来说，只是"隔着纱窗看晓雾"，至于对俄国革命和俄国的社会主义的认识，也同样如此。此外，对西方的资本主义和民主主义，他们的认识大多也是片面的。即便是对中国的国情，多数人也没有吃透。不过，我们却不能因此而苛求前人。世界上并没有真正"放之四海而皆准"的理论，人间也没有料事如神的仙人。根本的问题在于能否与时俱进。说到底，当时先进的知识分子接受马克思主义或社会主义，是一种历史的选择。同样，新文化运动也不是没有历史的局限性，但它对推动中国社会前进，尤其是对中国共产党的成立所作的特殊贡献，却是无法否定的。

### 1.1.2.3 从五四到六三：中国民众的新觉醒

在辛亥革命以后的动荡岁月里，还发生过一件大事，这就是1919年的五四爱国群众运动。它同样对中国近现代历史的发展产生过重大影响，也对促进中国共产党的成立起过十分重要的作用。

五四爱国运动是怎样发生的？它当然同20世纪以来中国的进步有关。从维新变法到辛亥革命，尤其是民国成立之后，尽管中国历史前进的道路崎岖曲折，但社会的进步仍是十分明显的。其中，最重要的表现，是由于新的生产力和生产关系的出现，新的社会力量，包括资产阶级、无产阶级和新的学校所培养的、以及留学外国归来的一大批青年学生已成长起来。这都是近代以前的中国所没有的。他们产生于革新事业的发展，而他们的出世和壮大，反过来又必然要推动社会革新事业继续前进。例如，中国新生的资产阶级，它是随着中国资本主义经济的出现而产生的，也是当时新的生产力和生产关系的代表。由于在其发展过程中，中国的资产阶级和资本主义不仅受到外国资本的排挤，而且受到本国封建主义的压迫，因而从一开始就有反对外国侵略和本国封建统治的倾向，就有革新中国的要求，19世纪末和20世纪初先后发生的维新变法运动和辛亥革命，都因此而得到过资产阶级的支持，甚至一直被看作就是资产阶级的运动。尽管由于资产阶级在发展资本主义经济的过程中，又不能完全割断其同外国资本和封建国家政权的联系，因而在革新和革命的过程中，它总是表现出被后人所诟病的软弱性和妥协性，但它仍不失为支持中国革新和革命事业的一支重要力量，尤其是在民族矛盾和社会矛盾尖锐时，资产阶级不但会加入革新或革命阵营，而且也会发挥较大的作用。至于中国的无产阶级，主要是近代工厂的产业工人，同样是伴随着资本主义经济的发展而产生和壮大起来的，也是中国先进生产力的代表。它不仅受到外国资本和本国封建统治的剥削和压迫，还受到本国资产阶级的盘剥。他们一无所有，只能靠出卖劳动力为生，出力甚多，而收入极少，故生活极为艰难。他们和存在了几千年的中国农民一样，生活在社会最底层，其悲惨境地也使他们如同农民那样，容易受到鼓动，起来造反或革命。不过，产业工人与农民相比，又有很多不同或优点。由于他们的工作与近代大机器生产相联系，见识较广，又集中在工厂和城市里，不像农民那样分散在交通不便的农村，更容易显示出自己的力量。因此，他们的人数虽然不多，却无疑是广大下层民众中最值得关注的一支队伍，尤其被社会主义或马克思主义者所重视，被视为社会主义或共产主义政党的阶级基础。此外，在中国新的社会力量中，还有一个值得重视的新知识分子群体，特别是青年知识分子群体。其成员都是近代设立的新式学校培养出来的，其中一部分人还出过国留过学，与古代中国的士大夫完全不同。他们接受过近代科学文化的教育，思想敏锐，既受到过古代爱国传统的影响，又有近代民族主义和民主主义的理念。因此，他们大多以革新和改造社会为己任，且能不惧风险，冲锋在前。尽管他们并不是一个独立的阶级，并经常随着形势的变化而发生分化，各有一些人依附不同的阶级，少数人甚至追随反动的统治者；即便是始终坚持革新或革命的知识分子，本身也存在着许多弱点，但他们毕竟是推动中国革新和革命事业不可或缺的力量，尤其是在读的大中学校的青年学生，总能在历史发展的重要时刻，起到冲锋陷阵的特殊作用。这种现象开始于五四前后，在后来中国的变革中也屡屡有所反映。以往，出于政治需要，或为了突出工农大众，人们常常有意或无意地贬低青年学生和知识分子的作用，甚至给他们统统戴上资产阶级或小资产阶级的帽子，这显然是不公正的。总而言之，正是这些新的社会力量，掀起了五四爱国风潮。没有他们的共同努力，五四爱国运动就不可能发生。

此外，还必须指出，仅仅有了新的社会力量，仍是不够的。民众运动的兴起必须由思想作先导。前文所说的新文化运动正好起了这样的作用。它打破了封建旧思想对国人的束缚，使广大民众的思想得到了解放；它扩大了民族主义和民主主义的影响，为中国民众的新觉醒奠定了思想基础。新文化运动对当时青年学生的影响特别明显，正是它有力地激发了青年知识分子关心中华民族的命运，关注中国前途的爱国热情，使他们在民族危机深重的重要时刻迅速奋起，从而带动更广大的民众起来为国家的兴亡而奔走呼号。有鉴于此，虽然陈独秀等人并没有直接策划和指挥爱国运动，民众的奋起带有自发性，但作为新文化运动的倡导者，陈独秀仍被视为五四运动的总司令，而民众的自发行为也是以救亡图存的自觉性为基础的。

毫无疑问，引发五四爱国群众运动的根本原因乃至导火线，则是日本不断扩大的侵略行为和欧美列强对日本的袒护和纵容。众所周知，日本乘第一次世界大战爆发之机，以对德国开战为借口，出兵占领了中国的青岛等地，同时又逼迫袁世凯接受日本提出的旨在灭亡中国的"二十一条"。第一次世界大战结束后，获胜的协约国在巴黎召开和会，讨论如何处置战败国的权利问题。由于中国后来也正式参战，加入了协约国一方，也因此获得出席巴黎和会的权利。这一度使中国的民众受到鼓舞，北洋政府的代表团也想借此机会提出维护国家权利的要求，诸如废除外国在中国的势力范围，取消中日"二十一条"及换文，将战前德国在山东攫取的各项权益直接归还中国等等。

然而，不仅日本蛮横无理地拒绝了中国的正当要求，而且口口声声宣称主持"正义"的欧美列强也失言自肥，袒护日本，不顾中国人民的强烈反对，决定将山东的权益让与日本。而对于这样的结果，北洋政府竟然准备接受，打算在巴黎和约上签字。这不能不激起中国民众的愤怒，五四爱国运动由此而爆发。

当巴黎和会上中国外交失败的消息传到国内时，国人无不义愤填膺。1919年5月4日，北京大中学校的学生首先发难，他们高呼"外争国权，内惩国贼""废除二十一条""还我青岛"等口号，齐聚天安门广场，集会游行，揭开了爱国运动的序幕。随后，在北京学生的鼓舞和影响下，全国各大中城市的学生们也奋起响应，纷纷举行游行集会，实行罢课，迅速掀起一个学生运动的高潮。在此后的一个月里，即爱国运动的第一阶段，青年学生是运动的主力，而运动的中心则在北京。从6月3日开始，情况发生了变化。在青年学生的宣传鼓动下，在中国最大的城市上海，各个重要马路的商人、店员宣布罢市，一些工厂的工人也陆续起来罢工。这表明，中国的资产阶级和工人阶级也开始加入爱国运动。在上海的商人和工人的带动下，其它城市的商人和工人也行动起来，宣布罢市、罢工，爱国群众运动的规模迅速扩大，将斗争推向高潮。从此，资产阶级和工人阶级成为运动的主力，运动的中心也从北京转移到上海。

从一开始，爱国运动所定的斗争目标就十分明确，就是要求北洋政府罢免亲日派官僚曹汝霖、章宗祥、陆宗舆，并拒绝在巴黎和约上签字。由于青年学生缺乏实力，学生运动的声势虽然很大，却难以真正撼动顽固的北洋政府。然而，商人和工人的加入，情况则完全不同了。商人的罢市和工人的罢工，立即对整个社会的经济和秩序形成巨大冲击，迫使北洋政府不得不接受民众的要求，再加上留学法国的中国学生也在巴黎对中国代表团施加了巨大的压力，北洋政府最终被迫罢免了三个亲日派官僚的职务，也未敢在巴黎和约上签字。至此，五四爱国运动的直接斗争目标得以实现。

无疑，五四爱国运动具有重大的历史意义。这不仅表现在由于民众的奋起，并通过非暴力的群众斗争方式，迫使顽固的统治者不得不接受国人的要求上，这在中国的历史上确实是破天荒的；更在于它充分地显示出了中国民众的新觉醒和民众的巨大力量。除了因为交通不便、信息不通的农民，包括学生、知识分子、商人、店员、工人和其它市民在内的中下层民众，都被动员起来，出于爱国救亡的自觉认识，自发地加入到运动之中，这样的新觉醒在历史上是史无前例的；同时它也清楚地昭告世人，在中国的中下层民众之中，蕴藏着多么巨大的力量。

诚然，在这次爱国群众运动中，各种社会力量的表现及其发挥的作用并不相同。青年学生们最为敏感，最为积极主动，无疑起了先锋的作用；商人们虽然显得比较被动，但在学生的鼓动下，终于义无反顾地宣布罢市，并对运动的发展起了重要的作用。多年来，出于政治的需要，官方对属于资产阶级的商人罢市并不重视，常常只是轻描淡写地提及，也不承认商人的作用，显然有失偏颇。事实上，上海和各地商人的罢市，同工人的罢工一样，都对北洋政府产生了很大的冲击。至于工人阶级在五四爱国运动中的表现和所起的作用，无疑更应当充分肯定。中国的产业工人，特别是铁路工人，掌握着近代交通的命脉，他们奋起举行大罢工，对北洋政府的打击自然十分沉重，对爱国运动取得最后的胜利影响极大，这是不言而喻的事实。更值得一提的是，中国工人阶级的举动，表明它从此开始登上了中国的政治历史舞台，成为一支不可忽视的力量。不过，我们也不能过高地估计工人阶级的作用。有人说，工人阶级在运动中"发挥着主力军的作用"，已"开始作为一支独立的政治力量登上历史舞台"。[32] 对此，笔者很难苟同。事实上，当时也很难找到工人阶级已成为运动"主力军"，或成为一支"独立的"政治力量的充分证据。

对于即将成立的中国共产党，五四爱国运动更具有特殊的意义。一批有志于改造中国的先进的知识分子，尤其是比较激进的知识青年，大多在运动中得到锻炼，从而成为创立中共，或成为中共早期组织的骨干。而广大民众，尤其是产业工人在爱国运动所显示的觉悟和力量，对那些倾向社会主义的先进分子，产生了极为重要的启迪，使他们将自己的目光迅速转向劳工大众，将改造中国的希望寄托在他们身上,到他们中间进行宣传组织工作,并开始为建立共产党作准备。陈独秀后来曾在国民党政府的法庭上公开地说过:"予行年五十有五矣,弱冠以来,反抗帝制,反抗北洋军阀,反抗封建思想,反抗帝国主义,奔走呼号,以谋改造中国者,于今三十余年。前半期,即'五四'以前的运动,专在知识分子方面;后半期,乃转向工农劳苦人民方面。盖以大战后,世界革命大势及国内状况所明示,使予不得不有此转变也。"他还说:"只有最受压迫最革命的劳苦人民和全世界反帝国主义反军阀官僚的无产阶级势力,联合一气,以革命怒潮,对外排除帝国主义的宰制,对内扫荡军阀官僚的压迫;然后中国的民族解放,国家独立与统一,发展经济,提高一般人民的生活,始可得而期。工农劳苦人民一般的斗争,与中国民族解放的斗争,势已合流并进,而不可分离。此即予于'五四'运动以后开始组织中国共产党之原因也。"[33]陈独秀是当时先进知识分子的杰出代表,他的话最清楚不过地反映出,五四爱国运动及劳工大众在运动中的表现,对先进的知识分子后来创建中共的启示作用,是多么的重要。

### 1.1.2.4 来自莫斯科的助产士:内外结合催生中共

由于各方面的客观条件已基本成熟,尤其是一批先进分子已经接受了马克思主义,中国的工人阶级已登上政治历史舞台并显示出自己的力量,使共产党有了自己的思想基础和阶级基础,一部分先进分子开始考虑建党的问题。有材料说,1920年初陈独秀离开北京到上海时,曾同李大钊"相约建党"。尽管这一说法仍有待于进一步证实,但可以肯定的是,陈独秀回到上海后虽然开始在工人团体中进行宣传,与它们建立联系,却并没有立即采取建党的具体行动。笔者推测,其原因可能是当时陈独秀对如何建党,建一个什么样的党等等重大问题,还没有完全想明白。因此,创建中共之事真正开始启动,是在苏俄党和共产国际的代表维经斯基[34]来到上海之后。

苏俄共产党和共产国际为什么要派维经斯基到中国来?这显然同俄国革命后的国际形势有关。俄国十月革命的胜利,对世界各国无产阶级和劳动人民的革命斗争,尤其对邻近俄国的欧洲各国人民一度产生了广泛影响，曾使欧洲出现了前所未有的革命浪潮。与此同时，在亚洲、非洲和拉丁美洲的许多国家，也因受到俄国革命的影响，争取民族解放和国家独立的斗争迅速高涨起来。世界性革命浪潮的出现，特别是欧洲国家革命运动的发展，反过来极大地鼓舞了列宁和俄国布尔什维克党。列宁因此而认为，进一步推动革命潮流的发展，将俄国革命与世界革命结合起来，不仅是俄国无产阶级应尽的国际主义义务，也对巩固俄国革命胜利的成果有好处。列宁甚至还认为，按照马克思和恩格斯早年的预见，只有在世界的无产阶级革命取得胜利的条件下，俄国革命的成果才能真正得到巩固。为此，1919年3月，列宁和俄国党正式创建了共产国际，其宗旨就是要努力推动世界革命。当时，中国还没有共产主义的组织，更没有共产主义运动，自然不可能派代表出席共产国际成立大会。不过，仍有两名中国人参加了大会，他们是侨居俄国的旅俄华工联合会的负责人，与中国国内的组织并无任何联系。然而，正是这样一个一开始似乎与中国关系不大的共产国际，后来却与中共和中国革命结下了不解之缘。

不过，共产国际虽然成立了，世界革命的形势却发生了出乎列宁意料的变化。欧洲国家虽然一度爆发过革命，也曾出现过短暂的革命高潮，但除俄国外，几乎所有的革命都未能取得胜利。就整个欧洲而言，所谓的革命高潮成了昙花一现。欧洲革命高潮的消退，促使列宁逐渐将目光转向东方。列宁敏锐地感到，西方不亮东方亮。西欧各国的革命有可能会沉寂一段相当长的时间，而在东方，以反对帝国主义，争取民族解放为主要内容的革命运动，却有可能进一步勃兴。因此，列宁开始更多地关注东方各国的民族解放运动。在1920年夏天召开的共产国际第二次代表大会上，列宁亲自为大会起草了著名的《民族和殖民地问题提纲》，并领导大会认真讨论了东方殖民地和半殖民地国家的民族民主革命问题。这表明，列宁决心抓住时机，改变苏俄和共产国际以往忽视民族和殖民地问题的倾向，全力促进东方被压迫民族和人民的革命斗争。正是在这一新的战略方针的指导下，苏俄的党和政府，以及共产国际开始直接介入中国，逐步地与中国人民的反帝反封建斗争建立起直接的联系。

就在苏俄和共产国际把注意力转移到东方的前后，中国发生了震惊中外的五四反帝爱国运动。五四运动不仅在中国近代史上写下了光辉的一页，也引起了苏俄和共产国际的重视，并决定派人到中国，"同中国的革命组织和革命者建立联系"。与此同时，1919年7月，苏俄政府又公开地发表了一份对华宣言，宣布苏俄政府已决定将沙皇政府以前从中国人民那里掠夺的一切特权交还给中国人民，以改变俄国的形象，博取中国人民的好感。这一做法确实取得了一定的效果。

正是在这样的背景下，作为苏俄和共产国际的代表，维经斯基来到中国。他首先到北京，会见了李大钊。在俄国革命的影响下，李大钊此时已是一名共产主义者。因此，他同维经斯基谈得十分投机。交谈不仅使李大钊对俄国革命及革命后的情况有了更加清楚的了解，也使维经斯基获得了有关中国革命运动的许多信息。当维经斯基建议中国的进步分子立即考虑筹建中国的共产党组织时，李大钊告诉他，对于这样的大事，应当去上海找陈独秀商谈。

维经斯基接受了李大钊的意见，随即南下，在上海找到了陈独秀，受到了他的热情接待。此后，就在上海陈独秀的住所老渔阳里2号，维经斯基和陈独秀及他在上海的追随者，进行了多次密谈，对彼此所了解的俄国和中国的情况作了交流。通过维经斯基的介绍，陈独秀等人对苏俄和共产国际的认识发生了质的飞跃，对于如何建立中国的共产党也比较清楚了，并表示赞成维经斯基的建议，决定在中国发起建立共产党的组织。维经斯基则代表苏俄共产党和共产国际许诺：今后将从各个方面支持和援助即将成立的中国共产党，支持和援助中国革命。

在上海老渔阳里发生的这一切，当时并不惹人注意，似乎也毫无惊人之处，但实际上却意义重大，影响深远。就在维经斯基离开上海几个月之后，即1920年8月，中国共产党便在上海这同一座房子里秘密地诞生了。此后，在北京、武汉、长沙、广州、济南等地，也相继建立了共产党的组织。上海的组织后来被称为中国共产党的发起组，其它地方的组织则被称为共产党小组，或共产主义小组。由于在中共一大召开以前，党还没有建立全国统一的组织机构，后人未将上海共产党发起组的成立作为中共正式诞生的标志，但它毕竟是中国共产党创立过程的起点，这是谁也无法否认的。

不过，在苏俄共产党和共产国际的帮助下，创建中共的进程虽然已经启动，却并没有完成，还有大量的工作要做。因此，上海共产党发起组成立后，一方面继续做工人的工作，指导工人建立自己的工会，同时领导创建了中国社会主义青年团，另一方面，则继续大力宣传马克思主义，创办了半公开的刊物《共产党》，介绍共产党的基本理论和基本知识。陈独秀等人还起草了《中国共产党宣言》，阐明中国共产党人的政治主张。这份宣言虽然并没有公开发表，也没有在社会上产生影响，但它却为中共制定自己的政纲作了准备。然而，不知何因，上海和各地的党组织虽然做了不少事情，创党的工作进程却发展缓慢。这可能同担任上海党书记的陈独秀离开上海，到广东工作有关。直到次年6月共产国际的另一位代表马林[35]来到上海，情况才发生变化。

马林，原名亨德立克斯·斯内夫利特，荷兰社会民主党人，早年曾前往荷兰殖民地爪哇，参与组织当地的民族解放运动。共产国际成立后，他前往苏俄，出席了共产国际第二次代表大会，参与制定《民族和殖民地问题提纲》，因此而为列宁所器重。会后，列宁亲自推荐他担任共产国际的代表，前往中国。马林的任务是，查明是否需要在中国等地建立共产国际的办事机构，同时与那里的有关组织建立联系，并报告那里的社会政治情况。马林接受了这一使命后，经过一番准备，于1921年4月启程，同年6月抵达上海。和马林同时到上海的，还有赤色职工国际的代表尼克尔斯基。

马林到达上海后，找到了上海中共发起组的李达、李汉俊，并同他们进行了多次交谈。鉴于中共尚未建立全国统一的组织，马林遂建议中共尽快召开党的全国代表大会，正式成立中国共产党。上海的李达、李汉俊等人赞同马林的意见，并致信在广东的陈独秀和在北京的李大钊，与他们商量后，决定在上海召开中国共产党第一次全国代表大会。可见，马林的来华和他的建议，对于中共的正式诞生，起了十分重要的促进作用。

　　接到上海党组织的通知后，国内各地和旅日的党组织便先后派代表到上海，参加中共一大。1921年7月23日，中国共产党第一次全国代表大会在上海法租界望志路106号（现兴业路76号）揭开了序幕。李达、李汉俊、张国焘、刘仁静、毛泽东、何叔衡、董必武、陈潭秋、陈公博、周佛海、王尽美、邓恩铭、包惠僧等13人出席了大会，共产国际和赤色职工国际的代表马林、尼克尔斯基也参加了会议。多年来，一直令后人感到奇怪的是，中共的主要创始人陈独秀、李大钊却没有出席这次大会。其实，原因很简单，并没有什么特别的奥秘。笔者推测，一方面当时他们正好有别的事情，脱不了身；另一方面，在他们当时的心目中，这只是一般的会议，并不像后来人们所理解的那么重要，那么意义重大。从这次会议的过程和结果来看，开了好几天会，竟然没有留下任何可靠的文字记录，会议的参加者后来也记不清开会的准确日期，致使后来的研究者费了很大的劲，至今仍未能全部弄清楚有关问题。如此等等，反映出所有的与会者当时都同陈独秀、李大钊一样，并没有意识到，这次会议会在后来中共和中国的历史上产生巨大而深远的影响。

　　至于中共一大的具体内容，今天人们只能依据有限的资料获知，大会是由张国焘主持的，会议期间，代表们交流了各地党组织的工作情况，讨论了党的纲领和近期党的工作，尤其是如何开展劳工运动，也讨论了共产党与其它党派的关系，选举了党中央的领导人等等。有材料说，马林也在会上作了报告，或讲了话，但到底讲了什么，并没有准确的材料。不过，有一件事，代表们倒是记忆深刻，即在上海所开的最后一次会上发生的惊险一幕。当时，会议刚刚开始，就有一个陌生人从会场后门闯进来，只说了一句话，便又离开了。在场的马林警惕性极高，他立即意识到事情不对头，判定此人是包打听，即法租界巡捕房的侦探，并立即宣布会议停止，要求大家马上离开此地。果然，大多数代表撤离会场后不久，便来了一群巡捕将会场包围，并进行搜查。由于房屋主人李汉俊的巧妙应对，加之巡捕们的搜查又毫无所获，结果才有惊无险。当时，大多数代表都缺乏秘密工作的经验，如果不是马林,中共一大的代表将被一网打尽。可见,马林的功劳确实不小。

既然出了这样的事,会议虽然并未结束,却不能在上海继续进行下去了。经过商量,代表们决定坐火车去浙江嘉兴继续开会。大概是在8月初,代表们分头来到嘉兴南湖的一艘小船上,又开了一天会。这是最后一次会议。马林作为外国人,太引人注意,故没有到会。陈公博也因为有事未到嘉兴参加。会议最后通过了党的第一个纲领,确定党的名称为"中国共产党",宣布党的最终目标是在中国实现社会主义和共产主义;通过了《关于当前实际工作的决议》,提出党在当时的工作重点是开展工人运动。会议还决定设立中央局,选举陈独秀担任书记,张国焘和李达分别负责组织工作和宣传工作,三人共同组成中央局。值得一提的是,多年来中共官方为了制造个人崇拜,诋毁陈独秀,称中共一大选举他为书记是因为党没有经验,选错了人等等。这当然是无稽之谈。事实恰恰相反。在陈独秀缺席的情况下,中共一大仍然选他为党的领袖,无疑是众望所归。他在新文化运动、五四爱国运动和创立中共的过程中所作出的巨大贡献,他在当时中国先进分子中的威望,都是其它人所无法相比的。即便是在后来的工作中,他虽然有错误,但他对早期中共发展所作的贡献仍是有目共睹,不容抹煞的。

随着中共一大在浙江嘉兴南湖最后一次会议的结束,一个有了全国性组织的新政党,即中国共产党正式诞生了。综上所述,中共的出世,不仅带有历史的必然性,也是内外条件结合的产物。而外部因素的作用,主要是来自莫斯科的助产士所起的促进作用,显然也是不可或缺的。至于中共的创立对中国历史的发展所产生的作用,虽然不像官方为了神化中共而说得那么玄乎,但影响的巨大而深远,无疑是不争的事实。不过,笔者所说的影响,既包括积极的,也包括消极的,也就是说,正面的和负面的都有,这与官方神化中共的高调当然并不相同。

## 1.1.3 中共最初的战略调整：从"空想"回归"现实"

### 1.1.3.1 激进的革命理论和激进的革命党

在叙述了中共诞生的大致过程之后，笔者深感有必要对这个新的革命政党作一点分析，了解一下它的主要特点。无疑，它是一个中国历史上前所未有的、用当时世界上最激进的革命理论武装起来的、最激进的革命党。

我们所说的革命理论，指的当然就是马克思主义，亦即科学社会主义，或共产主义的理论。其创始人为马克思和恩格斯。20世纪初，列宁对此又有进一步的发展，形成了所谓的列宁主义。因此，五四运动前后传播到中国的，不仅有马恩的理论，还有很多列宁的思想，故而又被统称为马克思列宁主义。中国的先进分子正是依据马克思列宁主义的理论建立了中国的共产党，且在中共创立伊始，便十分明确地规定，党必须将马克思列宁主义作为唯一的指导思想。可见，马克思列宁主义对中共的影响至大至深，这是不言而喻的。

自从19世纪中叶马克思主义创立以来，它便成为世界上最激进的革命理论，后来发展到列宁主义，其激进的特点则更为彰显，并由此而影响中共，使之成为中国历史上最激进的革命党。这主要体现在以下几个方面：

其一，马克思列宁主义依据马恩所创立的唯物史观和社会发展理论，不仅反对历史上曾经有过的一切剥削制度和剥削者、压迫者，更要反对现存的资本主义制度和资产阶级，反对列宁所说的由资本主义发展而来的帝国主义；不仅要彻底推翻资产阶级的统治，消灭资产阶级，而且要彻底消灭一切私有制；而在无产阶级夺取政权之后，则要实行无产阶级的专政，创立一个没有剥削和压迫的社会主义社会或共产主义社会。与此同时，马克思列宁主义还强烈地批判资产阶级所创立的民主主义，认为它是虚伪的，并没有给无产阶级和劳动人民带来真正的民主和自由。上述激进的思想和观点，不仅为刚刚建立的中共全盘接受，而且深深地影响了一代又一代的共产党人，被他们称为"放之四海而皆准"的革命真理,当作改造中国和世界的灵丹妙药。尽管在革命的实践中,由于中国的特殊国情所限,中国共产党人不得不在一段时间里,暂时搁置反对资本主义,进行社会主义革命的主张,作出过具有重大意义的战略策略调整,但他们从来没有真正放弃过上述激进的主张。即便是在所谓的民主革命时期,仍有一些共产党人不时地掀起反对资本主义和资产阶级的浪花,导致后来被称为左倾冒险错误的不断产生。至于中共取得政权以后,又立即将此激进的主张奉为建国的根本纲领,因而对中国的历史发展造成了难以估量的严重后果。笔者无意在这里详细地评论马克思列宁主义及其在中国的是非成败,只是想指出,正是马克思列宁主义的激进主张,造就了激进的中国共产党,而中共后来所取得的成就,或遭受的挫折与失败,都与此不无关系。

其二,依据马恩所创立的唯物史观,马克思列宁主义以阶级斗争和无产阶级专政为其理论的核心内容,为其理论的灵魂,强调只有革命的无产阶级通过开展你死我活的阶级斗争,通过暴力革命,才能推翻资产阶级的统治;而在革命胜利之后,必须实行无产阶级的专政,即无产阶级的绝对统治,从而建立社会主义或共产主义的社会。至于无产阶级专政到底是个什么样子,马恩并没有具体说明。对于社会主义和共产主义社会,马恩虽然有过若干论述,却也十分简单。不过,列宁,尤其是斯大林后来倒是以苏俄的实践,为所谓的无产阶级专政和社会主义社会树立了一个令世人失望的榜样。尽管如此,马克思列宁主义的这些重要观点,还是全都得到了新建立的中共的赞同,尤其是关于阶级斗争和暴力革命的理论,更是得到了中国共产党人的青睐。这并不奇怪,因为旧中国实在积弊太深,如果不用非常激烈的手段,就很难达到改造旧中国的目的。也因此,中国必须搞阶级斗争和暴力革命,便不能不成为中国共产党人的共识。

其三,为了取得革命的胜利,马克思列宁主义主张以革命的无产阶级为核心和主力,发动和依靠社会最下层的劳苦民众,将他们组织起来,形成巨大的革命力量,最终推翻上层占统治地位的剥削阶级和压迫阶级。对此,笔者以为,可称之为"草民革命"或"草民运动",

它显然与过去的"上层运动""贵族革命"完全不同。这样的革命运动,对于早就厌烦上层运动的中国共产党人来说,无疑具有极大的吸引力。正因为认识到发动下层民众的重要,又看到了广大民众的力量,如笔者在前文所引陈独秀的话所表明的,中国的先进分子们才下决心组织共产党,投身于民众的革命运动之中,从而使中共创立伊始,便具有此前的革命党从未有过的激进性。

所谓的激进或激进性,本身并没有是非好坏之分。笔者之所以费如此多的笔墨,主要的目的在于说明中共及其奉行的指导思想,即马克思列宁主义的基本特点,说明这一特点对中共后来所走的路将产生怎样的影响。不过,对于这方面的问题,笔者将在以后的叙述中不断地涉及,此处只能扼要地提一提。任何事物都有两重性,"激进"也不例外。旧中国和旧社会经过几千年的发展和沉淀,其弊病至多至广至深,是无论怎样形容都不为过的,而要对之进行彻底的改造,更是难上加难。因此,在革新和改造旧中国旧社会的历史进程中出现中共这样激进的革命党,采取激进的革命手段,显然带有历史的必然性和必要性。非如此,则不能彻底地荡涤其深厚的历史尘埃。但是,任何一个革命党以及它所采取的革命手段,都必须与其本国的国情相适应,"激进"并不是灵丹妙药,背离了实际的国情或当时当地的实际情况,往往只能产生相反的结果,只能给国家和人民带来灾难。因矫枉过正而造成严重后果,这样的事例在历史上屡见不鲜。因此,关键在于,有志于革新和改造中国的革命政党,必须从中国的国情出发,因时因地采取适当的战略策略和斗争手段,不能总是采取激进的方式,更不能认为愈激进愈好。

从中共后来的历史发展来看,毋庸讳言,作为中国历史上最激进的革命党,既有成功的经验,也有沉痛的教训。中共自始至终强调英勇不屈的斗争精神,强调革命的彻底性和不妥协性,强调党必须发动和依靠下层劳苦大众,并为他们谋利益,如此等等,显然都对中共取得革命的最后胜利起了重大的促进作用。然而,由于脱离实际而过于激进,甚至将其发展到了极端,中共的一些领导人也曾多次犯有左倾冒险主义的错误,造成过严重的后果。尤其是在取得革命胜利,夺得政权之后，中共不分青红皂白，仍然采取激进的革命手段，大搞所谓的你死我活的阶级斗争和路线斗争，以此对付党内外的干部和群众，促进经济建设，建立所谓的社会主义社会等等，给国家和人民带来了无穷的灾难，并最终酿成了"文革"的十年浩劫。当然，这是后话。尽管问题的产生原因很多，与中共的历届领导人，特别是毛泽东的思想和作风有关，或者如官方所说，也与所谓的政治野心家的推波助澜有关等等，因此，不能将问题统统归咎于"激进"二字，但是，中共自出世以来便在激进的理论的熏陶下，成为一个激进的革命党，多年来又形成了难以改变的激进传统，这是无法否认的事实，而这样的传统则必然要影响党的行为，这也是不争的事实。

### 1.1.3.2 中国政治历史舞台上的新明星

当中共一大在浙江嘉兴南湖闭幕，宣告中国共产党秘密诞生之时，由于会后中共并没有对外发表公告，因此除了局内人，外界对此毫无所知。直到1922年6月15日，中共中央首次公开发表《中国共产党对于时局的主张》，世人才得知，中国有了一个名为"中国共产党"的新政党。中共也由此开始公开登上中国乃至世界的政治历史舞台。不过，中共的首次亮相，没有也不可能给国人留下多少深刻的印象，而真正使国人对之刮目相看的，则是中共领导的工人运动所取得的重大成就，是中国第一次工人运动高潮的勃兴。

如前所说，中共一大曾通过决议，明确地强调，党成立后的工作重点是开展工人运动。1921年8月，中共在上海成立了中国劳动组合书记部，由张国焘担任书记部主任，以此作为党领导工人运动的公开机构。该机构还创办了机关刊物《劳动周刊》，扩大工人运动的宣传工作。此后，中国劳动组合书记部又相继在全国各地建立分部，如在北京建立北方分部，在武汉建立武汉分部，在长沙建立湖南分部，在广州建立广东分部等等。各地的分部也都由中共党员担任负责人，在他们的领导下，各分部都积极地开展活动，在本地区开办工人夜校，培训工人运动的骨干，或建立工会，或创办工人刊物，或直接组织工人罢工。经过中共领导的劳动组合书记部及其在各地分部的努力，上海、武汉、广东、湖南、直隶等省市和铁路、航运、采矿等行业的工人，为反对资本家的剥削和压迫，为改善待遇，相继起来罢工。

从1922年1月开始，到1923年2月为止，工人运动的发展逐渐形成高潮，史称中国工人运动的第一次高潮。此次高潮起始于香港海员大罢工的爆发及其所取得的胜利，终于京汉铁路工人大罢工因遭到北洋军阀的残酷镇压而失败。在此期间，全国共发生工人罢工一百多次，参与罢工的工人约三十多万。其中，比较著名的罢工斗争，除上面已经提到的香港海员罢工、京汉铁路工人罢工外，还有安源路矿工人罢工、开滦五矿工人罢工等。各地罢工斗争的结果并不相同，有的取得了胜利，也有的因遭到反动政府的镇压而归于失败。不管罢工斗争的结果如何，它所形成的以产业工人为主的斗争浪潮在中国历史上都是前所未有的，因而震撼了全中国。

在第一次工人运动高潮兴起和发展的过程中，新创立的中共及其领导的中国劳动组合书记部起了十分重要的作用。不仅大多数的罢工斗争，是由中共领导的劳动组合书记部及其在各地的分部直接组织发动的，而且中共和它的工运领导机构还采取了一系列措施，不断地推动全国罢工浪潮的高涨。1922年5月，中共以中国劳动组合书记部的名义，在广州发起召开了第一次全国劳动大会，并主持起草了一系列旨在维护工人权利的决议案，如《八小时工作制案》《罢工援助案》《全国总工会组织原则案》等等。全国十几个城市的一百多个工会的一百七、八十名代表出席了这次劳动大会。大会不仅通过了共产党人起草的各项决议案，而且发表了大会宣言，号召全国的工人阶级团结起来，反对帝国主义和封建军阀政府。大会还决定筹备建立全国总工会，而在全国总工会成立之前，委托中国劳动组合书记部作为全国工会的总通讯机关，并负责召集第二次全国劳动大会。几个月之后，中共又利用北京军阀政府宣称要重新召开国会、制定宪法的机会，由中国劳动组合书记部出面，提出劳动法大纲，要求国会通过，并在全国工人中发起劳动立法运动，以扩大宣传。中共起草的这个劳动法大纲要求北洋军阀政府承认劳动者有集会结社、举行同盟罢工、缔结团体契约、实行八小时工作制等权利，要求政府当局保护女工、童工，保障劳动者的最低工资等等，因而得到了广大工人群众的拥护。在当时的形势下，这样的法案当然不会得到北洋军阀政府的支持，更不可能在所谓的国会中获得通过，但它对提高工人阶级的觉悟，揭露北洋军阀政府的反动面目，毕竟有一定的作用。正是由于中共及其设在各地的党组织和全体党员的努力，工人运动才得以一浪高过一浪地向前推进。值得一提的是，中共当时的党员并不多，全国的党员总共只有四、五百人，在全国几亿人中所占的比例微乎其微，但他们的能量极大，工作又十分努力，仅在短短的一年多时间里，便发动了如此全国规模的工人运动，其作用和潜力显然不可小觑。

众所周知，中国工人运动的第一次高潮最终因北洋军阀政府的残酷镇压而遭到失败。在当时的中国，没有真正的民主制度，专制政治仍然盛行，不容挑战，因此，工人的斗争获得如此结果是必然的。迄今为止的中国历史已多次证明，不管谁在台上，只要实行的是专制统治，发生任何企图挑战专制统治者的民众运动，其结果都只能如此。不过，工人运动虽然严重受挫，却仍然具有重大意义。它是五四爱国运动之后，中国工人的又一次英勇奋斗，反映出中国下层民众的觉悟在不断地提高，且再一次表明，在广大的劳苦群众中确实蕴含着巨大的潜力，一旦将它发掘出来，必将形成势不可挡的洪流。

对于中国共产党人来说，这次工运的兴起，同样意义非凡。尽管中共发动此次工人斗争的最初动机，是为了从工人运动着手，开展所谓的社会主义革命，是在仿效苏俄的革命模式，而工人的斗争后来也遭到失败，但它对中共后来的发展仍然是十分重要的。它是中共成立后的首次革命实践，党的组织和党员不仅在这次斗争实践中得到了锻炼，增长了才干，培育出许多领导骨干，获得了重要的经验和教训，而且通过宣传和组织工作，将为数不少的工人组织起来，建立了一批接受中共领导的工会，使中共有了比较广泛的阶级基础和社会基础，在社会获得了相对稳固的立足点。此外，在思想理论和战略策略方面，中共同样也获益匪浅。工人运动的成功和失败，使尚处于幼年时期的中共终于认识到，中国的工人阶级虽然不失为革命的重要力量，但人数相对较少，孤军奋战不可能取得斗争的胜利，必须联合其它的革命力量，尤其是占中国人口绝大多数的贫苦农民，甚至还要联合工人阶级的对立面，即工人罢工所反对的资产阶级，才能组成浩浩荡荡的革命大军。中共还认识到，当时阻碍中国发展的根本问题是帝国主义和封建军阀的统治，而不是资本主义和资产阶级，中共及其领导的革命派必须首先进行反帝反封建军阀的民主革命，而不是什么社会主义革命。由此，中共不得不对自己的战略策略进行调整。对于这方面的问题，笔者将在下一节予以详细论述，此处不赘。更值得一提的是，中国工人运动的第一次高潮，对扩大中共在全国的影响所起的作用极大。中共成立后，虽然通过公开发表自己的主张，在社会上产生了一定的影响，宣告自己登上了中国的政治历史舞台，但国人却并不因此就会留下深刻的印象。然而，在中共成功地发动了全国的工人运动之后，无论是民众，还是运动的打击对象或掌握国家大权的统治者，都不得不对中共另眼相看了。尽管不同的人对中共的态度完全不一样，但都不能忽视中共的存在了。此时，中共才算真正登上了中国的政治历史舞台，成为这一舞台上新明星，并开始以自己的思想和行为影响中国的政局。

需要说明的是，初创时期的中共虽然以开展工人运动为自己的中心任务，却并不是只搞工人运动。在发动和组织工人斗争的同时，中共及其各地的党组织，还在部分地区开始领导农民运动，组织发动农民建立农民协会；还用很大的精力做青年工作，在各地扩建中国社会主义青年团，并于1922年5月召开了中国社会主义青年团第一次全国代表大会。党也重视妇女问题，党的妇女工作也在一定程度得以开展，中共二大甚至专门通过了一个关于妇女运动的决议。所有这些，无疑都对扩大中共的影响起了不小的作用。此外，党的自身建设，包括党的思想建设和组织建设，初创的二、三年间，在以陈独秀为首的党中央的领导下，也有了长足的进展，尤其是在重新制定党的纲领和调整党的战略策略方面，取得了具有重大历史意义的突破。

### 1.1.3.3 从"二大"到"三大"：中共的新纲领和新策略

中国共产党第一次全国代表大会召开期间，代表们曾通过中共党史上的第一个政纲或纲领。它根据马克思主义的理论，同时仿效苏俄共产党，明确地提出，"党的根本政治目的是实行社会革命"，即"推翻资本家阶级的政权"，"承认无产阶级专政，直到阶级斗争结束"；"消灭资本家私有制，没收机器、土地、厂房和半成品等生产资料，归社会公有"。该纲领还规定："中国共产党彻底断绝与黄色的知识分子阶层以及其它类似党派的一切联系。"[36]无需笔者作更多的解释，大家都会明白，这是一个立即在中国实行社会主义革命的纲领，它的策略方针则是，除必须组织和发动工人、农民和士兵外，中共不与任何其它的党派合作。这表明，早期参与创党的共产党人，无论是对马克思列宁主义理论，还是对中国的国情都缺乏深入的研究，认识颇为肤浅。这并不奇怪。中共的创建过于仓促，不仅理论准备不足，实践经验也十分缺乏，一开始自然难以制定出完全符合实际情况的战略策略方针。问题在于，对于一个从事革新或革命事业的政党来说，所确定的政纲或战略策略方针是否正确，并非小事，它与该党的成败关系极大。中共一大所提出的方针，主张立即在中国进行社会主义革命，完全与当时中国的国情相悖，根本不可能得到绝大多数民众的拥护，也不可能达到改造中国的目的。如果坚持这样的方针，中共就不可能在中国的政治历史舞台上立足，更不可能扎根于中国的大地，最终只能被历史所淘汰，这绝不是危言耸听。幸运的是，这样的假设并没有成为现实，中共一大之后，情况便开始发生变化。

在本人缺席的情况下仍被中共一大选为中央局书记的陈独秀，应党的要求于1921年9月从广州回到上海，开始主持中共中央的领导工作。当时，他虽然没有参与党的一大纲领的制定，但他并不反对立即在中国进行社会主义革命的主张。不过，他对党的一大过于尖锐地批评以孙中山为首的国民党，将国民党控制的南方政府与北京的北洋军阀政府相提并论，却并不完全赞同。正是因为他的态度有所保留，中共一大的政纲没有公开发表。随着国内外形势的进一步发展，陈独秀等人的认识也在逐渐发生变化。由美国等西方列强主导的九国华盛顿会议的召开充分地表明，尽管采取的方式有所变化，但帝国主义列强对中国的侵略政策并无丝毫改变。国内的政局更是愈来愈糟，各派军阀为了争夺北京政府的控制权，不断地打内战，弄得国无宁日，民不聊生，遭殃的不仅是广大的下层劳苦民众，即便是中产阶级也难逃厄运。大量的事实不能不促使共产党人重新进行认真的思考：中国的祸根究竟何在？中国的革命究竟应当如何革法？

就在中国的共产党人对上述重大问题重新进行探索之时，1922年1月，共产国际在莫斯科召开了远东各国共产党和民族革命团体第一次代表大会。中共的代表张国焘等人率领的，包括中国社会主义青年团和国民党的代表在内的代表团，也应邀出席了这次会议。会议根据列宁在共产国际二大所通过的关于民族和殖民地问题提纲，明确指出中国和远东各个被压迫民族当前主要的革命任务，是进行反对帝国主义和封建主义的民族民主革命，而不是俄国式的社会主义革命，并发出"全世界无产者和被压迫民族联合起来"的号召。会议期间，显然是出于对中国革命的重视，列宁还亲自接见了中共的代表张国焘和国民党的代表张秋白等人，并表示希望共产党和国民党能够联合起来。同年2月大会闭幕后，中国的代表陆续回到国内。张国焘立即向中共中央作了汇报。陈独秀等人此时实际上已逐渐认识到帝国主义和封建军阀是中国的祸根，听了张国焘的报告后，立即"欣然接纳"共产国际的意见。与此同时，仍在中国国内的共产国际代表马林，也在赴广西、广东亲自访问了孙中山和南方革命政府之后，向中共中央提出，共产党应当和国民党合作，共举革命大业。他还建议，共产党人应当加入国民党，到国民党中间去工作。不料，陈独秀等人虽然赞成联合国民党，却坚决反对加入国民党。尽管如此，中共中央与共产国际毕竟就中国革命的新战略，即在中国必须首先进行反帝反封建的民族民主革命，而不是所谓的社会主义革命，必须联合包括国民党在内的其它革命力量，组成革命的联合阵线，达成了共识，从而为中共正式改变战略策略方针奠定了基础。

正是在这样的背景下，1922年6月，中共中央公开发表了陈独秀起草的《中国共产党对于时局的主张》。该《主张》回顾了中国近代以来的历史，认为中国人民最大的痛苦，是"不能脱离国际帝国主义及本国军阀压迫"。"因为民主政治未能成功，名为共和国家，实际上仍旧由军阀掌握政权"。而"军阀政治是中国内忧外患的源泉，也是人民受痛苦的源泉，若没有较新的政治组织——即民主政治，来代替现在不良的政治组织——即军阀政治，这种状况是必然要继续下去的"。《主张》还为此明确宣布："中国共产党是无产阶级的前锋军，为无产阶级奋斗为无产阶级革命的党。但是在无产阶级未能获得政权以前，依中国政治经济的现状，依历史进化的过程，无产阶级在目前最切要的工作，还应该联络民主派共同对付封建式的军阀革命，以达到军阀覆灭能够建设民主政治为止。""中国共产党的方法是要邀请国民党等革命的民主派及革命的社会主义各团体，开一个联席会议，在上列原则的基础上，共同建立一个民主主义的联合战线，向封建式的军阀继续战争。"[37]无疑，这是中共开始改变和调整战略策略方针的一个重要标志。

为了使战略策略方针的改变成为全党的共识，并得到党的最高权力机构的批准，1922年7月，中共在上海召开了党的第二次全国代表大会。经过代表们的充分讨论，大会正式通过了陈独秀等人起草的《中国共产党第二次全国代表大会宣言》。《宣言》在分析国内外形势和中国国情的基础上，明确地提出了在目前的历史条件下，中共的奋斗目标是："消除内乱，打倒军阀，建设国内和平"；"推翻国际帝国主义的压迫，达到中华民族完全独立"；"统一中国本部（东三省在内）为真正民主共和国"。[38]此外，中共二大还通过了《关于"民主的联合战线"的决议案》，强调共产党决定"联合全国革新党派，组织民主的联合战线以扫清封建军阀推翻帝国主义的压迫，建设真正民主政治的独立国家"，并明确表示，中共将先行邀请国民党及社会主义青年团，在适宜地点开一代表会议，商谈如何组成联合战线的事情。[39]大会的这些重要决定清楚地表明，为适应中国的国情，中共正式改变了党的一大关于立即在中国进行社会主义革命的主张，提出了一个后来被称为民主革命纲领的新纲领，并且根据开展民主革命的需要，改变此前的孤军奋战策略，采取同其它民主党派合作的新方针。必须指出的是，在提出新的民主革命纲领时，中共二大并没有放弃社会主义革命和最终在中国实现共产主义的目标，只是将其作为党的所谓最高纲领，推迟到民主革命胜利之后再作考虑。尽管如此，在党的历史上，中共二大仍不失为一次具有重要意义的大会。

不过，中共二大虽然取得了重大成就，但是，制定新的战略策略的任务并没有全部完成。原因在于，中共所提出的与国民党平等合作，以建立民主革命联合战线的主张，因为孙中山不赞成而无法实现。如前所述，1922年初，共产国际的代表马林曾向中共中央建议，共产党和社会主义青年团均加入国民党，到国民党内去工作，但却遭到陈独秀等人的强烈反对。马林之所以提此建议，一方面是他认为，在当时的中国，中共还缺乏无产阶级独立地进行社会主义革命的条件，共产党的力量还相当弱小，而国民党则具有一定的实力，对工农民众运动比较友好，并不排斥，加之国民党的组织也比较松散，是一个可以容纳各种革命派别的团体，共产党人不仅应当与国民党合作，而且可以加入其中，在国民党内进行工作，发挥作用；另一方面，则是因为马林以前曾经以荷兰社会民主党人的身份在印度尼西亚爪哇工作过，曾帮助过爪哇的革命者组建过具有统一战线性质的社会民主联盟，有过这方面的经验。可见，马林的意见并不是毫无道理。然而，陈独秀当时却接受不了。他曾专门写信给时在莫斯科的维经斯基，提出了六条反对的理由，诸如共产党与国民党革命之宗旨及所据之基础不同，国民党联美国，联张作霖、段祺瑞等政策和共产主义太不兼容等等，希望维经斯基将此意见转达给共产国际。平心而论，陈独秀所反映的是当时中共党内绝大多数人的看法，也有一定的道理。由于双方各执一词，此事只好暂时搁置。此后，马林回莫斯科汇报，中共中央则坚持与国民党在党外平等合作的想法。有材料说，1922年春，青年国际的代表达林到广州访问孙中山时曾提及，中国共产党希望能和国民党合作，共同进行反帝反军阀的斗争，但孙中山却明确表示拒绝所谓的国共平等合作，"他只许中共及青年团分子加入国民党，服从国民党，而不承认党外联合"。[40]孙中山的态度并不奇怪，在他眼中，中共当时只是一个由少数激进青年组成的小团体，虽然与苏俄有联系，却没有多大的实力和影响，当然与他与国民党无法相比，根本没有资格与国民党平起平坐，只能服从他和国民党的领导。由此可见，孙中山对待共产党，所实行的并不是后来中共所说的"联共"，而是国民党所称的"容共"，即容纳共产党的政策。不过，对孙中山的表态，中共中央当时似乎并没有在意，仍在此后不久召开的中共二大通过的决议中，坚持与国民党及其它革命党派进行党外联合的方针。然而不到一个月，马林从莫斯科回到上海后，情况又发生了变化。

据说，马林赴莫斯科期间，曾将他的意见向共产国际的权威人士作了汇报，并得到了共产国际的同意。马林有了尚方宝剑，回到中国后立即要求中共召开会议，正式讨论加入国民党的问题。于是，1922年8月下旬，中共中央在杭州西湖召开了全体中央委员参加的会议。在讨论要不要加入国民党的过程中，据陈独秀后来回忆说："当时中共中央五个委员：李守常、张特立、蔡和森及我，都一致反对此提议，其主要的理由是：党内联合乃混合了阶级组织和牵制了我们的独立政策。最后，国际代表提出中国党是否服从国际决议为言，于是中共中央为尊重国际纪律遂不得不接受国际提议，承认加入国民党。"[40]然而，马林后来的说法却与此有所不同。他说，"在杭州，绝大多数人接受了这些观点。只有一两个人反对，如果我没有记错的话，反对最强烈的是张国焘"。"陈独秀同意我提出的观点"。他还针对陈独秀的回忆，否认他曾以国际决议为辞，强迫中共中央接受的说法，表示："没有'服从纪律'这个问题，我向来十分反对这种手段。何况，我并没有从共产国际得到什么专门指示，我手头没有任何文件。"[41]而从笔者了解的情况推测，两个人的回忆都不完全准确，但马林的说法漏洞更多，陈独秀的话相对比较符合实情。尽管他们的说法各异，有一点却是相同的，即中共中央最终还是接受了加入国民党的意见，并作出了相应的决定。也就是说，中共中央终于改变与国民党进行党外合作的想法，同意采取党内合作的特殊方式，以实现党建立革命统一战线的策略方针。西湖会议以后，马林和中共中央的领导人陈独秀、李大钊先后拜访了孙中山,告知中共关于加入国民党的意见。此时,由于陈炯明的叛乱,孙中山不得不离开广州,避居上海,处于困境之中。而中共此时却向他伸出了援手,无疑使孙中山颇感意外,他对中共的态度似乎也有所不同,比以前更加热情了,加之中共表示愿意加入国民党,听从他的指挥,与他的想法并无不合,因此,孙中山爽快地答应了中共的要求,并亲自主盟,首先接受中共中央的领导人陈独秀、李大钊、蔡和森、张国焘等人以个人身份加入了国民党。

然而,事情到此并没有完全结束。中共中央虽然已经作出了决定,全党的思想并没有因此而达成共识,党内对加入国民党的做法持异议者还大有人在。加之1923年1月共产国际执行委员会又正式作出了《关于中国共产党与国民党的关系问题的决议》,明确地指示说:"中国唯一重大的民族革命集团是国民党"。"由于国内独立的工人运动尚不强大,由于中国的中心任务是反对帝国主义者及其在中国的封建代理人的民族革命,而且由于这个民族革命问题的解决直接关系到工人阶级的利益,而工人阶级又尚未完全形成为独立的社会力量,所以共产国际执行委员会认为,国民党与年青的中国共产党合作是必要的"。"因此,在目前条件下,中国共产党党员留在国民党内是适宜的"。"但是,这不能以取消中国共产党独特的政治面貌为代价。党必须保持自己原有的组织和严格集中的领导机构"。该决议还强调,中共重要而特殊的任务是组织教育工人,为强大的群众性的共产党准备基础。而在进行这方面的工作时,中共应当在自己的旗帜下行动,不依赖其它任何政治集团,但要避免与民族革命运动发生冲突。[42]可以说,共产国际的这个决议已经规定得非常清楚了。中共已经正式加入共产国际,成为国际的一个支部,按照国际当时的纪律规定,当然不能不贯彻国际的决议。

正是为了进一步执行共产国际的指示,同时也为了统一全党的认识,1923年6月,中共在广州召开了党的第三次全国代表大会。会议就贯彻共产国际的决议进行了充分的讨论。对于党在现阶段的主要革命任务,即开展反帝反封建军阀的斗争,代表们并无不同意见，但对加入国民党的问题，仍有激烈的争论。据说，张国焘、蔡和森等人仍持反对立场，他们尤其反对全体共产党员和产业工人加入国民党。陈独秀则同马林站在一起，完全赞成共产国际的指示。西湖会议之后，陈独秀曾经赴莫斯科出席共产国际第四次代表大会，显然对莫斯科的意图有了更多的了解，态度也有了很大的变化。值得一提的是，出席会议的毛泽东对加入国民党的问题也十分赞同，积极支持马林和陈独秀的观点，且很得他们的赏识。大会最后选举时，毛泽东第一次当选为中央委员，并在会后常驻上海，参与中共中央的核心领导工作，想必也与此不无关系。尽管代表们的看法有分歧，但大会最终还是顺利地通过了新的《中国共产党第三次全国代表大会宣言》《关于国民运动及国民党问题的决议案》等一系列重要文件。《宣言》指出，中国现在"急需一个国民革命"，而"引导工人农民参加国民革命"是我们中国共产党的"中心工作"。[43] 这里所说的"国民革命"也就是以前常说的"民族民主革命"，为孙中山最先提出，但起初含义比较模糊。后来，陈独秀接过这个相对通俗易懂的口号，并重新加以诠释，赋予新的内涵，使之成为殖民地半殖民地国家各阶级联合进行的反帝反封建革命的代名词。此次中共三大是首次在党的正式文件中使用这个名称。经过中共的大力宣传提倡，在随后的几年里，国民革命的口号响遍了全中国，也震撼了全世界。关于国共关系问题，中共三大的决议则明确表示，接受共产国际的指示，与国民党合作，共产党员加入国民党。共产党"须努力扩大国民党的组织于全中国，使全中国革命分子集中于国民党，以应目前中国国民革命之需要"。[44] 总之，中共三大重申了二大提出的民主革命的纲领，又按共产国际的指示，正式认可和批准了西湖会议后中共中央已开始实行的，在保持中共组织和政治上的独立性的基础上，共产党员以个人身份加入国民党，以党内合作的方式建立革命统一战线的策略方针。至此，中共二大以来开始提出的新纲领和新策略相对比较完善了，中共创立以来对战略策略的第一次大调整得以基本完成。中共三大也因此成为党的历史上的又一次重要会议。

多年来，人们对中共的民主革命纲领，或对国民革命的提出均持肯定的态度，无任何疑义，但对中共所谓的党内合作方式却一直众说纷纭，看法不一。有人认为完全正确，也有人因为中共在后来的国民革命中严重受挫，而将此归咎于党内合作的不当。笔者以为，对历史事件是非成败的判定，必须从当时的实际出发，不能离开客观的历史条件。因此，我们应当首先肯定，在当时的历史条件下，国共之间必须合作，也只能合作。至于合作的方式，也只能在特定的历史条件下予以选择。既然是合作，那么不论是合作的愿望，还是合作的方式，都必须得到双方的认可。这里的关键是孙中山不赞成党外平等合作，而中共当时的力量和影响均不可能改变孙中山的既定态度，加之中共的顶头上司共产国际，也坚持按国民党要求的方式实行国共合作，在这样的情况，中共别无选择，只能从大局出发，作出一定的妥协，同意采用党内合作的方式。可见，这是一种历史的选择，也是一种利多弊少的选择。再说，任何一种选择都不可能十全十美，完全正确。党内合作的方式同样存在不可克服的矛盾和弊病，而且随着形势的发展，问题也会日趋严重，但也不能把中共后来严重受挫，完全归咎于党内合作的方式。关键在于共产国际没有与时俱进，适时地调整中共的策略，而且根本听不进中共党内的正确意见，顽固地坚持已经过时的策略。总之，我们必须进行具体分析，不能一概而论。

### 1.1.3.4 廓清迷雾，恢复历史的真实面目

如前文所说，多年来，从官方到民间的学者，对中共创党期间的首次战略策略调整，基本上都是肯定的。然而，由于政治上的各种原因，人们不仅对这次调整的重大意义认识不足，而且对此次调整所涉及到的许多问题缺乏公正的评价。为此，笔者深感不平，不得不多说几句，以廓清迷雾，恢复历史的真实面目。

首先，笔者以为，从党的二大到三大，中共改变了党的一大所制定的关于在中国立即进行社会主义革命的纲领，改变了党只能孤军奋战的主张，明确地提出，在当时的中国必须首先实施民主革命或国民革命，必须联合所有的革命民主派共同奋斗。这样的战略策略调整，不仅对中国的革新和革命大业意义重大，而且对中共及其领导的

革命能否取得最后的成功关系极大。任何革命党和任何革命者,要想革新和改造中国,首先必须看清中国的病根所在,才能对症下药。当时处于半殖民地状态的中国,给全国民众带来痛苦和灾难,阻碍中国社会前进的,主要是帝国主义列强的侵略和封建军阀的专制统治,而不是中国微弱的资本主义,中国所需要的只能是民族民主革命或国民革命,而不是以消灭资本主义为宗旨的所谓社会主义革命。因此,中共一大的主张只能是一种空想。如果坚持这类乌托邦的空想,新创立的中共就不可能有任何前途。中外历史上这样的例子并不鲜见。由此可见,中共后来的战略策略调整,其实质,无疑是从"空想"回归"现实"。多年来,人们经常谈论所谓的"革命道路"问题,认为这是最重要的问题。事情确实如此。而中共初创时的战略策略,所涉及的正是革命道路是否正确的大问题。当然,关于革命道路的问题所包含的内容比较广泛,但是究竟应当搞什么样的革命,无疑是最重要的内容之一。中共的二大和三大通过对党的战略和策略的调整,实际上也在选择正确的革命道路问题上,为党作出了十分重要的贡献,为使党所从事的革命大业取得最后胜利迈出了极为宝贵的第一步。此外,令笔者感慨的还不只是这些。摒弃"空想",回归"现实"的问题之所以重要,还在于它并不是经过一次努力,就能根本解决的。中共后来的发展历史表明,不仅在革命战争年代,而且在革命胜利之后,乌托邦的空想总是一次又一次地卷土重来,给国家和人民带来的灾难也越来越大。当然,这是后话,此处暂不赘述。

其次,笔者还以为,我们不仅要充分肯定中共初创时所作出的战略策略调整的重要意义,更应公正地评价有关当事人在调整过程中所起的作用。从上文的叙述中,可以清楚地看出,共产国际及其在中国的代表马林无疑起了很重要的促进作用。从共产国际的第二次代表大会,到在莫斯科召开的远东各国共产党及民族革命团体第一次代表大会;从马林最初的建议,到共产国际作出正式的决议,所有这些都对中共的战略策略调整产生过重大的积极影响。尽管共产国际及其代表也带来过某些消极的东西,其主流仍是好的,应当予以肯定。对此,人们的看法似乎比较一致,没有太大的分歧。然而,一旦涉及到中共中央的领导人，尤其是陈独秀的作用时，情况就完全不同了，不仅分歧很大，而且所得到的结论竟然如黑白一般，截然对立。

从上文的叙述中，事实同样十分清楚，在中共初创时期的战略策略调整中，陈独秀的贡献也是很大的。党的一大之后不久，他便从广州回到上海，主持中共中央的领导工作，并开始积极主动地研究当时的国内外形势，为如何开展革命斗争进行探索。由于他对中国的国情逐渐有了新的认识，因而能够比较顺利地接受共产国际的意见，即中国目前只能进行民族民主革命，而不能搞所谓的社会主义革命。正因为如此，他首先亲自起草了中共历史上第一个公开发表的宣言，宣布中国的当务之急，是打倒勾结帝国主义的封建军阀，建设民主政治，为此，必须建立民主主义的联合战线。接着，他又在党的二大召开时，主持起草并通过了大会的宣言，正式提出了党的民主革命纲领和建立民主联合战线的策略方针。在此期间，陈独秀虽然一开始对马林提出的，关于国共合作的党内合作方式表示过反对，但在西湖会议之后，他从大局出发，改变了态度。正是在以陈独秀为首的中共中央的领导下，中共三大最终批准了以党内合作的方式实现国共合作的策略方针，使党的战略策略的第一次大调整得以顺利完成，也使中共在中国的政治历史舞台上真正找到了立足点。诚然，由于受到共产国际及其代表的影响，为了阐述新纲领新策略，在陈独秀发表的一些文章和讲话中，他也说过某些后人看来并不十分准确的话。对于一个尚处于幼年时期的党，又正处在不断探索正确道路的过程中，这都是不可避免的。只要主流或大的方向正确，又能不断地进步，虽有不足之处，也是瑕不掩瑜。总之，作为中共中央的主要领导人，以及他所作出的切切实实的努力，都充分地表明，陈独秀对实现中共初创时期战略策略的转变，功莫大也，理应得到充分肯定。

然而十分遗憾的是，自从中共在国民革命中受挫之后，文过饰非的共产国际和斯大林为了寻找替罪羊，将一切错误归咎于所谓中共党内的陈独秀右倾机会主义，便开始对他大加挞伐。此后，对他的批判一直没有断过。中共取得胜利后，对这位曾经在创党和党的早期斗争中，为党的最后胜利奠定基础的革命元勋的批判不但没有停止，反而变本加厉了。在所谓的中共党史权威胡乔木为纪念中共诞生30周年所著,经过最高领导人批准的《中国共产党的三十年》一书中,作者一方面不得不肯定党的二大提出的民主革命纲领,不得不肯定党的三大通过的以党内合作方式实现国共合作的方针,另一方面却将主持领导中共二大和三大的陈独秀斥之为会议期间右倾投降主义的代表,并断章取义,摘取陈独秀的片言只语,指责他"根本就没有企图由无产阶级和共产党来领导这个革命,使这个革命在胜利以后,首先就有利于无产阶级,并以无产阶级为中坚力量来掌握政权,用这个政权来保障国家在以后的发展中走上社会主义的前途",[45]继续将所谓的"二次革命论"强加给他。真可谓"欲加之罪,何患无辞"也!这种类似于指鹿为马的把戏,实在是连起码的逻辑都不顾了。你看,一个主持和领导党的二大和三大通过正确决议的陈独秀,当时竟然就是右倾投降主义的代表人物,真有点让人不可思议。再说,胡乔木所批判的所谓"二次革命论",其要害是所谓的在民主革命和国共合作中自动放弃无产阶级的领导权,放弃社会主义的前途。这完全是无限上纲的指责。在绝大多数党员刚刚认识到民主革命和国共合作的必要性,且革命的实践斗争刚刚起步之时,就奢谈所谓的革命领导权和未来前途,就要求他们完全正确地予以解决,无疑是对前人的苛求。况且陈独秀从没有明确说过要放弃领导权和社会主义前途的话,更没有提出过什么"二次革命论",他虽然对未来的革命实践将如何发展,将会出现什么样的问题,缺乏完全准确的判断,但这充其量也不过是认识不足而已,必须也只能通过实践才能进一步解决。在当时的中共党内,根本没有,也不可能有未卜先知的天才,能够做到料事如神。在当时的历史条件下,陈独秀的主要贡献,在于他适时地纠正了中共一大的错误,拨正了中共前进的大方向,不可能要求他解决所有的问题,尤其是未来可能发生的问题。因此,对陈独秀的苛求,无异于要求一个儿童去预测他成年以后的一切,如果他说不清,或说得不对,便是机会主义,实属荒唐至极。行文至此,笔者不能不再说几句。在抨击陈独秀的同时,胡乔木还批判了曾任中共中央委员的张国焘,称他是中共三大期间左倾关门主义的代表。事实上,会议期间讨论时代表们虽然有争论，却都是党内民主制度所允许的，一旦会议作出决议，全党都能认真贯彻，并没有公开反对或违背决议者，因此，不能动不动就上纲上线，将其斥为左倾或右倾的机会主义、投降主义等等。在当时的会议上，也没有任何人受到过这样的批评。不管张国焘后来的表现如何，我们必须尊重事实，有一说一，有二说二，决不能因人废言。

胡乔木的著作如此违背历史事实，当然是有原因的，完全是为了制造对毛泽东的个人崇拜或个人迷信。在双管齐下左右开弓，抨击陈独秀、张国焘的同时，胡乔木就是为了说明，只有出席中共三大的毛泽东"在大会上坚持了正确意见，反对了错误意见"，[46]以突显毛泽东的英明和正确。如笔者上文所说，大量的材料证明，毛泽东当时是赞同马林和陈独秀的意见的，自然也为大会通过正确的决议作出了贡献。只是毛泽东当时也没有就无产阶级的领导权和革命的前途，提出过更好的意见，似乎并不比陈独秀高明多少。但在胡乔木的笔下，受到毛泽东赞同的陈独秀成了投降主义者，而毛泽东则仍然是正确的，而且是正确主张的唯一代表。这样的事情实在令人感到十分滑稽可笑。不过，"不畏浮云遮望眼"，乌云毕竟不可能永远遮住太阳，被歪曲的历史终将真相大白。

## 第一章注释：

1. 中国的学者对于中国进入封建时代的时间有多种不同的看法和观点，或为春秋时期，或为秦汉时期等等，但不管是何种说法，几乎都承认，中国早在 2000 年前就开始建立封建制度了。
2. 意大利人马可·波罗于 13 世纪口述的中国游记是当时西方人称羡中国最好的代表作。
3. 参见陈旭麓：《近代中国社会的新陈代谢》，上海人民出版社 1992 年 7 月版；徐中约：《中国近代史——中国的奋斗》，世界图书出版公司 2008 年 1 月版；《剑桥中华人民共和国史（1949—1965）》，上海人民出版社 1991 年 6 月中文版；（美）斯塔夫里阿诺斯：《全球通史

——1500 年以后的世界》，上海社会科学院出版社 1999 年 5 月中文版。
4. 转引自陈旭麓：《近代中国社会的新陈代谢》，第 19 页。
5. 参见《全球通史——1500 年以后的世界》。
6. 引自《马克思恩格斯选集》第 1 卷，第 244 页，人民出版社 1966 年版。
7. 同上书，第 4 卷，第 233 页，人民出版社 1972 年版。
8. 同上书，第 1 卷，第 244 页。
9. 同上书，第 1 卷，第 244 页。
10. 同上书，第 1 卷，第 243 页。
11. 参见陈旭麓：《近代中国的新陈代谢》等书。
12. 对中国近代史的起点，中外学者仍有不同的看法，此处采用大部分学者的观点。参见徐中约：《中国近代史——中国的奋斗》，第 1 至 10 页。
13. 《毛泽东选集》，第 2 卷，第 595 页，人民出版社 1966 年 9 月版。
14. 参见陈旭麓主编：《近代中国八十年》，第 75—78 页，上海人民出版社 1983 年 10 月版。
15. 同上书，第 86 页。
16. 胡绳：《从鸦片战争到五四运动》，上册，第 312 页，人民出版社 1981 年 6 月版。
17. 同上书，第 310 页。
18. 转引自陈旭麓：《近代中国社会的新陈代谢》，第 106 页。
19. 倭仁，1860—1880 年间清廷中反对革新、顽固守旧的主要代表人物，屡屡出头反对洋务派官僚的举措。
20. 参见陈旭麓：《近代中国社会的新陈代谢》，第 107 页。
21. 梁启超：《戊戌政变记》，转引自陈旭麓：《近代中国社会的新陈代谢》，第 155 页。
22. 梁启超：《论变法不知本原之害》，转引自陈旭麓：《近代中国社会的新陈代谢》，第 164 页。
23. 参见陈旭麓主编：《近代中国八十年》等书。
24. 《毛泽东选集》，第 4 卷，第 1359 页。
25. 参见陈旭麓主编：《近代中国八十年》，第 573 页。
26. 《陈独秀著作选》，第 1 卷，第 179 页，上海人民出版社 1984 年 9 月版。

27. 同上书，第1卷，第130至135页。
28. 同上书，第1卷，第443页。
29. 陈独秀：《孔教研究》，《独秀文存》卷1。
30. 转引自任建树：《陈独秀大传》，第114页，上海人民出版社1999年版。
31. 《毛泽东选集》，第4卷，第1360页。
32. 中共中央党史研究室：《中国共产党历史》，第一卷，上册，第54页，中共党史出版社2002年版。
33. 《陈独秀著作选》，第3卷，第315至316页。
34. 维经斯基（1893—1953），俄国人，又译作魏金斯基，来华期间化名吴廷康。
35. 马林（1883—1942），荷兰人，原名斯内夫利特，来华后化名马林或孙铎。
36. 中央档案馆：《中共中央文件选集》，第1辑，第5页，中共中央党校出版社1982年版。中共一大所通过的纲领，中文原件已无法找到，该书所收录的，是从俄国的共产国际档案中所存俄文档案中翻译过来的。
37. 同上书，第16至26页。
38. 同上书，第77至78页。
39. 同上书，第38至39页。
40. 《陈独秀著作选》，第3卷，第87页。李守常，即李大钊。张特立，即张国焘。
41. 《马林在中国的有关资料》（增订本），第27至28页，人民出版社1984年2月版。
42. 中央档案馆：《中共中央文件选集》，第1辑，第93页。
43. 同上书，第128至129页。
44. 同上书，第115至116页。
45. 胡乔木：《中国共产党的三十年》，第9页，人民出版社1951年6月版。
46. 同上书，第10页。

## 1.2 艰难曲折的革命历程和中共的最后胜利

中共一成立，便立即投身于实际的革命斗争。从中共创立开始，到成功地夺取全国政权，中共从事和领导的革命斗争，按照中共党史传统的说法，先后经历了若干个历史发展阶段。其中包括第一次国共合作的国民革命或第一次大革命、土地革命或苏维埃革命、抗日战争、解放战争等等。在此期间，中共虽然多次遭遇失败和挫折，但在全国广大民众的支持下，经过全党及党领导的革命军队的不懈努力和浴血奋战，中共终于取得了最后胜利。

### 1.2.1 国民革命浪潮的高涨与国民党的蜕变

#### 1.2.1.1 革命高潮之勃兴：国共合作的实现和苏俄的援助

从1924年起，一个新的中国历史上前所未有的革命浪潮，逐渐席卷全国，"打倒列强！打倒军阀！救中国！"的口号几乎响遍了神州大地。这就是轰轰烈烈的国民革命运动，或被后人所称的第一次大革命运动。在这一革命浪潮勃兴期间，以工人运动、农民运动为主的民众斗争此起彼伏，与革命的武装斗争相配合，不断地冲击着帝国主义列强和北洋军阀的统治。从上海的"五卅"反帝爱国运动、香港广州的省港大罢工，到武汉、九江的工人斗争和上海工人的三次武装起义；从广东的农民运动，到两湖的农村革命风暴；从广东的革命军东征到国民革命军声势浩大的北伐战争，革命的浪潮真可谓一波又一波，后浪推前浪，汇成了一股巨大的洪流，终于将北洋军阀控制的北京政府扫进了历史的垃圾堆。虽然在这场革命运动的最后阶段，历史的发展再一次出现了曲折，但国民革命或第一次大革命，毕竟在中国革新和革命的历史上写下光辉的新篇章。

国民革命或第一次大革命的高潮，究竟是怎样兴起的？这是研究者不能不首先回答的重要问题。尽管问题并不简单，后人因为立场不同，看法也不一致，但基本的历史事实还是清楚的，只要采取真正客观的态度，就不难作出准确公正的说明。

首先，笔者认为，国民革命或大革命浪潮勃兴的根本原因，当然与当时中国的大气候有关，同时也得益于革命派所采取的正确的战略方针。

所谓的大气候，指的是当时的国内外形势和中国的社会状况。笔者曾经多次说过，自辛亥革命以来，中国的民族矛盾和社会矛盾不仅未能解决或缓解，反而愈来愈尖锐。帝国主义列强，尤其是日本、英国等列强，对中国的侵略和扩张越来越露骨。虽然因为巴黎和会激起的五四爱国运动的冲击，列强们不得不有所顾忌，它们通过华盛顿会议的召开而稍稍改变了对华扩张的策略，却并不能解决甚至缓解不断激化的民族矛盾，中国人民的反帝情绪有增无减。与此同时，掌握北京政府大权的北洋军阀，则继续同帝国主义列强相勾结，出卖国家和民族的利益，继续对广大民众实施反动的专制统治。更有甚者，各派军阀为了争夺对所谓中央政府的控制权，根本不顾国人的死活，大打内战，致使中国社会的乱象日甚一日，国无宁日，民不聊生，且毫无改善的希望。民众反对军阀的情绪不能不因此而日趋高涨，社会矛盾不能不更加尖锐。这样的形势，就如同在全中国的大地上，到处都布满了干柴，一旦遇到火种，便能立即燃起熊熊烈火。另一方面，在中国的民众中，不仅存在着广泛的不满情绪，而且经过五四爱国运动的洗礼，很多人已开始觉醒，特别是在年轻的知识精英和农工大众中间，要求改变现状，革新和改造社会的呼声日趋强烈，即便是在比较保守的中产阶级中，也有许多有识之士倾向于采取比较激烈的革命手段，以改变现状。由此可见，新的革命运动的兴起在当时的中国有着广泛的社会基础。一旦有人揭竿而起，响应者必定越来越多。

正是在这样的大气候的条件下，早就蓄势待发的革命派，包括国民党和共产党人，适时地举起了反帝反军阀的革命大旗，喊出了打倒列强、打倒军阀和救中国的响亮口号。如此击中要害而又深得民心之举，自然不能不在神州大地上点燃起燎原的革命烈火。

从以上的论述中，我们可以清楚地看到，正是列强变本加厉的侵略扩张和北洋军阀政府的倒行逆施，客观上为革命风暴的兴起准备了条件。尤其是北洋军阀政府，正是他们的反动和愚蠢，为自己准备了坟墓。这一点，似乎同辛亥革命前的情况十分相似，历史的一幕仿佛又在重演。不过，中国社会毕竟有了很大的进步，无论是此时的革命阵营，还是革命所要打击的对象，都和辛亥革命前不可同日而语。

其次，笔者认为，国民革命或大革命浪潮的勃起，还得益于第一次国共合作的实现，它使中国的革命力量实现了前所未有的大联合，并使革命有了新的思想指导，采取了新的斗争方式，从而有力地推动了革命形势的大发展。

如果只有客观的革命形势，而没有革命党或革命派的努力，或者革命党革命派未能团结起来，所采取的方针策略并不正确，革命也很难成功。其实，辛亥革命以来，特别是袁世凯称帝之后，在中国，客观的革命形势始终存在着，以孙中山为首的革命派也一直没有停止过革命斗争，却都没能成功。个中的原因虽然很多，但革命阵营内部不团结不统一，革命派又未能找到正确的道路，无疑是最重要的因素。民国刚刚建立，同盟会内部便发生分裂；二次革命一失败，新组建的国民党内部又出现了不可调和的矛盾，甚至连国民党的两个主要领袖人物，孙中山和黄兴都已分道扬镳。此外，孙中山和他先后重建的中华革命党、中国国民党虽然一直坚持斗争，但他所提出的革命口号，只是"护国""护法"等等，始终未能击中当时中国的要害，因而无法有效地动员民众。孙中山也想联合更多的力量，曾与当时的西南军阀、奉系军阀搞过合作，却都找错了对象。既要革军阀的命，又希望军阀帮忙，这无异于与虎谋皮，岂能成功？这种情况只是到了国民革命时期才真正得到改变。

1922年秋冬，即在国民革命尚在酝酿，而孙中山却再度陷入困境之时，中国共产党就主动地向孙中山和国民党伸出了援助之手，提出以共产党员加入国民党，同国民党进行合作的建议，并得到孙中山的同意。随后，在共产党人和苏俄顾问的帮助下，孙中山成功地对国民党进行了改组，调整了革命的方针策略。1924年1月，中国国民党在广州召开了第一次全国代表大会,对三民主义作了重新解释,制定了以反帝反军阀为主要内容的新的革命纲领。大会期间,虽然国民党内仍有人反对共产党人加入国民党,但孙中山未予理睬,大会因此在实际上批准了国共两党以党内合作的方式进行合作的做法,成为第一次国共合作正式形成的重要标志。国共合作的实现,不仅使当时中国最有影响的两大革命政党联合起来,而且使全国的革命志士都不约而同地聚集到国民革命的旗帜之下,实现了革命力量前所未有的大联合。尽管在这个联合的革命阵营中,仍然存在着不少矛盾,但它对推动革命高潮的勃起所发挥的作用还是相当的大,尤其是在发动革命的过程中,它的作用更是不可低估。更为重要的是,由于共产党人加入了国民党,对国民党改变过去的做法,提出正确的革命纲领,采取相对正确的革命方式,以获得民众的支持,壮大革命的声势,都起了十分重要的作用。有关这方面的问题,笔者将在下文作进一步论述,此处暂不赘述。总之,国共合作的实现,与国民革命或大革命运动的兴起和发展关系极大,这是任何人都无法否认的历史事实。

第三,笔者还认为,苏俄及其领导下的共产国际对中国革命的支持和援助,也是国民革命或大革命浪潮蓬勃兴起的重要原因之一。

一个民族或一个国家的革新和革命,当然主要是依靠自己的努力和奋斗,但也需要国际的支持。然而,在中国近代此前的革新或革命,包括辛亥革命在内,不但都未能得到过任何国际援助,而且不断遭到列强或明或暗的反对和破坏。例如,辛亥革命爆发后,虽然孙中山多次请求列强各国在财政方面,对孙中山为首的南京民国临时政府予以支持,列强各国不仅予以拒绝,反而在暗中帮助袁世凯,支持他同革命派讨价还价,夺取革命的胜利果实。可以说,在孙中山的革命生涯中,这样的例子不胜枚举。其实,列强各国采取这样的态度并不奇怪。因为中国的革命不论革命派是否公开地表示反对列强,实质上都对列强的侵略扩张不利,它们当然不会做损害自身利益的事情。当时,除了列强,后来被称为社会主义的苏俄还未出现,沙俄则同英国、法国、美国一样,都不可能支持中国的革命。直到俄国十月革命胜利之后，情况才发生了根本性的变化。

正如笔者已经说过的，俄国革命胜利之后，为了促进世界革命，列宁创立了共产国际，决定支持东方各国，尤其是中国的民族解放运动。为此，苏俄与共产国际不仅帮助中国的先进分子建立了中国共产党，而且派代表拜访孙中山，希望同他及其领导的国民党建立联系，并表示愿意支持孙中山的革命事业。不过，孙中山虽然从一开始就对俄国革命产生好感，起初却没有立即接受俄国的好意。原因是他担心与俄国联合，会激怒西方列强。同时他当时对俄国也存有戒心，担心俄国会用共产主义的思想赤化中国。他曾向共产国际的代表马林明确表示，在他打败吴佩孚，取得北伐的胜利以后，就可以和苏俄建立正式的联盟。[1]然而，仅仅半年之后，情况就发生了很大的变化。孙中山的北伐尚未成功，南方革命政府的内部却乱了起来。由于陈炯明背叛孙中山，发动叛乱，孙中山被迫离开广州避居上海，又一次陷于困境。当马林在上海再次拜访他时，孙中山对苏俄的态度有了很大变化，对联俄的迫切性有了新的认识。[2]于是，通过马林的联络以及双方代表的多次沟通，1923年1月，孙中山同苏俄政府著名的外交官员越飞在上海举行了秘密会谈。越飞是苏俄政府正式派来中国的外交代表，此前刚来中国同北京政府交涉恢复中苏关系之事。他不仅对孙中山和国民党感兴趣，而且获得了苏俄政府的授权，与孙中山进行谈判。众所周知，他们两人的会谈取得了重大成果，签署了《孙中山与越飞联合宣言》。该宣言称："孙逸仙博士以为共产组织，甚至苏维埃制度，事实均不能引用于中国。因中国并无使此项共产制度或苏维埃制度可以成功之情况也。此项见解，越飞君完全同感。且以为中国最要最急之问题，乃在民国的统一之成功，与完全国家的独立之获得。关于此项大事业，越飞君并确告孙博士，中国当得俄国国民最挚热之同情，且可以俄国援助为依赖也。"[3]正是这次会谈及其成果成为孙中山正式确定联俄政策，并开始与俄国建立联盟关系的标志。孙中山和越飞所签署的宣言还表明，在下决心联俄时，他对苏俄既有要求，也作出了妥协。他不允许苏俄在中国实行共产制度和苏维埃制度，并要求苏俄政府重申放弃帝俄时代所签的各种中俄条约；而另一方面，为了得到苏俄的援助，孙中山也就中东铁路问题和蒙古问题向苏俄作了让步。

联俄政策的成功，确实使孙中山和国民党获得了很多好处。孙中山与越飞的联合宣言签署之后，苏俄政府便开始兑现自己的诺言，不仅先后多次给孙中山和国民党送来财政援助和武器弹药，还派了大批政治、军事顾问到广东，帮助孙中山改组国民党，进行军事训练，创建革命军队等等。尤其是在孙中山和广州革命政府平定商团叛乱、两次东征以及1926年夏秋开始的北伐战争中，苏俄的军事顾问们都积极地参与策划，为国民革命军制定作战计划。诚然，苏俄的援助并不是无私的，自然有维护其本国利益的考虑，甚至也有控制中国革命的企图，但在客观上，它毕竟有利于中国的革命事业，尤其是对推动国民革命或大革命潮流的高涨起了重要作用，则是不言而喻的。

上述的三个方面，虽然并不是革命高潮勃起的全部原因，却无疑是最主要的原因。正是这些因素的共同作用，国民革命或大革命的浪潮才得以迅速地席卷整个中国。

## 1.2.1.2 国民革命时期中共主要做了些什么？

在国民革命时期，除了大气候，即客观的条件起了重要的作用外，推动革命运动不断发展的政治力量，主要是国民党、共产党、苏俄政府及其领导下的共产国际。实事求是地说，这三方面的政治力量虽然各有自己的特点，也各有自己的长处和短处，但都对革命运动的高涨作出了重大贡献，都是推动革命胜利前进不可或缺的重要因素。鉴于本书所研究的主要是中共的革命，笔者不可能对上述三方面力量所起的作用作全面分析，只想对中共在国民革命或大革命运动中的主要贡献作一点比较详细的论述。不过，为了进行比较，也难免要涉及到国民党和苏俄方面的情况。

对于中共在国民革命或大革命中所做的工作和发挥的作用，历来存在着争议。其中，关于中共是不是革命运动的领导者之争，便是突出的一例。毫无疑问，国民革命主要是在国民党的旗帜之下进行的，国民党的实力和影响在当时也是最大的。因此，简单地说共产党就是整个革命运动的领导者，显然过于勉强。但是，很多共产党员加入了国民党，并进入国民党的领导机构，参与了革命运动的领导工作，这也是不可否认的事实。此外，就民众运动的发动和组织而言，如工人运动、农民运动的工作等等，则主要是共产党人在做。可见，中共不仅参与了革命运动的领导，而且确实发挥了重要的作用。不过，笔者以为，空泛地争论究竟是国民党，还是共产党领导了国民革命，并没有太大的实际意义，不如从实际出发，对各种政治力量在革命运动中的所作所为进行具体分析，恰当地说明它们各自的贡献和作用。只有这样，才能将真实的历史呈现在世人面前。

只要不带任何偏见，人们就不能不承认，在国民革命或大革命运动中，中共确有其特殊的贡献，起了国民党无法替代的独特作用。这主要表现在以下几个方面。

第一，在确定革命的纲领，提出反对帝国主义反对封建军阀的革命目标和革命口号方面，中共的贡献和作用都是十分突出的。

在1922年共产党员加入国民党以前，孙中山和国民党虽然一直坚持革命斗争，却始终没有一个明确的政治纲领。他们虽然希望中国获得独立，并为之奋斗不已，却从未明确提出或不敢公开提出反帝的口号；他们虽然一直在同军阀作斗争，但也没有提出过彻底推翻军阀政权的目标，而在实践中常常以"护国""护法"等模糊的提法，使国人如坠云雾之中，摸不清头脑；他们还对军阀存有幻想，常常与军阀妥协。由于孙中山和国民党未能正确地解决革命的纲领问题，他们所打出的革命旗帜就不可能鲜明，很难达到动员全国民众的目的。无疑，这是孙中山和国民党此前始终无法获得成功的重要原因之一。而真正帮助国民党解决这一重大问题的，则是共产国际指导下的中国共产党人。如上所述，中共创立不久，便在共产国际的帮助下，完成了具有重大意义的战略策略调整，制定了党的民主革命纲领，响亮地提出反帝反军阀、建立民主政治的革命任务。也正是在中共的大力促进下，国民党终于实现了改组，接受了民族民主革命的纲领，抛弃了使用了多年的含混不清的口号，从而使革命的面貌大变。在以反帝反军阀为主旨的国民革命运动中，中共不仅始终坚持正确的革命纲领，与形形色色的妥协倾向作斗争，而且将其具体化通俗化，提出了"打倒列强！打倒军阀！救中国！"和"废除不平等条约""召开国民会议"等等含义明确，各界民众容易了解掌握的口号，对动员民众为之奋斗发挥了积极的作用。实践证明，制定正确的革命纲领，提出切合实际的革命奋斗目标，对于革命的成败是多么的重要。而中共在这方面所作出的努力确实功不可没。

第二，在动员和组织民众、领导民众开展各种形式的斗争方面，中共和它的党员几乎包揽了绝大部分工作，为将国民革命或大革命运动开展得有声有色，最终取得重大成果发挥了重大的作用。

国民革命或大革命运动之所以与以往的斗争不同，之所以开展得轰轰烈烈，关键在于民众运动的规模之大、范围之广，都是中国历史上前所未有的。近代以来中国的革新和革命事业，从洋务运动到辛亥革命，从来没有如此广泛的民众参与其中。即便是辛亥革命，仍然局限于上层人物和军队之中，民众仍处于漠不关心的状态。辛亥以后的情况依然如此。这显然与当时的革命派不重视民众的发动和力量有关，同时也反映出中国的民众尚未真正觉醒。直到五四爱国运动爆发时，在少数民族精英的影响下，在民族危机的刺激下，才出现了广大民众自发行动起来，参与救亡运动的新形势。而国民革命或大革命运动中的民众斗争，既是五四爱国群众运动的继续和发展，又在民众被动员的广度和深度方面，大大地超过了五四时期。

由于国民党过去一直不重视下层民众的力量，也很少花费精力去做下层民众的工作，即便是在国民革命时期，孙中山虽然在苏俄和共产党人的力促下，逐渐意识到"唤起民众"的必要性，但在实践中，却仍然没有几个老国民党人愿意深入到下层民众之中，去做动员和组织民众的艰苦工作，而将这方面的事情让给中共和加入国民党的共产党人去做。中共则与国民党完全不同，所信奉的是激进的马克思列宁主义，不仅始终以发动下层民众起来革命为自己的主要任务，始终坚持深入民众，做民众工作的主张，且不怕艰苦，肯下功夫。因此，在推动国民革命或大革命的过程中，中共及其领导下的广大党员，便将自己的主要精力放在组织发动民众运动方面，并取得了巨大的成绩。其中，最为突出的表现，是以五卅爱国运动、省港工人大罢工、武汉、九江的工人运动、上海工人三次武装起义为主的工人斗争，以两湖农民运动为代表的农村革命风暴。以上海为起点，很快席卷全中国的五卅爱国风暴，后来成为国民革命或大革命高潮开始兴起的重要标志，它自始至终是在中共中央的直接领导下发展起来的，其规模远远超过了五四运动。至于湖南湖北的农民革命浪潮，更是由于共产党人的发动和组织，才得以兴起，其声势之浩大更可谓史无前例。而其它的大大小小的民众斗争，也都是中共努力的结果。正是这连绵不断的工农民众的斗争，汇成了势不可挡的历史洪流，对帝国主义列强和北洋军阀在中国的统治产生了巨大的冲击。尽管在发动和领导工人、农民等广大民众斗争的过程中，也出现过笔者将在下文谈到的各种问题，但轰轰烈烈的民众运动主要得益于中共的贡献，民众的斗争大长了革命的声势，有力地配合和促进了国民革命军的军事进攻，特别是北伐战争的顺利发展，这是很多国民党人，甚至是革命的打击对象，也不能不承认的。事实非常清楚，如果没有如此规模浩大的民众运动，就不可能有真正的国民革命或大革命高潮，也不会有革命的成功。

第三，在帮助国民党改组、整顿和扩大国民党的组织和党员方面，在帮助国民党创建自己的革命武装，即国民革命军或所谓的党军方面，在支持和参与革命军作战方面，中共同样出力甚多，贡献不小。

在辛亥革命及辛亥以后的斗争中，中国国民党，包括其前身同盟会、中华革命党，之所以屡遭失败，原因当然很多，但有两条重要的原因却不能不提。一是国民党自身的组织建设存在着严重的缺点。从一开始，它就是一个组织涣散、缺乏严密的组织系统和必要的纪律约束的政党。党内没有稳定的领导机构，所依靠的只是党的领袖人物如孙中山等的威望，所谓的党员则时聚时散，合之则来，不合则去。如此必然缺乏内部凝聚力，党始终未能成为一个真正有战斗力的革命集体。实践证明，没有一个坚强有力的革命政党，要取得革命的胜利，是根本不可能的。二是孙中山和国民党虽然始终坚持革命的武装斗争，却从未建成一支由党掌握和听党指挥的革命军队。在这样的情况下，孙中山只能今天拉拢这个军阀，明天又依靠另一个军阀。然而，几乎所有的军阀都不可靠，都只是为了谋取私利，都是变色龙。其结果只能是，革命尚未成功，孙中山却一次又一次被军阀所出卖。在没有民主制度，只有军阀乱政的中国，革命的武装和武装斗争是不可或缺的，孙中山和国民党没有自己的武装，只能受制于军阀，其结果可想而知。

正是在苏俄和中共的帮助下，孙中山通过总结过去的经验和教训，逐渐认识到改组国民党的必要性，认识到创建革命武装的重要性，因而才有了国民党第一次全国代表大会的召开和国民党的改组，才有了黄埔军校和后来被称为国民革命军或党军的创建。

在国民党实施改组和创建革命武装的过程中，孙中山和革命的国民党人所起的作用无疑是最主要的，苏俄政府的支持和援助也有一定的功劳，而中共和加入国民党的共产党人也作出了不小的贡献。尤其是在国共合作的初期，按照中共中央的指示，加入国民党的共产党人以相当大的精力在全国各地建立国民党的地方组织，发展国民党的党员，不仅在原先并无国民党组织的地区建立了组织，为国民党填补了空白，而且壮大了国民党的队伍。由于绝大部分共产党人将主要精力投入到国民党的工作之中，甚至因此而一度影响了中共自身的发展，但他们的努力毕竟成绩斐然，使得国民党在一定程度上改变了面貌。此外，对孙中山创建革命军队的努力，中共同样十分支持。黄埔军校初建时，中共不仅动员了一大批共产党员和优秀的革命青年报考军校，而且还派了不少党的骨干参与军校的工作。尤其是在军校及由军校学员为主创建的革命军中，共产党人一度包揽了绝大部分政治工作，为培养真正的革命军人出了大力。在革命军队后来的历次战役战斗中，如在平定商团叛乱、二次东征、北伐战争中，中共不仅动员广大民众支持声援革命军队，而且要求军中的共产党员和青年团员发扬英勇战斗、不怕牺牲的精神。事实上，共产党人在历次战役中的表现确实不同凡响，堪称革命军人的模范，这是很多国民党人都承认的。总之，在国民党改组和创建革命军队的过程中，中共虽然只是配角，主角始终是国民党，但它毕竟也作出了自己的贡献。如果没有共产党人的支持和帮助，形势的发展就不可能那么顺利。

毫无疑问，上述几个方面并不能包含中共在国民革命时期所作的全部工作和贡献，所反映的只是其中最突出的表现。就整个国民革命而言，国民党、共产党，还有苏俄政府和共产国际，都有自己的贡献，只是因为各方面所处的地位不同，其宗旨也不一样，所起的作用自然各有特点。也正是这些不同的力量汇合在一起，才得以形成巨流，推动革命运动不断前进，并最终取得胜利的成果。

### 1.2.1.3 对国民革命是非成败的再评估

多年来，对于国民革命或大革命的最后结果，由于中共官方的宣传，人们似乎已经形成一种传统或习惯的说法，认为国民革命或大革命完全失败了。[4]这样的观点显然是不全面的。可见，如何正确而全面地评价国民革命或大革命的是非成败，仍然值得研究历史的学者们认真地进行探讨和分析。

笔者以为，国民革命或大革命的是非成败问题比较复杂，并不是任何简单而笼统的断语所能概括的，必须从不同的角度出发，予以具体的说明。

首先，应当从中国历史发展的角度，或者如一些学者所说，站在大历史的高度，对此次革命运动的成果予以评估。如此，人们便不难发现，国民革命或大革命无疑是中国历史的长河中，特别是中国近现代革新和革命的发展史上十分重要的一个阶段。它类似于辛亥革命，一方面，确实取得了重大的胜利，再一次推动了中国历史的前进；另一方面，它仍然存在着难以避免的不足。

就前者而言，一是国民革命或大革命运动不仅沉重地打击了帝国主义列强的在华势力，而且推翻了北洋军阀自袁世凯以来持续了近十七年的专制统治，且在一定程度上打击了专制统治的社会基础，即封建的地主阶级和封建的土地制度。这不能不是一大进步，或者说又推动中国的社会历史向前迈进了一大步。二是这次革命运动在全国前所未有的范围内，进一步传播了革命的民族主义和民主主义思想，促进了全国人民的新觉醒，开创了"唤起民众"的新局面，为以后革命事业的继续发展创造了条件。从这个意义上说，国民革命或大革命也是一场规模巨大的思想启蒙运动。三是这次革命运动不仅提高了民众的觉醒，而且使各阶层的民众得到了锻炼，尤其是下层的工农大众经受了前所未有的革命洗礼，从而预示着以下层工农大众为主力军的新的革命风暴必将到来，中国终将发生翻天覆地的大变化。四是此次在中国出现的革命浪潮不仅有利于本国的进步，而且在国际上，特别是在殖民地和半殖民地占多数的东方国家产生了重大影响，促进了东方各殖民地的国家和民族的觉醒，推动了第一次世界大战后亚洲民族革命潮流的兴起。鉴于上述几个方面的成果，认为国民革命或大革命运动在中国近现代革命的历史上写下了"光辉的篇章"，也是毫不为过的。

然而，在充分肯定革命确实取得重大胜利的同时，我们也不能否认，国民革命或大革命运动并不完美，仍有很大的历史局限性和不足之处，或者说也有失败的一面。其中，最重要的表现是，这次革命也和辛亥革命十分相似，未能完全实现革命提出的目标。这就是革命开始时由中共所提出，也为孙中山和国民党基本接受的目标，即推翻帝国主义列强和北洋军阀在中国的统治，建立一个独立、民主、和平、统一的中国。革命虽然给了列强沉重的一击，却未能真正撼动列强在中国的地位，未能真正改变中国社会半殖民地的性质，未能真正使中国获得独立。北洋军阀的旧政府虽然被推翻了，却代之以国民党新的专制统治。真正的民主政治制度，国民成为国家真正的主人，仍然都是遥遥无期的事情。除少数地方外，国家在形式上似乎实现了统一，但事实上分裂依然如故，不仅有国共两党的分裂和内战，而且还有国民党统治集团内部的分裂和混战。阻碍中国社会进步的旧障碍虽被部分清除，却没有完全清除，而且新的障碍又接踵而至，历史虽有进步，却步履艰难，困难重重。总之，革命的主要任务并没有完成。如果将中国的革新和革命比作"上楼"的话，这次革命虽然又上了好几层，却远未上到楼顶，还有很长的路要走。此外，这次革命运动的不足还有很多表现，如在革命的思想政治宣传方面，革命党人虽然比较重视反帝反军阀的宣传，但无论是国民党，还是共产党，对封建专制思想的批判也好，对民主主义思想和民主政治制度的倡导也好，都不够重视。中国的封建专制主义思想实在是源远流长，根深蒂固，它不仅在普通民众中，更在社会的上层人物，包括很多革命党的要人中，有着极大极深的影响。专制主义思想得不到比较彻底的清除，民主主义思想就很难在国人中牢固立足。其结果只能是，一个专制政权倒台了，代之而起的却是另一个新的专制政权。这方面的教训实在太多了。

国民革命或大革命之所以未能取得完全的胜利，后人常常将其归咎于帝国主义列强的干涉和破坏，归咎于军阀和大地主大资产阶级等反革命力量的强大，此说当然不无道理。但笔者却认为，革命的敌人虽然拼死反对革命，却不可能从根本上决定革命的命运。国民革命或大革命部分受挫的主要原因，是在革命的后期革命阵营内部出了大问题，被右翼的政客和军事将领所控制的国民党发生了蜕变，并最终使以国共合作为基础的革命联合战线完全破裂。在排斥共产党人，独占革命的胜利果实，夺得全国政权的同时，国民党背叛了民主主义的革命精神，继承了袁世凯和北洋军阀专制统治的衣钵，从而使革命发生了异化。

其次，人们也可以从国民党的角度，对国民革命或大革命的结果进行评估。或者说，站在国民党的立场上看一看，它在这场革命运动中，究竟得到了什么？

为了更好地说明这个问题，必须从国民党真正的革命目的谈起。除了极少数的左派，绝大多数的国民党人，包括孙中山在内，他们的首要目的是夺取全国政权。他们虽然也要求国家独立，也经常谈及实行民主的问题，但对国民党来说，这都是掌权以后的事。后来，在苏俄和中共的力促下，孙中山和国民党虽然一度赞同反帝反军阀的革命政纲，但仍将夺取政权放在第一位。为了获得政权和巩固政权，国民党并不愿意与列强完全闹翻，而宁愿采取比较缓和的手段来达到维护国家主权的目的。国民党虽然同意在革命的过程中与中共合作，希望借助共产党人的力量夺得政权，却并不打算与独立的中共分享政权。由此可以看出，通过国民革命或大革命运动，国民党基本上达到了自己的目的。或者说，国民党在革命中取得了重大的胜利。孙中山逝世前曾经说过，"革命尚未成功"。但对蒋介石等人而言，则是"革命已经成功"了。确实，国民革命或大革命对于国民党，可以说意义重大，使之获得了自辛亥革命以来从未获得过的统治全国的大权。而对于蒋介石个人，这次革命运动则成为他飞黄腾达的绝好机会，帮助他登上了中国最高统治者的宝座。正因为如此，蒋介石后来每每谈起国民革命或北伐战争，总是非常得意，把它看成是自己一生中"最光辉的一页"。

不过，国民革命或大革命给国民党和蒋介石等人带来的并不都是胜利和喜讯，也有遗憾和不足。由于国民党和蒋介石等人为了独占胜利果实，忘记并背弃了民主主义的革命原则和革命精神，不仅要在刚刚经过革命洗礼的中国恢复专制统治，而且采取了十分残酷，甚至连袁世凯和其它的北洋军阀头子都未敢采取的大屠杀政策，对付昔日的同盟者，即革命的共产党人和革命的广大民众。毛泽东曾经说过："蒋介石是怎样上台的？是靠北伐战争，靠第一次国共合作，靠那时候人民还没有摸清他的底细，还拥护他。他上了台，非但不感谢人民，还把人民一个巴掌打了下去，把人民推入了十年内战的血海。"[5]事实确是如此。然而，国民党和蒋介石等人肆无忌惮地与民主政治背道而驰，必定是要付出代价的。远的不说，就在当时，面对国民党和蒋介石的大屠杀，共产党人不可能不起来反抗，不可能不举起反对国民党政府的大旗，而蒋介石却无法将共产党人完全消灭，这就必然成为他永远无法挥去的一块心病。此外，即使是在国民党统治集团内部，由于蒋介石搞的也是专制独裁，其它派系对蒋介石并不服气，常常向他发起挑战，蒋介石也不得不费尽心机，去对付他们。蒋介石不仅对国内的问题难以搞定，而且外交方面的麻烦也不少。国民党希望自己的反苏反共政策能够得到帝国主义列强的支持，不得不在处理一些重大的外交纠纷时，向列强妥协，但列强各国并不买账，反而步步紧逼，要价越来越高。尤其是日本，侵略的气焰更是愈来愈嚣张，使得国民党政府根本无法应付。面对如此的内忧外患，国民党和蒋介石虽然大权在握，却始终无法过上一天安宁的日子。

一方面，如愿以偿地独占了革命的胜利果实，取得了全国政权，另一方面，却又陷入困境之中，如此矛盾的状况，只能是国民党和蒋介石咎由自取。他们利用革命，得到了好处，却又背弃革命的原则和民主的精神，以新的专制独裁代替旧的专制统治，其结果必然是搬起石头砸自己的脚。如果说的再远一点，也正是因为国民党和蒋介石上台伊始便大搞专制独裁，从此埋下了一个大祸根，以后又始终顽固地坚持这样的专制独裁，最终导致了他们后来在大陆的失败。当然，这是后话。

最后，我们还要从中国共产党的角度和立场出发，对国民革命或大革命的结果重新作一番思考。

多年来人们常说的观点，即革命已完全失败，也主要是按照中共的是非成败标准所作出的评判，且基本上符合事实。在这场轰轰烈烈的大革命运动中，中共及其广大党员努力奋斗，流血牺牲，贡献极大，但最后却不仅未能实现革命的目标，未能完成既定的任务，而且在革命即将取得胜利之时，却遭到了原来的同盟者国民党的打压，大批共产党人和革命者被残酷屠杀，党的组织也被迫完全转入地下，总之是损失惨重。这当然不能不是重大的失败。

然而，即便是从中共的角度考虑，革命虽然严重受挫，却也不是完全失败，中共也不是毫无所得。其一，国民革命或大革命毕竟推动了中国历史的进步，这也是中共所希望所追求的，从根本上讲对中共也是有利的；其二，共产党人在革命运动中的努力奋斗并没有完全被打水漂，通过这场革命，相比于革命前，中共的政治影响和威望有了很大的提高，党和党领导的革命力量也有了很大的发展；其三，中共创立的时间不长，此前虽然开展过革命斗争，毕竟经验不足。此次革命无论是成功，还是失败，都给了中共极为丰富极为宝贵的经验和教训。它是广大的党员和党所领导的革命者用鲜血和生命换来的，自然弥足珍贵，对中共继续坚持和扩大革命无疑有着十分重要的作用。其四，在此次国民革命运动中，由于中共的广大党员积极地投入斗争实践，经受了锻炼和考验，因此而培育出一大批骨干，其中包括众多的群众运动的领袖人物，受过军事训练和参加过战争实践的军事将领等等。尽管不少优秀的共产党人后来惨遭杀害，但幸存者后来大多成为中共新的领导骨干或各方面的杰出人才。其五，革命对中国的民众，特别是下层的工农大众，所产生的影响也是前所未有的。而部分地区的民众，主要是南方地区的民众，还亲身经历了这场革命的大风暴，所受的影响则更大。它对于中共后来直接领导工农民众进行斗争，自然大有好处。国民革命受挫之后的第二年，毛泽东便在分析中共领导的农村红色政权得以存在的原因时说过：其中的一个重要原因是，"中国红色政权首先发生和能够长期地存在的地方，不是那种并未经过民主革命影响的地方，例如四川、贵州、云南及北方各省，而是在1926年和1927年两年资产阶级民主革命过程中工农兵士群众曾经大大起来过的地方，例如湖南、广东、湖北、江西等省。这些省份的许多地方，曾经有过很广大的工会和农民协会的组织，有过工农阶级对地主豪绅阶级和资产阶级的许多经济的政治的斗争"。"至于此刻的红军，也是由经过民主的政治训练和接受过工农群众影响的国民革命军中分化出来的"。[6]所有这些，归结到一点，即革命不仅使中共的影响进一步扩大，力量得到进一步发展，而且使中共在血与火的艰苦斗争中得到了磨练，使之逐渐走出了幼年时代，开始走向成熟。可见，即便是对严重受挫的中共，国民革命或大革命也同样具有非同寻常的意义，也不能简单地以"完全失败"予以概括。

其实，从上述分析中，人们可以清楚地看出，无论从哪一方面说，国民革命或大革命都不是可有可无的。作为中国近现代历史，尤其是革新或革命的历史，它都是必不可少的一个阶段。尽管前进的道路仍然十分曲折，但前途毕竟是光明的。

### 1.2.1.4 中共为何在革命中严重受挫：右倾还是左倾？

尽管在国民革命或大革命中，中共并没有完全失败，仍有所得，但严重受挫毕竟是不争的事实。既然如此，人们就不得不提出一个问题，中共受挫或遭受失败的原因究竟何在？

对于这个问题，历来争议极大，尤其是在中共内部，至今仍然存在着分歧。不过，人们的看法既有差别，也有相同或相似的地方。对于后者指的是，大家都承认，中共在国民革命中遭受失败或挫折，客观的原因是主要的或根本的。

所谓的客观原因，也就是对中共而言，敌我力量的对比过于悬殊，反共反革命的阵营，包括帝国主义列强、大地主大资产阶级和右派控制的国民党在内，力量过于强大；而在共产党方面，由于中共建立只有几年，党和党领导的力量虽然在大革命运动中有很大的发展，毕竟无法与强大的反革命派相匹敌，再加上党尚处于幼年时期，政治、军事等方面的斗争经验不足，不可能不犯错误，在这样的条件和态势下与敌对的反共反革命派进行博弈，失败和受挫是必然的。即便共产党人不犯错误，失败和受挫仍是不可避免的，只是其程度可能有所差别而已。后人应当设身处地地想一想，对当时还是幼年的中共，或只有几万党员的中共，就要求它不犯任何错误，完全掌握所谓的革命领导权，击败比自己强大得多的敌人，取得革命的胜利，单独或与国民党分掌全国政权，这不仅是对前人的苛求，也未免过于异想天开了。

对于导致中共失败或严重受挫的上述客观原因，似乎并没有人否认，但在强调的着重点上仍有某些差别。有人主要归咎于帝国主义列强的破坏和干涉，归咎于帝国主义的走狗中国的封建势力或大地主大资产阶级。但笔者认为，列强及其走狗拼死反对革命，这当然是事实，但在此次国民革命运动中，起决定作用的不是列强及其走狗，而是革命阵营内部的分裂，是在革命阵营内占有力量优势的国民党，在反共右派的挟持下发生蜕变，背弃了民主革命的原则，而共产党人又无力加以制止。诚然，蜕变的国民党得到了列强及其走狗的支持，但起主要作用的毕竟还是国民党。再说，国民党的蜕变和国共合作的破裂也是必然的，是中共及其支持者苏俄都无法阻止的。

除了客观原因，当然还有主观因素在起作用，虽然它是次要的，却不能不谈。它指的是中共及其领导者苏俄党和共产国际是否犯有错误，犯了什么错误？这不仅是个争议颇大且争论时间很长的问题。

从1927年夏中共在国民革命或大革命严重受挫时开始，文过饰非的斯大林便武断的宣称,联共中央及其掌控的共产国际指导中国革命的路线和政策,是完全正确、百分之百正确的,但中国共产党,尤其是陈独秀为首的中共中央违背共产国际的正确指示,犯了严重的右倾机会主义错误。因此中共中央应当为革命的失败负责。[7]这个结论虽然并不符合事实,却被后来的中共和中共中央完全接受,成为不可改变的定论。中共取得全国政权之后,胡乔木在他的权威著作《中国共产党的三十年》中,又对当年斯大林的观点加以进一步发挥,不仅继续肯定斯大林和共产国际完全正确,继续严厉地批判陈独秀的错误,而且将所谓的右倾机会主义进一步上升为右倾投降主义,同时则大吹大捧毛泽东在大革命时期的所谓英明主张和正确路线。[8]此后,中共官方一直沿用这样的观点,直到改革开放以后才逐渐有所改变,但也没有完全改变,仍然存有不符合历史事实的说法,必须予以澄清。

为了准确地说明这方面的问题,首先应当了解共产国际与中共的真实关系。中共从第二次全国代表大会正式宣布加入共产国际起,就成为共产国际的一个支部。按照共产国际的章程规定,中共必须服从国际的决议,贯彻执行国际的指示。而共产国际则是苏俄创立,并受联共中央指挥的。因此,中共必须按照来自莫斯科,不论是以共产国际还是联共的名义所发出的指示和决定办事,中共党内虽然也经常有人提出各种不同意见,却不可能公然违背莫斯科的指示和决定。

莫斯科与中共的关系既然如此,中共所做的大事情,无论对错成败,自然都与莫斯科关系密切,而当时的实际情况也正是这样。笔者已经多次提及,中共创立之初,在帮助中共建立组织和调整党的战略策略方面,莫斯科都起了重要的积极作用。虽然在指示中共党员加入国民党,以党内合作方式实现国共合作的问题上,当时乃至后来都有人对莫斯科的决定提出过质疑,但在当时的历史条件下,这仍然不失为一种利多弊少的选择,国共合作后来对革命高潮的促进,就是证明。此外,在国民革命或大革命运动的初期和中期,无论是莫斯科的指导,还是中共中央的决策,基本上也是正确的,并不存在什么机会主义的政策。一直到1926年底、1927年初,莫斯科都对中共中央的路线政策予以肯定，且对中国革命取得的成就大加赞扬。'问题主要出在革命运动的后期，同样，首先是莫斯科的指导方针开始出现失误，而中共中央也因为不得不贯彻执行莫斯科的指示，开始犯类似的错误。其中最主要的问题，是随着形势的变化，应当及时地调整国共关系，改变有关政策。此外，也有一些新的问题冒了出来，需要采取新的对策。很可惜，正是在这些问题的处理上，莫斯科也好，中共中央也好，开始出现偏差。

由于莫斯科提出的，而最终被中共所接受的国共两党进行党内合作的方式，只是在当时的历史条件下无法选择的一种选择，它虽然有助于国共合作的尽快实现，有助于推动革命浪潮的迅速兴起，但这种合作方式毕竟存在着不可克服的矛盾，难以长期坚持下去。两个有着不同的指导思想、不同的奋斗目标，所采取的斗争策略也完全不同的政党，在各自保留独立组织的前提下，以所谓跨党的方式进行合作，必然导致貌合神离，双方都因此感到十分别扭。正因为如此，最初在中共党内就有许多人想不通，共产国际作出决议，中共三大批准之后，党内的反对声浪才逐渐平息。然而不久，国民党内又开始出现反对共产党人跨党的声音。主要是一些老的国民党员，即后人所称的老右派，在国民党第一次全国代表大会召开前后多次发难，反对孙中山的容共政策。他们把中共党员加入国民党比作是孙悟空钻进牛魔王的肚子里，是陈独秀"欲借国民党的躯壳，注入共产党的灵魂"。他们还借口共产党的党团问题，指控共产党人在国民党内搞秘密活动，搞阴谋诡计，对加入国民党的共产党员进行"弹劾"等等，一度闹得沸沸扬扬。只是因为孙中山当时还健在，出于联俄及振兴革命大业的需要，加之当时并没有发现共产党人搞阴谋的证据，他批评并制止了右派的反共排共活动，右派们才没能掀起大浪来。但是右派并未因此而偃旗息鼓。1925年3月孙中山逝世以后，右派的反共排共活动又逐渐猖獗起来。仅在当年就发生了三起突出事件，一是戴季陶公开发表排共的文章，二是反共的西山会议的召开和西山会议派的形成，三是国民党内著名的左派廖仲恺被刺。它表明右派势力不仅开始进一步组织起来，气焰嚣张，而且已经形成了比较系统的反共理论。

事态的发展不能不引起中共的关注。许多著名的共产党人挺身而出，对右派的反共言论予以反击。也有一些共产党人，如中共中央总书记陈独秀等，则由此开始意识到党内合作方式存在着严重的弊病，认为共产党人此时应当考虑退出国民党，改取"党外联合"的方式继续国共合作，并向共产国际的代表提出了自己的意见。右派反共排共的消息也很快传到了莫斯科，却并没有引起联共中央和共产国际的重视。斯大林似乎远不像中国共产党人那样担心。虽然他也意识到所谓中国的资产阶级已经分裂成革命派和妥协派，却又认为资产阶级的妥协派还不会与帝国主义联合在一起。因此，斯大林一方面说，要揭穿资产阶级妥协派，即国民党右派的动摇性和不彻底性，另一方面又强调，要保持国民党的团结和统一，即便因此必须对右派作出一些让步亦在所不惜。后来，斯大林又把这一政策概括为"保持国民党统一的政策"，也就是"为了革命的目的而利用右派"的政策。为此，斯大林既不赞成从国民党内驱逐右派，也反对共产党人退出国民党。正是根据斯大林的指示，共产国际以"上级"的身份，对其下属的中共党内出现的退出国民党的倾向予以严厉的批评。

然而，事态的发展并不像斯大林所想象的那么乐观。共产党人一厢情愿地企图保持国民党的团结和统一，但国民党内的右派却并未停止反共排共。一波未平，一波又起。老右派虽然暂时受到遏止，所谓的新右派又冒了出来。以蒋介石为代表的新右派虽然暂时还不打算公开与中共决裂，却对跨党的共产党人在国民党内掌握了部分权力而深感担心，于1926年春夏发动突然袭击，先后搞了个"中山舰事件""整理党务案"，将共产党人排挤出国民党中央领导机关和所谓的党军。面对右派新的进攻，苏俄当时在广州的军政代表团和事后回到广州的苏俄顾问鲍罗廷，为了保持国民党的团结和统一，为了利用右派，却对蒋介石采取了姑息的态度。而中共中央此时也不得不根据莫斯科的方针和指示，对右派的排共行动采取妥协退让政策。陈独秀等人曾再次提出，共产党人应退出国民党，改用党外合作的方式，却仍然遭到莫斯科的批评与拒绝。陈独秀的主张是否正确，有当别论，而莫斯科根本不重视中共的意见，却是不争的事实。在此后的事态发展中，中共中央也只能继续执行莫斯科的妥协退让政策，愈来愈陷入被动应付的困境。直到蒋介石等人发动"四一二政变"，莫斯科才被迫改变政策。斯大林说："保持国民党的统一的政策，在国民党内孤立右派并为了革命的目的而利用右派的政策，已不能适应革命的新任务了。这个政策应当代之坚决把右派逐出国民党的政策，和右派作坚决斗争乃至在政治上把他们消灭干净的政策，把国家全部政权集中于革命的国民党、没有右派分子的国民党、作为左派国民党人和共产党人联盟的国民党手中的政策。"[10] 莫斯科虽然从此开始进行反蒋斗争，却又对武汉的国民党政府和汪精卫等人产生幻想。中共中央也一度将汪精卫等人看作是国民党内左派的代表人物。实际上，武汉方面之所以反蒋，主要是对蒋介石集团的专横不满，他们同蒋介石新建立的南京政府主要是权力斗争，并不是革命的左派与反动的右派之间的矛盾，武汉政府内部，尤其是在军队的军官中，仍有许多右派人物。果然没有多久，武汉国民党政府的反共面目也很快暴露出来。此时，莫斯科似乎也预感到自己对武汉国民党的幻想可能要破灭，不得不采取所谓的紧急措施。一方面，莫斯科仍然采取妥协的政策，联共中央决定向武汉政府提供 200 万卢布的贷款，[11] 企图以此拉住汪精卫集团；另一方面，又向苏俄和共产国际在中国的代表鲍罗廷、罗易以及中共中央发来密电，作出了所谓的五点紧急指示。莫斯科要求中共立即发动土地革命，允许农民自下而上地夺取土地；立即从下面吸收更多新的工农领袖到国民党中央，革新它的上层；立即动员两万共产党员和五万工农，组成几个新军；组织有声望的、不是共产党员的国民党人为首的革命军事法庭，惩办反动军官等等。[12] 这些看起来十分激进、十分革命的指示却是中共无法实行的。原因其实很简单，当时中共根本没有足够的实力对国民党进行莫斯科所要求的改组和惩办国民党的反动军官。中共虽然可以独立地发动土地革命，组建自己的军队，但这样做就意味着立即与国民党武汉政府决裂，至少也要做好决裂的准备，莫斯科却并不允许。斯大林的政策是自相矛盾的，他既要中共同国民党对着干，又要中共保持国共合作，不允许共产党人退出国民党。在这样的情况下，无论是国际代表，还是中共中央都感到无所适从。无奈之下，他们只好致电莫斯科表示，他们同意莫斯科的指示，但在短期内无法实行。为了拉住汪精卫，共产国际的代表罗易竟然私自将莫斯科的密电拿给汪精卫看，干了一件蠢事。汪精卫看过密电后，立即为共产党的"阴谋"所震惊。此事无疑给了武汉国民党以口实，对他下决心与苏俄和中共分裂起了促进作用。此后事态发展是众所周知的，1927年7月中旬，继蒋介石集团公开反共之后，武汉的汪精卫集团也宣布与苏俄和中共分道扬镳了。起初汪精卫还标榜什么"和平分共"，但在共产党人公开发动武装起义后，他也终于丢掉了和平的假面具，对共产党人采取残酷的屠杀政策。

历史的事实充分地表明，主要是在革命的后期，莫斯科和中共中央都犯了错误，斯大林及其领导下的联共中央和共产国际根本不是什么绝对正确，什么百分之百正确。如果要谈责任的话，莫斯科无疑应当承担主要责任或领导责任。以陈独秀为首的中共中央当然也要负责，但主要是执行了莫斯科的错误指示。莫斯科及后来的中共中央将所有的错误统统算在陈独秀等人头上，显然是极不公允的。

除了上述问题外，还有一个比较重大的失误，即无论是莫斯科，还是中共中央当时都未能意识到建立自己的独立武装的重要性。在莫斯科的指导下，中共以其主要精力发动领导工农民众运动，却没有认识到同时还必须努力创建党能够直接领导和指挥的革命军队。中共虽然在帮助国民党建立所谓的党军方面做了不少工作，却未能真正掌握军队的指挥权。莫斯科则把希望完全寄托在国民党的军队上，不仅给了大量的军事援助，而且派来许多军事顾问。1926年的"中山舰事件"发生后，中共中央也曾表示希望莫斯科能够拿出一部分武器，帮助中共建立自己的武装，却遭到拒绝。中共后来虽然先后在广州、武汉、上海等地建立了武装的工人纠察队，在湖南、湖北农村建立有农民自卫队，却都无法与正规的军队相比。没有革命的正规军作后盾，什么民众运动，什么土地革命都难以坚持，对反共的势力也不会有威慑力，更不可能有效地反抗反共军队的压迫，维护革命的成果。一直到了最后的危急时刻，莫斯科才下令武装共产党人和工农民众，组建可靠的军队，这虽然正确，却无法立即实现。远水救不了近火,中共自然难以挽救革命的危机。笔者以为,这是中共在国民革命或大革命中严重受挫的重要原因之一,也是中共所得到的一个最重要的教训。

既然莫斯科和中共都有错误,那么下一个需要研究的问题便是错误的性质和程度。按照共产党人的习惯说法,即所犯的错误是右倾,还是左倾,是不是路线错误?

人们已经看到,前面所引胡乔木的《中国共产党的三十年》对此说得很清楚,以陈独秀为首的中共中央犯的是右倾机会主义或右倾投降主义错误。多年来史学界,包括笔者在内一直沿用这一观点。然而,也有学者经过认真的研究,以大量的事实证明这个看法并不全面。[13]在国民革命或大革命运动中,莫斯科和中共既有右倾,也有左倾错误。

诚然,上文所提及的,莫斯科和中共在处理国共关系时,对国民党右派的妥协退让,对右派反共势力估计不足,缺乏足够的警惕;未能重视建立中共的独立武装,如此等等,确实属于右倾的性质。但是也有很多失误则表现为左倾。例如,莫斯科对中共领导的革命力量,对所谓的国民党左派的实力常常估计过高,总是要求他们去做力所不及的事情。对中国资产阶级在革命中的态度,莫斯科的估计则是先右后左。在"四一二政变"发生前,他们十分重视资产阶级,后来又判定资产阶级已全部倒向反革命,实际上把资产阶级当成了革命对象,并因此而影响到工人运动出现左的偏向。从1926年冬开始,莫斯科反复要求中共开展土地革命。这属于民主革命的范畴,也是民主革命的核心内容。但将土地革命付诸实施,必须考虑大的革命形势及各种必要的条件,应当有所计划。但莫斯科却并不考虑客观条件,甚至最后竟然指示中共发动农民自下而上地夺取土地。如此脱离实际的做法,其结果只能是一句空话。此外,更多左的偏向则表现在中共领导的工人运动和农民运动之中。事实上,1925年的省港大罢工已开始有左的苗头,只不过尚不严重。到了武汉时期,工人运动中左的倾向便愈来愈明显。在北伐的革命军所占领的地区,工农运动和工会、农会等组织都取得了合法性,发展极为迅速。在武汉等地,为了改善待遇，工人可以举行罢工，要求厂主、店主增加工资，这本来无可非议。但是，发展到后来，工会和工人的罢工变得越来越随意，不仅次数越来越多，且要求也越来越高。资本家们如果不能满足工人的要求，工会和工人便随意抓人、封厂封店，弄得中小资产阶级人心惶惶，许多工厂、商店倒闭，市面萧条，社会秩序混乱。工会和工人组织了纠察队，这本来也是好事，但纠察队不受约束，权力越来越大，竟然代替政府行使职能，随便逮捕人，自行组织法庭监狱，随意断绝交通，检查轮船火车等等。尽管武汉政府和中共中央都采取过措施，以求纠正工人运动中的偏向，但工会却常常采取阳奉阴违的态度。在进行反对帝国主义的斗争中，汉口和九江的工人、市民自发占领英租界，有力地支持了武汉革命政府的外交斗争，这无疑是值得称道的。但是，在工人和市民中，确实存在着一种盲目排外的情绪。一些地区的工会和工人以反帝为借口，向外资企业提出过高的要求而得不到满足时，便随意派纠察队包围外国人的工厂、企业、学校、医院，甚至包围洋人的私宅，不准洋人随便同外界联系等等。农民运动同样存在着类似的情况。农民们组织起来，在乡村里大造地主和土豪劣绅的反，掀起农村革命风暴，大长了革命的气势，这是必须肯定的，尤其是湖南湖北的农民运动，对推动国民革命或大革命形成高潮，贡献极大。但是，毋庸讳言，农民运动中确实出现过许多过激的行为，特别是在1927年春夏运动高潮期间，乱斗、乱打、乱捕、乱罚款，乃至乱杀的现象时有发生，对土豪劣绅的判定没有明确的标准，随意性很大。尤其是农会和农民随意侵犯革命军军官和士兵家属的财产，甚至将革命军官兵寄回老家的钱也予以没收，激化了农民与军队的矛盾。这类问题在毛泽东当年所写的《湖南农民运动考察报告》中也有反映。毛泽东主张站在革命的立场上，支持和领导农民运动，这当然是对的，但也不能把那些明显过激的行为和做法加以宣扬。例如，毛泽东所赞扬的"一切权力归农会""矫枉必须过正，不过正不能矫枉""每个农村都必须造成一个短时期的恐怖现象"以及"革命不是请客吃饭，不是做文章，不是绘画绣花，不能那样雅致，那样从容不迫，文质彬彬，那样温良恭俭让"[14]等等，虽然在当时的情况下难以完全避免，却无疑都是不应提倡的左倾倾向。如果再联想到四十多年后的"文革"期间，毛泽东的这篇文章所产生的恶劣影响，人们便不难理解这类左的东西，实际上对革命有百害而无一利。总而言之，在一个时期内，武汉政府辖区内的工农民众运动确实出现了某种无政府状态，当时被称为"过火"，亦即共产党人所说的左倾。对此，当时就连毛泽东私下里也不能不承认。[15]曾在武汉领导工人运动的刘少奇后来也说："在一九二七年前我们还犯了'左倾'的错误，尤其是在工人运动中。"[16]

可见，在国民革命或大革命运动中，莫斯科和中共所犯的错误不仅是右倾，也有左倾。而且，无论是右倾，还是左倾，都对中共的严重受挫产生过影响。右倾退让助长了国民党右派反共势力的气焰，或对右派的反共倾向斗争不力，造成了自己的被动，未能在紧急关头减少损失；左倾则在一定程度上激化了革命阵营内部的矛盾，吓跑了中间阶层，也给反共的右派势力制造了口实，同样造成了中共的被动。因此，仅仅将问题归咎于右倾显然是片面的，无助于正确地总结历史的经验教训。

此外，中共虽然犯了错误，右倾也好，左倾也好，都谈不上什么机会主义。失误或犯错误的主要原因，在于莫斯科既不真正了解中国的国情，又未能及时准确地判断形势的发展变化，且习惯于独断专行；在于中共因为年幼缺乏经验，同时受实力相对较弱的限制，难以掌控全局。仅以工农民众运动为例，民众瞬时起来了，确如毛泽东所说，其势如暴风骤雨，但领导运动的中共中央和人数不多、又缺乏经验的共产党人却驾驭不了，致使民众运动出现无政府状态，这是无法避免的，并非所谓的机会主义所造成。斯大林和莫斯科后来为了推卸责任，将所有的错误统统归咎于中共中央，又给陈独秀等人扣上"机会主义"的帽子，不仅荒谬，而且开了一个极为不好的先例。所谓的机会主义究竟有什么含义，多少年来没有人能够说得清楚。更加令人不解的是，时至今日，中共官方虽然也承认斯大林和莫斯科有错误，却并没有给他们戴上"右倾机会主义"的帽子，可是对陈独秀的态度则不同，仍然按照以前莫斯科所定的调子，继续批判他所谓的右倾机会主义。[17]如此标准不一,实在难以自圆其说。事实上,在整个国民革命或大革命时期,莫斯科也好,中共中央也好,所实行的路线政策大部分是正确的,对中国革命事业的贡献亦很大,陈独秀个人也是如此,即便后期有较大的失误,如笔者已经说过的,也不是中共严重受挫的主要原因或根本原因。从总结历史经验的需要出发,认真加以研究当然十分必要,但不能苛求前人,更不应当像胡乔木的《中国共产党的三十年》那样,为了抬高毛泽东而拼命贬斥包括陈独秀在内的其他人。[18]这种伪造历史的手段终究要被历史的真实所揭穿。

## 1.2.2 土地革命战争:中共在黑暗中摸索

### 1.2.2.1 是继续革命,还是"捣乱"?

第一次国共合作破裂,蜕变了的国民党独占了国民革命或大革命的胜利果实之后,中国共产党从此开始独立地领导中国革命,使革命发展到一个新的历史阶段。它后来被称为土地革命战争时期,或苏维埃革命时期、第二次国内革命战争时期。在中国近现代历史的研究中,也有人称之为十年内战时期。对于中共和它从事的革命事业,这是一个非常重要、又非常艰难的历史发展阶段。国民革命后期国民党的反目和对中共发动的突然袭击,无疑是将中共推入了"炼狱"之中。在长达十年的时间里,中共及其领导的革命经受了条件最为艰苦、道路最为曲折、付出的代价最为高昂的严峻考验。中共能不能在"炼狱"中炼成"火眼金睛"和"刀枪不入""脱胎换骨"的"齐天大圣",显然关系到中共和中共革命的前途及其最终的命运。

研究这一时期中共的革命,首先要回答的问题是,中国是否需要继续革命?中共是否应当继续革命?看上去,这似乎是两个问题,但它们是紧密地联系在一起的,实际上是同样的一个问题。如此说,并非无的放矢。一方面,已当权的国民党将中共继续进行的革命斥之为"阴谋",是所谓的反革命行为,是大逆不道的犯上作乱;另一方面,当时确实也有人认为,北洋军阀政府已经倒台,新的政权已经建立,中国有了发展经济的条件,不需要再搞什么革命了,甚至有些共产党员也因此而退党。直到20世纪末，还有一些人说，当时中共的革命已无多大必要，无非是给国民党"捣乱"，致使国民党无法搞建设，国家无法统一，给了日本人以可乘之机等等。可见，确有必要对此问题作一番探讨。

笔者的回答十分明确：国民革命或大革命以后的中国仍然需要革命，必须继续进行革命，只有这样才能推动中国的社会历史继续前进，继续发展和进步。

笔者认为，中国之所以需要继续革命，最基本最关键的原因是，国民革命或大革命虽然取得了如前所述的胜利成果，但并没有完成革命的主要任务，即没有从根本上解决中国社会长期存在的民族矛盾和社会矛盾，未能改变中国社会半殖民地的性质和面貌，没有真正实现中国的独立、民主和统一。帝国主义列强虽然受到了沉重打击，却仍然控制着中国，中国的主权并没有真正恢复；北洋军阀政府虽然垮台了，但封建专制主义在政治、经济上的统治仍在继续，封建的制度并没有被摧毁，只是在上层换了一个政治代表而已。因此，帝国主义与中华民族的矛盾，封建专制主义与人民大众的矛盾，不仅仍然是中国社会的主要矛盾，而且仍在不断地激化，帝国主义列强和封建专制势力仍是中国社会前进、发展的最大障碍，而要彻底扫除这两大障碍，惟有继续革命，别无他途。

此外，中国必须继续革命的另一个重要原因是，国民党虽然利用革命建立了一个新政权，并且在表面上实现了国家的统一，但这个所谓的新政权，却因为国民党在国民革命的后期已经发生蜕变，背弃了革命的原则和精神，故从创立的那一天开始，所实行的便是违背民族利益，违背民众利益的内外政策。

首先是在对外政策方面，国民党政府内部虽然不乏爱国人士，以蒋介石为代表的高层统治者，也不是完全没有维护国家主权和独立的愿望，甚至发起过同列强"改订新约"的运动，也取得过一定的成效，但国民党新政府为了获得列强的支持，维护自己的统治，却不敢同列强进行必要的抗争，基本上承袭了北洋军阀政府对外妥协、退让的政策。在对1927年南京事件和1928年济南惨案的交涉处理过程中，国民党政府不敢据理力争，均以妥协退让，满足列强的无理要求了事。与此同时，国民党政府为了取悦帝国主义列强，则不断地掀起反对苏俄的浪潮，人为地制造外交纠纷。除上述各点外，国民党政府在对外政策上还有一个重大失误，也是最为后人诟病的，是对日本军国主义疯狂的对华侵略扩张，对日本先后发动的"九一八事变""华北事变"等，采取了步步退让的政策。它不仅大大助长了日本的侵略气焰，且造成了严重后果。

其次是在对内政策方面，国民党政府不仅继承了北洋军阀政府的专制主义政策，而且在实行专制独裁时，相比于北洋军阀政府，更加肆无忌惮。政治上，国民党新政府创立伊始，便建立了一整套专制统治的制度，开了封建帝制被推翻以来，在中国历史上由一个政党垄断国家政权，即"一党专政"的先河。表面上，国民党虽然继续打着孙中山的三民主义的旗号，宣称要逐步实施孙中山提出的"军政""训政""宪政"，最后"还政于民"，实际上则是以此为借口，在长期实行所谓"训政"的幌子下，为国民党直接控制和垄断国家政权制造合法依据。1928年8月国民党在南京召开的二届五中全会正式宣布实施"训政"之后，很快又颁布了所谓的《训政纲领》，强调在"训政"期间，"由中国国民党全国代表大会代表国民大会领导国民行使政权"，国民党全国代表大会闭会期间，"以政权付托中国国民党中央执行委员会执行之"。[19] 1931年5月，国民党控制的所谓国民会议又通过了一个《训政时期约法》，进一步为国民党的"一党专政"披上合法的外衣。这个带有国家根本大法性质的所谓《约法》，虽然也打着"民权""民主"的旗号，写了不少漂亮的话，诸如"中华民国之主权属于国民全体"，国民享有包括言论、出版、集会、结社、罢工、游行等各种自由、民主的权利等等，[20] 但在国民党政府统治大陆期间，却从来未将这些规定真正付诸实施。在这方面，国民党政府和北洋军阀政府完全一样，对它们来说，类似的涉及人民自由民主权利的法律虽然写得都很漂亮，却只是一纸空文，它只有一个功能，就是欺骗老百姓。此外，还有一点与北洋军阀政府相类似，即国民党政府由于先天不足，也不得不靠枪杆子维持自己的专制统治。因此，国民党政府在实质上仍是一种军阀政权，只不过由国民党的新军阀代替了北洋旧军阀，由新的军阀头目蒋介石等人代替了旧的军阀头目袁世凯之流而已。不过，国民党政府的专制统治也有不同于北洋军阀政府的"新特点"，即蒋介石"创建"了庞大的特务组织，专门对付共产党人、民主人士和其它异己分子，大搞白色恐怖。尤其是对共产党人和反蒋的革命民主人士，国民党政府采取了残酷的屠杀政策，相比于北洋军阀政府，真可谓有过之而无不及。经济上，国民党政府在维护地主阶级利益的同时，又实行了一种由政府和官僚垄断国民经济的政策，以控制国家的经济命脉，为巩固其政治上的专制统治服务。一方面，对于孙中山提出的"平均地权"，国民党早就将其丢之脑后，不仅在农村拒不实行土地改革，甚至连减租减息也不愿下功夫去做，完全是和封建地主阶级一个鼻孔出气。与此相反的则是，国民党政府却以各种苛捐杂税加紧对广大的贫苦农民进行掠夺，致使农民活不下去。另一方面，国民党政府虽然也搞了个所谓的"十年建设计划"，宣称要发展经济，而它的所作所为却与此背道而驰。其中，对发展民族经济所起破坏作用最大的则是，为了控制和垄断国家的经济命脉，从掌握国家最高权力的蒋介石，到中央政府的高级官员和各地的封疆大吏，都凭借着自己手中掌握的权力，通过公开勒索、贪污盗窃、投机倒把、发行国债、增加税收等各种手段，盘剥中小企业，以积聚所谓的国家资本或官僚资本，不断地扩建由政府和大官僚们直接掌控的金融机构和工商企业。这就是后人所称的以蒋、宋、孔、陈四大家族为代表的官僚资本主义。由于官僚资本主义的兴盛，民族资本的发展之梦也因此而完全破灭了。在思想文化领域，国民党政府所实行的，是比北洋军阀政府更加严厉的专制统治。它在全国大肆宣扬所谓的"一个党""一个主义"，所有与国民党及其宣传的"三民主义"不同调的思想文化，都被认为是非法的，都在严禁之列。对于它所说的所谓共产主义思想、言论，更是不遗余力地予以严厉打击，毫不手软。对于思想进步的文化人，国民党政府则以各种手段加以迫害。国民党政府企图以此消除它所称的一切"异端邪说"，巩固其政治上的专制统治。它虽然不可能完全达到自己的目的，但也确实严重地阻碍了中国社会的进步。

除了上述的内外政策，还有一点不能不提及，即在国民党统治的前期，内战连绵不断，也对中国社会的正常发展破坏极大。国民党政府虽然在表面上统一了中国，但蒋介石实行的专制独裁的政策，却不能不激起包括中共在内的各种政治力量的反抗，致使中国实际上仍处于四分五裂的状态。因此，一方面，国民党政府不得不花很大的气力进行所谓的"剿共"战争，另一方面，蒋介石集团也不得不对国民党内时而举起反蒋大旗的其它军事集团宣战。国民党政府，尤其是蒋介石集团的穷兵黩武，不仅无法使中国获得真正的统一，而且给全国人民带来了巨大的灾难。频繁发生的内战不仅打乱了国家的社会经济秩序，使得正常的社会生产和经济活动无法进行，而且使人民的生命财产遭受了巨大损失。无疑，这种状况都是国民党一手造成的，特别是热衷于独裁专制的蒋介石集团，应当为此负主要责任。

国民革命或大革命之后中国的情况既然如此，新建立的国民党政权的表现既然如此，中国当然需要继续革命，否则，中国的社会历史就不可能继续前进和发展。那么，环顾当时的整个中国，谁能够承担起这个继续革命的历史重任呢？很清楚，没有别的政治力量，只有中国共产党及其领导的革命派。可见，在当时的情况下，中共坚持继续革命，不仅关系到自身的前途和命运，而且也是中国历史发展的要求，是历史赋予中共的重大责任，并不是什么"捣乱"。至于中共的继续革命应当采取何种斗争方式，公正地说，中共并没有自由选择的可能，只能取决于当时的社会历史条件。如能以非暴力的方式继续革命，当然对国家和人民都更加有利，但是，中国并不存在任何形式的民主政治制度，当权的国民党实行的是赤裸裸的军事专制统治，总是以暴力对付革命派、民主派和所有的反对派。因此，中共当时没有进行合法斗争的任何可能，只能走武装斗争的道路。

### 1.2.2.2 黑暗之中仍有希望的曙光

在中国和中共都必须继续革命的问题得到充分肯定之后，下一个需要研究的问题是，中共敢不敢以及能不能继续革命？也就是说，中共有没有继续革命的勇气，并且有没有继续革命的客观可能？提出这样的问题同样不是无的放矢，而是所有的共产党人和有志于中国革新事业者都必须面对，而无法回避的。事实上，在当时的中共党内，对这个重大问题的看法并不一致。退缩者有之，悲观失望者亦不乏其人。原因其实也很简单，中共及其领导的革命所面临的形势实在太严峻了，以"一片黑暗"来形容，毫不为过。在如此严酷的形势下，有人退缩、失望，甚至背叛，都是不奇怪的。

必须承认，蜕变之后的国民党所实行的屠杀政策，对中共及中共革命的打击是十分沉重的。自创立以来，中共及中共的革命还从没有受到过如此沉重的打击。国民党政府屠杀政策之残酷，是近代以来的中国历史上所罕见的。在"四一二政变"以后的一、二年间，国民党政府对付所谓的"共党分子"，采取了"见到就抓，抓到就杀"的政策。抓也好，杀也好，既没有任何法律依据，也不讲任何法律程序。稍后，为了掩人耳目，平息社会舆论的抨击，国民党政府不得不颁布了一个所谓的《暂行反革命治罪条例》，为打击镇压共产党人披上一件合法的外衣。后来，国民党政府又陆续颁布了所谓的《制止共产党阴谋案》《防制共产党案》等重要决议案，以专门对付共产党人。其内容主要是严令国民党各级党部和各级地方政府采取一切手段，防范和镇压共产党的活动。然而，一些国民党的高层人士很快发现，尽管采取了极为残酷的打压政策，也确实给了共产党一定的打击，却不能因此减少或消除共产党人的反抗斗争。他们由此而意识到，光靠硬的一手不行，必须软硬兼施，恩威并用。于是，国民党政府又搞了个《共产党人自首法》，规定共产党人凡自首悔过者，可获减刑或免刑，以对共产党人进行分化瓦解。

无论是严厉镇压，还是分化瓦解，确实都给中共及中共的革命带来了十分严重的后果。中共在城市里的组织不仅被迫转入地下，而且不断地遭到国民党的破坏，一批又一批的共产党人和革命者被逮捕，被杀害。据中共六大的不完全统计，仅在1927年3月至1928年夏天的一年多时间里，被害的共产党员和革命群众就达31万多人。其中，很多被杀害的共产党人，不仅是中共党内杰出的领导骨干，也是中华民族的精英，如汪寿华、萧楚女、熊雄、陈延年、赵世炎、夏明翰、郭亮、罗亦农、向警予、陈乔年、周文雍等等。在1928年以后的七、八年间，仍有许多共产党人被捕和被害，比较著名的有恽代英、蔡和森、何孟雄、李求实、胡也频、柔石、冯铿、殷夫、罗绮园、杨匏安等。[21] 由于国民党政府后来顾及到自己的"形象"，稍稍改变了做法，也有不少共产党人被捕后未被杀害，而被判刑坐牢。此外，国民党政府的分化瓦解政策也产生了一定的效果。在国民党的威胁利诱之下，一些共产党员或因思想混乱，或因悲观失望，或因畏难怕死而退出中共，有的公开发表声明以表示忏悔，有的则向国民党政府自首。据国民党方面的材料称，在1933年秋到1934年秋不到一年的时间里，因被捕而自首的共产党员约为4213人，[22] 不少人被捕后还出卖党的组织，成为中共的叛徒，尤其是那些在中共党内担任过重要职务的人，如向忠发、顾顺章等，他们的叛变，都在不同程度上给中共的组织安全带来过极大的威胁。总之，由于国民党政府持续不断的打击，中共确实损失惨重，1928年，仅党员总人数就由1927年最高时的6万多人，下降到1万人左右，而中共所领导的有组织的革命力量则基本上被打散。

对中共而言，形势的恶化还不止于此。伴随着屠杀政策的还有国民党颠倒黑白的欺骗宣传。国民党开足了它所掌握的宣传机器，极力地将中共妖魔化，如攻击中共十恶不赦，"共产共妻"，是苏俄的走卒等等，以此离间中共与普通民众的关系，彻底地孤立中共。由于国民党仍然打着革命的旗号，大多数民众尚未认清其真实面目，如此的欺骗宣传不能说毫无作用，中共无疑也在一定程度上被孤立，它的活动也不能不受到很大的限制。与此同时，由于国民党政府实行思想文化领域的专制统治，中共几乎失去了全部公开的宣传舆论阵地，致使普通民众很难再听到中共的声音。

国民党实行的上述各种反共政策，再加上在此期间不断发动的"剿共"战争，其根本目的，当然是为了将中共逼上绝路，最终彻底消灭之。尽管这只是蒋介石等人的幻想，倒行逆施的统治者企图用暴力完全将反抗的革命派消灭，历史已经证明，这是不可能获得成功的，但是，国民党在政治、军事、经济、思想文化方面所施加的巨大压力，毕竟给中共及其领导的革命带来了极大的困难。如果打个比方的话，就如同国民党政府在全中国撒下了一张大网，千方百计地企图网住中共这头老虎，并最终将其杀害。而对中共来说，情势也确实十分严峻，要么被网住被处死，要么将大网冲破，将撒网者打翻在地，不是虎死，便是网破，二者必居其一。

毫无疑问，中共当时所面临的确是前所未有的严峻形势，是中共创立以来所遭遇的第一个生死存亡的大关，第一个重大的考验。中共能否经受住此次考验，能否闯过此关，关键首先在于幸存的党组织和党员有没有勇气，敢不敢坚持斗争，敢不敢继续革命。众所周知，虽然在大革命之后受到重创，但中共和它的主要骨干们并没有因此而气馁，正如毛泽东后来所说："中国共产党和中国人民并没有被吓倒，被征服，被杀绝。他们从地下爬起来，揩干净身上的血迹，掩埋好同伴的尸首，他们又继续战斗了。"[23]这些话不仅形象生动，而且完全符合事实。正因为共产党人发扬了大无畏的革命精神，国民党政府和蒋介石的如意算盘才未能打成。共产党人当时之所以能够作出如此令人敬佩的选择，原因在于，一方面，大部分党的骨干都是国家的民族的精英，都是理想远大、意志坚定、勇气非凡的优秀分子，而这又是经过党的长期教育和创党时期、大革命时期的锻炼才得以形成的；另一方面，大无畏的革命精神并不是盲目的，它与幸存者们对当时的中国国情和国内外形势基本正确的分析，也有着密切的关系。

敢于坚持继续革命的中国共产党人，不仅正确地认识到当时中国的民族矛盾和社会矛盾一个也没有解决，仍在不断激化，中国需要继续革命，神州大地如同布满了干柴，星星之火也能燎原，中共的继续革命完全符合历史发展的要求；而且也清醒地看到，中共所面临的形势虽然十分严峻，革命的高潮时期已经暂告结束，中国将在一个较长的时间里被黑暗所笼罩，但黑暗之中仍能看到希望的曙光，中国仍然存在着许多有利于中共革命的客观条件，只要因势利导，中共不但能够继续革命，而且可以有所作为。

在国民党与共产党人反目，国共完全分裂之后，双方的力量对比十分悬殊。国民党不仅掌握了全国政权,而且还拥有一百多万正规军队,以后又逐步建立了庞大的特务组织;而共产党方面,却在国民党的打击下损失惨重,党员只剩下一万多人,党所领导的革命武装仅二、三万人左右。正因为如此,蒋介石踌躇满志,自以为只要狠下毒手,很快便能消灭共产党人。然而,令国民党和蒋介石始料不及的是,他们不仅过高地估计了自己的力量,而且也过低地估计了中共顽强的生存能力。尤其是他们利令智昏,对中国的国情和广大国民真正的诉求,既不敢面对,又毫无所知,即便了解一点皮毛,也不屑一顾。

事实上,国民党和蒋介石虽然掌握了全国的政权,表面上也统一了中国,其统治能力确实比北洋军阀政府强,但是,由于它同北洋军阀政府一样,对外妥协退让,对内大搞专制独裁,根本解决不了中国日趋激化的民族矛盾和社会矛盾,只是迷信武力,却并不明白穷兵黩武既不能消灭以中共为首的革命派、民主派,也无法真正平息国民党内部各类反蒋派的抗争,反而给中共留下了利用国民党内部矛盾的空间。国民党政府的军队虽然号称百万,却并非铁板一块,对于蒋介石的反共政策虽然不能公开反对,但各派军阀都有自己的小算盘,对"剿共"战争并非人人热衷;再加上中国地域辽阔,城乡差别极大,发展极不平衡,国民党政府虽然能够控制城市,却很难控制幅员辽阔,经济文化发展相对落后的广大农村。因此,东方不亮西方亮,黑了南方有北方,中共的革命力量回旋的余地极大,使得国民党政府的所谓"剿共"虽疲于奔命,却收效甚微。此外,国民党妖魔化中共的欺骗宣传,虽然也能起到一定作用,赢得大部分中产阶级和不明真相的民众的支持,毕竟效果有限。其根本原因在于,此种宣传都是谎言,虽能得逞于一时,终究要被事实所戳穿。况且,历史已经前进了,中国毕竟已经过大革命的洗礼,革命的、民主主义的影响毕竟还存在,特别是那些直接经历过革命浪潮冲击过的地区,民众对中共有所了解的地区,如南方各省,国民党的欺骗宣传更是作用不大。更重要的还有,不明真相的民众虽然可能暂时受骗,但他们的要求并没有得到满足,国民党政府根本不关心他们的利益,尤其是在社会矛盾最尖锐的广大农村,农民的困苦依旧且更甚于以前,对国民党政府的不满情绪不但无法消除，而且越来越强烈。在这样的情况下，只要有人揭竿而起，领导他们革命造反，响应者必然不少。可见，国民党和蒋介石企图离间中共与民众，特别是中共与农民的关系，以孤立中共的阴谋不仅难以得逞，反而使得广大的贫苦农民成为中共继续进行革命最重要的社会基础。

再就中共自身的情况来看，虽然受到重创，组织遭到破坏，党员人数锐减，党所领导的革命群众组织被打散，内部凝聚力也不如从前，但实力犹存，与创党时期相比，还是壮大了许多，且斗争经验更是丰富得多了。党内虽有不少人因为各种原因离开了革命，但也有很多精英陆续加入进来。党的核心领导层虽然有所削弱，影响了党的凝聚力，但由于共产国际的存在和苏联党的帮助，加之党的许多骨干分子的努力，因而组织的恢复，团结的保持，政策的调整等等，均有可能，党完全有能力与国民党政府相抗衡。

总而言之，中共所面对的形势确实十分严峻，困难极大，但是仍然存在着有利于中共继续革命的客观条件；黑暗是客观事实，光明不会很快到来，但也不是"完全黑暗"，更不会"永远黑暗"，中共不仅要敢于继续革命，而且能够继续革命。革命的道路无疑是曲折的，却并非没有光明的前途。"谋事在人，成事在天"，要把黑暗变成光明，在客观条件具备的情况下，能否成功的关键就在于中共的主观努力了。

### 1.2.2.3 中共复兴革命的努力和探索者的前仆后继

为了继续革命或复兴革命，中共不仅要敢于革命，而且必须善于革命，不仅要发扬大无畏的革命精神，而且要有高度的智慧。原因在于，革命所面临的国内外形势既严峻又复杂，很多新问题都是以前没有碰到过的，也没有现成的答案，需要共产党人在实践中不断地进行探索，并且发扬科学和理性的精神，才能找到正确的解决方法。其中，最重要的是对新形势下革命道路的选择，路线、方针、政策的制定等等。所有这些都不是轻而易举的事，探索过程中既可能获得成功，也可能遭受失败，或者做出正确的决策，或者犯下错误，甚至犯严重的错误，一切都在所难免。

1927年7月国共关系完全破裂之后，中共就迅速地做出了反应。其中，最重要的举措是当年8月7日在汉口召开了具有重大历史意义的中央紧急会议，史称"八七会议"。这个为期仅一天的短暂的会议，却在初步地总结了中共遭受失败和挫折的经验之后，做出了一个重大的决定，即确定了众所周知的武装反抗国民党和开展土地革命的方针。其含义主要包括：一是尽管遭受了失败和挫折，但党必须坚持继续革命，在过去的同盟者背叛革命的情况下，党必须独立地领导民众进行斗争；二是革命的对象仍是帝国主义和封建主义，其在政治上的代表则是与列强勾结和维护封建地主利益的国民党的新军阀、新政权。由于在一个时期内，中共主要在农村活动，不可能直接与帝国主义交锋，因此，中共革命斗争的矛头主要指向国民党政府；三是革命斗争的方式主要是武装斗争，是以武装的革命反对武装的反革命，同时要在革命武装的支持和配合下，发动土地革命，将农村广大贫苦农民动员、组织起来，使之成为支持中共革命的主要社会力量。显然，对中共和中共革命而言，这是一个十分重要的方针，它不仅源自中国共产党人的惨痛教训和当时的国内外形势，也与苏联共产党和共产国际的指导有关。实践证明，这个基本上正确的方针虽然并不完善，却对中共最终抗住国民党的强大压力，顽强地生存下来，并在此后得到进一步发展，起了重要的作用。因此，这一方针的提出和实施也成为中共历史上又一个重要的转折点。

公允地说，中共的武装反抗，正是国民党暴力镇压的必然结果。中共当时只有这一条路可走，否则只能束手就擒，被彻底消灭。从这个意义上讲，被蒋介石所斥责的中共的"武装叛乱"，正是蒋介石自己种下的苦果，最终只能为蒋介石所自食。当然，这是后话。对于中共，最初的武装反抗显然带有被动和被迫的性质，但后来却成为中共走向主动和复兴的新起点，可见武装反抗方针的重要性。至于开展土地革命，同样也很重要。武装斗争需要民众的支持。号称无产阶级的政党，中共当然首先需要得到工人阶级的支持。但是，中国的工人，一则人数较少，二则工人所在的城市，国民党的统治相对比较稳固，中共很难有大的作为，农村的情况则完全相反。不仅国民党在农村的统治相对薄弱，而且中国最多的民众，即农民居住在农村。他们深受剥削和压迫，生活痛苦不堪，中共通过开展土地革命，可以很容易将他们动员起来，组织起来。加之土地革命本身，也是反封建的民主革命的基本内容，中共不能不予以重视。总之，农村和农民是国民党统治的软肋，因此，中共所采取的新方针，无疑将给国民党和蒋介石带来极大的麻烦，同时也为中共自己走出困境打开了一条血路。

不过，方针虽然基本正确，实行起来却并不容易，能否成功，还要取决于当时当地的许多具体条件和共产党人所采取的具体对策。从1927年的八一南昌起义开始，到1929年底，中共发动领导了一系列武装反抗国民党的起义，失败的很多，损失也很大，但也有一些起义取得了重要的成果。问题主要出在一些起义的领导者身上，在他们的指导思想中还有许多不现实的成分，如把重新夺取和占领城市定为起义所要达到的具体目标，未能将革命的武装及时地转移到农村去，或者企图通过若干起义推动革命新高潮的迅速再起等等。然而不管结果如何，中共在各地发动的武装起义并不是毫无意义或毫无所得。其中最为重要的是，中共由此开始创建独立领导的革命军队，而各地起义幸存下来的武装则成为这支革命军队最早的组成部分，亦即最早的红军。此外，鉴于在起义过程中所受到的挫折，很多起义的领导者开始认识到，企图夺取城市和促使革命高潮迅速再起，是一种不现实的幻想，因而下决心将幸存的革命武装转移到农村去，在农村开展游击战争和土地革命，创建农村革命根据地，开始了所谓的"武装割据"。从某种意义上说，正是蒋介石把中共赶到农村去的。因此，共产党人转向农村，一开始虽然主要是出于无奈，但很快不少共产党人就意识到，将党的工作重点转向农村，正是中共革命复兴并取得最后胜利的必由之路。

在为复兴革命，制定正确的方针，实现党的重大历史转折的过程中，尤其是在创建革命军队和农村革命根据地的斗争中，许多杰出的共产党人在实践中不断地进行探索，不同程度地作出了自己的贡献。而毛泽东则是他们的代表。他不仅是最早意识到武装反抗和将革命武装转入农村的必要性,并采取果断行动的领导人之一,而且能在实践中不断地进行思考,将实践经验上升到理论的高度,从而为中共最终选择并确定正确的革命道路,即后人所称的以农村包围城市,武装夺取政权的革命道路奠定了基础。不过,我们在实事求是地肯定毛泽东的贡献之时,不应当再重复过去大搞个人迷信时期的做法,将一切功劳归于毛泽东,而将其它许多人的贡献一笔抹去。事实上,如果没有其它人的努力,单靠毛泽东一个人,既不可能复兴革命,也不可能找到革命的正确道路。

同样必须指出的还有,斗争的方向虽然已经明确,正确的道路虽然也已找到,但这并不意味着万事大吉。对于中共的武装反抗,国民党政府当然不会坐视不管,必然千方百计地加予以剿灭,而在相当长的一个时期内,国共双方的力量对比都将是国强共弱,中共所面临的形势依然十分严峻。因此,对中共而言,不仅革命的道路漫长,而且仍需在实践中不断地探索,解决一系列新的问题,诸如革命军队的建设、反对国民党"围剿"的战略战术、土地革命的具体政策、根据地建设的方针政策,包括经济政策等等。所有这些问题的解决都需要全党共同努力,不断地纠正探索过程中出现的错误。所幸的是,道路虽然曲折,既有成功,也多次遭受失败,因失败所付出的代价亦相当之大,但经过中共全党的顽强奋战,革命终于起死回生,得到了恢复和发展。到1933年上半年,中共领导的红军和农村革命根据地的力量均达到了土地革命战争时期的巅峰。

在红军和农村根据地得到发展的同时,中共在城市和所谓白色区域的地下斗争也有所恢复。党的组织和党所领导的群众秘密团体逐步恢复和建立起来,并开始将秘密斗争和公开合法的斗争相结合,为复兴革命,尤其是支持农村的斗争作出了重要贡献。毋庸讳言,相对于农村,城市和白区的斗争环境更加险恶,所犯的错误特别多,付出的代价也特别大,虽然有一些党员未能经受住考验,背叛了中共,但更多的共产党人意志坚定,或为此而坐牢,或为此而英勇牺牲。然而令人遗憾的是,很多当年在白色恐怖中冒着生命危险顽强斗争的地下党员,却在中共党内后来的历次政治运动中受到极为不公的待遇。这虽然是后话，却不能不提及。

中共在这一时期曲折复杂的斗争经历，共产党人在黑暗中摸索的艰难，还反映在高层核心领导成员的频繁变动上。从大革命受挫到长征前夕，中共的最高领导人换了一茬又一茬，而每一届在台上的时间都不长。领导层如此不稳定的现象当然不是偶然的，是因为受到了各种因素的影响。其一，苏联党和共产国际对中共和中国革命控制的加强，是造成这一时期中共领导人频繁变动的主要因素之一。从中共正式加入共产国际开始，联共及其领导下的共产国际就是中共的上级，故在大的方针政策方面，作为下级的中共必须听莫斯科的。尽管如此，中共中央仍有一定的独立性，尤其是在组织、人事方面，莫斯科并没有过多的干涉。然而，随着中共在大革命中受挫，莫斯科为了推卸自己的责任，不仅将陈独秀为首的中共中央当作替罪羊，而且从此加强了对中共的控制，不仅在确定路线、方针、政策方面，而且在组织、人事方面进行直接的干预，成为中共名副其实的太上皇。中共则在实际上成为贯彻执行莫斯科旨意的工具，甚至中共中央主要领导人的上台或下台，都要取决于莫斯科的好恶。其二，由于大家都在摸索的过程之中，中央领导人的看法不可能完全一致，孰是孰非，一时也难以判断，导致领导层内部乃至整个中共党内纷争不断。尽管中共当时的大政方针主要取决于莫斯科，但莫斯科的决策并不完全符合中国的实际，中共党内必然会有不同的声音。加之形势瞬息万变，万里之遥的莫斯科根本无法及时地发出应对的指示，因而常常使得中共领导人无所适从。此外，由于斗争环境的高度分散，天高皇帝远，无论是莫斯科的指示，还是中共中央的决定，都很难一字不漏地及时传达给各地的共产党人，以实现所谓的思想统一。所有这些，都使得纷争难以避免，导致所谓的路线分歧和路线斗争。毫无疑问，党内所争论的内容确有是非之分。评定正确与错误，虽然实践是唯一的标准，但实际上却常常取决于莫斯科的旨意和裁决。实践的检验也好，莫斯科的裁决也好，最终的结果只能是不断地更换中共中央的领导人。其三，中共党内客观上存在的权力斗争，无疑也是影响领导人发生更替的因素之一。凡是有权力的地方，都会有权力斗争，中共虽然被称为无产阶级的政党，也不可能例外。尽管当时的中共只是一个在野党，既不同于掌握全国政权的苏联共产党，也不同于后来取得全国政权的中共自身，但在其内部，尤其是有军队、有地方政权的农村根据地，权力毕竟有一定的诱惑力，必然促使一些权力欲较强的党员为取得一定的权力而斗争。再说，权力斗争并不像中共多年来所贬抑的那样，都是负面的，都是野心家的行为。野心家确实存在，但被卷入权力斗争漩涡的，并不都是野心家。况且，有时权力斗争还常常与路线、方针、政策的是非交织在一起。此时，权力斗争不但不奇怪，而且往往成为推动党的进步的重要动力。事实上，在中共的创立时期，甚至大革命时期，党内也有纷争，但由于党还处于幼年时期，党员干部的权力欲尚不强烈，加之最高领导人陈独秀有一定的权威，不管对错，都能够"压得住"，故权力斗争的表现并不明显。进入土地革命时期，陈独秀下台了，党内一时群龙无首，意见分歧，共产国际虽然有一定的权威，却因为各种原因，难以完全操控，权力斗争自然也就不可避免地逐步发展起来，成为影响最高领导人变动的一种因素。

正是在上述各种因素或分别、或交叉、或同时起作用的情况下，1927年之后，中共的最高领导层极不稳定，更替频繁。

首先是因为中共在国民革命或大革命中受挫，陈独秀不得不辞职下台。一方面，作为中共中央的主要领导人，不管是什么原因，他确实有错误，不能不对此负责。更重要的是，他在前一阶段虽然为中共及中国革命事业作出过巨大贡献，但他的思想显然已经跟不上形势的发展变化，无法继续胜任新阶段的领导重任；另一方面，莫斯科此时也需要找一个替罪羊，不仅迫陈下台，而且必须对他的错误上纲上线，大加鞭挞。陈独秀辞职后，共产国际在华代表便对中共中央进行改组，指定周恩来等人临时负责，其主要任务则是组织和领导包括南昌暴动在内的一系列武装起义。

随后不久，如前所说，在莫斯科新来的国际代表罗米那兹和瞿秋白的主持下，中共中央在武汉召开了八七紧急会议。会议除了确定武装反抗国民党和开展土地革命的总方针外，还选出了以瞿秋白为首的中共中央临时政治局。至此,瞿秋白虽然并无"总书记"之类的头衔,实际上已成为陈独秀之后中共第二代最高领导人。瞿秋白本是上一届领导核心的成员,大革命后期曾写文章批评过陈独秀,指责他违背共产国际的指示,八七会议时,曾支持和协助国际代表制定新的方针,因而得到莫斯科的青睐。然而,瞿秋白也只是昙花一现,上台不到一年,就被贬下台了。原因是,由于他紧跟莫斯科,执行了斯大林和共产国际的左倾盲动政策,后来斯大林自己发现不对头,却又一次文过饰非,把责任全推到瞿秋白等人身上,并将其贬为中共驻共产国际代表团负责人。如果撇开莫斯科的问题不谈,仅就瞿秋白本人而言,他虽然是一个忠实的革命者,但书生气较重,难以承担领导中共全党的重任。在担任中央领导人期间,瞿秋白也为实现党的方针政策的转变,尤其是在组织发动各地的武装起义,创建新的革命军队方面,做出过重要贡献。但他对当时的国情和形势的认识,却有很大的盲目性,显得过于乐观。这显然同他迷信莫斯科有关,也和当时中共党内弥漫的左倾情绪完全一致。

在责令中共中央停止盲动行动之后,为了进一步纠正中共党内的错误认识,统一全党的思想,改组中央的领导机构,共产国际将中共的主要领导人和各地的代表召到莫斯科,开了中共的第六次全国代表大会。大会在对中共革命的性质、当时形势的特点、党的主要任务等重大问题做出了决定之后,选举产生了中共新的中央委员会。由于中共六大自始至终都是在斯大林和共产国际的直接指导、控制下进行的,从党的路线、方针、政策的制定,到领导机构的所谓选举,都必须按照莫斯科的旨意行事。斯大林等人认为,中共之所以屡犯错误,问题就出在中央领导机构里的知识分子太多,因此必须将真正工人出身的干部提拔上来,充当主要的领导人。根据这一指导思想,向忠发、苏兆征、项英等工人出身的干部不仅当选为中央政治局委员,而且进入了由五人组成的政治局常委会,而另外的两位常委则是周恩来和蔡和森。接着,新的政治局开会时,向忠发又被选为中央政治局主席兼政治局常委会主席,而周恩来则当选为中央政治局常委会秘书长。[24]

斯大林等人费尽心机，终于建立了中共中央新的领导班子。然而，令莫斯科始料不及的是，这个班子不仅是昙花一现，而且几乎未能发挥任何作用。中共六大一结束，新中央刚回到国内就出事了。苏兆征因病逝世，蔡和森被捕牺牲。原为中央政治局常委会候补委员的李立三被递补为正式常委。由于向忠发虽然"根正苗红"，却没有多大能力，他后来又因被捕而叛变，说明他的革命意志并不坚定。因此，向忠发名义上是党的最高领导人，实际上却是扶不起来的阿斗，结果掌握实权的只能是李立三和周恩来，他们都是知识分子。而莫斯科精心设计的，必须由工人出身的党员掌权的幻想，则如肥皂泡一样完全破灭了。其实，问题的实质并不在于是知识分子掌权，还是工人掌权。将所谓的阶级出身绝对化，任何时候都是荒唐的。不过，令人啼笑皆非的事情却常常会重复出现。文化大革命期间，类似的滑稽剧又再次上演。这当然又是后话了。

作为中共六大以后实际的最高领导人，无论是李立三，还是周恩来，他们当时虽然也很年轻，但资历和能力在党内都堪称一流。在他们掌握中央大权的两年间，工作也确有成效。在他们的组织领导下，经过各地共产党人的共同努力，红军和农村革命根据地得以迅速发展，城市和白区的党组织也逐渐得到恢复，中共不仅顽强地顶住了国民党的巨大压力，恢复了元气，而且气势大增，终于使国民党和蒋介石感受到很大的威胁。然而，就在形势开始好转的时候，新的问题又出现了。一方面，莫斯科因为各种因素的影响，战略策略开始急剧地向左转，对中国革命形势的估计越来越乐观；另一方面，李立三不仅接受了共产国际的左倾思想，而且因为革命形势的好转而忘乎所以，比莫斯科走得更远。1930年夏，李立三趁周恩来赴莫斯科汇报工作之际，主持制定了一个调动全国的红军进攻大城市，以及在一些大城市同时发动武装起义的冒险计划。李立三提出的口号是所谓的"饮马长江，会师武汉"，取得一省或数省的首先胜利。更为荒唐的是，在这一计划尚未得到莫斯科的同意之前，李立三便下令各地党组织和红军开始实施。头脑发热的李立三甚至口出狂言，要求苏联和共产国际出兵，支持和配合中共的革命行动。由于这个计划完全脱离实际，根本不可能实现，强令实施的结果只能使刚刚得到恢复的革命力量再次遭受损失。更为麻烦的是，李立三的冒险计划不仅未能得到莫斯科的批准，而且因为他竟敢在太岁头上动土，要求苏联做这做那，彻底地得罪了莫斯科，其后果不堪设想。果然，在得知李立三的计划后，莫斯科立即表示反对，明确要求中共中央马上停止执行冒险计划，并且派瞿秋白和周恩来回国，纠正李立三的错误。实事求是地说，莫斯科最初的反应还比较平和，对李立三尚未产生恶感，批李的调子也不算很高。然而，当莫斯科得知李立三竟敢对苏联和共产国际发号施令后，立即火冒三丈，不仅大大提高了批判的调子，将李立三的错误上纲上线，指责他犯了反马克思主义的路线错误和反共产国际的严重错误，严令他立即赴莫斯科检讨反省，而且连带批判了瞿秋白和周恩来，指责他们1930年9月在主持召开中共六届三中全会，纠正李立三的错误时，又犯了调和主义的错误。这样一来，不但李立三下了台，原本奉命回国，准备接替李立三的瞿秋白、周恩来也被莫斯科打了一记闷棍，无法继续承担中央领导的责任，致使中共中央一度出现了权力真空。

不过，莫斯科这样做，并不是要中共中央群龙无首，而是另有目的。自从苏联和中共在大革命运动中受挫之后，莫斯科对中共的路线、方针、政策是否真正符合中国的实际，并不十分重视，但对中共中央的领导人是否忠实地执行莫斯科的指示，却极为敏感。稍有风吹草动便立刻作出反应，毫不含糊。尽管莫斯科曾一度青睐瞿秋白，瞿秋白也不是不听莫斯科的话，但由于他在担任中共驻共产国际代表团团长期间，与国际发生过矛盾，自然很难继续得到莫斯科的信任。李立三上台后，起初也是紧跟莫斯科的，因而得到了莫斯科的默认。不料，随着形势的变化，李立三竟然自不量力，与苏联和共产国际叫起板来，莫斯科自然十分恼火。由此，莫斯科深深感到，不仅要把李立三、瞿秋白等人赶下台，而且必须让真正忠实于莫斯科的人掌握中共的大权。于是，莫斯科搞了个"一箭三雕"，即在反李、打瞿的同时，将他们最欣赏的王明等人扶上台。

王明等人早年在莫斯科中山大学学习时，即因其紧跟校长米夫而备受共产国际和米夫的青睐。1929年,他们先后被派回国时,莫斯科便希望中共中央和李立三能够重用他们,但李立三认为他们没有实际经验,只会空谈理论,并没有委以重任。对此,莫斯科十分不满,便想趁此次批判李立三错误的机会,扶王明等人上台。谁知被派回国纠正李立三错误的瞿秋白、周恩来未能领会莫斯科的真意。他们虽然批评并纠正了李立三的错误,却没有提拔王明等人,甚至没有撤销李立三给王明的处分。莫斯科为此深感失望。在当时共产国际召开的执委会主席团会议上,一个被称为"皮同志"的发言,就非常明白地对此表示不满。他说:"在苏联有许多学校有好几百中国学生在那里学习,他们之中有很好的同志知道列宁主义布尔什维克的理论和实际。他们回去了,但是不能够作到领导工作,为什么我们以前不明白,而现在明白了,因为有一个小团体利益妨碍他们加入领导机关。费了很多力量和钱才能够把他们派回中国去,然而秋白或者立三不要他们作党的工作,我认为这是无论如何不能够允许的。现在怎么办呢?我以为应当发动一个公开的运动反对立三主义和那一部分政治局。"[25]

正是在这样的背景下,莫斯科下决心通过反李、打瞿,最终达到将王明等人扶上台的目的。为此,共产国际一方面将批判李立三、瞿秋白的决定事先秘密地透露给王明等人,让他们提前在中共党内发难,把他们打扮成反对立三路线和三中全会调和主义的英雄,另一方面则派米夫以共产国际特别代表的身份秘密来华,亲自为王明等人撑腰。最后的结果是众所周知的:米夫亲自坐镇1931年1月召开的中共六届四中全会,会议则按照莫斯科的旨意,既批李立三,又整瞿秋白、周恩来;与此同时,则大捧王明等人。尽管如此,党内仍有很多人不服,如老干部何孟雄、罗章龙等。米夫则左右开弓,大施淫威。他还使出浑身解数,控制选举,终于将王明等人选进了中央政治局。会后,米夫又迅速将会议结果报告莫斯科,并很快得到共产国际的批准,全会也因此获得了合法性。至此,王明等人在莫斯科的直接支持下,开始掌握中共中央的大权,并开始在全党大力推行所谓的"国际路线"。

四中全会刚刚开过，中共中央所在的上海又接连发生了几件大事，即当时反对王明派最激烈的何孟雄等人被捕牺牲，中共中央政治局候补委员、中央特科的主要负责人之一顾顺章被捕叛变，中共中央总书记向忠发被捕叛变。这些突发事件不仅给中共中央领导机关的安全造成了极大的威胁，也为米夫进一步改组中央带来契机。由于王明不愿留在国内冒险和吃苦，要跟着米夫去莫斯科担任中共驻共产国际代表团团长；张国焘被派往鄂豫皖苏区；周恩来则因为顾顺章、向忠发先后叛变，安全受到威胁，无法在上海继续工作，亦准备去中央苏区；这样一来，四中全会选出的三名政治局常委，即向忠发、周恩来、张国焘，或被捕叛变，或离开了上海中央，一个也不在了。在这样的情况下，米夫和王明决定由博古等六人组成临时中央政治局，博古、张闻天、卢福坦等三人为常委，由博古负总的责任。[26] 作为王明派的重要成员之一，博古当时连中央委员都不是，只是因他同王明一样忠实于共产国际和国际路线，便被米夫和王明看中，一步登天，成了中共在国内的最高领导人。至于王明本人，虽然没有留在国内掌握党的最高权力，但他却能利用共产国际的威望，在莫斯科遥控指挥，实际上成了中共中央的太上皇。总之，经过莫斯科及米夫的精心策划和运作，1931年9月之后，中共高层终于形成了一种前所未有的特殊的权力格局，即由王明在莫斯科遥控，博古等人在国内按照莫斯科的旨意掌控全党，全力推行所谓的国际路线。

平心而论，在此后的三、四年里，王明、博古等人主观上也不是不想把中国的革命事业搞得更好，他们所推行的所谓国际路线也并非一无是处，但是，由于所谓的国际路线严重地脱离中国的实际，而王明、博古等人又毫无自知之明，一味地采取各种强制手段推行他们的那一套，其结果，不仅不可能推动中共的革命事业顺利发展，而且只能与他们的愿望相反，使得刚刚得到恢复的革命再一次遭受到严重的破坏，甚至使得中共领导的革命军队和革命根据地，差一点惨遭灭顶之灾。

### 1.2.2.4 万里长征：毛泽东的崛起和红军的绝处逢生

自从中共在大革命运动中受挫之后，虽然几经曲折，但在幸存的共产党人的顽强努力下，革命的力量仍然得到了恢复和发展。到1930年底和1931年初，即中共六届四中全会召开前后，不论是在白区，还是在苏区，形势都是比较好的。然而，随着王明、博古等人的上台，尤其是所谓国际路线的贯彻，形势再次逐渐恶化，终于酿成了严重的危机。

危机首先在党的白区工作中反映出来。由于王明、博古等人一味强调党在白区应当不断地"反攻和进攻"，强调要反对右倾，不顾实际可能，强令各级党组织发动工人罢工；尤其是在九一八事变发生以后，仍然坚持关门主义的方针，大搞所谓的下层统一战线，继续片面地强调反对一切帝国主义，而不是将斗争的主要矛头对准日本帝国主义，甚至提出"武装保卫苏联"等完全脱离中国实际的口号，致使辛辛苦苦恢复和发展起来的白区革命力量遭受新的沉重打击。从1931年下半年起，首先是北方地区党的组织连续遭到国民党的破坏，大批共产党人和赤色工会会员被捕；接着，上海地区的党组织也多次遭到国民党政府的打击，致使中共中央机关本身再也无法在上海和白区立足，不得不于1933年初迁往江西中央苏区。

在白区强行贯彻国际路线的同时，王明、博古等人也开始将国际路线推向他们原来并不重视的苏区。

四中全会结束不久，王明等人就将他们的得力干将夏曦派往贺龙创建的湘鄂西革命根据地，担任湘鄂西中央分局书记；接着，又派"幡然悔悟"、改换门庭的张国焘和王明的小兄弟陈昌浩去鄂豫皖苏区，全面夺权；派左倾教条主义分子曾红易到方志敏等人创立的赣东北苏区推行国际路线。这些后来被称为"钦差大臣"的大人物，都在所到之处积极地开展所谓的路线斗争，大批原来根据地的领导人的所谓右倾，对根据地原有的领导班子进行改组，还在党和红军内部捕风捉影地大搞所谓的肃反运动，错误地杀害了许多无辜的党员、干部和红军官兵。

在向其它根据地派人夺权的同时，王明、博古等人也开始插手中央苏区。在当时的农村革命根据地中，被称为中央革命根据地或中央苏区的一大块地区，占地最广，红军力量最强，对外部的影响最大，自然也是最受王明、博古等人重视的地方。不过，由于创建中央苏区的毛泽东、朱德等人在国内外的影响特别大，红军中有能力的干部也特别多，王明、博古的新中央要在中央苏区推行国际路线，其做法也不能不更加谨慎一点。

1931年4月，即四中全会开过不久，新中央就向中央苏区派了一个由任弼时、王稼祥、顾作霖组成的中央代表团。王明给代表团规定的任务是：传达贯彻四中全会的精神，加强苏区中央局的领导。由于"三人团"初来乍到，红军和苏区当时正处在反"围剿"紧张战斗之中，故国际路线的贯彻还停留在纸面上，未对中央苏区的工作产生大的影响，甚至"三人团"还对毛泽东反"围剿"的战略战术予以支持，使得中央苏区第二、第三次反"围剿"作战得以顺利地进行。然而，上海的新中央并没有因为中央苏区的大捷感到满意，反而认为毛泽东等人仍在另搞一套，中央代表团推行国际路线也很不得力。于是，从1931年8月开始，上海的新中央不断地向中央苏区发来指示信，对中央苏区的批评也越来越严厉，越来越"全面"。他们在信中指责中央苏区和红军还不够巩固，在土地问题上没有实行"地主不分田""富农分坏田"的政策；批评苏区虽然开展了"肃反"运动，反了AB团，却没有反第三党、取消派、富农思想、农民落后意识等。总之，他们认为，右倾机会主义是中央苏区党内的主要危险，其代表人物则是毛泽东。事实上，中央苏区基本的方针政策和毛泽东等人的领导，虽然大致正确，所取得的成绩也很突出，但也不是完全正确，确实存在着一定的问题，但其性质并不是"右"，而是"左"，如在所谓的"肃反"运动中所进行的反AB团的斗争，已经造成数千名党内干部和红军官兵被错误杀害的严重后果，早已左得不能再左了。因此，新中央要求中央苏区大搞反"右倾"的斗争，其结果不仅将原本比较正确的东西反掉了，而且使得原来就"左"的一套变得更加"左"了。

正是在上海中央的不断催促下，1931年11月，"三人团"召开了苏区第一个党代会，即赣南会议。这次会议虽然没有公开点毛泽东的名，却大批特批毛泽东的右倾错误，并撤销了毛泽东的代理苏区中央局书记之职。次年10月，苏区中央局又在江西宁都开了一次会，开展了前所未有的反右倾斗争，点名批评了毛泽东的种种右倾错误，并在实际上剥夺了毛泽东对中央苏区党和红军的领导权。随着1933年1月以博古为首的临时中央被迫迁到江西瑞金，中央苏区则完全被王明、博古等人所控制。此后，为了进一步推行国际路线，博古等人又一而再，再而三地发动反右倾斗争，搞了所谓的反"罗明路线"，反"邓、毛、谢、古"，以消除毛泽东等人的影响。在政治、思想、组织上推行国际路线的同时，博古本人虽然不懂军事，却又借助所谓的共产国际军事顾问李德，把左的那一套贯彻到军事方面，放手让李德指导中央苏区的第五次反"围剿"战争。李德既不了解中国的国情，也不懂中国革命战争的特殊规律，只会教条地搬用书本上的战略战术，又不听别人的意见，结果导致第五次反"围剿"的惨败，致使中央红军不得不于1934年10月撤离中央苏区，开始进行战略大转移，即进行"长征"。在此前后，其它苏区的红军，除陕北红军外，也因为受到国民党军队的打击而无法坚持，被迫相继撤离原来的根据地，开始转移。至此，除陕北根据地外，包括中央根据地在内的，几乎所有的苏区都丢失了。即便是在陕北，实际上也受到了"左倾"的国际路线的破坏，逐渐陷入困境。总之，"红色中国"出现了前所未有的危机。

不过，严重危机的出现虽然是坏事，但也预示着转机的到来。问题在于共产党人如何应对。正是在这历史的千钧一发之际，毛泽东开始崛起，以毛泽东为代表的一批共产党人，再次通过总结失败的经验教训，利用历史提供的虽然短暂，却极为宝贵的机会，独立自主地纠正了因莫斯科一意孤行地推行所谓的国际路线而造成的大错，从而挽救了红军，挽救了中共的革命。

毫无疑问，毛泽东的崛起并不是偶然的。在中共党内，由于毛泽东参加过中共一大，领导过工人运动和农民运动，在国民革命或大革命时期还被誉为农民运动的"大王",故不仅资格较老,而且名声很大。更为重要的是,大革命之后,他比较深刻地总结了中共受挫的经验教训,认识到枪杆子的重要。他虽然一开始并没有多少军事经验,却敢于实践,并善于在实践中学习。从1927年9月领导湘赣边界的秋收起义开始,到带领幸存的起义部队上井冈山,创建第一个农村革命根据地;从他和朱德等人一起转战赣南、闽西,到创建最大的苏区,即中央革命根据地;从指挥红军开展游击战,到成功地领导红军粉碎蒋介石的三次大规模军事"围剿"等等,毛泽东都表现出了十分杰出的才能。正因为他在创建红军和革命根据地的过程中所取得的重大成就,不仅使他成为中共党内红军和革命根据地的著名领导人之一,而且和朱德等人一起,扬名于国内外。必须指出的是,毛泽东并不是神,也不是什么先知先觉,在早期的革命生涯中,他同样犯过错误,甚至十分严重的错误,如笔者前面已经提及的中央苏区反AB团的斗争,他也遭遇过失败,但是,与当时其它的领导者相比较,由于他重视理论和实际相结合,目光远大,他的主张大多符合国情和实际,他在政治、军事方面的战略战术也比较高明。

然而,由于中共党内人才众多,而毛泽东的才能有一个逐渐发挥和显露的过程,人们对他的了解和认识也需要时间,再加上他后来长期在远离中央的农村根据地工作,故除了中共三大以后他曾在中央工作过一段时间外,毛泽东都不是中央的领导成员。此外,由于毛泽东虽然也很尊重共产国际,但他对莫斯科并不盲从,更注重从中国的实际出发,独立思考,因此他的思想和主张往往与莫斯科的意见有所不同,莫斯科虽然欣赏毛泽东在国内外的影响和威望,却从未将他视为完全忠实于莫斯科的人加以重用。不仅如此,正因为毛泽东常常坚持自己的意见,便不可避免地要同四中全会以后王明、博古的新中央所极力推行的所谓国际路线发生冲突,而为新的中央所排斥。由于新中央的后台很硬,而当时党内多数领导人又因迷信共产国际而尚未认识到国际路线的错误,毛泽东一时孤掌难鸣,斗不过博古等人,只能靠边站,耐心地等待时机。

如前所述,由于所谓的国际路线完全脱离中国的实际,左得不能正是在上海中央的不断催促下，1931年11月，"三人团"召开了苏区第一个党代会，即赣南会议。这次会议虽然没有公开点毛泽东的名，却大批特批毛泽东的右倾错误，并撤销了毛泽东的代理苏区中央局书记之职。次年10月，苏区中央局又在江西宁都开了一次会，开展了前所未有的反右倾斗争，点名批评了毛泽东的种种右倾错误，并在实际上剥夺了毛泽东对中央苏区党和红军的领导权。随着1933年1月以博古为首的临时中央被迫迁到江西瑞金，中央苏区则完全被王明、博古等人所控制。此后，为了进一步推行国际路线，博古等人又一而再，再而三地发动反右倾斗争，搞了所谓的反"罗明路线"，反"邓、毛、谢、古"，以消除毛泽东等人的影响。在政治、思想、组织上推行国际路线的同时，博古本人虽然不懂军事，却又借助所谓的共产国际军事顾问李德，把左的那一套贯彻到军事方面，放手让李德指导中央苏区的第五次反"围剿"战争。李德既不了解中国的国情，也不懂中国革命战争的特殊规律，只会教条地搬用书本上的战略战术，又不听别人的意见，结果导致第五次反"围剿"的惨败，致使中央红军不得不于1934年10月撤离中央苏区，开始进行战略大转移，即进行"长征"。在此前后，其它苏区的红军，除陕北红军外，也因为受到国民党军队的打击而无法坚持，被迫相继撤离原来的根据地，开始转移。至此，除陕北根据地外，包括中央根据地在内的，几乎所有的苏区都丢失了。即便是在陕北，实际上也受到了"左倾"的国际路线的破坏，逐渐陷入困境。总之，"红色中国"出现了前所未有的危机。

不过，严重危机的出现虽然是坏事，但也预示着转机的到来。问题在于共产党人如何应对。正是在这历史的千钧一发之际，毛泽东开始崛起，以毛泽东为代表的一批共产党人，再次通过总结失败的经验教训，利用历史提供的虽然短暂，却极为宝贵的机会，独立自主地纠正了因莫斯科一意孤行地推行所谓的国际路线而造成的大错，从而挽救了红军，挽救了中共的革命。

毫无疑问，毛泽东的崛起并不是偶然的。在中共党内，由于毛泽东参加过中共一大，领导过工人运动和农民运动，在国民革命或大革命时期还被誉为农民运动的"大王",故不仅资格较老,而且名声很大。更为重要的是,大革命之后,他比较深刻地总结了中共受挫的经验教训,认识到枪杆子的重要。他虽然一开始并没有多少军事经验,却敢于实践,并善于在实践中学习。从1927年9月领导湘赣边界的秋收起义开始,到带领幸存的起义部队上井冈山,创建第一个农村革命根据地;从他和朱德等人一起转战赣南、闽西,到创建最大的苏区,即中央革命根据地;从指挥红军开展游击战,到成功地领导红军粉碎蒋介石的三次大规模军事"围剿"等等,毛泽东都表现出了十分杰出的才能。正因为他在创建红军和革命根据地的过程中所取得的重大成就,不仅使他成为中共党内红军和革命根据地的著名领导人之一,而且和朱德等人一起,扬名于国内外。必须指出的是,毛泽东并不是神,也不是什么先知先觉,在早期的革命生涯中,他同样犯过错误,甚至十分严重的错误,如笔者前面已经提及的中央苏区反AB团的斗争,他也遭遇过失败,但是,与当时其它的领导者相比较,由于他重视理论和实际相结合,目光远大,他的主张大多符合国情和实际,他在政治、军事方面的战略战术也比较高明。

然而,由于中共党内人才众多,而毛泽东的才能有一个逐渐发挥和显露的过程,人们对他的了解和认识也需要时间,再加上他后来长期在远离中央的农村根据地工作,故除了中共三大以后他曾在中央工作过一段时间外,毛泽东都不是中央的领导成员。此外,由于毛泽东虽然也很尊重共产国际,但他对莫斯科并不盲从,更注重从中国的实际出发,独立思考,因此他的思想和主张往往与莫斯科的意见有所不同,莫斯科虽然欣赏毛泽东在国内外的影响和威望,却从未将他视为完全忠实于莫斯科的人加以重用。不仅如此,正因为毛泽东常常坚持自己的意见,便不可避免地要同四中全会以后王明、博古的新中央所极力推行的所谓国际路线发生冲突,而为新的中央所排斥。由于新中央的后台很硬,而当时党内多数领导人又因迷信共产国际而尚未认识到国际路线的错误,毛泽东一时孤掌难鸣,斗不过博古等人,只能靠边站,耐心地等待时机。

如前所述,由于所谓的国际路线完全脱离中国的实际,左得不能再左了，必然要在实践中碰壁，尤其是军事上错误的战略战术，必然会立竿见影地受到战争实践的检验。正因为博古重用李德，一意孤行地实施左倾冒险的军事路线，导致了中央苏区第五次反"围剿"战争的失败，中央红军不得不撤离根据地，开始长征。这在实际上已经宣告了国际路线，特别是极左的军事路线的破产。但是，博古、李德等人此时仍不认输。长征开始前后，中共中央决定由博古、周恩来、李德等组成"三人团"，在长征期间行使最高权力。而"三人团"仍然坚持错误的战略战术，使得中央红军在长征前期，特别是湘江战役再次受到重创，八万多红军损失过半。更糟糕的是，红军渡过湘江后，又遭到了国民党军队的围追堵截，形势更加险恶，而"三人团"却不知如何应对，红军一时竟失去了前进的方向。

正是在这中共中央和中央红军生死存亡的紧急关头，博古等人不得不在湖南通道、贵州黎平先后召开会议，听取此前一直靠边站的毛泽东等人的意见。毛泽东根据当时敌我双方的军事态势，力主中央红军避开国民党大部队在湘西的围追堵截，向敌人力量相对薄弱的贵州进军。在周恩来等人的支持下，会议否定了李德的错误主张，采纳了毛泽东的正确意见。随后不久，红军渡过乌江，占领了贵州遵义城，暂时地摆脱了国民党的追剿军。然而，形势虽然暂时得到缓和，但怎样使红军从被动变为主动，根本问题并没有解决。

由于连连遭受失败，中央的许多领导人和红军的大多数指战员都开始意识到，问题主要出在"三人团"的错误指挥上，尤其是博古和李德的一意孤行，必须纠正错误，改变领导。加之在长征开始前后，毛泽东已经做了大量的说服工作，不仅中央政治局中的张闻天、王稼祥等人逐渐认识到博古、李德的指挥错误，转而支持毛泽东，连"三人团"中的周恩来也对博古、李德愈来愈感到不满，尤其是在湘江之战后，面对现实，他再也无法忍耐，再也不相信博古、李德的神话了。于是，在大多数人的要求下，1935年1月，中共中央在遵义举行了具有重大历史意义的政治局扩大会议。

遵义会议的结果众所周知。毛泽东、张闻天、王稼祥等人在周恩来和朱德等多数红军将领的支持下，严厉地批评了博古、李德错误的军事路线，取消了他们的军事指挥权，并对中共中央的核心领导层进行了改组。其中，最为重要的是增选毛泽东为政治局常委，并参与军事领导。遵义会议之后不久，政治局常委在讨论领导人分工时决定，由张闻天替代博古担任中央总书记，或负总责。[27]毛泽东虽然在名义上仍不是党和军队的最高领导人，但他毕竟从此进入了中共中央最高的核心领导层，并逐渐成为实际上掌握党政军大权的核心人物。由此，将遵义会议看成是毛泽东崛起的标志，无疑也是符合历史事实的。

遵义会议之所以能获得成功，除了实践已经充分地证明了博古、李德确实犯了严重的错误，已无法继续领导党和红军，毛泽东又做了大量工作，使得很多领导人对此有了更清楚地认识外，还有一个重要的因素，即长征开始前，中共中央与莫斯科之间的电讯联系突然中断了。自从临时中央迁入中央苏区后，由于苏区没有大功率的电台，博古无法直接与莫斯科联系，必须通过设在上海中央局的秘密电台转发。1934年夏秋，由于上海中央局机关遭到国民党的破坏，秘密电台被破获，苏区与莫斯科的电讯联络即告中断。从此，在很长的一段时间内，共产国际无法给中共中央发指示，中共中央也无法向莫斯科请示。这样一来，博古、李德便成了断了线的风筝，无法再援用国际的权威了。诚然，这种情况的出现仅仅是"技术性"的，却带来了不大不小的"政治"后果，使得莫斯科在长征期间无法对中共中央的决策进行干预，也使得中国的共产党人能够通过一定的民主程序，独立自主地解决党和红军的路线问题和领导问题。

至于遵义会议及其所获成果的重大意义，人们已经讲得很多了。对此，笔者并无异议。说它在危急的关头挽救了中共，挽救了红军，挽救了中国的革命等等，都是不争的事实。确实，会议为中共中央及其领导的红军在长征中绝处逢生创造了条件。不过，除了人们所熟知的，笔者还要补充一点，即遵义会议所体现的党内民主精神。这不仅十分重要，而且值得称道。中共创立伊始，就明确规定，在党内实行民主集中制。在陈独秀当政时期，虽然由于莫斯科的不断干预，党内的民主制度受到过干扰，却仍能发挥一定的作用。然而，大革命之后。随着莫斯科对中共控制的加强，党内的民主制度实际上已经名存实亡，从大政方针到人事变动，都由莫斯科说了算。幸运的是，长征期间，如前所述，仅仅由于技术上的原因，莫斯科暂时失去了干预中共中央内部事务的条件，从而使得中共中央能够独立自主地，通过民主程序，而不是用强制的方法，甚至用暴力来解决党内的政策和人事问题。正因为如此，遵义会议不仅开得比较顺利，而且十分成功。说得更明白一点，毛泽东的此次崛起，正是得益于党内劫后犹存的民主制度，党和红军命运的改变也与党内仍存有一定的民主精神密切相关。更值得一提的是，遵义会议前后，在中共党内的核心领导层，无论是批评的发难者，还是因为犯了错误而受到批评的人，大多数都能按照民主制度的要求行事，尤其是被批评者，如博古、周恩来等，能够尊重事实，承认错误，知错就改，接受会议通过民主讨论所作出的决议，使得党内领导权的交接得以和平顺利地进行。这是值得后人称颂的。然而很可惜，对于遵义会议在这方面的重要意义，官方乃至学术界却很少提及，也极不重视。更令人深感遗憾的是，遵义会议的民主传统很快又遭到破坏，未能继续下去。而最大的破坏者恰恰就是遵义会议上获益最多的毛泽东。

　　遵义会议使得中共中央和它领导的中央红军获得了改变危险局势的机会，但这仅仅是开始，后面的路还很长，麻烦还很多。一方面，仅仅拥有三万人，而给养供应等条件又十分困难的红军，既要巧妙地战胜数十万国民党军队的围追堵截，又要克服因自然条件恶劣而产生的各种艰难困苦。遵义会议后，在毛泽东、周恩来、朱德等人的指挥下，中央红军四渡赤水，重占遵义，佯攻贵阳，巧渡金沙江，飞夺泸定桥，经过多次艰苦卓绝的战斗，终于冲出了国民党军队的一个又一个包围圈。与此同时，红军忍饥挨饿，发扬了坚忍不拔的精神，爬雪山，过草地，也最终战胜自然界的艰难险阻，取得了长征的胜利，创造了中国战争史上的奇迹。另一方面，虽然开了遵义会议，中共党内和红军内部的纷争并没有因此而完全平息。会后不久，由于对毛泽东所采取的战术一时理解不了，部分红军将士如林彪等，对毛泽东的指挥产生不满，曾写信给中央，提出改变领导的要求。不过此次风波不大，经过毛泽东的批评，便很快平息。而更大的挑战则来自张国焘等人。长征中中央红军，即红一方面军与张国焘所领导的红四方面军会师以后，权力欲甚强，当时率领八万多红军，声势大大超过一方面军的张国焘，显然是出于对遵义会议的结果和最高领导核心的组成不满，加之他对一、四方面军回合后的行动方向看法不同，便企图凭借实力，要求重新解决所谓组织问题，并且反对毛泽东等人关于红军应当继续"北上"的主张，要求红军"南下"，以此向中央和毛泽东等人发难。这次风波实际上酿成了红军和中共中央的分裂，差一点使红军再次陷入严重危机。只是由于中共中央和毛泽东等人的处理比较巧妙和及时，才避免了一场大祸。在毛泽东、周恩来等人的率领下，中央红军的主力主动摆脱了张国焘的干扰，独自"北上"，于1935年10月顺利到达陕甘根据地，即陕北根据地的吴起镇。至此，中共中央和中央红军的长征正式宣告结束。

当时的陕甘苏区，是土地革命战争期间唯一硕果仅存的革命根据地。但在中共中央到达前，由于左倾错误的破坏，该根据地和红军的领导人刘志丹等人正被错误地扣押，根据地和红军的前途岌岌可危。幸亏中央和中央红军的及时赶到，才挽救了陕甘苏区和陕北红军。从另一个角度讲，陕甘根据地的存在，也使得中共中央和中央红军在万里长征后有了一个落脚地，或者说"救了中央"。

中央红军，即红一方面军长征结束后，原在湘鄂川黔苏区的红二、六军团，即后来的红二方面军，在任弼时、贺龙等人的率领下，也开始长征，并于1936年7月与滞留于四川的红四方面军会师。经过各方面的斗争和努力，张国焘以其不合时宜的错误主张与中共中央和毛泽东对抗的企图，终于彻底破产，不得不取消所谓的第二中央，同意四方面军和二方面军一起北上。1936年10月，红一、二、四方面军先后在甘肃会师。至此，红二、四方面军的长征亦宣告结束。经过艰苦卓绝的奋斗，虽然损失很大，但红军终于在万里长征中绝处逢生，为中共东山再起，迎接新的革命风暴，奠定了基础。

## 1.2.3 高举抗日、民主的大旗与中共的发展壮大

### 1.2.3.1 全面抗战的爆发给中共以"天赐良机"

1935年10月,中共中央和中央红军虽然结束了长征,并得以落脚陕北。但是,要在陕北站稳脚跟,并获得进一步发展,仍是不容易的。由于蒋介石又迅速调东北军和西北军对红军进行新的"围剿",中共中央不得不率领红军继续作战。经过几次不大也不小的战役,红军终于顶住了国民党军队的压力,巩固且发展了陕甘宁根据地。

然而,更令中共中央和共产党人感到兴奋的是,就在中央红军结束长征,刚刚落脚陕北之时,由于日本军国主义发动了华北事变,以"一二九运动"为标志,全国性的抗日民主运动出现了新的高潮。随后不久,1937年7月7日,芦沟桥事变爆发,日本由此发动了全面的侵华战争,中国人民则不得不开始进行全国性的抗日战争,以第二次国共合作为基础的抗日民族统一战线宣告成立,中国国内的政治、军事形势也因此发生了根本性的变化。

对于中共来说,全面抗战的爆发,形势的变化,不啻是"天赐良机"。在遵义会议后经过改组而形成的中共中央新的领导核心,立即牢牢地抓住这一"天赐良机",因势利导,带领中共全党及其领导下的军队,高举抗日和民主的大旗,走上了前所未有的发展壮大的道路。

所谓的"天赐良机",指的是全国性的抗日战争客观上给中共后来的东山再起和进一步的发展壮大带来了诸多的有利条件。这主要表现在以下几个方面:

第一,全民抗战的爆发,迫使国民党蒋介石政府不得不停止大规模的内战和"剿共",从而大大减轻了对中共的压力,且使得中共获得了更大的活动空间和更多的发展机会。

抗日战争爆发之前,国民党政府连续对中共和它领导的红军进行了长达十年的"围剿"。它虽然未能把中共和红军彻底消灭,却也给共产党和红军带来了巨大的压力,不仅使得一度发展到二、三十万

人的红军，长征后只剩下了四、五万人，而且丧失了除贫瘠落后的陕北外所有的革命根据地。中共中央和红军虽然取得了胜利，但是，如果国民党的"围剿"继续下去，中共和红军的命运如何，那就很难说了。这并不是耸人听闻。正是抗日战争完全改变了这一发展进程。

从"九一八事变"开始，日本军国主义便不断地扩大对中国的侵略，"七七事变"以后，则发动了全面的侵华战争。一方面，它给中华民族和中国人民带来了巨大的灾难，使中华民族和全中国人民面临着亡国灭种的严重危机；另一方面，它也再一次促进了全国民众的觉醒，迫使全国人民起来反抗日本的侵略，为中华民族和中国人民带来了经过抗战而获得新生的历史机遇。

在全民族陷于亡国灭种危机的形势下，在中共和全国各界民众的强烈呼吁下，在国民党政府内部许多爱国人士，如张学良、杨虎城等人的促进下，蒋介石被迫放弃"攘外必先安内"的错误政策，停止大规模的"剿共"内战，允许中共及其军队在中央政府的领导下共同抗日，亦即中共所说的实现第二次国共合作，建立抗日民族统一战线。国共双方的说法虽然不同，实质却是一样的，即中共表态放弃推翻国民党政权的革命，愿在国民党中央政府的领导下一致抗日，而国民党政府则停止"剿共"内战，给予中共及其领导的军队以一定的合法地位等等。其中的关键是大规模内战的停止，这就大大地减轻了中共面临的压力。尽管后来国民党政府为了限制共产党的发展，仍然不断地搞"摩擦"，甚至发动过局部性的内战，使得中共的武装，如新四军遭受过重大损失，但它毕竟未能发展成大规模的内战。再加上中共取得了一定的合法地位，尽管所谓的"合法"十分有限，但它毕竟使得中共可以在国民党政府允许的范围内活动，大大拓展了活动的空间，为中共后来的发展壮大提供了极为有利的条件。

第二，全民抗战的开始，也使得中共的威望和号召力迅速地得到提高，从而能够赢得更多民众的支持和回应。

土地革命战争时期，中共虽然也得到了很多民众，尤其是农民的支持，但是，由于大多数的中国民众，特别是城市里各个阶层的民众对中共推翻国民党政权的革命并不理解，再加上国民党政府的欺骗宣传，在很多人心目中，共产党人就是"土匪"。因此，中共确实比较孤立，其号召力也大受影响。然而，由于中共多年来始终坚持反对帝国主义，且最早举起抗日的大旗，全国性的抗日战争开始前后，中共不仅继续坚持抗日的方针，又公开宣布放弃推翻国民党政权的政策，加之国民党政府也不得不承认中共及其领导的军队，是一支重要的抗日力量，使其妖魔化中共的欺骗宣传不攻自破，中共在全国人民中的威望和号召力立马陡增。全国民众，尤其是城市里的各界人士，包括中产阶级和中间党派，不仅逐渐改变了对中共的看法，而且很多人，特别是知识青年纷纷奔向延安和中共领导的各个敌后抗日根据地。这种现象是抗战以前不可能出现的。这也充分说明，在中华民族和全中国人民都面临亡国灭种危机之际，抗日无疑是最重要的，谁能真正高举抗日的大旗，谁就能赢得全国人民的支持和拥护，谁就能得到发展壮大。中共深知这个道理，并且牢牢地抓住了这一千载难逢的历史机遇。

第三，在日本发动侵华战争和中国开始抗战的初期，由于敌强我弱和国民党政府在战略战术方面的失误，致使大片国土沦丧，从而为中共及其军队挺进敌后，在敌后大发展创造了条件。

抗战初期的敌强我弱是客观存在的事实，而国民党政府虽然在抗战初期也非常努力，并且取得过一些重大的战绩，但它在战略战术上的失误也是不争的事实。在这样的形势下，大片国土的沦丧自然不可避免。然而，由于日本侵略者的兵力有限，它虽然占领了中国的大片地方，并控制了占领区的大中城市和重要的交通线，却不可能真正控制广大的小城镇和农村，更不可能消除沦陷区中国人民的反抗斗争。同时，由于国民党政府在战争中的失败，其正规军队基本上撤离了沦陷区。因此，除了民众自发性的反抗外，沦陷区的广大农村便出现了某种"真空"状态。这就为中共及其军队挺进敌后，放开手脚大干提供了广阔的空间和舞台。在敌后广大的土地上，受到敌寇铁骑蹂躏的沦陷区人民，正期盼着有人来领导他们抗日，中共及其军队一进入敌后，自然一呼百应，可以迅速地将民众，特别是广大的农民动员和组织起来。中共不仅因此有了打击日本侵略者的用武之地，而且可以借此创立敌后抗日根据地，使得中共能够继续得到广大农民群众的支持，为发展壮大自己的力量奠定坚实的基础。此外，由于中共进军的都是沦陷区，亦即被国民党政府丢失、被日本人占领的地方，国民党找不到充足的理由加以反对，而绝大多数沦陷区已无国民党政府的军队在当地坚持抗战，因而除了少数地区外，国民党政府也无力加以阻挡。事实上，无论是地区之广袤，还是物产之丰富和人口之众多，中共所建立的敌后抗日根据地，都是抗战前的苏区所无法比拟的，它不仅对减轻沦陷区人民的痛苦，坚持漫长的八年抗战建立了不朽的功勋，而且成为战后爆发的国共内战中，中共战胜国民党的重要条件之一。

第四，中国抗日战争的开始和随后不久世界性反法西斯战争的爆发，也使中共所处的国际环境大大改善，使得中共的外交有了一定的活动空间，得以更好地为国内斗争服务。

在土地革命战争时期，中共在国际上完全处于孤立状态。中共虽然与苏联有秘密往来，但所受的局限性很大。中共虽然也制定了自己的外交政策，却无法开展任何外交活动。随着抗日战争的爆发，中苏两国的邦交得以恢复，苏联开始公开支持和援助中国抗战，中共与苏联的关系有了一定的合法性，可以公开或半公开地与苏联来往。此后，随着世界性反法西斯战争的发生和国际反法西斯统一战线的形成，美、英等国成为中国的盟国，中共与美、英等国的关系也发生了根本性的变化，由原来的敌人变成了盟友。尽管国民党政府仍然千方百计地加以限制，但中共毕竟有了与美国、英国接触的可能和机会，可以在一定的范围内开展对美和对英外交，特别是在抗日战争后期，鉴于美国自身利益的需要，华盛顿及其在中国的军事和外交人员，对中共的兴趣越来越大，而中共为了利用国际因素制约国民党政府，也希望同美国合作，致使中共与美国的关系有了前所未有的发展。中共也从此有了真正的外交政策和外交工作。尽管此时中共的外交仍然受到很大的限制，但毕竟已开始起步，且取得了一定的成果。它不仅改变了过去中共在国际上被孤立的状况，对扩大中共在国内外的影响有很大的好处，也使得中共在抗日战争结束前后，能够利用苏、美、英等国的对华政策，使之朝着有利于中共的方向发展。

第五，抗日战争也有助于进一步巩固中共内部的团结和统一，有助于充分调动广大党员干部和军队指战员的积极性。

抗战前，中共内部基本上是团结和统一的，但是，毋庸讳言，内部的纷争也常常发生，且情况严重时，甚至使得党和红军陷入濒临分裂的边缘。个中的原因当然很多，其中极为重要的一条是，党内对于革命所要达到的目标以及对于具体的革命形势的认识，常常产生分歧，看法不同者所提出的应对之策自然也就无法一致。分歧和纷争必然影响党的团结和统一，这是不争的事实。抗日战争开始后，打日本，将日本侵略者赶出中国去，这是全国人民的共同任务和目标，也是中共最主要的任务和目标。日本侵略者一天不投降，抗日战争就一天也不可能停止。问题如此明确，自然对统一全党的认识有着十分重要的作用，因而大大减少了党内的纷争，增强了党和革命军队内部的凝聚力。此外，中国共产党人本来都是爱国者，加之抗日战争爆发后，爱国主义的精神在全国人民中空前高涨，又进一步鼓舞了共产党人。这对于激发共产党人的革命精神和斗争积极性，无疑作用巨大，不可低估。事实上，不仅共产党人如此，在国民党的政府和军队内，在爱国主义精神的鼓舞下，许多将士也表现得非常突出，在抗日战争中留下了无数可歌可泣的英雄业绩，值得我们后人永远铭记。

以上所述，虽然并不完全，却也十分清楚地反映出，抗日战争对于中共是多么的重要，确实给中共的发展壮大带来了巨大的好处。正因为如此，毛泽东后来曾多次戏称，要"感谢"日本发动侵华战争。这不仅仅是幽默，也反映了历史的事实。

不过，任何事物都有两重性，日本的侵华战争，或者说中国的抗日战争，给中共带来的并不都是"良机"，也有艰难困苦。一是国民党政府虽然停止了大规模的"剿共"，大大减轻了对中共的压力，但压力并未完全消除。在整个抗日战争时期，蒋介石政府虽然不敢冒天下之大不韪，发动大规模的内战，但他们"限共、溶共、反共、灭共"的基本政策并没有改变，甚至企图借刀杀人，假日本人之手，消灭中共。尤其是在抗战中后期，国民党政府的反共政策还有所强化，所采取的方法更是五花八门，其最高峰便是发动反共的军事"磨擦"，亦即中共所称的"反共高潮"，且确实使中共所领导的军队，如新四军遭受了重大损失。此外，日本侵略者对中共的压力也相当的大，特别是在抗战进入相持阶段之后，侵华日军逐渐将打击的重点从正面战场转向敌后战场，不断地向中共领导的敌后根据地发动大规模的"扫荡""清乡"，实行残酷的"三光"政策，曾给八路军、新四军和根据地的民众带来过巨大的灾难，甚至一度给敌后根据地军民的生存造成了严重的危机。更为麻烦的还有，当日本人大举进攻敌后根据地时，国民党政府常常与日本侵略者相呼应，对中共领导的，包括陕甘宁边区在内的根据地进行军事的、经济的封锁，致使根据地广大军民不仅要在军事斗争中艰苦应战，而且要在生活上克服前所未有的困难。总之，中共及其领导的敌后根据地军民，必须应对来自日本侵略者和国民党政府、军事上和生活上的双重压力，其艰难困苦之严重，可想而知。二是中共所控制的敌后抗日根据地，均处于农村和穷困地区，没有任何像样的近现代工业，加之日军和国民党政府的严密封锁，中共无法得到外部的援助，八路军和新四军所拥有的武器装备不仅有限，而且十分落后，无法同日军和国民党的军队相比，这不能不在很大程度上限制和影响八路军、新四军和其它抗日武装的作战能力。三是抗日战争开始前后，中共全党即面临着重大的历史转变，面临着一个全民族抗战的新形势，党内的干部战士都有一个转变和适应的过程。而在必不可少的过渡期里，虽然在抗日的大问题上，全党很容易达成一致，但是如何抗日，抗战中中共应当采取什么样的战略战术，人们的认识却很难立即获得统一的看法，再加上莫斯科常常从苏联自身的利益出发，对中共的决策加以干扰，中共党内因此而出现分歧在所难免。尤其是如何摆正抗日与发展壮大中共自身力量的关系，确实也不是一件容易的事情，必须通过长期的实践才能真正获得解决。而党内的纷争又常常同权力斗争联系在一起，问题就变得更为复杂了。然而，问题最终必须得到解决，而解决则需要时间和实践，不可能一蹴而就。

上述事实说明，对于中共而言，困难仍是很大的，问题也很多。

当然，总的来说，形势和处境比土地革命战争时期好得多，但前进的道路并不是笔直的，且仍然存在着两种可能性：一是中共不仅生存下来，而且得到迅速的发展壮大；一是再次遭受失败，乃至被日本人或国民党政府消灭，或虽未被消灭，却未能发展而逐渐衰落。尽管后一种可能性很小，却并不是危言耸听。问题的关键在于中共如何在错综复杂的形势下趋利避害，在于共产党人自身的努力。

### 1.2.3.2 趋利避害，因势利导：中共在抗战时期的战略策略

抗日战争的兴起，既给中共带来了"良机"，也给中共出了许多难题，中共如何应对，不仅对全民族抗战的前途影响甚大，对中共自身的生存发展更是密切相关。众所周知，在抗战八年中，由于毛泽东为核心的中共中央坚持从实际出发，正视现实，因势利导，趋利避害，在战略策略方面作出了基本正确的选择，因而不但经受了各种考验，而且使自身的力量得到了空前的发展壮大。

由于遵义会议以后，中共中央的最高领导层经过改组，毛泽东、张闻天、周恩来等人掌握了中央大权，尤其是毛泽东，虽然并无最高领导人的正式头衔，实际上已成为最高领导集团的核心人物，使得党中央的正确决策有了保证。加之经过十几年的斗争实践，经历了多次成功与失败的锻炼，全党的经验比过去丰富多了，因而为中共避免再犯大的错误，正确地应对新形势的挑战，奠定了坚实的基础。此外，虽然经过大革命时期和土地革命战争时期的两次大曲折，中共及其领导的军队受损很大，到抗战前夕，党员和军队的人数已减至数万人，但所剩的幸存者都是久经考验、有斗争经验的骨干，人数虽少，能量却很大。在新的条件下，他们将成为种子，在新的广阔的土地上生根发芽，或成为革命的火种，迅即在全中国点燃抗日的熊熊烈火。

如果对中共抗战时期所实施的战略策略方针，作一简要的概括，其基本的内容不外乎以下几个方面：

第一，在整个抗战时期，中共始终高举抗日和民主的大旗，始终坚持维护抗日民族统一战线的政策，且努力排除一切干扰，毫不动摇。

坚持抗战到底，对于中共而言，是题中应有之义，似乎是不成问题的问题，其实不然。在当时的中国，对日妥协、投降的逆流不仅始终存在，而且还被披上了"曲线救国"的外衣。不仅汪精卫之流大有人在，而且蒋介石政府也常常发生动摇。面对如此令人担忧的状况，中共必须旗帜鲜明地予以反对。即便是在中共党内，虽然妥协、投降的论调没有市场，但由于蒋介石政府多次制造"磨擦"，一些共产党人出于义愤，遂对国共能否合作抗战到底产生怀疑，反蒋情绪激烈。中共对此若不加克服，则势必影响抗日的大局，使亲者痛，仇者快。可见，始终坚持抗战，坚持国共合作的抗日统一战线，是多么的重要，无论是对于中华民族的利益，还是对于中共自身的生存发展，都至关重要。

此外，由于国民党蒋介石政府虽然下决心抗日，却不愿进行必要的政治改革，仍然坚持"一党专政"，实行专制统治。这在很大的程度上妨碍了全民族抗日战争的顺利进行。针对于此，中共从抗战一开始，就向国民党政府提出了实行民主改革的要求。抗战后期，中共的要求不仅更加强烈，而且明确地提出了建立民主联合政府的主张，并敦促国民党政府给人民以真正自由、民主的权利。尽管国民党政府对此始终不予理睬，但中共当时高举民主的旗帜，却完全符合当时的民意，因而对于唤醒全国人民的民主意识，对于中共争取广大中间力量的支持，无疑仍有十分重要的作用。

第二，在对日作战方面，以毛泽东为核心的中共中央从敌强我弱的现实出发，并考虑到八路军、新四军的实际作战能力，提出中共领导的抗日武装，必须坚定不移地实行独立自主的敌后游击战的战略战术方针。

无论在什么样的战争中，战略战术的制定，都必须从战争的实际状况出发，才能确保战争的胜利。在抗日战争开始后一个相当长的时期内，敌我双方的力量对比都处于敌强我弱的状况。作为中国抗战的主要武装力量，即国民党政府的军队与侵华日军相比，就已经显得很弱了，而中共领导的八路军、新四军则更弱。在这样的现实面前，中共领导的军队如果自不量力，盲目地同日军打正规战、阵地战，只能是自取其辱，后果将不堪设想。正因为如此，毛泽东等中共领导人明确地提出，八路军、新四军的战略战术方针，必须量力而行，在相当长的时期里，只能实行独立自主的敌后游击战，一方面以此配合正面战场的作战，另一方面，在敌后不断地牵制和消耗日军，发展抗日军民的力量，坚持长期抗战，直到对日军发起全面反攻。

上述独立自主的敌后游击战方针，所包含的内容主要有以下几个方面：一是中共将不受国民党政府的约束和限制，也不受来自莫斯科的干扰，并排除抗战"速胜论"的诱惑，克服中共党内军内部分将士不考虑客观现实，只想打大仗，觉得打大仗痛快的错误想法，完全独立自主地制定符合客观实际的战略战术；二是坚持以开展游击战争为主要的作战形式，虽然并不排除有利条件下的运动战，但始终坚持打得赢就打，打不赢就走，主要采取分散而非集中作战的游击战术，坚决拒绝打阵地战、消耗战；三是坚持以敌后广大农村为主要战场，放手发动群众，特别是广大农民群众，开展人民战争，努力创建敌后抗日根据地，以此作为开展抗日游击战争的基本依托。实践已经充分证明，中共所提出并坚持的这一战略战术方针，不仅对全国人民坚持长期抗战，确保抗战的最后胜利发挥了重要作用，更为中共及其领导的武装力量的发展壮大立了大功。因此，对于中共而言，这确实不失为英明的决策。

不过，无论是在中共党内，还是在党外，一开始都有不少人无法理解毛泽东的游击战方针，党内也因此发生过若干纷争，而国民党政府则批评中共"消极抗战"或"游而不击"等等。为了说服党内持不同看法的干部，统一全党全军的思想认识，也为了驳斥一些国民党人士对中共的批评，毛泽东还专门写了《抗日游击战争的战略问题》。在这篇文章中，毛泽东不仅论述了中共根据中国国情和抗战前期的态势，在敌后实行游击战争方针的必然性及其重大意义，且一反游击战只是战术问题的传统观点，将中共实行的抗日游击战争提到战略的高度，全面地论证了抗日游击战争的战略地位，同时详尽地说明了如何取得游击战争胜利的各种问题。[28]

第三，中共在抗日和民主的旗帜下，在坚持独立自主的前提下，制定了一系列政策，相对妥善地处理了统一战线内部中共与其它抗日力量的关系，尤其是同国民党政府的关系。

抗日战争是全民族的抗战，全国各界所有爱国的党派、军队、团体都加入了抗日统一战线，不管力量大小，他们的抗日积极性和抗日行动都是不可或缺的。但是，由于各种抗日力量的社会背景、所处的社会地位、所代表的利益乃至所拥有的实力等等并不相同，虽然抗日的大目标一致，各自的具体目标却很难统一，难免要在统一战线内部产生矛盾和斗争。其中，以国共两党的矛盾和斗争最为突出。除了历史的原因外，最主要、最根本的问题在于，作为当权的国民党，虽然由于日本发动侵华战争，导致中华民族面临亡国灭种的危机，不得不停止"剿共"内战，允许共产党一起抗日，但为了确保自己的统治地位，国民党蒋介石政府当然不愿意，也不允许中共在抗日战争中发展壮大。为此，蒋介石不仅秘密地确定了"防共、限共、溶共、反共"的政策，而且多次公开地发动反共的军事"摩擦"，千方百计地限制中共及其军队的发展。而中共的愿望和目标，除了必须打败日本的大目标与国民党相同外，其余的则与蒋介石完全相反，这就必然要与国民党发生尖锐的矛盾和冲突。而国共两党又是抗战阵营中最大的两支力量，如果处置不当，势必导致内战大火再起，这将对抗日战争产生灾难性的后果。

正因为中共中央清醒地认识到这一点，故在高举抗日和民主的大旗，坚持独立自主原则的前提下，又采取了一系列重要的政策和策略，如提出发展进步势力，争取中间势力，反对顽固势力，并将此作为处理统一战线内部关系的基本方针；对顽固派的反共行为既要进行坚决的斗争，又要坚持"有理、有利、有节"的原则，又称"自卫、胜利、休战"的原则，目的在于既要打退顽固派的进攻，避免中共的力量遭受损失，又不能造成国共合作和统一战线的破裂，以维护合作抗日的大局，如此等等。显然，这些比较正确的决策，来自于对第一次国共合作经验教训的正确总结，而实践也证明，对于中共来说，这样的政策策略是行之有效，十分高明的。

第四，在敌后抗日根据地，特别是比较巩固的根据地内，中共制定并实行了"减租减息""合理负担"等经济政策,既利于发动广大的贫苦农民,又利于团结包括地主、富农、士绅在内的各界爱国人士,使绝大多数民众都能拥护抗日和中共领导的抗日民主政府。

抗战以前,中共在苏区实行的是土地革命政策,即没收地主和土豪劣绅的土地,将其分给无地或少地的贫苦农民,以此作为发动农民的主要手段。抗日战争开始后,为了动员包括爱国的地主、富农在内的全民起来抗战,中共中央宣布改变过去的土地政策,停止没收地主的土地,而对民众的动员,则主要以抗日为号召。这当然是十分必要的。不过,中共要在敌后创建抗日根据地,要把广大农民,特别是贫苦农民发动起来,仅仅依靠抗日的口号是不够的,必须给广大贫苦农民以看得见的实际利益,以改善他们因长期遭受剥削而过于贫穷的状况。但是,在维护贫苦农民利益的同时,又不能使地主、富农等农村富裕阶层的利益过于受损,影响他们发挥抗日的积极性。在对各方利益必须兼顾的情况下,中共制定了"减租减息"和"合理负担"的政策,并将其推行到各个抗日根据地。这一政策既使广大贫苦农民,特别是佃农和半佃农大大减轻了负担,又照顾了富裕阶层的利益,既能有效地发动农民,又能团结爱国的地主、富农共同抗日,促使他们拥护中共领导的抗日民主政府,实践的效果也确实不错。

第五,为了克服因各种原因而造成的困难,中共提出并坚持实行自力更生、艰苦奋斗的方针,争取外援,但不依赖外援。

抗战初期,由于当时的国共关系比较好,国民党中央政府还给八路军、新四军拨发一部分武器和经费。后来,随着国共之间矛盾和冲突的日趋严重,应发的补给也完全停发了。从此,中共便陷于没有任何外援的困境。不仅如此,国民党政府甚至还趁日军对敌后根据地发动大"扫荡"、大"清剿"之机,加紧对中共领导的根据地实行封锁,使得根据地同外界的联系大多被切断。再加上一部分根据地又遭遇自然灾害,农业生产受到破坏。总之,由于各种因素的共同作用,中共领导的抗日根据地一度遭遇了极为严重的困难,尤其是1941年至1942年前后,根据地军民的衣食及各种生活用品的供给都无法解决。面对如此困境,中共提出了自力更生、艰苦奋斗的方针,号召全党和根据地军民自己动手,克服困难。中共中央不仅在各个具备条件的根据地开展了大生产运动,而且厉行"精兵简政",大力减轻负担。中共所提出的自力更生、艰苦奋斗,解决供给困难的方针,也取得了重要成果,不仅使得各个根据地顺利地度过了难关,也成了中共在抗日战争中的一大创举。

第六,中共充分地利用了抗日战争中出现的新的国际形势,积极地展开外交活动,尤其是对美、英等国的外交,努力争取苏、美、英等反法西斯盟国对中共的同情和支持,以改善自身所处的国际环境。

如前所述,抗战前中共在国际上是被孤立的,无法开展任何外交活动。抗战开始后,特别是太平洋战争爆发后,国际形势发生了重大变化,反法西斯的中、苏、美、英等国结成了同盟,从而为中共打破孤立,展开外交活动提供了可能。而中共则毫不犹豫地抓住了这个机会,尽可能地展开对同盟国,尤其是对美、英等国的外交。在抗日战争前期,中共主要是通过驻重庆的代表团,与苏、美、英等国驻中国的大使馆联络,通过他们对国民党政府施加影响,并曾取得过成效。1941年1月蒋介石发动皖南事变,致使皖南的新四军遭受巨大损失。为了进行反击,制止国民党政府的反共行为,中共一方面在军事、政治上采取了针锋相对的措施,另一方面则促使反对中国内战再起的苏、美、英等国对蒋介石施加压力。蒋介石最终也不得不考虑国际影响,只好暂时停止了反共的军事行动。到了抗战后期,由于美国介入中国越来越深,成了援华抗战最主要的国家,加之国民党政府在后期的对日作战中严重失利,出于早日结束对日战争的考虑,美国对中共及其领导的八路军、新四军和敌后抗日战场,愈来愈感兴趣,美国在华的军政人员迫切地希望加强同中共的联系,并希望中共的武装能在抗战的最后阶段与美军合作。美国政府甚至表示,愿意充当国共关系的调解人。对此,中共中央当然感到十分高兴,也乐于同美国人和美国政府搞好关系,以便利用美国对国民党蒋介石政府施加影响。正是在这样的背景下,经过双方的努力,1944年夏,一个美军观察组到达延安,并受到毛泽东、周恩来、朱德等中共领导人的热忱欢迎。他们详细地向美国人介绍了中共领导的敌后抗战的情况,坦率地说明了中共对于夺取抗战的最后胜利，对于处理国共两党的关系，对于战后中国的前途等等问题的看法和立场，并表示希望美国政府能在中国发挥更大的作用。同年秋，美国总统罗斯福的私人代表，不久即被任命为美国驻华大使的赫尔利来到中国，正式开始调处国共关系。尽管抗战时期中共进行的外交活动受到很大的限制，但毕竟开了一个头；尽管由于蒋介石的立场顽固，而美国政府又偏袒国民党政府，致使抗战后期的国共谈判未能取得任何进展，但中共在同美国人打交道的过程中，还是有收获的。中共与美国的这种关系一直持续到战后初期，并在一定程度上对蒋介石政府的倒行逆施起了某种制约作用。

第七，为了保持全党的团结和统一，增强党的凝聚力，中共采取了一系列措施，加强内部思想和组织的建设，特别是开展了人所共知的整风运动，有效地排除了莫斯科的干扰，促进了中共力量的发展壮大。

从内战到全民族联合抗战，对中共来说，是一个重要的转变。在这历史的转变时刻，如何领导全党顺利地适应新的形势，做好党内的思想教育工作就显得十分重要。在这方面，毛泽东和中共中央无疑是比较重视的。红军的长征刚刚结束，在为抗日的新形势制定党的新方针的同时，毛泽东也开始总结土地革命战争时期的经验，或从理论上为实行新的战略策略进行探索，先后写了《论反对日本帝国主义的策略》《中国革命战争的战略问题》《实践论》《矛盾论》等著作。全面抗战开始后，毛泽东又连续写了《上海太原失陷后抗日战争的形势和任务》《抗日游击战争的战略问题》《论持久战》《统一战线中的独立自主问题》《新民主主义论》等等。撇开这些著作本身的内容不谈，人们也不能不承认，它对教育全党的党员干部，统一大家的思想，无疑是起了重要作用的。不过，思想教育并不是万能的，更重要的还是实践。而抗战前期的实践也证明了毛泽东的观点基本正确，证明了毛泽东提出的战略策略方针对于中共最为有利，因而使得全党的党员干部最终接受了他的思想，也使得毛泽东得以战胜来自莫斯科的干扰和王明的挑战。

事实上，在抗战前期的中国党内，虽然也发生过各种争论，但来自莫斯科的干扰，以及王明回国后对毛泽东的战略策略方针提出的异议，却是对毛泽东的最大挑战。王明一到延安，便按照莫斯科定下的基调，批评毛泽东的独立自主方针和游击战的战略战术，他本人则受权力欲的驱使，摆出一副企图重掌中央大权的架势。由于莫斯科的巨大影响和党内高层崇苏思想的存在，毛泽东推行其决策的努力一度受到了阻碍。平心而论，莫斯科和王明的主张并非没有一点道理，问题只是他们的想法根本不适合中国的实际。莫斯科的出发点是苏联的利益，王明则迷信莫斯科，想得过于天真。他们要求中共与国民党政府进行"真诚"的合作，以"抗日"为唯一的任务，要求八路军、新四军打运动战，打大仗，给日本人更大的打击，如此等等。从原则上说，这些要求并不错。但他们没有想到，国民党蒋介石政府并不想"真诚"地与共产党人合作，蒋介石的目的是要中共"臣服"，或通过抗日削弱中共的力量，最终瓦解乃至完全消灭中共。莫斯科和王明的主张正好中了蒋介石的圈套，对中共有百害而无一利。正因为如此，王明的那一套必然要在实践中碰壁，使得中共的多数领导人很快清醒过来，认识到毛泽东所提出的独立自主原则和敌后游击战的战略策略方针等等，是正确的。而王明也因此逐渐在中共党内失去了市场。

在战胜了王明的挑战之后，毛泽东又趁抗日战争进入相持阶段，整个形势相对比较稳定之机，发动了后来推向全党，并对中共产生了巨大影响的延安整风运动。

多年来，中共官方对于延安整风运动的宣传，不仅都是正面的，而且评价甚高。但是，随着思想控制的削弱，学术界不同的声音也越来越多，争议也越来越大。确实，延安整风十分复杂，很难用绝对的肯定或否定加以简单的评判。延安整风的负面影响不仅存在，而且极为严重和深远。对此，笔者将在下一章予以详细阐述。然而，我们也不能否认，延安整风确实起过积极的作用，尤其是在抗日战争时期，乃至在国共两党的最后搏奕中，对中共的发展壮大乃至取得最后的胜利，都是不可或缺的。

尽管人们对毛泽东发动延安整风的动机有很多质疑，而他的动机确有不纯的一面，即通过整风确立他自己在党内绝对权威的地位，但也不可否认，毛泽东确实也有通过整风总结历史的经验教训，纠正党内存在的各种错误思想和不正之风，进一步端正党的路线、方针、政策，进一步统一全党的思想和纯洁党的队伍的考虑，甚至也想通过整风，进一步排除莫斯科对中共的错误干扰，为中共夺取最后胜利作好准备。事实上，延安整风在这方面也确实发挥了重要的作用。尽管毛泽东在整风运动中所采取的很多方法和手段都是反民主的，但在客观上，却强化了党的团结，有利于中共在你死我活的斗争中取得胜利。

从笔者的上述概括中，人们已不难看出，中共在抗战时期所采取的战略战术确实做到了趋利避害，因势利导，也没有犯大的错误，因而能够充分地利用天时、地利、人和来达到自己的目的。尽管国民党人，尤其是他们的上层人物因此而大骂共产党"狡猾""奸诈"等等，后来也有人对共产党的做法大加非议，但是，对中共自身而言，这无疑都是正确而高明的。正因为中共能够比较正确地应对，故而时至抗日战争结束，中共的力量得到了前所未有的大发展，不仅拥有了超过百万的正规军队和二百多万民兵，中共控制的抗日根据地面积也扩大到百万平方公里，入口则达到一亿左右，而且从上到下生气勃勃，斗志昂扬。这样的结果，不仅出乎国民党蒋介石政府的预料，甚至也是许多共产党人未曾想到的。这当然是，或主要是中共应对正确和不懈努力的结果。但具有讽刺意味的是，它同时也与国民党蒋介石政府在抗战时期的失误不无关系。

### 1.2.3.3 功不可没：国民党在抗战中的真实表现之一

无论中共怎样做，也无论中共的力量获得了多大的发展，在抗战中作出了多大的贡献，在整个抗战八年中，国民党蒋介石政府始终扮演着主要的角色，中共只能是一个配角，虽然是十分重要的配角。这是任何尊重历史事实的人都无法否认的。然而，对于这个主角的真实表现，对于国民党政府在抗日战争中的是非功过，多年来一直众说纷纭。不同阵营的人由于立场各异，或毁或誉，或毁誉交加，莫衷一是。本书的主旨不是，也不可能对国民党政府在抗战中的是非功过作全面的评价，只是因为这个问题与中共的发展有关，故不能不扼要地述及。

当国共对立和争斗的历史硝烟逐渐散去，回归历史的真实也就有了可能。笔者认为，必须首先肯定，在抗击日本侵略者，使得日本不仅未能灭亡中国，并且最终不得不宣布无条件投降方面，在通过抗战时期积极的外交活动，不仅最终维护了中国领土主权的完整，而且使得战后中国的国际地位有了一定的提高方面，国民党政府，以及掌控政府大权的蒋介石集团，都作出了自己的重要贡献，因而对中华民族是有功的。

众所周知，尽管在"九一八事变"以后的几年里，国民党政府和蒋介石等人实行了对日妥协退让的错误政策，助长了日本侵略者的气焰，但在日本发动全面的侵华战争之后，国民党政府终于下决心进行全面抗战。虽然最初的决定带有被动和被迫的性质，但从"七七事变"到日本最终宣布投降，抗战八年中，国民党政府始终坚持抗战，没有中途妥协。诚然，在国民党政府内，有不少的重要人物，以汪精卫为代表，经不起历史的考验，最终背叛了中华民族，投降了日本人，当了可耻的汉奸，但以蒋介石为首的大多数领导人，却拒绝了日本人的威胁利诱，坚持抗战到底。虽然日本人侵占了中国的大片国土，但代表中国国家主权的中央政府并没有像某些国家那样，逃亡到国外，始终屹立在中国自己的国土上，因而彻底地粉碎了日本军国主义企图灭亡中国的狼子野心。

此外，在抗战的前期，尤其是全面抗战开始后的一、二年里，蒋介石指挥的国民党政府的军队，不仅作战积极，而且表现得十分英勇；不仅组织实施了若干重大战役，如淞沪战役、徐州战役、忻口战役、武汉战役等等，而且取得过重大战绩。在敌强我弱的艰苦条件下，国民党军队的众多将士浴血奋战，以自己的血肉之躯抗击着日本侵略者的机枪和大炮。虽然国民党军队的作战未能阻止日军占领中国的大片国土，蒋介石的指挥也颇多失误，但它毕竟粉碎了日军速战速决的梦想，实现了抗战初期国民党政府"以土地换时间"的战略目标。抗战进入相持阶段，亦即国民党人所称的第二期抗战之后，国民党军队则采取了以守为战的战术，主要的兵力从平原地带转入山地，也进行过几个有影响的战役，如随枣战役、三次长沙战役、枣宜战役、中条山战役、浙赣战役、常德战役等等。总之，在后来被称为"正面战场"的抗战中，虽然遭受过许多挫折，敌我双方各有胜负，但国民党的军队毕竟顶住了日军的疯狂进攻，使得半数左右的国土和人民得以免遭日寇铁蹄的蹂躏。从1944年下半年起，中国的军队开始进行局部性的反攻，在收复广西的作战中，在中国远征军收复滇西和缅甸北部的战斗中，虽然打得很艰苦，国民党军队的表现都还是不错。抗战八年中，不仅大多数国民党军队的中下层官兵爱国热情高涨，浴血奋战，涌现出许多可歌可泣的英雄人物和英雄群体，如著名的宝山姚子青营、以谢晋元为首坚守上海四行仓库的八百壮士等等，而且许多高级将领也先后血染沙场，牺牲了自己的生命，如佟麟阁、赵登禹、郝梦龄、王铭章、张自忠、戴安澜等等。若从抗日战争的全局来看，公正地说，无论是投入的兵力，还是作战的规模，也无论是在毙伤日军，还是在牵制和消耗日军方面，不管作战的结果如何，或胜或败，国民党的正面战场都是主要的，共产党领导的敌后战场虽然也有很大贡献，却无法与之相比。多年来，出于政治的需要和偏见，中共官方总是贬低国民党正面战场的作用，除了肯定抗战初期国民党军队曾表现了某种积极性外，便笼统地指责国民党政府是"消极抗日，积极反共"，同时则把敌后战场说成是抗日的主要战场，将八路军、新四军说成是抗日的主力。[29]显然，这并不符合历史事实。

除了军事上的斗争外，中国的抗日还有一条重要的战线，即外交战线。要打败日本侵略者，当然首先要在军事上作出不懈的努力。但中国是一个弱国，仅仅依靠本国的奋战，虽然最终一定能够战胜日本这样的强国，道路却无疑是漫长的。因此，通过积极的外交活动，千方百计地争取获得国际的援助，则不可或缺。作为当时中国合法的中央政府，实事求是地说，国民党政府不仅积极地开展了各种外交活动,而且它在抗战期间所采取的外交政策基本上也是正确的,并取得了重大的成绩。

全面抗战爆发之前,由于蒋介石已经意识到战争不可避免,便开始改变过去错误的外交政策。他的第一个重大的行动就是恢复中苏邦交。尽管这在很大程度上是出于无奈,但其做法却是明智的。全面抗战开始后,国民党政府又立即与苏联签订了《中苏互不侵犯条约》,使得中国在抗战初期得到了苏联的援助,避免了当时由于英美等国尚处于观望状态,中国在国际上孤立无援的困境。此后,随着欧洲战争、苏德战争和太平洋战争的相继爆发,全世界逐渐形成了两大完全对立的阵营,即法西斯和反法西斯阵营,国际形势的演变越来越有利于中国的抗战。国民党政府和蒋介石也由此加强了外交努力。1941年8月,美国罗斯福总统和英国丘吉尔首相在大西洋的军舰上,签署了包括八项内容的联合宣言,即《大西洋宣言》。中国政府随即表示赞同。次年1月,赞同《大西洋宣言》的中、苏、美、英等二十六个国家的代表在华盛顿举行会议,正式签署了反法西斯侵略的《联合国家宣言》,又称《二十六国联合宣言》。它标志着反法西斯阵营的正式形成,也标志着中国正式加入了世界反法西斯阵营,从此将中国的抗日战争与世界的反法西斯战争完全联系在一起。由于《联合国家宣言》最早为战后联合国的成立奠定了思想的组织的基础,故而包括中国在内的签署《联合国家宣言》的第一批国家后来也就成了联合国的发起国,中国还因此与苏、美、英、法等国一起成为联合国安理会的常任理事国。事实上,中国加入世界反法西斯阵营,不仅对提高战后中国的国际地位大有好处,而且对于抗战中争取更多的国际援助也十分有利。

抗战后期,尽管苏联和英国都因为自顾不暇而无法更多地对中国施以援手,美国的对华援助却越来越多。经过国民党政府的努力,美国不仅增加了军事和经济的援助,而且力促英国和美国一起放弃过去在中国获得的不平等权利。1943年1月,中国分别同美、英两国签订了《中美新约》和《中英新约》,从法理上结束了美、英两国百年来在中国享有的,包括领事裁判权、设立租界等等的各种特权。

至此，中国人民奋斗了多年的废除不平等条约的要求，终于得以完全实现。这一外交上的重大成果，代表了全民族的利益，在当时受到全国各阶层民众的热烈欢迎。尽管这一成果的获得，与美、英两国在大势所趋的情况下不得不如此有关，但中国人民的英勇抗战，国民党政府的外交努力也都起了重要的作用。与此同时，在美国的支持下，国民党政府的外交努力还取得了另一项重大成果，即蒋介石不仅参加了1943年11月中、美、英三国政府首脑举行的开罗会议，还同罗斯福总统、丘吉尔首相一起签署了著名的《开罗宣言》。该《宣言》明确宣布："三国之宗旨，在剥夺日本自1914年第一次世界大战开始以后在太平洋所夺得或占领之一切岛屿，在使日本所窃取于中国之领土，例如满洲、台湾、澎湖群岛等，归还中国。"显然，中、美、英三国首脑签署，后来又得到苏联首脑斯大林赞同的《开罗宣言》，使得中国在抗战胜利后收回过去被日本侵占的领土有了国际法的保证，这无疑是中华民族的一件大好事，也是抗战时期中国外交的一大胜利。

诚然，中国在抗战时期外交上所取得的各种胜利，从根本上说，是包括共产党人在内的全国民众艰苦奋战的结果，同时也与整个国际形势的变化有关，不能完全归功于国民党政府。但是，我们也不应当完全抹杀和否定国民党政府的外交政策和外交努力所起的重要作用。过去，在中国大陆的历史研究中，对抗战时期国民党政府外交的评论，有很多观点是不公允的，如认为抗战时期国民党政府实行的，仍然是一种殖民地和半殖民地屈辱的外交政策，其特点是依赖外援，甘当附庸，而目的则和消极抗战，积极反共的对内政策一样，都是为了维护大地主、大资产阶级在中国的反动统治。以前，笔者的文章所持的也是这样的看法。[30]显然，这类观点带有很大的片面性，也不符合历史的事实。国民党政府的外交虽然确有过分依赖外援的消极面，也有通过外交压迫中共，取得外援增强自身实力，巩固其统治地位，以便最终消灭共产党的考虑，但这毕竟不是主要的。而加快夺取抗日战争胜利的进程，维护中华民族和中国的国家利益，才是其外交的基本宗旨。再说，外交政策和外交活动的是与非，既要看动机，更要看效果。若从国民党政府的外交所取得的实际效果看，虽然有利也有弊，但利远大于弊，则是谁也无法否认的客观事实。

综上所述，理当得出如下的结论：抗战八年中，在自始至终坚持抗战，粉碎日本侵略者灭亡中国的狼子野心方面；在消耗和牵制大量的日军，配合盟军最终打败日本方面；在开展积极的外交活动，提高中国的国际地位和促进世界反法西斯战争的胜利方面；国民党政府及其最高领导人蒋介石都作出了重大贡献，因而有功于中华民族，有功于维护中国的独立和主权，也有功于世界反法西斯战争。毫无疑问，这一评价比较公正，也比较符合历史的事实。

### 1.2.3.4 自食其果：国民党在抗战中的真实表现之二

然而，毋庸讳言，除了正确的和有功的一面，国民党政府也有失误及对抗战造成严重恶果的另一面。对此，也必须实事求是地予以说明，既不应当缩小，也不应当夸大。

首先，笔者认为，抗战八年间，国民党政府及其统率的军队虽然多数表现得比较好，始终坚持抗战，但确实有相当多的政府官员和军队经不起历史的考验，在战争中表现很坏，或临阵溃逃，或投降日本侵略者，做了可耻的汉奸和伪军，为虎作伥，与中华民族和全中国人民为敌。也有不少人虽然没有叛国，却罔顾民族和国家的利益，贪赃枉法，鱼肉人民，利用其职权大发国难之财。诚然，所有的败类，其罪责主要应当由他们自己承担，但如此大批的政府官员和军队走上歧途，国民党政府和他的最高领导者蒋介石，也不能不负一定的责任。它至少说明了在这样的执政党、这样的政府和这样的军队内部存在着严重的不纯，许多人是投机分子、怕死鬼，心中根本没有民族的国家的利益。其实，这并不奇怪。鱼龙混杂在国民党内，在它的政府和军队内，原本就是一种常态，抗日战争的爆发虽然也使得国民党有所进步，激励了其中的爱国志士的爱国主义精神，涌现出许多浴血奋战，视死如归的英雄人物和英雄群体，但清者自清，浊者自浊，抗战并不能从根本上改变国民党内良莠不齐的状况。蒋介石也明知国民党的痼疾所在，却没有采取，也不可能采取切实有效的措施加以改变。国民党党内、政府内、军队内的败类和投机分子如此之多，必然导致政府和军队士气低落，纪律松弛，战斗力不强，不能不对国民党正面战场的抗战产生影响，最终也不能不对国民党及其政府的前途带来祸患。八年抗战中正面战场出现了许多本来不应出现的溃败，丢失了许多不应丢失的国土，显然与此不无关系。

诚然，正面战场的作战并非一无是处，也打过若干好仗，但是烂仗也确实不少，国民党军队在某些战役中的表现，用溃不成军来形容一点也不过分。不过，我们也不能将所有的溃败统统怪罪于那些败类，或完全归因于军队武器装备的落后，尽管这都是重要的原因之一。实事求是地说，造成正面战场上许多战役失利乃至溃败，还有一个重要的原因，这就是国民党政府的最高统帅部和最高统帅，在领导和指挥方面的严重失误。

在整个抗日战争中，特别是抗战前期，国民党政府不仅抗战的态度比较积极，而且提出的战略方针，即坚持持久作战，以战为守，以土地换时间等等，基本上也是正确的。但是，正确的战略意图要能够较好地得到实现，还必须有周密的部署、正确的战术和高明的指挥，尤其是在敌我力量对比上相对薄弱的中国一方，更需要在战术、指挥方面胜敌方一筹。然而，令人遗憾的，正是在这方面，国民党政府的最高统帅蒋介石和最高统帅部失误颇多。笔者不是军事专家，但据国民党的高级将领陈诚的回忆，[31]战术和指挥上的失误至少表现在以下几个方面：

一是准备不足，仓促应战。全面抗战爆发前，由于蒋介石对日本的侵略野心认识不足，实行所谓的"攘外必先安内"的政策，忙于"剿共"，故整个中国的抗战从一开始就带有被动的性质。这种状况虽然情有可原，却应当在此后的战争实践中加以弥补，逐渐变被动为主动。其方法便是在每次战役开始前后，尽可能地做好准备，精心部署。可惜的是，国民党政府不仅未能站在全局的高度，认真策划，谋篇布局，而且对几乎所有的重大战役，事先都缺乏必要的准备，显得十分被动。大部分战役，包括相对打得比较好的战役，也都是仓促上阵。其结果可想而知，造成若干战役的溃败也就不可避免，如早期的平津之战、南京保卫战等等。

　　二是主要采取消极防御的战术，过多地依赖阵地战、消耗战。在强国日本的进攻面前，中国一开始只能处于防御地位，虽然无可奈何，却也难以改变。但是，打防御战，则有消极防御和积极防御之分。对于武器装备较弱的一方，以阵地战为主的消极防御并不是一种好的战术。在敌方强大的火力面前，我方只能越打越被动，兵力的损失只能越来越多，败局自然难免。相反，以运动战为主的积极防御则有更多的获胜机会。综观抗战八年的正面战场，国民党军队大多采取以阵地战为主的消极防御战术，以运动战为主而取胜的战例，如台儿庄那样的战役极少。

　　三是指挥机构臃肿，各级指挥人员的权责不明，最高统帅部和最高统帅也常常违规乱发命令，自乱阵脚。陈诚认为，国民党军队内"中间指挥单位过多，就是历次会战失败的一大原因"。他还说："师上有军、军团、集团军、兵团，以至战区长官部，真是极迭床架屋之能事，欲其不误事机，又如何可能？"指挥机构如此臃肿，不必要的层级如此之多，主要是因为在国民党的军队里，争名誉、争地位的官僚主义积习根深蒂固，最高统帅部和蒋介石为了促使那些高官们抗日，只好迁就他们，保留他们的官位，迭床架屋地设置一层又一层的机构。这样做的结果，只能导致权责不明，指挥混乱，贻误战机。[32]其实，混乱并不仅仅发生在下面，上面，即所谓最高统帅部的情况也好不了多少。由于陈诚不敢批评蒋介石，对此很少专门谈及，但在字里行间也不免有所流露。最高层的主要问题是：一方面，对于整个抗日战场乃至各个重要战役的全局未能认真策划，周密部署，也未能对各个战区兵力的调动和协调作出恰当安排，未能就战役中的重大决策及时地下达指令，致使各战区、各部队仓促上阵，各自为战，随意进退；另一方面，最高统帅部，尤其是蒋介石又不断地对一线指挥加以不必要的，甚至完全错误的干扰，使得一线指挥官无所适从，因而贻误战机，导致本可避免却未能避免的失败。总之，该做的不做或未能做好，不该做或应当让下面去做的，最高层却总是越俎代庖，乱来一气。

四是由于国民党政府在抗战中实行了错误的民众政策，而很多部队仍然同过去一样，压迫和盘剥民众，致使军民关系极坏，军队作战得不到民众的支持和援助。要取得抗战的胜利，光靠军队是不行的，必须发动和依靠全国的人民。即便是在具体的作战过程中，也必须获得民众的大力支持，才有取胜的可能。全面抗战开始后，民众的爱国热情大为高涨，这本是动员民众的好机会。国民党政府表面上也讲要动员民众，发出过全国民众"有力出力，有钱出钱"的号召，但在实际上，不仅不重视民众的动员，而且继续实行错误的民众政策。关于这方面的情况，笔者将在下文进一步述及。上梁不正下梁歪，在政府的影响下，一些国民党军队对民众的态度则更加恶劣，导致这些军队与民众的矛盾十分尖锐。在这样的情况下，国民党军队的作战不仅得不到民众的支持，有时甚至受到日军和当地民众的两面夹击，如此焉能不败。诚然，并不是所有的军队在所有的情况下都是如此，中国的民众也并非没有爱国心。抗战初期，国民党军队在淞沪等地的抗战，就得到过民众的大力支持和援助。然而，随着政府和军队对民众态度的逐渐恶化，民众对政府和军队的所作所为也越来越反感，甚至气愤地说"宁愿敌军烧杀，不愿国军驻扎"，可见民众对国民党军队是多么的憎恨。到了抗战后期，连陈诚也不得不发出感叹："民众在战地所发挥的力量，实在可说是微乎其微。"不过，陈诚虽然也承认国民党军队的纪律太坏，无法赢得民众的好感是一个重要原因，但又说中国民众知识程度太低，缺乏国家民族观念等等，[33]这就未免不太公正了。民众的情况虽然复杂，但绝大多数民众还是爱国的，是有民族国家观念的。即便一些民众的认识有问题，首先应当归咎于政府未能做好教育工作，而不能将责任推到民众身上。再说，问题其实很清楚，这样的局面完全是国民党政府和军队一手造成的，根本怪不得民众。

以上只是笔者对国民党的政府和军队，在军事上的失误所作的简要概括，虽不能反映问题的全貌，但也足以说明问题的严重性。正是这些本来可以避免的失误，导致正面战场上许多战役的失利或溃败。诚然，由于敌强我弱，抗战初期若干战役的失败，国土的沦丧，带有不可避免性，但这也不能为政府和军队所犯的错误作辩护。尤其是到了抗战后期，战争形势已经发生了很大变化，正面战场的溃败不仅没有停止，某些战役，如1944年的豫湘桂战役，反而失败得更惨了，这就不能不招致全国各界民众的一致谴责，成为抗战时期国民党明显丧失民心的起点。

众所周知，1944年前后，世界反法西斯战争的形势已经发生了根本性的变化，苏、英、美等国的军队在各个战场上都已转入反攻，并取得了节节胜利。在太平洋战场、东南亚战场和中国战场上，已处于垂死挣扎困境的日本法西斯，为了挽救其颓败之势，从1944年春开始，发起旨在打通中国大陆交通线的所谓一号作战，亦即中国后来所称的豫湘桂战役。照理，经过多年的抗战，国民党军队应当愈战愈强。再加上多年的消耗，日军出动的兵力有限，国民党军队在一线的兵力大大超过日军，战胜日军的可能性相当之大。然而，谁也没有料到，除了少数部队表现较好，大多数国民党军队却在这次战役中大败而逃。其间，打得最糟糕，失败得最惨的则是在河南进行的豫中战役。在前后持续八个月的豫湘桂战役中，中国又丢失了河南、湖南、广西、广东、福建等省的大片国土，使得总计20万平方公里的土地，146座城市，6000多万同胞再次沦于日本侵略者的铁蹄之下。[34]

尽管中国早有"胜败乃兵家常事"的说法，但豫湘桂战役的失败却不同寻常，是在大气候和各方面的条件都相对较好的情况下，根本不应当出现的惨败，是国人不可原谅的。它不仅充分而集中地暴露了国民党政府及其军队中存在的各种丑恶现象，对抗战产生了消极影响，而且极大地损害了国民党政府及其军队自身的形象。如果追究责任的话，从政府和军队的最高统帅到一线的各级指挥官，统统脱不了干系。事实上，自从抗战进入相持阶段之后，蒋介石及其政府的最高层就产生了消极避战，保存实力，以便于战后消灭中共的想法。这样的算盘看似聪明，实际上却得不偿失。正是消极避战的错误方针不仅助长了官兵的恐日、厌战心理，使得国民党的军队逐渐丧失了斗志，而且由于不少部队长时间既不打仗，又不训练，军队的实际作战能力必然下降。此外，消极避战也使得政府和军队，从上到下都对敌情，对日军进行垂死挣扎的可能性认识不足，存有严重的侥幸心理，故而对日军可能发动大规模的进攻毫无思想准备，更谈不上什么周密的应对之策，一旦战事发生，只能仓促上阵。战斗打响后，又犯了指挥混乱的老毛病。重庆最高统帅的遥控既无良策，又不及时，战区长官的指挥更是愚蠢至极，再加上部队官兵毫无斗志，尤其是大大小小的长官最关心的是保住自己的性命和掠夺来的财产，根本无心打仗，其结果只能是一触即溃。更加令人不可思议的是，由于政府的后勤供给长期匮乏，部队的下层官兵苦不堪言，而上层长官则通过吃空额和克扣士兵本来就少得可怜的军饷发财，或利用军队的特殊权力走私和鱼肉盘剥百姓，使得军队内部的官兵关系和军队驻地的军民关系都非常紧张，因而导致军队溃逃时，败兵大肆劫掠百姓，所到之处鸡犬不留；而民众也忍无可忍，不得不乘机劫杀国民党军队零散逃亡的部队，迫其缴械。情况之糟，简直令后人无法想象。

必须指出，笔者所写的情况绝非故意丑化国民党的军队。读者如果有时间看一看陈诚所写的回忆录，就会明白，这都是千真万确的事实。连蒋介石也不得不为此大骂他的部下。他在后来的重庆黄山会议上说："讲到这一次中原会战（即豫中会战）的情形是怎么样呢？有一些美国和苏联的军官和我们的军队一同退下来的，据他们所见，我们的军队沿途被民众包围袭击，而且缴械。这种情形，简直和帝俄时代的白俄军队一样。这样的军队，当然只得失败。我们军队里面所有的车辆马匹，不载武器，不载弹药，而专载走私的货物。到了危急的时候，货物不是被民众抢掉，就是来不及运走，抛弃道旁，然后把车辆来运家眷。到后来人马疲乏了，终于不及退出就被民众杀死！部队里军风纪的败坏，可以说到了极点！在撤退的时候，若干部队的官兵到处骚扰，甚至于奸淫掳掠，弄得民不聊生。这样的军队，还存在于今日的中国，叫我们怎么做人？尤其叫我个人怎样对人？"[35]笔者之所以不厌其烦地大段引用蒋介石的话，就是为了说明历史的真相。除了上述这些，蒋介石还说了很多，限于篇幅笔者不能引得太多。除了对他自己和最高层应负的责任避而不谈，有点文过饰非外，蒋介石还比较坦白，所说基本上符合实情。虽然他也承认，"现在我们军队的腐败，战斗力的薄弱，绝不能怪一般下级官兵，也不能完全归咎一般部队长，大部分责任要由今天在座的中央各位高级主管来担负"，[36] 但所说也只是轻描淡写，对他自己的严重失误却只字不提，故他的坦白性是有限的。对于豫湘桂战役惨败所造成的恶劣影响，蒋介石也很清楚。就在黄山会议上，他还十分痛心地说："大家都以为现在我们还有四、五百万军队，有这许多人民，有这样广大的土地，在国际上我们还有讲话的资格。但你们要知道，现在一般联合国已经看我们军队不是军队，看我们军人不是军人，看我们军事机关更不是军事机关了。由于我们自身种种腐败缺点的暴露，可以说他们到了现在，已经根本没有把我们中国放在眼里。我们国家和军队的地位，低落到这种地步，我们如果还有一点良心血性，还能够毫无感觉么？还能够因循下去？"[37] 其实，不仅国际上很多国家和人民因此而看不起中国，在中国国内，各界民众对此更是无法容忍，群起而攻之，使得国民党政府和军队的威望极大地受损，无疑也对国民党的前途造成了深远的影响。

尽管蒋介石看到了，并承认问题的严重性，却未能采取真正有效的措施从根本上加以改变。说到底，蒋介石和国民党的最高层实际上也无法改变。原因在于，国民党最高层和蒋介石的错误政策才是真正的病根，但蒋介石却看不到，或者看到了也不愿承认，更谈不上所谓的改正了。

事实上，国民党政府和蒋介石所犯的错误并不仅仅局限于军事方面，也不是一般性质的，更不是偶然的。从 1927 年国民党和蒋介石执掌全国大权之后，就声称以孙中山的三民主义为治国的根本理念和根本方针。正如笔者在上文已经说过的，国民党政府和蒋介石的所作所为却与所谓的三民主义背道而驰。抗战开始后，国民党政府和蒋介石虽然被迫下决心抗击日本的侵略，在一定程度上将孙中山的"民族主义"付诸实施，却没有在实施"民权主义"和"民生主义"上作出过努力，且反其道而行之，借口"抗日"的需要，大大加重了对民众的盘剥，更加顽固地坚持"一党专政"的专制统治。可见，国民党政府和蒋介石是在治国的根本方针上出了问题，产生的影响自然也就特别严重和特别深远。

所谓的"民生主义",涉及的主要就是经济政策问题。战争胜负的较量,不仅取决于军事,也与经济的状况密切有关。政府和军队需要民众的支持,而政府的经济政策是否正确,则直接关系到民心的相背,关系到民众对政府和军队拥护和支持的程度。可见,不论是在战时,还是在和平年代,经济都是一个大问题。对于抗战以前国民党政府的经济政策,笔者已在前文作过批评。对于抗战爆发后国民党政府的经济政策,笔者同样不敢恭维。情况不仅没有丝毫的进步,反而更加糟糕了。首先,国民党政府以所谓的"国难"为借口,更加严厉地实行原来就是错误的经济垄断政策,继续肆无忌惮地扩充官僚资本,以国家的名义控制大部分资源、贸易和生产,致使民族资本的工商企业,特别是中小企业的生存和发展都极为困难。其次,政府还主要通过滥发纸币来解决财政困难,造成了大后方日趋恶化的通货膨胀,而与此相伴的则是商业投机猖獗。党政军系统的官僚或贪赃枉法,或倒买倒卖,和投机商们一起大发国难之财,普通百姓则叫苦不迭。再次,政府为填补巨额的财政亏空,除了滥发纸币外,就是增税,尤其是拼命增加广大农民的田赋和各种杂税。当时大后方的苛捐杂税之繁多,可以说创了中外历史的新纪录,因而将大后方的民众,特别是贫苦农民压得根本喘不过气来。再加上前文所说的,有些地方又经常遭到军纪败坏的国民党驻军的洗劫,普通民众的日子简直无法过得下去。诚然,国难当头,全国的民众都难免要受点苦,但在国民党政府统治的大后方,经济状况如此混乱和糟糕,却实在令人匪夷所思。一方面是各级官员贪污腐败成风,大发国难财者比比皆是,达官贵人醉生梦死;另一方面则是普通百姓活不下去,饿殍遍野,民不聊生。这并不是笔者故意耸人听闻,多年来国内外描述当年实况的文章和著作可谓汗牛充栋,数不胜数,而且当年的亲身经历者很多至今仍然健在,都可以证明当年的实际状况比笔者所说的还要严重。如此惨像,国力之强弱,民心之相背,可想而知也。

然而,导致国民党政府丧失民心的不仅仅是经济混乱,民生凋敝,还有一个同样重要的因素,即在政治上顽固地坚持"一党专政"

的专制统治，拒绝进行任何民主改革。自从独占了国民革命的胜利果实之后，国民党便背弃了孙中山"民权主义"的原则，实行"一党专政"的专制统治，排斥所有其它的政治势力，尤其是对昔日的同盟者中共大肆镇压和屠杀，逼得共产党人不得不进行武装反抗。全面抗战爆发以后，中国最需要的就是全国人民在政治上团结一致，共同抵抗日本侵略者，而团结只能建立在实行民主政治的基础之上，确保全国人民和各派政治力量都享有平等的民主权利。抗战之初，在日军的疯狂进攻面前，在全国人民的强大压力下，国民党政府和蒋介石不得不停止"剿共"内战，允许中共及其领导的军队共同抗日，同时承认各党各派都有抗日的权利，这当然是一种进步的表现，值得肯定。由于中共也明确承诺拥护国民党主导的中央政府，如果国民党政府和蒋介石能够以国家和民族的利益为重，继续前进，在政治上进行民主改革，则中国将大有希望，不仅最终可以战胜日本，战后的和平发展也将不成问题。然而，十分可惜，国民党和蒋介石却始终从一党一派的利益出发，担心、害怕中共和民众的力量，甚至包括国民党内其它派系的力量在抗战中得到发展，为此，蒋介石不仅处心积虑地限制、打压乃至公开破坏其它抗日力量，而且对中共和其它党派要求实行民主改革的呼吁充耳不闻，顽固地坚持所谓"一个党、一个主义、一个领袖"的独裁专制制度；不仅完全剥夺广大民众和各党各派的言论、集会、结社、出版等自由和民主的权利，而且继续大搞特务统治，秘密逮捕乃至任意杀害共产党人、革命青年、爱国民主人士。国民党和蒋介石的逻辑是，国家就是国民党的国家，江山就是国民党的江山。他们的目的同样十分清楚，就是企图永远垄断国家的大权，不愿同其它任何党派分享权力，不论是同盟者，还是反对派。所有的民众，所有的党派，都只能臣服于国民党和蒋介石，否则就是"破坏抗战，危害国家"，就是"破坏政令军令的统一"或"图谋叛乱"等等，必须予以讨伐，予以消灭，其结果只能造成全国民众和各党各派的离心离德。

其实，假若国民党和蒋介石真能完全从国家和民族的利益出发，抛弃"一党专政"，实行民主政治，以真诚的态度对待中共，对待所有其它的抗日势力，就无需担心和害怕中共力量的发展。中共及其它抗日力量的发展，不仅有利于抗战，有利于国家和民族，对于国民党和蒋介石也不是什么坏事，或者说，只对独裁专制者不利，对真正崇尚民主的政治家绝无坏处。只要国民党政府和蒋介石能够以民主的态度，公正公平地对待中共及其它的民族优秀分子，共同抗日，共同建设新中国，国民党以及蒋介石个人的地位和威望将与过去不可同日而语，蒋介石将成为真正的民族英雄。这样的机会是存在的。抗战后期中共所提出的建立"联合政府"的主张，不仅合情合理，符合全国人民的愿望，而且切实可行。中共当时的态度也是真诚的。有人会说，共产党人也是企图夺取全国政权的，国民党和蒋介石所担心、害怕的也正是这一点。这虽然是事实，却无可厚非。作为一个政党，这是正常现象。问题在于，如果真正的民主制度建立起来，共产党即使想夺权，也只能通过法定的民主程序来达到目的，不能再使用武装暴力。在民主制度的框架下，在和平的条件下，不论哪个政党获得执政权，对于国家和民族，对于人民大众都是有利的，对国民党和蒋介石也不见得没有好处。各党各派的和平竞争不仅可以促进国民党及其政府的改革和进步，而且可以在竞争暂时失利时，避免遭受如同后来发生的，被中共武力打败，并赶出中国大陆的悲惨结局。何况就抗战后期的形势和国共双方的力量对比而言，中共即使想获得政权，也有很长的一段路要走。当然，这些都只是我们今天的假设。蒋介石和国民党政府当时既无民主的理念，也无此气魄；既不愿放弃独裁，又盲目地迷信武力；既害怕日益壮大的中共，又没有足够的能力阻止中共的发展，更无力实现消灭中共的梦想。其顽固地坚持"一党专政"，拒绝民主改革，穷兵黩武的结果，只能是彻底地丧失民心，无法避免最终失败的命运。

  总而言之，国民党政府及其领袖蒋介石在抗战八年中，虽然也有很大的功劳，但同时也犯了本可以避免，却未能避免，带有根本性质的严重错误。是非与功过相比较，不是瑕不掩瑜，而是瑜不掩瑕。如果换一个角度，将国共两党再作一个对比，则盛衰之别就更加分明了。前者是抱残守缺，错失良机，后者则是积极进取，因势利导；前者是夜郎自大，毫无自知之明，后者则是稳扎稳打，步步小心谨慎；前者是压迫鱼肉百姓，民心丧失殆尽，后者则是动员依靠群众，军民同仇敌忾；前者是贪腐成风，官兵皆无斗志，后者则是清正廉洁，上下士气高昂。总之，一个走的是下坡路，另一个走的则是上坡路。如此鲜明对比，对国民党和蒋介石来说，自然不是什么好兆头。尽管他们对此不愿承认，但客观的事实却是谁也无法改变的。公正地说，这并不是因为中共和毛泽东太"狡诈"，而是因为国民党和蒋介石太"胡涂"；更不是共产党损害了国民党，而是国民党自食其果，甚至是在为自己掘墓。或者说得幽默一点，则是国民党帮助了共产党。不过，我们所说的"帮助"，并非如某些小说家或纪实文学作家所想象的那种天方夜谭，说什么许多国民党的高官，甚至蒋介石本人都被共产党收买了，都在暗中帮共产党的忙等等，而是指国民党和蒋介石自己不争气，许多人腐化堕落，给了共产党以"可乘之机"，使得共产党人更容易取得民心，更快地发展壮大。古人所说的"相反相成"，大概就是这个道理吧！

## 1.2.4 内战之火再起，中共获得大胜

### 1.2.4.1 劫后余生的中国向何处去？

1945年8月，随着日本侵略者宣布无条件投降，中国终于迎来了抗日战争的完全胜利，近代中国的历史也进入了一个新的发展阶段。抗战的胜利来之不易，中华民族和全国人民为此付出了巨大的代价。在八年抗战的漫漫长夜里，中国的民众曾像盼星星、盼月亮那样盼望胜利。胜利终于到手了，人们又像盼星星、盼月亮那样盼望和平幸福的生活。

然而，劫后余生的中国局势却令人失望。人们脸上欢庆胜利的泪水尚未擦干，天空中已经密布内战的阴云。所有关心国家前途和命运的人们都会不由自主地向苍天发问：中国将向何处去？

要回答这个问题，首先必须分析一下战后中国所处国内外形势的基本特点。

第一，随着国际反法西斯阵线在战争中的胜利，美、苏两国迅速崛起，成为对战后世界和中国影响最大的国家，尤其是美国，介入中国事务之深前所未有，成为决定战后中国前途和命运最重要的外部因素之一。

众所周知，随着反法西斯的第二次世界大战落下帷幕，一度十分强悍的德、意、日等国被打败，而老牌的列强英、法等国虽然取得了战争的胜利，却也付出了沉重的代价，国力几乎消耗殆尽，只有美国、苏联越打越强，成为战后世界上最强的两个大国，有能力对国际事务发挥最重要的影响。由于在抗日战争中，美、苏两国对中国的援助最多，与中国的关系最为密切，战后便顺理成章地替代战前的老牌列强英、法、日等国，成为对战后中国的形势演变影响最大的国家。不过，就美、苏两国而言，一方面由于苏联虽然在战争中迅速崛起，却因为它受到战争的破坏也很大，相比于美国，在国力方面毕竟稍逊一筹；另一方面中国当权的国民党政府本是亲美派，对美国的依赖更大更深，虽然有时也不得不求助于苏联，却因为中共和苏联的关系，又对苏联存在着强烈的戒备心理。因此，相比之下，美国介入中国比苏联更深入更广泛，对中国的影响自然更大。总之，战后中国何去何从，虽然根本上取决于中国国内的各种因素，但对外部影响，主要是对美、苏两国，特别是对美国的动向，同样不能小视。

第二，抗日战争的胜利，使得中国基本上恢复了国家的主权，赢得了民族的独立，困扰中国多年的民族矛盾基本上得以解决。

自鸦片战争以来，在包括日本在内的西方列强不断扩大侵略的过程中，中国的国家主权不断丧失，逐渐沦为列强的半殖民地。直到抗日战争结束之前，中华民族与侵略者的民族矛盾始终十分尖锐。为了恢复国家的独立和主权，中华民族和全国人民进行了一百多年不屈不挠、前仆后继的顽强奋斗。最后，经过长达八年的英勇抗战，同时也在苏、美、英等国的支持、援助下，中国终于达到了目的，基本恢复了包括领土完整在内的国家主权，赢得了民族的独立。至此，困扰中国多年，因外国列强的侵略而产生的民族矛盾基本上得到解决。这当然是全国人民不懈努力的结果，也是抗日战争所取得的最重要的成果。这一胜利成果来之不易,对中国未来的进一步发展无疑具有极为重大的意义。

也许,有人会对笔者的看法提出质疑,认为抗战并未使中国获得真正的独立,民族矛盾也没有完全解决。其实,这正是中共官方多年来所宣传的观点,但笔者对此却不敢苟同。官方的主要理由是,抗战以后美帝国主义代替了过去的列强,正在把中国重新变成美国的殖民地或半殖民地,而卖国的国民党政府则是适应美国的需要,为美国效力的忠实走狗。[38]诚然,美国对中国所做的一切,都是为了维护其本国的利益,它在帮助中国的同时,也常常做出损害中国国家主权和独立的事情。蒋介石政府为了获得美国的援助,也常常向美国妥协,这都是事实。但因此而断定美国将重新把中国变成它的殖民地或半殖民地,或认为中国根本就没有获得独立,就未免是无限上纲了。其实,被中共称为"世界被压迫人民的忠实援助者"的苏联,当时也同美国一样,在援助中国的同时,做了不少相比于美国更加严重地损害中国独立和主权的事情。例如,在1945年8月签订的《中苏友好同盟条约》和若干协议中,苏联要求长期租借大连港和旅顺口,恢复沙俄时期在中国东北中长铁路的经营特权,要求中国承认实际上处于苏联控制下的外蒙古独立等等。[39]然而,多年来中共官方只骂美国,却不骂苏联;只批判蒋介石向美国妥协,却对国民党政府同意签订损害国家利益的中苏条约只字不提。可见,中共过去的说法完全是出于政治上的需要,带有很大的片面性。对于所有损害中国主权和独立的行为,我们都应予以反对和批评,但也不能因此而认为中国仍然处于半殖民地状态,否定中国在抗战后已基本上获得独立的客观事实。如果说,由于中国自身的国力还很弱,内部矛盾尚未解决,虽然在法律上已获得独立,却无力抵制强国损害中国主权和独立的行为,故这个独立并不完全,也不巩固,中国人民还需要继续努力,这样的观点才比较符合实际,也比较公允。

第三,随着外部的民族矛盾基本解决,国内的矛盾和斗争成为战后中国最主要的问题,矛盾和斗争的焦点则是实现国家的和平,还是重开内战;是实行和建立民主制度,还是继续坚持独裁专制。而这一斗争的结果将决定战后中国的前途和命运。

随着抗日战争的胜利，日本宣布无条件投降，苏、美、英等大国宣布尊重中国的独立和主权，中国外部的民族矛盾虽然还没有彻底解决，但毕竟不再是国家的主要矛盾，而国内的矛盾和斗争则越来越突出，越来越尖锐，从而迅速发展成为最主要的矛盾和斗争。原因在于，抗战虽然取得了胜利，和平与统一的问题并没有得到解决。自从1927年国共分裂，国民党独掌全国政权之后，双方打了十年内战。抗战开始后，国共两党虽然暂时联合起来，共同抗日，但面和心不合，故抗战八年中，局部性的军事摩擦和内战仍有发生。更严重的是，由于互不信任，双方都在磨刀霍霍，积极准备战后厮杀，乃至抗战刚胜利，内战的阴云便已笼罩了全中国的上空。诚然，内战危机之所以如此严重，国民党蒋介石政府无疑应负主要责任，共产党人则不得不采取针锋相对的方针，但是，打内战毕竟不是全国人民希望看到的局面。而内战能不能避免，和平与统一能不能实现，关键在于中国能否真正实现民主。抗战期间，中共以及各界民众曾一再呼吁国民党政府进行民主改革，均被蒋介石所拒绝。因此，抗战的胜利也没有解决民主问题，国民党的"一党专政"丝毫没有改变。在这样的形势下，和平还是内战，民主还是专制，这两个紧密相连，无法分割的问题，自然也就成了国内矛盾斗争的焦点和实质所在，而斗争的结果必然直接关系到战后的中国究竟走向何处。

不过，对于战后中国内部斗争的实质，当时对立双方的两个主角，即国民党和共产党的说法却有很大的不同。蒋介石从来不承认中国有内战，更不承认什么独裁专制，他认为战后中国要解决的主要问题是实现"国家政令和军令的统一"，而中共及其领导的军队则是实现"统一"的最大障碍，因此首先必须解决共产党的问题。至于如何解决，蒋介石自称只有两个办法，即所谓的政治解决或军事解决。前者指主要通过和平谈判不战而胜；后者则是指以武力战而胜之。其最终的结果是，或迫使中共臣服，或将中共完全消灭。中共则将其称为"反革命的两手政策"。这自然是作为一个专制独裁者的如意算盘。战后中国确实存在着"统一"的问题，也需要统一。实现统一的道路确实只有两条，但与蒋介石所说的并不相同。一是和平民主之路，也可以说是政治解决之路，即必须在实行民主，建立民主政治制度的基础上解决国家的统一问题。拒绝民主改革，坚持独裁专制，不可能真正实现统一。蒋介石寄希望于中共"臣服"，显然只是梦想。另一条就是内战之路，亦即蒋介石所说的军事解决办法。狂妄自大的蒋介石对此似乎信心十足，但他能否成功，却存在着极大的变量。再说，内战是不得人心的，蒋介石虽然不承认他后来发动的战争是内战，称之为"戡乱"，但反对内战的人民大众并不那么容易被欺骗，故蒋介石注定要在政治上付出代价。总之，对于迷信武力，又醉心于独裁专制的蒋介石而言，不论他是真"胡涂"，还是假"胡涂"，他对战后中国形势的错误看法，最终给自己带来的只能是灭顶之灾。

至于中共方面，多年来则将战后中国的斗争焦点和实质，概括为"光明与黑暗"的决战，认为中共代表着包括所有爱国民主力量的全国人民，要把中国建设成为独立、自由、民主、统一、富强的新国家，代表着中国的光明前途；而国民党政府的统治集团则企图依靠美国的支持，在中国继续维持专制独裁统治，使中国继续处于半殖民地半封建的社会，代表着中国的黑暗前途。[40]这样的看法无疑是从中共的立场和利益出发，是出于美化自己及妖魔化国民党的政治需要而提出的。因此，所谓"光明与黑暗"的说法，虽然不无道理，也可以理解，却过于笼统，不能不带有片面性。正如笔者已经说过的，战后的中国已基本上实现了国家和民族的独立，已不再是什么半殖民地，也不可能再沦为殖民地或半殖民地，不能笼统地贬之为"黑暗"。至于国民党政府顽固地坚持专制独裁，确实必须予以揭露和批判，但是即便用武力打倒了国民党政府，由中共取而代之，并不意味着自由和民主的制度就能自动建立，"光明"就会出现。尽管中共自诩是民主制度的代表，但诺言能否兑现，民主制度能否真正建立起来，则需要实践来证明。对于中共掌权以后的情况，笔者会在以下各章中详细述及，无需在此多言。因此，简单地用"光明与黑暗"的决战对战后中国的形势加以概括，并不完全符合当时的实际。如果一定要说"决战"的话，也只能说是国共两党的"决战"。此外，还有一点也要说一说。过去,中共总是讲,抗战时期,蒋介石消极抗日,躲在峨眉山上,由中共和人民保卫着他,抗战胜利了,他立即下山来抢占胜利果实,抢摘"桃子"。[41]这种说法完全否定了国民党和蒋介石在抗日战争中的贡献,认为国民党无权获得抗战的胜利果实,显然也是不公正的。如果批评蒋介石企图独占抗战的胜利果实,则比较符合历史的事实。

第四,战后中国问题的解决及其发展前途,则存在着好几种可能性,且各有其利弊得失。

总的来说,解决战后中国的问题主要有两条路。一是通过和平谈判的途径实现中国的和平、统一、民主,从而为将中国建成一个真正的现代国家,建设现代化的政治、经济、文化奠定基础,而不论这样的国家将被冠以何种"主义"。这无疑是战后中国最好的一条路,也是最好的前途。它对国家和民族最为有利,所受的损失最小,也是全国绝大多数民众所期盼的前景。虽然历史已经证明,这只是一种假设,却不能因此而否认,当时中国确实有过这样的历史机遇。只是由于当事者,尤其是国共两党领导人的历史局限性,或者由于中国本身的历史条件还不成熟,才错过了这一难得的历史机遇。二是和谈不成或和谈破裂,大规模的内战爆发,中国的各种政治、军事力量,当然主要是国共两党,只能通过战争来决定最后的胜负。打内战,且不论谁胜谁负,都对国家民族和广大民众不利,战争所带来的损失必然很大,尤其是对民众的生命财产和整个国家经济的破坏,无疑都很大,都不是人民所期盼的。至于战争的最终结果又有几种可能:或国民党胜,共产党败;或共产党胜,国民党败;或打成僵局等等。而中国将在胜利者的主导下获得和平和统一,但所付的代价却很大。至于民主能否真正实现,则取决胜利者的思想理念和真实意愿。

总之,战后的中国究竟何去何从,历史曾经提供过各种可能,但最终的选择只能由参与者通过角逐而作出。"谋事在人,成事在天"。当时中国最大的两派政治力量,亦即国共两党,各自的主观努力当然十分重要,但都无法摆脱客观规律的制约。

### 1.2.4.2 国人和平民主的梦想是怎样被打破的?

前文说过,中国人民庆祝抗战胜利的欢呼声尚未停歇,局部内战的枪炮声便已响起。然而,颇令国人感到意外的是,半个月以后,国共两党的最高领导人蒋介石和毛泽东,却又突然在陪都重庆握手言欢,中国两个力量最大的政党开始了前所未有的最高级别的谈判,后来被国人称为和平民主的运动也由此揭开了帷幕。尽管人们对此缺乏思想准备,但对政治敏感的精英们立即意识到,这是战后中国的一件大事,关系到国家民族的前途,因而不仅纷纷将关注的目光聚集于此,而且充满着期待,希望国共两党的谈判能够成功,中国能够实现和平与民主。

不过,事后不久,显然是出于政治上的需要,在中共方面就出现了一种说法,且多年来一直颇为流行,即认为战后初期出现的国共谈判与和平民主运动,是美国导演,美蒋共同演出的一场滑稽戏,从一开始就是一个大阴谋,其目的就是为了欺骗中共和全国民众。[42]这种看法虽然不能说毫无道理,却有失偏颇。尽管美蒋方面的动机确实并不纯正,但国共谈判的揭幕与和平民主运动的兴起,绝不只是美蒋"阴谋策划"的产物,而有着十分复杂的原因。

首先,国共谈判与和平民主运动的出现,不仅与美国有关,也同苏联有关,尤其与当时美、苏两国的对华政策紧密相连。如前所述,美、苏两国是战后对中国影响最大的国家,根据他们自身的国家利益制定的对华政策,无疑是影响中国时局变化的重要因素。通过抗日战争,美国已经确立了它在战后中国和东亚的特殊地位,获得了前所未有的重大利益。因此,战后美国对华政策的核心是巩固它的既得利益,使之不受损害。对于国共两党的对立和斗争,美国的方针是在支持和确保国民党政府统治的前提下,通过谈判达成协议,以避免大规模的内战。美国担心,内战造成的混乱会破坏中国乃至东亚的稳定,同时也会给苏联提供更多插手中国的机会,从而损害美国的既得利益。美国还担心,如果内战爆发,国民党政府并无绝对的把握获胜。尽管美国并没有想到国民党蒋介石会被中共打败,却认为双方有可能打成僵局。这样的结果同样会对美国的利益造成损害，华盛顿也不希望看到。此外，美国也明白，要使和谈获得成功，国民党政府必须进行若干民主改革，分出部分权力以吸引中共，否则中共不可能就范。对于美国来说，国民党政府实行民主不仅是可以接受的，也是美国所希望的。为此，华盛顿甚至决定，直接派代表对国共争端进行调解，而且有信心，希望能发挥美国的影响力，实现既定的目标。

事实上，美国对华政策的基本构想也得到了苏联的首肯。苏联通过援助中国的抗日战争，通过和美国的讨价还价，也获利不小，特别是在中国东北和蒙古问题上，更是获得了特殊的利益和地位。因此，苏联战后对华政策的核心同样是要维护苏联在中国的既得利益。鉴于国力所限，苏联默认美国在战后中国的主导地位，并公开表示支持国民党政府，不再打算同美国争夺整个中国的控制权，但它也不允许美、蒋损害苏联的利益。对于多年的盟友中共，苏联并不支持中共夺取全国政权，也不认为中共有打败国民党蒋介石，夺得全国政权的可能，但它也不愿看到中共被完全消灭，丧失它与美、蒋讨价还价的一个棋子，故希望中国和谈成功，避免内战，并在可能的情况下暗中给予中共一定的支持。

正因为美、苏双方在维护自身利益的基础上达成了一定的默契，从而能够分别向国共双方施加影响和压力，促使两党最高领导人坐到谈判桌上来。而国共两党虽然并不完全听美国和苏联的话，却不能不在一定程度上考虑美、苏两国的立场，同意进行和平谈判。

其次，全中国各阶层的民众迫切地希望和强烈地要求实现和平与民主，也是国共谈判得以开始与和平民主运动得以兴起的重要原因之一。回顾近代的中国历史，可以说，自辛亥革命以来，不论是内战，还是外战，不论是统治者之间的争权夺利，还是人民反抗专制统治的革命，总之是战火不断。抗日战争爆发后，为了民族的生存，全国人民不得不作出巨大的牺牲，终于赢得了民族革命战争的胜利。经历了三十多年的战乱，此时此刻，人民自然十分希望过上和平的日子。当时民众对于和平的渴望，是今天生活在和平环境下的人们所无法想象的。尽管人们也看到了国内矛盾和斗争的尖锐，但不论是对当权者，还是对在野党，广大民众的第一要求，都是"和平"，再大的矛盾和分歧，都应当通过和平谈判与民主协商获得解决。因此，反对内战，实现和平是战后中国的民心所向，是当时中国最大的民意所在。抗战一结束，人们就开始用各种方式表达这样的民心和民意。在这样的情况下，不管是谁，无视人民的愿望而挑起内战者，必然遭到民众的唾弃，失去民心。国共两党的领导人自然也都明白这个道理，不管是真心实意，还是表面敷衍，都不得不作出重视民心和民意的表示，都不敢公然反对和平谈判与民主协商。

再次，除了考虑美、苏的动向和国人的意愿外，国共两党从自己的利益出发，也都需要进行谈判，或认为谈判对自己也有一定的好处，至少没有什么坏处。

对国民党政府而言，由于抗战期间它的军队大部分集结在西南西北的大后方，日本突然宣布投降，国民党军队来不及进驻原为沦陷区的东部沿海，无法及时占领和"收复"那里的大中城市和战略要地。而将大批部队调运到这些地方，则需要时间。此外，蒋介石虽然很想立即用武力进攻和消灭中共的军队，但抗战刚结束，除了调兵遣将外，还有大量的准备工作要做。这同样需要时间。因此，争取时间，就成了蒋介石邀请毛泽东到重庆谈判的动机之一。不过，这并不是蒋介石的唯一考虑。他自恃国民党军队的实力强大，也想通过谈判向中共施加压力，迫使中共就范，达到不战而胜的目的。即便谈判破裂，他并无损失，仍可以在作好准备的情况下，用武力消灭中共的军队。总之对国民党和蒋介石来说，谈也好，打也好，都是一种手段，或用中共批评的话来说，蒋介石采取的是"反革命的两手政策"。

至于中共方面，实际上同样也是"两手政策"，即中共自称的"革命的两手政策"。一方面，除了考虑争取国际同情和争取民心外，中共也十分清楚，与国民党政府相比，中共的实力暂时尚处于弱势，尚无足够的把握通过武装斗争推翻国民党政权，甚至有被对方削弱的可能；而通过谈判实现和平民主，不仅对国家和人民有利，对中共也不是没有好处，如果真能成功，中国的革命事业也能得到进一步的促进和发展，用毛泽东的话来说，虽然暂时无法砍下国民党的头，也可以给国民党政府洗洗脸；另一方面，中共绝不因为谈判而放弃备战，而和平谈判至少可以推迟内战爆发的时间，使得中共能够从容地作好准备，一旦和谈失败，内战重起，中共更有取胜的把握。总之，有了两手准备，中共相信自己就可以立于不败之地。

正是上述各种因素的共同作用，才使得抗战胜利之初，中国的时局变化出现了令人惊奇的一幕。尽管国共谈判的开始与和平民主运动的兴起，并不等于和平与民主的实现，但它毕竟一度给中国人民带来了希望的曙光，也给战后中国带来了某种历史机遇，因而并非毫无意义。如笔者已经说过的，和平与民主如若真能成功，无疑是战后中国最好的前途。事实上，从重庆谈判到《双十协议》的签署；从《停战协议》的达成，到由各党派组成的政协会议的成功召开和"五项协议"的通过；乃至为了贯彻实施政协决议，对双方的军队进行整编而协商制定的《整军方案》，也获得了国共双方的认可；整个和平谈判过程虽然曲曲折折，但在美国的调解和苏联的支持下，在全国各界民众的促进下，在国共互有妥协让步的情况下，经过双方几个月的共同努力，总算取得了不错的成绩。虽然还有许多具体问题需要进一步解决，但基本的原则已经确定，如果和谈达成的协议能够真正得到实施，战后中国的和平与民主就能实现，从而使得国人的梦想得以成真，为国家，为民族，为人民带来莫大的幸福。

然而，十分遗憾的是，国人的梦想最终却破灭了，所有的协议都被撕毁了，成为一钱不值的空文。那么，国人和平民主的梦想究竟是怎样被打破的？谁应当对此负责？

二十多年前，笔者曾经比较详细地研究过这段历史，写过一本题为《和谈、内战交响曲》的书，对国共和谈的全过程作过描述。[43]尽管拙著当时的观点不一定完全正确，所叙述的历史材料也受到历史条件的限制，并不全面，但基本的观点还是公允的，大致符合实际。笔者认为，回答上述问题不能简单化，应作客观的具体分析。

从谈判的过程中，人们可以看出，国共两党当时对于和平、民主的大原则，任何一方都不会公开反对，也都赞成通过实行政治民主化、军队国家化达到和平民主的目标。但在如何实现政治民主化和军队国家化的具体做法上却有很大的分歧。不过，在美国总统特使马歇尔的敦促下，参加政协会议的各方经过讨价还价，总算就有关问题达成了协议。

对于已签字的协议，说实在的，中共方面并不十分满意。众所周知，中共的根本目标是夺取全国政权，取得所谓"新民主主义革命"的完全胜利。政协决议规定的民主制度，只是中共所称的"资产阶级民主"，而且是以国民党蒋介石为主导的。此外，从内心讲，中共也不愿把自己的军队交出去。但毛泽东等人毕竟是一个现实主义者，他们明白，在当时的条件下，中共既不可能通过和平谈判达到自己的目标，也没有充分的把握以武装暴力推翻国民党的政权。再说，和平民主若真能实现，即便只是"资产阶级的民主"，毕竟打破了国民党的"一党专政"，对中共也没有坏处，可以接受，并准备予以贯彻实施。在政协会议的决议通过不久，中共中央就向全党发出了一份重要文件，题为《中央关于目前形势与任务的指示》。该《指示》十分明确地写道："由于这些决议的成立及其实施，国民党一党独裁制度即开始破坏，在全国范围内开始了国家民主化，这就将巩固国内和平，使我们党及我党所创立的军队和解放区走上合法化。这是中国民主革命一次伟大的胜利。从此，中国即走上了和平民主建设的新阶段。虽然一定还要经过许多曲折的道路，但是这一新阶段是到来了。中国革命的主要斗争形式，目前已由武装斗争转变到非武装的群众的与议会的斗争，国内问题由政治方式来解决。党的全部工作，必须适应这一新形势。"[44]由于这一指示是发给党内同志的，从未公开发表过，自然不是为了宣传，因而真实地表明了中共当时的态度。顺便说一下，中共当权之后，特别是在文革期间，刘少奇起草的这份指示遭到了毛泽东的严厉批判，被指责为犯了右倾机会主义错误。其实，这在当时并非刘少奇一个人的看法，毛泽东同样是支持的，且多次谈到，和平民主实现后，中共中央准备迁往江苏淮阴。毛泽东后来就此批判刘少奇，反映出毛泽东的文过是非，不仅不公正，而且也毫无道理。虽然刘少奇当时的预见并未成为事实，但它恰恰证明了中共准备执行政协决议的诚意。显然问题并非出在中共方面，这是可以肯定的。

对于已达成的协议，国民党方面，特别是以蒋介石为首的顽固派，同样并不满意。根本原因在于，他们的目的是要维护自己"一党专政"的独裁专制统治，并不愿意搞什么"民主"，更不想与共产党分享政权。政协决议所规定的民主化是他们无法接受的。他们之所以举手通过"协议"，主要是迫于全国人民和美国的压力。不过，据说还有一个鲜为人知的具体细节，即由于国民党方面的政协代表孙科等人犯了错误，对若干重要的内容，在谈判结束、正式通过前未能详细向蒋介石汇报，而蒋介石在批准通过前又没有仔细审阅最后的协议文本，乃至生米煮成了熟饭，蒋介石想改也来不及了，[45]如此等等。不管怎么说吧，反正是对已经通过的协议非常不满。既然如此，蒋介石等人当然不会就此善罢甘休。事实上，就在政协会议即将闭幕的那一天，在国民党中央讨论政协决议的会议上，蒋介石等人就已流露出不满的情绪，认为政协决议违背了孙中山的"遗教"。十天以后，蒋介石又在国民党的内部会议上对政协决议进行了抨击。这一次，他说得更加具体了，尤其是对政协关于宪法草案的决议逐条予以批评，指责宪草决议违背了孙中山制定的"五权宪法"和"建国大纲"等等，并明确表示，宪草决议如不加修改，国民党就不能接受。蒋介石等人之所以对宪草决议特别不满，是因为这一决议是实现政治民主化最重要的保证，它对限制总统权力，对行政和立法机构的相互制约，对以省为单位的地方自治等都作了规定，完全不合蒋介石等人企图继续维持独裁专制制度的胃口。且不论孙中山的"遗教"能否违背，蒋介石对具体条文的看法有无道理，根本的问题在于，对包括国民党在内的各方已经达成的协议，蒋介石欲单方面推倒重来，或加以"修改"，这是完全违背政协决议精神的，如果任其发展，一切决议都将变成废纸。不过，在国民党的中央全会召开以前，蒋介石等人的不满只是在内部发泄，没有对外公开，也还没有向中共及其它方面正式提出"修改"决议的要求，故国共两党关于整编军队，实现军队国家化的谈判仍在继续，并于1946年2月25日达成了协定。

按照协议，在包括政协决议和整军协议在内的所有协议达成后，各党派均应召开自己的中央全会予以批准，协议才能正式生效。同年

3月1日至17日，国民党首先召开了六届二中全会，讨论批准协议的问题。令国人始料不及的是，正是在这次会议上，由蒋介石领头，国民党内的顽固派们开始公开发难，对政协决议和国民党参加政协会议的代表孙科、邵力子等人群起而攻之。他们指责说，"国民党的政协代表出卖了国民党""政协决议的通过无异于党国自杀""宪草修改原则推翻了总理遗教""政协会议不是制宪会议，无权修改宪法"，如此等等。会上闹得最凶的当数何应钦、吴稚晖、张继、陈果夫、陈立夫等人。陈果夫还专门给蒋介石写信，声称政协决议对共产党大为有利，而国民党则大受其害。他认为在中国实行多党政治，国民党的政权便有垮台的可能，希望蒋介石"悬崖勒马，另寻途径"。而国民党出席政协会议的代表孙科、邵力子等人则被顽固分子骂得狗血喷头，走投无路。正是在蒋介石的导演和其它顽固分子的巨大压力下，国民党的六届二中全会正式通过决议，单方面要求政协对关于宪草问题的决议进行所谓的"五点修正"。国民党蒋介石这一不守信义的举动，迅即在国内激起强烈的反响。

会议一结束，孙科等人便找到中共的代表周恩来，要求政协宪草审议小组开会，讨论国民党提出的"修改"意见。周恩来等在来不及报告延安的情况下，一度同意作出若干让步，但延安得知这一情况后，却态度强硬。毛泽东和中共中央不仅否定了周恩来的意见，公开声明，中共将信守政协的一切决议，绝不动摇，并特别强调关于宪草的修改原则，所有党派必须百分之百实现，反对任何修改；而且立即决定：暂时不召开中共中央全会，推迟对政协五项决议的"批准"手续，暂不考虑中共方面参加国民政府及行政院人选，暂不交出按整军协议应当交出的、中共方面准备保留的十八个师的部队名册，同时在东北问题上采取强硬政策，坚决自卫，顶住国民党军队的进攻。如此一来，国内的政治气氛迅速发生逆转，一度相对缓和的空气又开始紧张起来，本来就没有完全停息的内战之火又如火上浇油，烧得更旺了。

对于中共的强烈反弹，国民党蒋介石似乎早有预料，并不在乎，或许这正是他们希望看到的结果。因为他们之所以愿意坐下来谈判，目的是迫使中共"臣服",同时争取时间为内战,也就是蒋介石所说的"武力统一"做准备。既然谈判所得的结果并不是国民党所要的东西,那就干脆不要,下决心诉诸武力。但蒋介石又不愿公开否定谈判及已经达成的协议,于是便耍了一个花招,单方面要求"修改"政协决议,以激怒中共,而中共的强烈反应,从某种意义上说,似乎正中蒋介石的下怀,使他有了武力讨伐中共的借口。然而,"机关算尽太聪明,反误了卿卿生命"。蒋介石没有料到,中国的民众并不那么容易受骗,他不仅逃脱不了撕毁和平协议、挑起内战的责任,而且要在政治上付出巨大的代价。

此后的事态发展是众所周知的。由于国民党蒋介石不讲信义,原本就积怨甚深,互不信任的国共两党更无信任可言了,内战之火则越烧越旺。从东北的大打,到国民党军队开始全面进攻中共的中原解放区,内战由关外发展到关内,规模越来越大,涉及的面越来越广。不过,即便如此,在1947年3月国民党军队进攻延安以前,国共双方的谈判虽然时断时续,都还没有完全破裂。任何一方似乎都不愿意首先宣布和谈中止。然而实际上,正如一些民主党派人士所说,和平已死。和平既死,实现民主的可能性也随之烟消云散。随着内战形势的变化,蒋介石错误地认为,国民党军队取胜的把握似乎越来越大,终于下决心彻底丢掉和平的面纱,赶走在南京的中共代表团,派大军进攻中共中央所在地延安,从而无可挽回地宣告了和谈的终结。战后中国人的和平民主的梦想也因此完全破灭了。

从上面简要叙述的历史过程中,人们已不难看出,是国民党和蒋介石不讲信义,首先撕毁了国共两党和其它党派共同达成的政协协议,向中共及其军队发动大规模的进攻,最终导致了和平民主的死亡。因此国民党蒋介石无疑应当对国人和平民主梦想的破灭负主要责任。再说,从当时中国的全局来看,国民党蒋介石掌握着全国的政权,拥有几百万军队,而中共的力量虽然在抗日战争中有了很大的发展,但拥有的军事力量和控制的地区,即中共所称的解放区,相比于国民党政府,仍然有不小的差距。因此,在国共两党的矛盾斗争中,国民党在战后初期始终处于矛盾的主要方面,对国家的前途和命运起着关键的作用，理应承担主要的责任。在当时的历史条件下，只要国民党蒋介石坚定不移，真正愿意实现和平民主，中共是无法阻止的，更何况中共当时也是赞同和平民主的，并不反对。但国民党蒋介石却未能从国家和民族的利益出发，未能顺应全国人民的意愿，更未能认识到和平民主的实现，无论是当时，还是以后，对国民党都是利大于弊，故而轻易地放过了这一难得的历史机遇。从蒋介石到国民党党内大大小小的顽固分子，他们的目光短浅，思想保守，他们所考虑的，甚至于死抱住不放的，只有国民党一党和党内少数统治集团的私利，亦即千方百计地维护国民党一党的专制独裁统治，他们所迷信的只是国民党拥有的武力优势。也正是因为他们自己的所作所为，为自己挖掘了坟墓，受到了历史的惩罚。至于中共，虽然不能说毫无责任，但在战后初期，客观地说，中共的责任不大。中共虽然也不愿意放弃武力，却主要是因为别无选择，基本上是出于无奈。如果说责任的话，则是在中共军事上取得优势之后，中共对于和平民主的态度和方针都发生了很大的变化。后人对此应当如何评说，自然可以讨论，但这毕竟已是后话。

不过，对于破坏和平民主的责任，虽然应当将是非搞清楚，让后人知道，这只能归咎于国民党蒋介石，但笔者也不赞成在所谓追究历史的责任时，说得或做得太过分。在中共取得内战的大胜之后，虽然理所当然地要批评国民党蒋介石政府破坏和平民主的错误行为，但中共因此而将蒋介石及国民党政府和军队的许多高官定为"战犯"，显然有点过分，用的仍然是中国几千年来"胜者王，败者寇"的传统逻辑，无论是对国家民族，还是对胜者败者，都没有什么好处，这已为历史所证明。值得一提的还有，即中共在大骂国民党蒋介石的同时，也对美国进行了妖魔化的攻击，指责美帝国主义是国民党蒋介石的"后台""主子"，而蒋介石则是美帝国主义的"忠实走狗"，抗战后中国发生的内战"表面上是蒋介石实际上是美国进攻中国人民的战争"，"是美国出钱出枪蒋介石出人替美国打仗杀中国人的战争"。[46]对于毛泽东这些出于当时的政治需要所说的话，今天的人们已经不可能完全相信了，然而很多人并不十分了解历史的真相。实事求是地说，对于国民党蒋介石的错误，当时的美国政府确有一定的责任，但从根本上讲，正如笔者已经说过的，美国政府并不赞成蒋介石打内战。不仅如此，美国总统的代表马歇尔在调解国共关系的过程中，也曾为战后中国和平民主的实现作过大量的工作。尤其是马歇尔本人，他对当时中国国内形势的认识，他的毅力和作风，都相当杰出。美国真正的失策在于其对华政策存在着严重的自相矛盾。一方面，美国政府不希望中国发生大规模内战，因而派代表直接介入国共谈判，向双方施加压力，以促成两党的和解，实现和平与民主；另一方面，美国政府又明确表示支持国民党政府，希望中国在国民党政府的主导下实现统一。华盛顿尤其担心国民党政府有可能垮台，始终不愿意真正停止给国民党政府的军事、经济援助。既然如此，作为调解人的美国政府代表就不可能真正做到"公正"，即便是智勇双全的马歇尔对此也无能为力。因为蒋介石有自己的打算，他根本不愿意实行民主改革，只对使用武力实现所谓的国家统一感兴趣；他需要美国的援助，却并不完全听美国人的话，更不是美国的"忠实走狗"；他对来自华盛顿的大炮求之若渴，却拒绝了美国的"和平鸽"。其结果只能是，美国虽然反对蒋介石打内战，但华盛顿支持国民党政府的政策，美国送来的大炮却在鼓励蒋介石，使得他有恃无恐地挑起战火。而美国及其代表马歇尔则处于两难之中，毫无作为，实际上被蒋介石牵着鼻子走。本来，美国完全有能力在制约国民党蒋介石的问题上发挥更大的作用，但是根据美国国家利益制定的对华政策却不允许它这样做。其中，最关键的一点，就是华盛顿十分害怕国民党政府垮台，更害怕共产党夺得中国的全国政权，认为这将从根本上损害美国的利益。然而，历史恰恰在这个问题上同美国人开了一个大大的玩笑。总之，我们应当历史地看待美国当时的失误，不应当重复过去的妖魔化做法。

此外，在研究战后中国国人和平民主之梦遭到破灭的原因时，笔者认为，还应当看得更深更远一点。从根本上说，国民党也好，蒋介石也好，虽然对和平民主的流产责无旁贷，却都是由当时的历史条件和他们的历史局限性决定的。中国的专制思想和专制制度经历了几千年，源远流长，其影响至大至深，可谓举世无双。期望它在几十年内就能得到完全改变，并不现实。从辛亥革命推翻帝制后，先后掌握国家大权的，无论是袁世凯和北洋军阀，还是国民党和蒋介石，虽然表面上都不敢公开反对民主，甚至打着民主的旗号，但骨子里都对专制情有独钟。毋庸讳言，中共后来取得胜利之后，毛泽东等人又重蹈了国民党蒋介石的覆辙，致使直到21世纪的今天，中国人的民主梦想仍未完全实现。历史证明，在中国，专制思想和专制制度的根本改变，确实不是一件容易的事情，不仅需要时间，而且需要创造更多的历史条件。可见，战后中国国人的和平梦想，特别是民主之梦的破灭，也是一种历史的必然。

### 1.2.4.3 逐鹿中原：国败共胜的"奥秘"之一

大规模的内战之火既然被重新点燃，将不可避免地发展成为国共两党之间的一场大决战。各自拥有百万以上军队的国共两大军事集团，开始重演中国历史上不知演过多少次的"逐鹿中原"的大戏。这场决战大戏的过程和结局众所周知，对国民党政府和蒋介石是悲剧，对中共和毛泽东正好相反，则是大喜剧。

人们都知道，内战伊始，就国共两党拥有的军事力量而言，国民党方面无疑占据极大的优势，而共产党方面则相对较弱。然而，双方博弈的结果却是弱者打败了强者，而且战争进程发展之快，竟令胜败的双方都深感意外。其中的"奥秘"究竟何在？六十多年来，这不仅始终令世人颇感兴趣，而且一直众说纷纭。笔者以为，这样的结局既不是偶然的，且原因也非常复杂。限于篇幅，笔者无法详述，只能尝试着用对比的方式，就国共两党在最重要的几个方面的不同表现，首先是在战场外的表现，谈谈自己的看法。

第一，是在对战后中国所处的国内外形势的认识方面，国共双方的看法完全不同，前者目光短浅，盲目乐观，后者高瞻远瞩，正视现实。

战后中国的国内外形势既是客观的，不以任何人的主观意志为转移，又是复杂多变的。对于博弈双方来说，首要的问题就是能否正确地认识形势，并据此决定自己的应对之策。错误的认识必然导致错误的决策，反之，正确的认识则是取得胜利的首要条件。

毫无疑问，国民党及其最高领导层的蒋介石等人，对战后中国国内外形势的认识，从一开始就带有极大的片面性。无论是对世界历史发展的大趋势，还是对美、苏等大国的动向，乃至它们的对华政策，国民党和蒋介石都未能真正搞清楚；也无论是对国内的民心所向，还是对国共双方在全国民众中的实际影响，国民党和蒋介石虽然不是毫无所知，却知之甚少，即便有所了解，也常常是充耳不闻，更谈不上重视。此外，对国内的政治、经济、军事等各方面的实际状况，国民党和蒋介石基本上也是盲目无知的，甚至对国民党及其政府、军队内部的情况，蒋介石等人也缺乏足够的了解，毫无自知之明。可以说，在整个国民党内，包括党、政、军等各个方面，从上到下，绝大多数人都是目光短浅者，处于盲目乐观的状态。正因为如此，国民党和蒋介石等人在观察分析国内外形势时，出现了许多重大的失误。例如，蒋介石等人曾错误地认为，不管国民党政府遇到多大的困难和危机，美国政府都不会袖手旁观，都会毫无保留地支持它；他们也曾错误地认为，中共的后台是苏联，只要苏联不支持中共，毛泽东就不可能坚持下去，更不可能打败国民党政府；他们对于中国民众要求实现和平民主的强烈愿望，虽然不是毫无顾忌，却又错误地认为，只要将共产党的问题解决掉，一切都将万事大吉，因为民众主要是受到共产党的煽动和蛊惑；对于国共双方军事力量的对比，他们只看到军队人数和武器装备的强弱，自以为国民党方面具有绝对获胜的把握，甚至认为只要打三个月或半年，共产党的军队就会被消灭，却不懂得战争的胜负并不单单取决于军队的人数和武器装备的优劣，也同民心所向，政治、经济等因素，以及部队官兵的士气紧密相连，如此等等。至于在此后的战争发展过程中，蒋介石等人对战局的变化更是屡屡作出错误的判断，这方面的例子太多了，实在是数不胜数。错误的认识必然导致错误的决策。毫无疑问，正是这种对形势的大大小小的误判，成为国民党蒋介石最终遭受失败的重要因素之一。

反观中共对国内外形势的认识，中共中央和毛泽东等人就显得比较清醒和比较现实。他们对世界的大趋势，对美国、苏联的对华政策虽然不能说了如指掌，却看得比较清楚，既看到美国不赞成中国内战，支持中国实现和平民主的一面，也很清楚美国不可能完全放弃对国民党政府的支持，认识到美、蒋之间既有共同的利益，又存在着分歧和矛盾；中共和毛泽东也明白，苏联为了自身的利益，不能不公开宣布支持国民党政府，不会也不可能全力支持中共，但也不会完全断绝与中共的关系，甚至会在可能的条件下给予适当的帮助，不过中共不能依赖苏联，必须依靠自己的努力和力量。对于国内局势，中共和毛泽东自始至终从实际出发，不存任何幻想，而是脚踏实地，谨慎小心。他们了解，并十分重视民心所向，也清楚战后初期国共两党的实力存在着一定的差距，因而能够顺应全国人民的要求，赞成通过国共谈判，努力实现和平与民主。他们也知道，国民党和蒋介石很难彻底改变其独裁专制和武力统一中国的政策，因而对国民党蒋介石玩弄的"反革命两手"有着足够的估计和警惕。最重要的是，当国民党的军队向中共的"解放区"发起大规模的进攻，全面内战已不可避免之时，中共中央和毛泽东等人的头脑十分清醒，既没有被国民党的气势汹汹所吓倒，也未因愤怒而采取鲁莽的行动，而是客观冷静地分析国共双方的力量对比，既看到国民党方面具有相当大的军事优势，且能获得美国的援助，又充分估计到它所具有的致命弱点，如"人心不顺，士气不高，经济困难"等等，而共产党方面则正好相反，虽然一开始军队数量和武器装备都不如对方，又不能从国外获得援助，"但是人心归向，士气高涨，经济亦有办法"。[47]在内战开始以后的发展进程中，对于战局的每一步变化，中共中央和毛泽东也都看得比较清楚，基本上没有发生大的误判。正因为中共对形势的认识基本上符合实际，不仅使得中共从上到下都树立起了战胜国民党的信心，而且使得中共中央和毛泽东等人能够采取各种有效的应对措施，能够避免大的错误，为中共取得最终的胜利创造了十分重要的前提。

第二，在对国内外形势认识不同的前提下，国共双方在政治方面采取了完全不同的方针，致使全国民众，尤其是中间阶层对两党的认可程度，亦即民心所向，出现了极大的差异。

如前所述，战后中国国民最大的愿望之一就是实现国家的和平与民主，作为全国的执政党和合法政府的最高领导人，国民党和蒋介石对此责无旁贷，无疑应当从国家和民族的利益出发，顺从全国人民的要求，为和平民主的实现作出最大的努力，也只有这样做，才能真正得到国民的拥护和支持。实事求是地说，尽管在抗战期间，国民党和蒋介石的表现并不尽如人意，但由于抗战的最终胜利，而国民党政府和蒋介石毕竟对此作出过重大的贡献，有一定的威望，尤其是蒋介石，甚至有人认为他的个人威望达到了历史的最高点。笔者以为，这样的说法似乎并不为过。因此，抗战胜利之初，多数国人还是支持和拥护国民党政府，支持和拥护蒋介石的。即便是一直对其持批判态度的中共，也意识到并承认这一现实，因而毛泽东才有暂时还不能"砍国民党政府的头，只能给它洗洗脸"的说法，中共才在和谈中承认国民党政府的主导地位，承认蒋介石作为国家最高领导人的地位。然而，国民党政府却没有珍惜这一难得的历史机遇，蒋介石本人也是目光短浅，不愿做全民族和全国人民的"领袖"，仍然只想做国民党一党的"总裁"，顽固地坚持国民党"一党专政"的专制独裁统治，拒绝真正的民主改革，又顽固地迷信武力，不惜再次将整个中国拖入内战的熊熊烈火之中，以实现其彻底消灭中共的美梦。国民党和蒋介石这样做，完全与全国民众的愿望背道而驰，无异于为渊驱鱼，为丛驱雀，自我孤立。随着国人和平民主之梦的破灭，蒋介石挑起的内战之火越烧越旺，真正支持国民党和蒋介石的人也越来越少，尤其是社会上的中间阶层和中间人士，包括国共两党以外的各民主党派、民主人士以及广大的知识分子和青年学生，对国民党政府越来越反感，并在国民党统治区不断地掀起反政府的抗议运动。民众提出的口号，包括"反内战""反独裁""反迫害""反饥饿""要和平""要自由""要饭吃"等等，而国民党政府却只能以逮捕、监禁、屠杀的暴力手段，对民众的反抗进行镇压。可见，国民党和蒋介石在政治上的倒行逆施，再加上笔者在下文将要说到的严重的经济问题，很快便将其因为抗战胜利所积累的那一点政治资本消耗得差不多了，几乎使自己变成了孤家寡人，用毛泽东的话来说，就是"蒋介石政府已处在全民的包围中"。当年，毛泽东还以此为题，专门写了一篇评论，详细地分析论证了国民党政府和蒋介石被孤立的状况及原因。[48]可能有人会说，国民党蒋介石被孤立，也与共产党的宣传、煽动有关。不愿面对现实的国民党和蒋介石当年就是这样认为的。诚然，中共和毛泽东的宣传文章对国民党蒋介石的揭露、批判，确实起了添油加醋的作用，出于妖魔化国民党和蒋介石的需要，有些话确实也说得比较过分，但基本内容还是符合实际的，并非无中生有或造谣诽谤。更重要的是，国人的不满和反对，国民党蒋介石越来越丧失民心，这不仅是事实，而且完全是由国民党蒋介石自己的所作所为酿成的苦果，绝非共产党的宣传和煽动所产生。再说，到了内战后期，随着战争形势的变化和胜负结局的进一步明朗化，不仅绝大多数民众不再支持和拥护国民党蒋介石，国民党内部也发生了分化，许多比较正直的，包括有些老牌的国民党人士也起来反对蒋介石，还有不少国民党军队的高级将领也举行反蒋反国民党的起义，这就更加证明，国民党蒋介石之丧失民心是多么的严重。民心如此相背，失败也就毫不奇怪了。

　　与国民党蒋介石所遇到的情况相反，支持和拥护中共的民众，尤其是国民党统治区里的中间阶层和中间人士则越来越多。其中，绝大多数民众是因为对国民党政府完全失望而倒向中共一边，并不一定真正了解中共。当然，中共所提出的口号和采取的政治方针，无疑也起了非常重要的作用。战后初期，中共始终坚持反对内战、反对专制独裁，要求国民党政府进行民主改革。内战开始后，中共又在政治上明确地提出了"和人民群众亲密合作"，"争取一切可能争取的人"，尤其要"团结一切中间分子，孤立反动派"，要"在国民党军队中"，"争取一切可能反对内战的人，孤立好战分子"等等。[49]这就是中共所说的建立广泛的反蒋统一战线的方针。一般说来，作为在野的反对党，只要口号正确，就能吸引民众，能否兑现，当时却看不出来，这无疑是中共占便宜的地方。不过，在国民党蒋介石愚蠢地为渊驱鱼，为丛驱雀的情况下，中共反其道而行之，采取了依靠基层民众，争取、团结一切反蒋人士的统战政策，确实十分高明，并发挥了极大的威力。再加上中共在"解放区"采取的经济政策基本上正确，在战场上又不断地取得胜利,中共在政治上,在争取民心方面,相比较于国民党,完全占据了优势,甚至是绝对的优势。这不能不说是中共取胜的最重要的原因之一。

第三,在战后的经济政策方面,国共两党之间的差异同样很大,其结果不仅决定了政治上的民心所向,而且也对战争的胜负产生了重大的影响。

无论是在古代,还是近代和现代,战场上的较量都不是单纯的军事博弈,都与各自的政治方针和经济实力密切相关。任何情况下,经济不仅是政治的基础,也是军事的后盾。中国在抗战后发生的大规模内战同样如此,经济问题上的成功或失策,不仅事关政治的得失,也必然影响到军事上的成败。

对于国民党政府的经济政策,笔者已在上一节作过描述,所谈的都是抗日战争时期的情况。笔者说过,国民党政府当时所实行的错误的经济政策,已经使得国统区的经济出现了严重的困难和混乱,已经使得广大民众的生活处于饥寒交迫之中。只是因为中国还处在民族解放战争时期,国人不得不勒紧裤腰带,忍受下来。抗战胜利后,老百姓当然十分渴望能够过上和平的、安居乐业的生活,而政府也理应给人民以和平,使工农业生产得到恢复,使国民经济得到发展,使整个国家得到休养生息的机会。然而,以蒋介石为首的国民党政府,还有大大小小的官僚政客和军事长官们,却根本不关心民众的死活,不仅不给国人以和平与民主,而且变本加厉地推行过去那种错误的经济政策,致使国统区的经济状况越来越混乱,不但老百姓活不下去,国民党的内战政策也难以为继。

盘点一下战后国民党政府和蒋介石在经济上的所作所为,可以清楚地看到,以下几点失误无疑带有致命的性质:一是战后对沦陷区名为"接收",实为"劫收"的荒唐做法。诚然,在沦陷区"光复"的过程中,对敌伪财产予以"接收",本来无可厚非。但是,日本一宣布投降,国民党的数十万大军,成千上万的"接收大员",便从大后方的各个角落涌向沦陷区,抢夺敌伪财产,不仅导致"接收"的秩序无比混乱,而且使得大部分财产被那些"接收大员"和其它的贪官污吏们中饱私囊。更有甚者，贪官污吏们还千方百计地对沦陷区的广大民众进行敲诈勒索。他们或随意地宣布一般民众为所谓的"汉奸"，将他们的财产宣布为所谓的敌产，予以"充公""没收"，或按政府的规定，以"货币兑换"的名义，高估"法币"的价值，同时人为地贬低所谓"伪币"的币值，使得华北、华中各沦陷区人民手中的财产一夜间大大贬值，被那些腰缠数十万贯"法币"的"接收大员"们所吞食。如此的"接收"自然变成了民众深恶痛绝的"劫收"，也难怪民众要大骂那些"接收大员"们是"五子登科"，即拼命抢夺"金子、房子、车子、票子、女子"的恶棍。二是滥发纸币，导致创纪录的恶性通货膨胀。抗战后期，大后方已经因为货币发行过多，造成了通货膨胀，"法币"贬值，使得抗战胜利时的物价比战前上涨了1800倍。战后初期，由于国民党政府接收了大批敌伪财产，加之美国给了一定数量的财政援助，国民党政府的财政状况稍有改善。然而好景不长，由于大规模内战的爆发，国民党政府的军费猛增，占其财政总开支的一半以上，致使财政入不敷出的状况越来越严重。而美国的援助有限，根本无法满足蒋介石打内战的需要。于是，国民党政府只能靠滥发纸币来弥补巨额的财政赤字。令人难以置信的是，由于纸币的发行量太大，上海等地的印钞厂虽全力赶印，仍然不能满足需要，国民党政府不得不到美国、英国去印，印好后再用飞机运回国内使用。滥发纸币的结果只能是恶性的通货膨胀。抗战胜利不到两年，"法币"的贬值和物价的上涨就出现了天文数字，创造了中外历史上的新纪录。据1947年7月24日美联社的一则电讯说，在中国，100元"法币"在抗战前的1937年可以买2头牛，1941年也可以买1头猪，1945年还可以买1条鱼，而到了1947年，就只能买到三分之一盒火柴了。[50]在如此恶性通货膨胀的经济形势下，普通百姓的生活，尤其是城镇工薪阶层的生活实在苦不堪言。三是苛捐杂税多如牛毛，压得中小企业的经营者，尤其是农村的广大的贫苦农民透不过气来。同样是为了弥补巨额的财政亏空，除了滥发纸币外，国民党政府还以各种名目的苛捐杂税对中小企业，特别是对农村的贫苦农民进行盘剥。在中国，农民占了全国人口的绝大多数，除了相对比较富裕的地主外，绝大多数的农民都因受到地主的剥削，加之年复一年的战乱，生活都很贫困。然而，从执掌全国政权开始，国民党和蒋介石一直无视广大贫苦农民的要求，不仅不兑现孙中山关于"平均地权"和"耕者有其田"的主张，而且在农村强征各种苛捐杂税，使得广大贫苦农民难以生存。抗战胜利后，国民党蒋介石政府仍不愿痛改前非，反而变本加厉地以征粮、征借、征购、地方公粮以及抓兵、拉夫等各种名目对农民横征暴敛，巧取豪夺，致使广大农村也和城镇一样民怨沸腾。总之，国民党蒋介石政府在经济上的种种倒行逆施，造成了国统区的工商企业大批倒闭，工农业生产大幅度下降，投机倒把猖獗，城镇失业人口越来越多，广大农村则饥民遍地，饿殍载道，其最终的结果只能是经济的完全崩溃。

诚然，面对着日趋严重的经济危机，蒋介石也曾企图予以挽救，他曾经先后让宋子文、蒋经国等人出面采取措施，如开放外汇，抛售黄金，以政府命令冻结物价，乃至到上海"打老虎"，以此阻遏投机倒把，但却因各种原因惨遭失败。其实，问题并不在于这些办法是否正确，而是蒋介石没有找到，或虽然知道却不肯承认其根本原因所在，即国民党的内战政策和无视人民疾苦的政策不改变，就无法避免经济的崩溃。而经济陷入绝境，则必然使得国民党蒋介石彻底丧失民心，也必然导致国民党蒋介石在军事上彻底完蛋。

再看中共方面，情况则大不相同。诚然，中共所控制的地区，亦即"解放区"，并无大城市，没有大的工商业，只有少数中小城镇和相对贫困的广大农村，故而所涉及的经济问题没有国统区那么复杂。但是，财政经济问题对于中共同样重要。俗话说，兵马未动，粮草先行。中共的百万大军和几十万党政官员需要解决供给问题，否则就无法作战；解放区的民众生活必须得到保障，否则民众就不可能支持中共。再加上中共没有任何国际援助，一切都只能依靠自力更生。因此，财政经济政策是否正确，同样关系到中共的胜败。毫无疑问，中共中央和毛泽东等人的头脑十分清楚，对此有着深刻的认识。内战伊始，毛泽东就明确地告诫全党全军，"必须十分节省地使用我们的人力资源和物质资源，力戒浪费。必须检查和纠正各地已经发生的贪污现象。必须努力生产，使一切必需品，首先是粮食和布匹，完全自给"。"在财政供给上，必须使自卫战争的物资需要得到满足，同时又必须使人民负担较前减轻，使我解放区人民虽然处在战争环境，而其生活仍能有所改善。总之，我们是一切依靠自力更生，立于不败之地，和蒋介石的一切依靠外国，完全相反。我们是艰苦奋斗，军民兼顾，和蒋介石统治区的上面贪污腐化，下面民不聊生，完全相反"。[51]必须承认，在整个内战期间，中共中央和毛泽东的这些要求基本上得以实现。

更重要的是，内战开始后，中共中央决定改变抗战时期只搞减租减息，不搞土地改革的政策，开始在解放区全面开展土地改革运动，将地主、富农多余的土地分给无地或少地的贫苦农民，以实现"耕者有其田"。这是中共带有根本性质的重大举措，作用极大，意义深远。尽管在推动土改的实际过程中，也出过不少问题，很多做法并不完全恰当，但是搞土改的大方向完全正确，符合农村广大贫苦农民的愿望和利益，因而是深得人心的。如今，几乎所有的中外学者都承认，土改是中共当时的高明之举。虽然中共的其它经济政策也发挥了积极的作用，但都比不上土改的重要。正是通过土改，占解放区人口绝大多数的贫苦农民得到了实惠，提高了生产的积极性，克服了各种经济困难，使得解放区的经济状况得以保持在比较稳定的状态，虽然并不富裕，却能基本满足各方面的需要。解放区及其广大农民因此成了中共及其军队的坚强后盾，不仅为其提供人力和物力的支持，而且为解放区的巩固提供了保证。即便是在战争初期，若干解放区暂时被国民党军队占领，但当地的民众仍然心向中共。人们只要看一看在许多重大战役中，解放区成千上万的民众推着小车，载着粮食和弹药支援解放军的情景，与国统区的民怨沸腾形成的鲜明对比，就会明白土改的作用是多么的大。也难怪中共很多的高级将领都不无感叹地说，解放军的胜仗不仅是部队打出来的，更是解放区的人民用小车推出来的。总之，中共实行的，即后来所称的"新民主主义的三大经济政策"，既为中共进一步赢得了民心，也为中共在战争中取得最后胜利奠定了坚实的经济基础。

以上几点，虽然不是直接决定战争胜负的因素，却对战争的结局产生过极大的影响，这是毋庸置疑的事实。

### 1.2.4.4 战场博弈：国败共胜的"奥秘"之二

尽管上述的政治、经济等各种因素都会对战争的结局产生影响，但战场上的博弈毕竟是决定胜负的直接手段，也就是说，军事上的输赢仍必须通过战场上的直接较量才能最终得出结论。而仗打得好不好，则取决于博弈双方的战略战术是否正确，指挥是否高明，部队官兵的士气和斗志是否高昂等等。综观抗战以后的整个内战时期，在这方面，共产党及其领导的解放军显然都比国民党政府的军队高出一筹。由于这次内战的规模之大，双方参战军队的数量之多，战例之复杂、丰富，都是中国近代历史上前所未有的，笔者不可能对国共双方在战场上的表现和具体的战例作详细分析，只能就最重要的几点略加说明。

人所共知，抗战一胜利，国共之间的内战就开始了，实际上处于一种边谈边打的状态，且双方互有胜负。不过，战后初期的内战毕竟还是局部性的，可以撇开不谈。1946年夏全面内战爆发以后，由于内战是国民党政府主动挑起的，它的军队在实力上又占据相当的优势，故一开始在战略上处于主动进攻的态势，而中共领导的军队则不得不进行战略防御。这一时期，蒋介石指挥国民党军队对中共的各个解放区展开了全面进攻，企图以大军压境、速战速决的战略战术，迅速地、尽可能多地占领解放区的大片土地，同时尽可能多地消灭中共的军队，最终达到迫使中共就范的目的。站在国民党的立场上，全面进攻和速战速决的战略战术似乎并不错，而且从表面上看，在一段时间里似乎也取得了成功。在它的战略进攻前期，即在它发动全面进攻的最初四个月内，国民党军队就占领了解放区县以上城市153座，其中包括张家口、淮阴、菏泽、集宁、承德等解放区的若干中心城市。共军虽然也收复和攻占了48座县城，但双方得失相比，国民党军队毕竟多得了105座城市，似乎取得了不小的战绩。然而，国民党军队也为此付出了30万军队被共军歼灭的代价。更让蒋介石始料不及的是，共军虽然也伤亡了 12 万人左右，总兵力不但没有减少，反而上升到 137 万人。[52] 显然，国民党军队虽然占领解放区的很多地方，却没能消灭共军的有生力量。在随后的四个月的进攻作战中，国民党军队又占领了解放区 87 座城市，但共军也收复和新攻占了城市 87 座。得失相比，国民党军队非但没能占到便宜，反而又被共军歼灭了 41 万人，[53] 致使其全面进攻的势头无法再继续下去，不得不改为重点进攻。但是，在此后向陕北、山东发动的重点进攻中，国民党军队虽然占领了已成为一座空城的延安和陕北的大片地区，主力部队也深入到中共的山东解放区腹地，却未能得到任何实际的好处，反而又被共军歼灭了数十万人，其中包括国民党军号称"五大主力"之首的整编第七十四师 3 万多人。至此，国民党军队的战略进攻，包括全面进攻和重点进攻实际上都已完全失败。它虽然也控制了一部分解放区的城市和农村，却为此付出了被歼 112 万人的惨重代价，而中共虽然丧失了部分解放区，但整个解放区的面积却扩大了，共军也愈战愈强，总兵力也由原来的 127 万人发展到 195 万人。[54]

事实证明，蒋介石在内战前期所采取的主动进攻和速战速决的战略方针，根本没有达到预期目的。除了政治的原因，即国民党因主动挑起内战而遭到全国人民的反对，丧失了民心外，国民党和蒋介石在军事上所犯的致命错误是，过高地估计自己的力量，过低地估计了对手中共的抵抗能力，加之过分迷信军队的人数和武器装备的优良，总之是既不知己，也不知彼，所凭的只是自己的主观愿望。在如此盲目的基础上实行的战略，只能是一厢情愿，最终落得个牛皮吹破，贻笑大方而已。此外，在战术上，国民党凭借其军队数量众多和武器装备的先进，主要采取以攻占城市为目的的阵地战的打法，起初虽然有一定的效果，确实占了不少地方，却无法消灭战术灵活的共军的有生力量。况且，新占领的解放区的民众并不支持国民党，他们不得不分出部队担任守备，新占的城市越多，需要的守备部队越多，再加上越来越多的部队被共军歼灭，国民党可用来实施进攻的力量势必越来越少。毫无疑问，所有这些都是导致国民党的战略进攻和速战速决方针破产的重要原因。不过，尽管如此，如果对手中共及其领导的军队应对也不高明，也许国民党蒋介石的战略进攻不会那么短命，仅仅持续了一年就难以为继。因此，中共中央和毛泽东等人采取的战略战术无疑更是国民党蒋介石的战略进攻被迅速粉碎的重要原因。

在国民党军队发动战略进攻时，由于力量对比暂时处于劣势，中共的军队只能进行被动的战略防御。但是，中共中央和毛泽东等人明白，必须在战术上和战役中争取主动，以避免战略上的被动所造成的困境。因此毛泽东等人采取的是积极防御的方针，即不以保守和夺取城市和地方，而是以消灭国民党军队的有生力量为主要目标；不以阵地战，而以运动战为主要的作战方式，并强调每战必须集中优势兵力，各个歼灭敌人，力争全歼被包围的敌军，力争战役或战斗的速决，尽量避免得不偿失，或得失相当的消耗战等等。实践证明，中共中央和毛泽东等人实行的上述战略战术方针极为有效。在战略防御阶段，解放军虽然丢失和主动放弃了一些城市和地方，却歼灭了近百万的国民党军队，不仅打破了国民党军队的战略进攻，而且赢得了战场上的主动权。经过将近一年的较量，虽然国共之间的总兵力对比，国民党军队的总数仍然多于共军，但在能够用于实际作战方面的机动兵力上，双方已相差无几。正是在这样的形势下，国民党军队不得不停止战略进攻，被迫转入战略防御，而中共的军队则不失时机地转入战略进攻，使得整个内战的态势发生了根本性的变化。

自从夺得全国政权之后，在此前所有的内战中，包括抗战前和抗战胜利之初的内战中，与其它反对派相比，国民党的政府和军队都占有极大的优势，因而总是处于战略进攻的主动地位。虽然在具体的战役和战斗中，它也常常打败仗，但只要不动摇和改变其战略上的主动地位，反对派就很难对它形成真正的威胁。然而，随着1947年内战形势的根本性变化，国民党政府的军队被迫从战略进攻转入战略防御之后，它也从此丧失了战争的主动权，而且再也不可能恢复了。这样一来，国民党军队过去主要依靠战略优势而维持的士气和斗志，自然也就逐渐瓦解，其战略战术更是无章可循，不可避免地陷入混乱之中。事实也是如此。1947年夏被迫转入战略防御之后，国民党和蒋介石已谈不上什么像样的战略战术了，虽然也做过所谓的"全面防御""重点防御""固守大城市和重要战略据点"之类的美梦，实际上都是消极防御和单纯的阵地战的打法，不仅毫无成效，而且完全是被此时已经正式改称"解放军"的共军牵着鼻子走，或者说，是基本上处在被动挨打的状况之中，直到双方决战时被解放军大批大批地歼灭，重演了一场中外历史上多次上演过的"兵败如山倒"的惨剧。

反观中共方面，则是完全不同的情景。从战略防御转入战略进攻以后，解放军仿佛如鱼得水，愈打愈顺，愈打愈强。中共中央和毛泽东等人不仅继续采取此前行之有效的集中兵力打歼灭战，以运动战为主要作战形式等等打法，同时根据形势的变化，开始更多地采用阵地战、攻坚战的作战方式，以打破国民党军队的防御体系。而在战争的部署方面，毛泽东等人首先派大军突进到中原，将战争引向国统区，变内线作战为外线作战，一则可以减少战争对解放区的破坏，二则便于"调动"更多的国民党军队，寻找更多歼灭对方的机会。随着战争形势的进一步变化和双方决战时机的到来，毛泽东等人又立即抓住机会，部署各路解放军进一步集中兵力，要求他们敢于打前所未有的大仗，敢于同敌人的强大兵团作战，敢于攻击敌人重兵据守和坚固设防的大城市，并从1948年秋开始，先后成功地部署实施了著名的辽沈、淮海、平津等三大战役，共歼灭和改编国民党军队一百五十四万余人，取得了内战开始以来带有决定性质的胜利。此外，在战争的实践中，毛泽东等人还不断地总结经验，提出了著名的"十大军事原则"，使得中共和解放军的战略战术水平得以大大提高，为中共最终战胜国民党奠定了坚实的基础。

决定内战结局的不仅是国共双方战略战术的不同，还有指挥艺术和部队士气、斗志等方面的因素，这方面的作用无疑也是很大的。实事求是地说，不仅国民党军队的统帅部和它的最高统帅蒋介石的指挥很难让人恭维，而且它在各个重要战场上的高级指挥官的指挥也极为笨拙。笔者已在上文评论过抗日战争期间蒋介石等人的指挥作风，内战开始后，蒋介石等人仍然沿袭过去的那一套。从战争全局的部署，到各个战区各大军事集团的调动、协调、配合；从重大战役的指挥，到战术的运用，蒋介石等人不仅乏善可陈，而且犯了许多重大的错误。限于篇幅，笔者无法一一举例说明。对此有兴趣的人们，只要读一点当年国民党将领后来所写的回忆录，就能看到这方面许许多多的例子。至于国民党军队的士气和斗志，更是不堪提及。内战初期，即国民党军队的战略进攻时期，由于在战略地位、军队人数和武器装备方面都占据优势，问题似乎还不十分严重。然而，随着不断地打败仗，国民党军队士气低落，斗志衰退的状况日趋严重。及至双方的战略决战开始以后，国民党军队的士气和斗志几乎完全瓦解，终于出现了兵家最为忌讳的"兵败如山倒"的悲惨景象。人所共知，战争中军队的士气和斗志极为重要，是实现领导者的战略战术方针和作战意图的根本保证，即便指挥完全正确，如果部队官兵的士气不高，斗志不旺盛，要想取胜也不可能，更何况国民党军队的指挥本来就不高明。当然，国民党军队的士气和斗志衰落并非偶然，它与国民党蒋介石政府在政治上的失策，民心的丧失，军队内部的腐败，党内军内派系林立，互相倾轧等等，都有密切的关系。尤其是军内腐败问题之严重，简直到了难以置信的程度。下层官兵在前线流血流汗，高层军官们还要克扣他们的粮饷，致使广大的下层官兵吃不饱，穿不暖。更有甚者，国民党中央政府将发给部队充作军费的"法币"现钞送到战区，而一些战区长官竟然让火车立即掉头，将大捆大捆的"法币"运回上海抢购黄金，用官兵们的饷金搞投机，发大财。[55] 在如此腐败的军队中，面对着视财如命的长官，而自己却不得不忍饥挨饿，不得不为长官们卖命，士兵们怎么可能有士气和斗志？！其实，在国民党军队里，并不是所有的军官都是无能之辈，更不是士兵们个个都贪生怕死。抗日战争期间，如笔者已经说过的，许多国民党军队都表现得十分突出，浴血奋战，可歌可泣。而在内战的战场上，却出现了一种令人不可思议的现象，即国民党的士兵毫无斗志，大批大批被俘，而一旦被解放军俘虏，只要经过一番教育，将其编入解放军部队，使其成为调转枪口打国民党的"解放战士"，大部分人立即变得十分勇敢，足见问题并非出在部队士兵身上。更具有讽刺意味的是，到了内战后期，解放军的兵员补充和部队人员的扩大，靠的主要是大批被解放军俘虏后变成"解放战士"的原国民党士兵。而解放军的武器装备，也主要靠战场上缴获的国民党军队的大批美式装备予以补充，乃至毛泽东等人后来竟戏称蒋介石是解放军的"运输大队长"。这就充分证明，国民党军队的士气和斗志问题，完全是由国民党蒋介石政府自身的各种原因造成的，怪不得别人。

与国民党的情况相比，中共及其领导的解放军无论是在战争的指挥，还是在部队的士气和斗志方面，都堪称天壤之别。除了笔者已在上文说过的战略战术的制定外，此次内战期间，中共中央和毛泽东等人虽然不能说时时、事事都能神机妙算，但称其军事指挥艺术一流，达到了中外历史上罕见的高水平，并不为过。无论是在延安，还是在后来的西北坡和北平，从最初的战略防御，到后来的战略进攻和战略决战，从部队的调遣和部署，到各个战略区和各大军事集团的协调和配合等等，中共中央和解放军的最高统帅部均处理得比较好，不仅没有犯大的错误，而且战果累累，赞其为"运筹于帷幄之中，决胜于千里之外"，亦非夸张之词。毫无疑问，在中共的最高统帅部里，毛泽东的作用最为突出。这一时期，毛泽东的军事才能得到了充分的发挥，他的指挥艺术达到了炉火纯青的地步，堪称是中外历史上最杰出的军事家之一，也是他的对手蒋介石无法望其项背的。当然，不应将中共的胜利归功于毛泽东一人。在统帅部里，当时兼任中共中央军委副主席和解放军总参谋长的周恩来，担任解放军总司令的朱德等人同样发挥了他们杰出的军事才能，和毛泽东一起指挥解放军取得了一个又一个重大的胜利。此外，当时在各大战区和各个大大小小的军事集团担任指挥官的许多高级将领，也不乏杰出的人才，如彭德怀、林彪、刘伯承、陈毅、粟裕等等。他们不仅能够较好地贯彻中共统帅部的战略战术意图，指挥所部取得战役和战斗的胜利，而且还常常就全国战局的发展，向最高统帅部提出重要的建议，使得毛泽东等人的部署更加切合实际和更加有效。其中，在这方面表现最为突出的是粟裕。他虽然只是一个战区的指挥员，却对于涉及全国战局的问题，先后三次向中央进言，最终都被毛泽东等人采纳，从而为战局的顺利发展作出了自己的独特贡献。至于战区之下，军、师、旅、团等等各级指挥官们,绝大多数都表现得很好,虽然不是百战百胜,却也可以说胜仗多,败仗少,且基本上没有滥仗。也正是在各级指挥官的带动下,从上到下,部队的士气始终十分高昂,斗志始终十分旺盛,官兵同甘共苦,不同建制的部队,乃至不同战区的部队,都能互相配合,互相支持,且能在需要的时候联合作战,成功地举行规模巨大的大战役。

总之,从政治、经济的方针政策,到军事方面的战略战术,从战争的指挥,到部队的士气和斗志,中共及解放军都是国民党政府和军队无法相比的。这就大大弥补了解放军在武器装备方面的不足,最终创造了"小米加步枪"战胜"飞机加大炮",弱军战胜强军的奇迹。

有意思的是,当国民党政府和军队在大陆遭受失败后,蒋介石曾经发出过哀叹,说国民党不是被中共打败的,是被国民党自己打败的。此话虽不完全正确,却也有一定的道理。蒋介石不愿承认中共和毛泽东等人的高明,不愿面对现实,虽然不对,却也可以理解。但他毕竟看到了国民党自身种种带有致命性的毛病,且认识到正是这些毛病成了导致其失败的根本原因。令人感到遗憾的只是,蒋介石不仅觉悟得太晚,而且仍在文过饰非,把过错推给别人。其实,国民党的重病在很大程度上正是蒋介石自己所造成,他无疑应当为此负主要责任。因此,按照他的逻辑,国民党,乃至蒋介石自己,也是被他自己打败的。这样说,似乎更符合事实。

### 1.2.4.5 内战的结局及其对中国历史的深远影响

从 1946 年夏天开始的大规模内战,到 1949 年年底基本上告一段段落。这场被国民党和蒋介石称之为"戡乱",而被中共称为"解放战争"的内战,终于有了结果:国民党蒋介石的政府和军队遭受惨败,中共及其领导的解放军获得了大胜。这样的结局无疑会对中国的历史发展产生巨大而深远的影响。不过,多年来人们对于此次内战结局及其影响的评说并不完全相同,尤其是国共双方,由于政治立场的对立,所持的观点更是相差十万八千里。因此,随着内战的硝烟逐渐散去,随着时光的流逝和战后历史的进一步展现,很多问题可以看得更加清楚了。因此，笔者认为有必要，也有可能站在真正客观的立场上，对内战的结局及其影响作出更加符合历史实际的评述。

毫无疑问，此次中国近代历史上最大规模内战的结局，是"国败共胜"。这一基本事实是谁也无法否认的。然而，对于博弈双方胜败的程度，则是众说纷纭，因而很有必要首先对此作一点具体分析。

对于国民党和蒋介石来说，失败主要表现在它在大陆的数百万军队，除了撤退到台湾的数十万部队外，全部被消灭；国民党在大陆延续了22年的统治被彻底推翻；它在大陆的残余势力和政治影响力也随之被肃清，即使作为一般的政党，在大陆也不可能有任何生存的余地了。国民党蒋介石失败得如此之惨，当然是咎由自取。如果抗战胜利后，国民党蒋介石顺乎民意，实现和平与民主，即便是在以后的和平竞选中下台，也还有重新上台的机会，如人们在今天的台湾所看到的那样，绝对不至于败得如此之惨。这无疑是国民党蒋介石拒绝和平民主不得不付出的巨大代价。

不过，国民党蒋介石虽然在大陆惨遭失败，却并不承认自己已经完全失败，事实上也没有完全失败；它在大陆的政治、军事力量虽然已被消灭，却成功地在台湾保存了部分实力，并在台湾保持和巩固了自己的统治。这一事实表明，困扰了多年的国共两党的斗争并没有完全结束，国民党蒋介石虽然不再可能直接参与大陆的事务，却仍然在一定程度上间接地对大陆，也对整个中国发生影响。至于这种影响对大陆和整个中国来说，究竟是祸是福，或祸福交加，则是另一回事，需要专家们认真研究，笔者在此难以详述。但有一点仍值得一提，即按照中国"胜者王，败者寇"的传统逻辑，多年来中共和大陆的民众称台湾的国民党和蒋介石为"蒋匪"，而并不服输的国民党和台湾民众则回敬对方为"共匪"。在双方严重敌对的氛围中，这类互相妖魔化对方的做法虽然可以理解，却并不合时宜。如今，随着海峡两岸关系的不断改善，这种互相漫骂的现象虽然已不复存在，但在历史的描述以及其它很多方面，因受"胜王败寇"观念的影响，人们仍然自觉或不自觉地重复着过去的一些说法。笔者以为，这无疑应当引起人们，特别是学者们的注意。

对于获得大胜的共产党和毛泽东而言，通过内战的博弈，中共及其解放军消灭了国民党在大陆号称八百万大军的武装力量，也成功地清除了国民党在大陆的各种势力和影响，推翻了国民党在大陆延续了22年的政治统治，完全控制了除台湾、香港、澳门以外的中国领土，为中共在大陆建立自己的政权扫除了一切障碍。这一胜利被中共称为它所领导的中国革命，又称新民主主义革命的伟大胜利。至此，自创党以来中共确定的第一个大的奋斗目标，即夺取全国政权的目标基本上得以实现，28年曲曲折折的革命历程就此告一段落。中共将从此开始一个新的历史发展时期，即中共在中国大陆执政的时期。

然而，中共虽然在内战中获得"大胜"，却也不是"全胜"。个中的原因众所周知，亦即笔者已经说过的，中共虽然将国民党和蒋介石赶出了大陆，迫其退守台湾，却由于自身力量的局限，未能实现毛泽东"宜将剩勇追穷寇"的设想，未能将国民党的势力完全消灭。尽管后来中共一再强调，一定要解放台湾，但由于各种因素，特别是美国的介入，这一目标至今没有实现。诚然，对于中共来说，这并不是什么大问题，似乎并不影响伟大胜利的光辉，但毕竟有点美中不足，并在后来的历史发展中给中共带来过不少的麻烦，且时至今日，台湾问题仍在一定程度上困扰着中共的领导人。这种情况似乎也在说明一个道理，即在国家内部的政争中，武力和武装斗争有时虽然很重要，却不是万能的，不能过于迷信。任何一个国家，仅靠武力并不能真正实现长治久安。

尽管1949年前后大规模内战的结局还不是最终的，但"国败共胜"的基本事实不仅无法否认，而且这一客观事实确实对中国，当然是对以大陆为主体的中国历史的发展产生了重大而深远的影响，用中共官方的话来说，即具有伟大而深远的历史意义。不过，影响之大之远虽然必须肯定，但中共官方的评价却因为政治上的需要，加上了许多夸张不实之词。因此，对内战结局的历史影响，必须站在客观的立场上，重新予以恰如其分的评估。

首先，内战"国败共胜"的结局，使得以大陆为主的中国比较彻底地摆脱了受外国列强侵略、控制、干涉的状况，使得中国和中华民族进一步恢复和巩固了百年来失去的独立和主权。

人所共知，自1840年的鸦片战争英国以武力打开中国的大门以来，中国和中华民族便逐渐的失去独立和主权，沦为半殖民地。1931年"九一八事变"之后，包括东北三省和华北、华中、华南的大片土地又逐渐沦为日本的殖民地。经过一代又一代爱国志士和全国人民前仆后继的奋斗，尤其是在全民族的抗日战争中，经过全国军民的浴血奋战和当时的国民党政府的外交努力，中国不仅打败了日本侵略者，而且基本上废除了外国列强过去强加在中国人民头上的，所有的不平等条约，在国际法意义上恢复了独立和主权。与此同时，中国还以四大国之一的身份，参与创建联合国，并成为联合国的常务理事国，使中国的国际地位有了很大的提高。必须承认，在中国人民争取独立和恢复国家主权的斗争中，这是一个十分重大的胜利。这不仅应当归功于包括国共两党在内的全国人民和坚持抗战的各党各派，也应当归功于当时的国民党政府和蒋介石等人。不过，由于当时中国的实际国力还比较弱，国内的矛盾和纷争严重，无疑也给外国以可乘之机，中国虽然恢复了独立和主权，却仍然不能完全避免和抵制其它强国，尤其是美、苏两国损害中国国家独立和主权的某些行为。随着内战的结束和中共在中国大陆取得胜利，这种情况得以彻底改变。外国列强侵略、控制、干涉中国的历史从此一去不复返了，中国的独立和主权有了更加切实的保障。中国人民和中华民族遭受外国欺负压迫的历史彻底结束了，这不能不说是一个伟大的胜利，将对中国的历史发展产生深远的积极影响。诚然，中国和中华民族要真正崛起，中国人民要真正站起来，中国的独立和主权要得到进一步巩固，路还很长，但基本的，也是十分重要的一个条件已经具备，这是不争的事实，必须倍加珍惜才是。

其次，大规模内战的结束和中共的胜利，也使得在中国的土地上绵延了近百年的战乱，包括由外国入侵和内战产生的战乱从此告一段落，人民终于真正过上了和平的生活。

自从中国进入近代以后，到1949年前后此次大规模的内战为止，一百多年来，因外国列强的侵略而起的民族战争，因国内发生革命或内部各派政治势力争夺权力而起的内战，一直连绵不断。中国的民众真可谓饱受了战乱所带来的巨大痛苦，国家和人民的生命财产遭受了巨大的损失，社会生产受到了巨大的破坏。现在，随着此次内战的结束，和平终于得以实现，并且有了长期巩固的可能。尽管国共之间的斗争并没有完全结束，甚至仍有重燃战火的可能，但毕竟只是局部性的，而对全国的和平无甚大碍。此外，全国人民自然还要时时对外来侵略保持高度警惕，但和平的巩固还是有希望的。而和平的实现和巩固，对于中国未来的历史发展，无疑和国家的独立一样具有十分重要的意义，这是谁都明白的道理。事实上，正是在此次内战之后直到今天，六、七十年来和平环境的持续，为中国的繁荣富强提供了又一个必不可少的前提条件。

再次，内战的结束和中共的胜利，使得以大陆为主的中国结束了几十年来的分裂状态，实现了真正的统一。

近百年来中国的分裂始于清王朝的覆灭。此后的北洋军阀政府和国民党政府，虽然先后执掌中央政权，但都没有真正统一过中国。从军阀割据到后来的国共分裂和国民党内各个实力派之间的派系纷争，名义上中国也有一个中央政府，实际上是各自为政，国家犹如一盘散沙，毫无凝聚力。1949年内战的结束和中共的获胜，基本上解决了这个问题，占全国领土百分之九十以上的大陆真正获得了统一，并对中国的发展和崛起创造了又一个重要的条件。诚然，由于国共之间的矛盾和斗争并未完全结束，致使台湾海峡两岸之间分裂尚未解决，国家统一的任务还未彻底完成。但随着历史的发展，两岸民众进一步增进了解，笔者相信，统一的问题最终一定能够得到圆满的解决。

上述三个方面，即独立、和平、统一三大问题的解决，不仅已经对内战结束以来中国六十多年的发展产生了积极的作用，无疑还将对中国未来的进步发生难以估量的巨大影响。因此，从某种意义上讲，这是1949年前后结束的内战所取得的最重要的，也是对整个中华民族和全国人民最有好处的成果。如果再从近代以来中国人民求革新、求进步、求新生的整个历史进程来看，尽管经过几代人前仆后继的努力，每一步都取得过一定的成绩，但相比较而言，1949年所取得的上述成果无疑是最大最重要的。

当然，除了上述的独立、和平和统一，还有一点必须提及，即通过此次内战，中共推翻了独裁专制、盘剥民众的国民党政府在大陆的统治，为自己在大陆建立新政权扫除了一切障碍。而政权的更迭则为在中国建立真正的民主政治制度，恢复和发展国民经济，改善民众生活，为实现全国人民梦寐以求的繁荣昌盛创造了条件。

由于国民党政府统治大陆期间，始终顽固地坚持独裁专制和盘剥民众的政策，不愿意进行必要的改革，因此，不推翻它的统治，在中国建立民主制度，发展经济，改善民生都只能成为一句空话。同时，由于中共在革命的过程中一直允诺实行民主等等，故民众支持中共推翻国民党政府的革命。内战"国败共胜"的结局扫除了中国进行政治、经济改革的最大障碍，自然使得民主政治制度的建立，国民经济的发展，社会民生的改善有了可能。也正因为如此，全国民众对即将建立的新政权寄予莫大的希望。但是，"可能"和"希望"并不等于"现实"。多年来，中共官方也大力宣传说，中共革命的胜利标志着中国人民真正得到了解放，从此开始"当家作主"，成为新国家、新社会的"主人"，或者说，中国从此有了真正的民主等等。[56]对于这类出于政治目的的宣传，笔者不敢苟同。这是因为，专制独裁的国民党政府被推翻，只能为民主政治制度的建立扫除障碍，提供可能的条件，并不等于民主政治的制度就能自然而然地建立，也不等于经济就能发展，民生就能改善。"破"是"立"必备的前提条件，但"破"并不等于"立"。过去人们总是说，"破字当头，立就在其中了"，实际上这样的说法并不完全正确。"破旧"并不容易，"立新"更是一个复杂的过程，其难度更大。新的东西能不能真正建立起来，必须通过实践的检验，才能得到切实的回答。仅就民主政治制度的建立而言，近代以来的历史已经充分证明，专制独裁制度被推翻，并不等于民主制度就能建立，辛亥革命后建立的袁世凯政权以及其它北洋军阀头子的政权，国民革命后建立的国民党政权，都只是以新的专制独裁代替旧的专制独裁而已。可见，在"破"和"立"之间并不能画等号。破了国民党政府的专制独裁，代之而起的中共新政权能不能避免重蹈覆辙，主要取决于中共领导人的观念和作为。也只有在民主政治制度真正建立之后，才能说人民真正站了起来，成了国家真正的"主人"，真正得到了"解放"。

  总而言之，对于内战的结局，尤其是中共革命胜利的影响，必须实事求是地予以评说，既不能过分贬低，也不能人为地加以夸大。就近代以来中国历史发展提出的要求，或者一代又一代志士仁人为之奋斗的几大目标，即独立、和平、统一和民主、繁荣而言，独立和主权已得到恢复，和平与统一基本上也得以实现，或者说前两项任务已经完成，而这方面的成就，又为后两项任务，即民主政治制度的建立，为国家改变经济文化的落后面貌，最终走向繁荣富强创造了条件，这些都必须充分肯定。但后两项任务没有，也不可能随着内战的结束和中共革命的胜利而完成，只能是刚刚开始，需要全国人民做更多更复杂的工作，也需要更长的时间，或如毛泽东所说，中共革命的胜利"只是万里长征走完了第一步"，以后的路更长，任务更艰巨。必须指出的是，由于胜利，内战以后中共成为以大陆为主的中国的执政党，因此，维护独立和主权，维护和平与统一，特别是建立民主政治制度和实现国家繁荣富强两大目标的重任，历史性地落到了中共的身上。这并不是说广大民众不要努力，但中共无疑必须承担最主要的责任。中共执政以后应当怎样做，实际上又是如何做的，包括所经历的各种曲折及曲折之大小，都将对中国历史未来的走向产生决定性的作用。

## 第二章注释：

1. 《马林在中国的有关资料》，第36页。
2. 同上书，第44页。
3. 引自中国人民解放军政治学院党史教研室编：《中共党史参考数据》

（内部使用），第 2 册，第 553 页。各种版本的数据对孙中山和越飞所发表的联合宣言使用的标题译文，均存有差异，此处所引系根据原载于《中国国民党重要宣言汇编》的文献。

4. 参见胡乔木：《中国共产党的三十年》，第 16 至 17 页。
5. 《毛泽东选集》，第 4 卷，1023 页。
6. 同上书，第 2 卷，第 49 至 50 页。
7. 参见《苏联〈真理报〉有关中国革命的文献资料选编》，第 1 辑，第 521 至 525 页，第 501 页。四川社会科学院出版社 1985 年版；《斯大林全集》（中文版），第 9 卷，第 306 至 308 页，人民出版社 1954 年版。
8. 参见胡乔木：《中国共产党的三十年》，第 10 至 18 页。
9. 参见《苏联〈真理报〉有关中国革命的文献资料》，第 1 辑，第 247 页。
10. 《斯大林全集》（中文版），第 9 卷，第 204 页。
11. 参见杨奎松：《国民党的"联共"与"反共"》，第 219 页，社会科学文献出版社 2008 年 1 月版；中共中央党史研究室：《中国共产党历史》，第一卷，上册，第 275 页。
12. 关于莫斯科紧急指示的密电原本，迄今未见到相关资料，但各种文献所引述的内容大致相同，并无原则差别。参见《斯大林全集》（中文版），第 10 卷，第 31 至 32 页；杨奎松：《国民党的"联共"与"反共"》，第 217 页，第 225 页。
13. 参见杨奎松：《国民党的"联共"与"反共"》，第 186 至 288 页。该著作使用了国民党的许多档案文献数据，说明左倾偏向普遍存在于国民革命后期的工人运动和农民运动之中。
14. 参见《毛泽东选集》，第 2 卷，第 12 至 42 页。
15. 参见杨奎松：《国民党的"联共"与"反共"》，第 215 页。
16. 参见中共中央党史研究室：《中国共产党历史》，第一卷，上册，第 228 页。
17. 同上书，第 251 页。
18. 参见胡乔木：《中国共产党的三十年》，第 12 至 16 页。
19. 转引自中共中央党史研究室：《中国共产党历史》，第一卷，上册，第 289 页。
20. 中国人民解放军政治学院编：《中共党史参考数据》，第 5 册，第 84 至 85 页。
21. 参见中共中央党史研究室：《中国共产党历史》，第一卷，上册，第 294 页。

22. 参见杨奎松：《国民党的"联共"与"反共"》，第 273 页。
23. 《毛泽东选集》，第 3 卷，第 985 页。
24. 参见中共中央党史研究室：《中国共产党历史》，第一卷，上册，第 333 页。
25. 参见周国全等：《王明评传》，第 109 页，安徽人民出版社 1989 年版。
26. 对于 1931 年 9 月中共中央临时政治局的组成，存在着各种说法。也有材料说是根据共产国际远东局的提议成立的。参见中共中央党史研究室：《中国共产党历史》，第一卷，上册，第 396 页。
27. 对于张闻天是否有"总书记"的头衔，中共官方与历史学界一直存有分歧，至今仍无明确的定论。参见中共中央党史研究室：《中国共产党历史》，第一卷，上册，第 491 页；另见张培森：《三大历史关口的张闻天》，《炎黄春秋》2010 年第 6 期，第 46 页；黄铭：《遵义会议后毛泽东的职务变化》，《百年潮》2010 年第 11 期，第 39 页。
28. 参见《毛泽东选集》，第 3 卷，第 373 至 406 页。
29. 参见胡乔木：《中国共产党的三十年》，第 37 至 39 页。
30. 参见孙其明：《评抗日战争时期国民党政府的外交政策》，载全国党史研究会编：《中国抗日战争与世界反法西斯战争》，第 133 至 150 页，中共党史资料出版社 1988 年 4 月版。
31. 参见《陈诚回忆录——抗日战争》，东方出版社 2009 年 10 月版。
32. 同上书，第 59 页。
33. 同上书，第 61 页。
34. 参见中共中央党史研究室：《中国共产党历史》，第一卷，下册，第 794 页。
35. 参见《陈诚回忆录——抗日战争》，第 96 至 97 页。
36. 同上书，第 97 页。
37. 同上书，第 97 页。
38. 参见胡乔木：《中国共产党的三十年》，第 48 页，第 52 页。
39. 参见中共中央党史研究室：《中国共产党历史》，第一卷，下册，第 858 页。
40. 同上书，第 853 页。
41. 《毛泽东选集》，第 4 卷，第 1021 至 1032 页。
42. 参见胡乔木：《中国共产党的三十年》，第 54 页至 55 页。
43. 参见孙其明：《和谈、内战交响曲——毛泽东和蒋介石在抗战胜利初期》，上海人民出版社 1992 年 8 月版。

44. 《中共中央文件选集》，第 13 册，第 318 至 319 页。
45. 参见孙其明：《和谈、内战交响曲——毛泽东和蒋介石在抗战胜利初期》，第 227 至 228 页；梁漱溟：《忆往谈旧录》，第 176 至 179 页，中国文史出版社 1987 年版。
46. 《毛泽东选集》，第 4 卷，第 1373 页。
47. 同上书，第 1083 页。
48. 同上书，第 1120 页。
49. 同上书，第 1083 至 1084 页。
50. 中共中央党史研究室：《中国共产党历史》，第一卷，下册，第 941 页。
51. 《毛泽东选集》，第 4 卷，第 1084 页。
52. 中共中央党史研究室：《中国共产党历史》，第一卷，下册，第 910 页。
53. 同上书，第 928 页。
54. 同上书，第 930 页，第 950 页。
55. 参见孙其明：《和谈、内战交响曲——毛泽东和蒋介石在抗战胜利初期》，第 473 页。
56. 参见胡绳主编：《中国共产党的七十年》。第 288 页，中共党史出版社 1991 年 8 月版。

# 1.3 对中共革命的全面反思

1949 年，自创立以来，经过 28 年的艰苦奋斗、流血牺牲，中国共产党领导的革命终于取得了重大的胜利，推翻了国民党政府在大陆的统治，夺取了除台湾以外的全国政权。中共革命的成功并非偶然，既有客观原因，也是共产党人主观努力的必然结果。而中共革命所形成的遗产无疑十分丰富，也十分复杂，既有正面的，即后来中共所称的"优良传统"，也不乏负面的"革命后遗症"，且无论好坏，都将对胜利后的中共，对革命后的中国产生巨大而深远的影响。

## 1.3.1 对中共革命成功之因的再剖析

### 1.3.1.1 成事在天：走中国历史的必由之路

在前两章叙述中共创立和中共为革命而奋斗的历史过程时，笔者实际上已经谈及中共取得胜利的种种原因，但因为行文的需要，虽然涉及到各个时期的很多具体问题，却不够系统。因此，笔者认为有必要再对中共革命获得成功最重要的若干因素，进一步予以概括和说明。

研究中共革命成功的"秘诀"，不外乎客观和主观两个方面。俗话说：谋事在人，成事在天。所谓的"天"，指的就是客观条件、客观因素和客观规律。所谓的"人"，指的则是一个人，或由若干人组成的集体，包括政党和各种团体的主观努力、主观条件。而人们的主观努力也只能在客观条件允许的范围内，遵循客观的规律，才有可能取得成功。事实上，中共革命的成功也是如此。

对中共发动和领导的革命而言，客观的条件和因素不仅非常重要，而且十分有利。中共自创立以来，不仅基本上遵循了历史发展的客观规律，且能充分地利用各种有利的客观条件，趋利避害，因势利导。毫无疑问，这是中共革命获得成功最重要的原因之一。

首先，自鸦片战争以来，由于外国列强不断扩大对中国的侵略，由于本国的封建统治者腐败无能，近代中国的两大矛盾，即列强与中华民族、封建统治集团与人民大众的矛盾不断地激化，使得要求革新和革命的呼声日趋强烈，成为不可阻挡的历史潮流。孙中山曾经讲过，历史的潮流浩浩荡荡，顺之者昌，逆之者亡。毛泽东也说过，必须走历史必由之路。事实上，中共的诞生不仅是这一历史潮流滚滚向前的产物，中共发动和领导的革命也完全适合中国近代历史发展的需要。

更为重要的是，历史不仅为中共的革命提出了要求，而且也为之提供了机遇。尽管在中共出世以前，中国的志士仁人们已经进行过多次奋斗，程度不同地推动了历史的进步，但并没有真正解决上述的民族矛盾和社会矛盾，在广袤的神州大地上，仍然布满着干柴，点点星火便可燃起熊熊烈火。这自然为中共发动和推进革命提供了最为有利的客观条件。当然，在历史发展和革命发展的不同阶段，历史所提供的具体要求和机遇并不完全相同，中共的革命运动也必须顺势而为，才有成功的可能。无疑，中共虽然也犯过错误，但总的来说，不仅基本上适应了历史的要求，而且较好地抓住了历史提供的所有机遇。笔者在前两章中所提到的许多例子都能证明这一点。其中最为突出的，当然是由于日本发动全面的侵华战争，为中共提供的"天赐良机"，而中共也充分地把握了这一难得的历史机遇。反过来说，如果中共的革命与中国历史发展要求背道而驰，或者未能及时而正确地把握历史提供的机遇，要取得革命的胜利，则是完全不可能的。

其次，20世纪国际形势的变化和整个人类社会的进步，也使得世界的大环境，大气候变得更加有利于中国的革命。对于中共的革命事业，中国的大环境和大气候当然十分重要，而世界的大环境和大气候同样关系重大。

众所周知，中共出世以前，特别是在19世纪后期和20世纪初，资本主义列强一统天下，对中国的侵略正处于最为疯狂的时期。这样的国际形势当然对中国的革新和革命事业极为不利。有志于革新和革命的志士仁人不仅得不到任何国际援助，而且常常受到列强的打压和破坏。当年的孙中山就曾多次呼吁列强支持他的革命事业，却始终毫无结果。不仅如此，辛亥革命爆发后，西方列强却大力支持袁世凯独占革命的胜利果实，成为革命后来严重受挫的重要原因之一。

然而，也正是在辛亥革命之后不久，国际形势开始发生重大变化。第一次世界大战的爆发，打破了列强抱成一团，共同对付中国的局面，在一定程度上削弱了列强的实力，而战争的最后结局和巴黎和会的举行，则前所未有地促成了中国人民的新觉醒；俄国十月革命的胜利，使得资本主义列强一统天下的局面从此成为历史，不仅给中国人民带来了希望，而且使得中国的革新和革命事业争取国际援助有了可能。此外，一战以后，在亚洲、非洲、拉丁美洲地区，民族解放运动的浪潮也逐渐兴起，使得中国人民的斗争不再孤立。所有这些，无疑都有利于中国的革新和革命事业。这不仅使得中共的出世从一开始就有了一个相对较好的国际环境，而且在其创建的过程中就得到了外部，主要是苏俄的帮助和支持，并在后来的发展中能够持续地得到苏俄的援助和指导。诚然，来自外部的援助不仅有限，且既有好处，有时也会产生负面作用，不可能替代自身的努力和奋斗，但不可否认的是，它毕竟在相当大的程度上促进了中共的革命事业。

值得一提的还有，在中国的抗日战争和反法西斯的第二次世界大战爆发以后，国际形势又发生了更大的变化。其中，对中国最为重要的是，不仅苏联支持中国的抗战，西方列强中的美、英等国，也都站在中国一边，特别是美国，给了中国相当大的援助。尽管美国支持的主要是国民党蒋介石政府，并且有中共所称的"扶蒋压共"和"扶蒋反共"的一面，但也不可否认，美国的援助不仅对中国取得抗战的胜利十分有利，中共同样从中得到了不少好处。更重要的是，二战中及二战后，世界总的政治、经济、军事格局大变，整个氛围也与战前大不相同，加之民族解放、社会革命的潮流日趋迅猛，人类社会文明进步的步伐明显地加快，所有这些变化，对中共的革命事业基本上都是"利好"的消息。总之，从中共诞生，到它取得全国性胜利，国际形势的大趋势、大环境、大气候对中共越来越有利，这是不争的客观事实，无疑也是中共革命成功重要的客观条件之一。

再次，中共的革命并不是"平地起高楼"，而是在此前的革新和革命运动的基础上发展起来的，是站在一代又一代前人的肩膀上才得以取得更大成就的。

从笔者前两章的叙述中，人们都能看到，在中共诞生和发动革命之前，近代中国一批又一批的志士仁人和先进分子，前仆后继地发动了一波又一波的革新和革命运动，很多人为此流血牺牲。经过几十年的艰苦奋斗，虽然历次努力都未能取得完全的成功，却也获得了一个又一个阶段性的成果，并由此推动了中国历史的进步。也有不少人虽然没有投身于政治革命，同样出于救国救民的目的，热心于"教育救国""文化救国""科学救国""实业救国"等等，他们也为国家的文明和进步作出了自己的贡献。正是因为许许多多人的努力，无论是在中共出世之前，还是中共创立之后，虽然比较缓慢，但中国的社会毕竟都在不断地进步和发展，在包括政治、经济、思想、文化等等各个方面，为中国的大变革准备了条件，实际上也为中共革命的胜利准备了条件。此外，以往的革新和革命运动，前人不屈不饶的奋斗，无论是成功，还是失败，他们的经验和教训，对于共产党人，都是极为宝贵的精神财富，并非可有可无。因此，说中共的革命是站在前人的肩膀上，才得以顺利进行并最终取得胜利的，这毫不为过。正因为如此，革命的胜利不能仅仅归功于中共，而获胜的共产党人更不应该忘记前人的功劳，包括很多后来被中共所批判的所谓的"改良主义者"的功劳。总之，历史不应被割断，前人的奋斗和成果，虽然有一定的局限性，却必须予以尊重，更不能否定。中华民族的伟大和值得骄傲之处，就是一代又一代人总是在为民族的生存和发展不断地奋战，从不停息。

最后，还有一点必须提及，就是中共的对手，亦即中共所称的革命对象，基本上都是腐败无能之辈，客观上也为中共的成功加了分。

除了外国列强，中共在国内的革命对象，早期的是北洋军阀政府，其腐败无能众所周知。不过，当年虽然号称国共合作，革命的主要力量仍是国民党。国民革命胜利，国共关系破裂，国民党独占了胜利的果实之后，国民党成为中共在国内的主要对手。刚开始的时候，国民党的政府和军队虽然先天不足，毛病不少，却仍然显得比较强大，使得当时十分弱小，而又缺乏经验的中共难以招架。然而，由于国民党始终坚持"一党专政"的独裁统治，政府和高级官员的权力不受任何约束，腐败的滋生和发展都极为迅速。正如笔者已在前两章多次说过的，到了抗日战争后期抗战胜利之后，国民党政府和军队内部的腐败已发展到十分惊人的程度，甚至可以说创了近代历史的新纪录，大概连清王朝和北洋军阀政府都会感到望尘莫及。腐败总是与无能相联系的，或者说，腐败必然导致无能，腐败越来越严重，政府和军队也越来越无能。从某种意义上说，国民党政府和军队当年的腐败无能是全方位的，它表现在各个方面，如同一个病入膏肓的重病人，已到了无药可治的程度。腐败更是同丧失民心紧密相连，失民心者，必然失天下，这是中外历史早已无数次证明过的真理。正因为如此，蒋介石后来才会说，国民党不是被共产党打败的，而是被国民党自己打败的。笔者当然不会否认中共的高明，但对手国民党的腐败无能和民心丧尽，确实在客观上大有利于中共，使得中共更容易击败自己的对手。

综上所述，众多的客观因素都对中共的革命有利，尽管客观条件的好坏并不能替代中共的主观努力，但对中共的成败却是不可或缺的。

### 1.3.1.2 谋事在人：一切从中国的实际出发

谋事在人，讲的是主观因素和主观条件，亦即人们的主观奋斗。客观条件虽然十分重要，但是，如果没有人的主观努力，想做成一件事，同样也是不可能的。而人们的主观努力，包括人们的思想认识和由此而采取的应对之策，都必须符合客观现实，遵循客观的规律，否则，仍将一事无成。因此，中共革命的成功，不仅取决于有利的客观因素，更是中共在充分利用客观条件，遵循中国历史发展的客观规律的基础上，自身长期努力奋斗的结果。

革命胜利后，中共官方在总结经验时总是强调说，这是马克思列宁主义的伟大胜利，或者说，中共革命的胜利是在马克思列宁主义的指导下取得的。这种看法虽然有一定的道理，却并不全对。诚然，实践无疑需要一定的思想理论的指导。也只有在正确的思想理论的指导下，实践才有取得成功的可能。如笔者已经分析过的，中共创立伊始，就明确地宣布，以当时世界上最激进的革命理论马克思列宁主义，为自己的指导思想。马克思列宁主义强调要革旧世界的命，造旧世界的反，且必须以暴力手段达到革命造反的目的。这种大倡"革命造反有理"的思想学说所激起的革命信念、革命精神，正是当时矛盾极为尖锐的中国最需要的，因而成为鼓舞中共的最重要的精神力量，成为中共用来激励追随者的思想武器。马克思列宁主义所主张的革命必须发动、依靠包括工人、农民在内的下层民众，强调组织受压迫、受剥削最深的阶级起来，对压迫、剥削广大民众的统治者进行群众性的阶级斗争，推翻它们的统治，夺取国家的政权，这种全新的革命方式，对多次遭受失败的中国先进分子无疑具有极大的鼓舞和启示的作用。而马克思列宁主义所描绘的革命远景，即未来的社会主义和共产主义社会，就像一幅美丽的画图，同样给自古以来就向往"大同世界"的中国人以无比的憧憬，并愿意为此理想社会的实现而奋斗。此外，马克思列宁主义还以其独特的唯物辩证法的历史观、方法论，吸引和武装了一直在苦苦探索中国出路的先进的知识分子等等。可见，尽管马克思列宁主义并不是无懈可击，也不是只有这一种理论影响过共产党人，但对中共的革命而言，它确实为革命的成功发挥了很大的作用，或者说，中共确实从马克思列宁主义的思想理论中汲取了许多营养，且得益匪浅。

然而，世界上并没有"放之四海而皆准"的理论，马克思列宁主义更不是解决中国问题万能的"灵丹妙药"。它虽然可以在采取相对正确的思想观念、思想方法方面给人们以帮助，却不能替代人们的思考，更不能成为人们考虑和解决问题的出发点。中共的革命是在中国的特殊环境中进行的，只能从中国的实际国情出发，在正确认识中国的实际情况和中国历史的客观规律的基础上，采取应对的措施和实际的行动，才能有所作为乃至获得成功。要做到这一点并不容易。

中共后来称之为"将马克思列宁主义的普遍真理与中国革命的实际相结合"。尽管这种说法明显地存在着神化马克思列宁主义的意图，但其实质却是反对教条地对待马克思列宁主义，反对简单地照抄照搬马克思列宁主义的某些结论，要求从中国的实际出发，制定党的方针和政策。事实上，在中共领导革命的过程中，多次发生过教条主义地照抄照搬马克思列宁主义的倾向，并且给中共带来过失败或挫折。不过，从总体上看，中共还是逐步学会了将理论与实际相结合，正确地认识中国的国情，基本上做到了从中国的实际出发，走中国历史发展的必由之路，按照中国历史发展的规律来决定方针、政策的要求，因而为最终的胜利奠定了基础。

如果再简要地回顾一下中共革命的历史，就可以清楚地看到，中共的战略策略方针，在取得最终胜利前，有过四次大的转变。第一次是在创立之初，从中共一大的所谓社会主义革命纲领，到二大、三大制定民主革命的纲领和国共合作的策略方针；第二次是在国共分裂之后，中共不仅毅然决然地举起武装反抗国民党的大旗，而且将党的工作重心从城市转到农村，走上了农村包围城市，武装夺取政权的道路；第三次转变则发生在全国抗日战争爆发前夕，中共决定放弃推翻国民党政府的政策，再次与国民党合作，共同抗日；第四次，是在国民党蒋介石背弃各党各派达成的和平民主协议，挑起大规模的内战之后，中共没有屈服于压力，再一次决定以自卫战争粉碎国民党军队的进攻。上述所有重大的转变，无疑都是从实际出发，根据实际情况的变化作出的，基本上符合中国的国情和历史的发展规律，并不是从马、列的著作中照抄照搬而来的，也不是按照苏联的经验照葫芦画瓢所获得的。正是这些重大的战略策略方针的制定，及其在革命的实践中得到了较好的实施，中共才有了后来的成功。当然，中共从实际出发制定其方针政策的事例很多很多，笔者在此所举，只是最重要的几点而已。但仅此已可说明，在中共为革命胜利而奋斗的过程中，马克思列宁主义虽然也起过很大的作用，但最重要最根本的一条，还是从中国的实际出发，或如毛泽东所说，必须"实事求是"。有人可能会说，一切从实际出发，实事求是就是马克思列宁主义的基本原则之一，因此仍应当将此归功于马克思列宁主义。然而，谁都知道，早在中国古代，人们就懂得了实事求是的重要，而且在马克思列宁主义出世之前，古今中外就不乏从实际出发而获得成功的事例。尽管马克思列宁主义也提倡理论必须符合实际，却不能因此将之视为马克思列宁主义的独家专利，更不能将此完全归功于它。

在人们讨论理论与实际相结合的问题时，不能不涉及到中共所称的"毛泽东思想"这一重要的概念。鉴于中共在革命的过程中较好地解决了理论联系实际的问题，学会了从中国的实际出发，且由此制定了一系列符合中国国情和历史发展规律的理论原则、战略战术思想及有关的路线、方针、政策，又鉴于在中共党内，毛泽东对此所作的贡献最为突出，故在抗日战争后期，中共将上述成果予以概括，命名为"毛泽东思想"，并明确地说明，毛泽东思想就是马克思列宁主义的普遍真理与中国革命的实际相结合的产物，也是对马克思列宁主义的新发展。由此，当中共革命最终获得胜利之后，中共也就顺理成章地宣称，这不仅是马克思列宁主义的伟大胜利，也是毛泽东思想的伟大胜利。

笔者认为，尽管提出毛泽东思想这一概念，是中共出于政治上的需要而作出的，但这一理论概念基本上符合历史事实，以此概括中共在革命实践中所取得的思想成果，也无可厚非。然而，也必须指出：其一，上述思想理论成果的取得，并非毛泽东一人的功劳，从中共创立开始，党内很多人，包括中共的主要创始人陈独秀在内，都为此作出过贡献。这是毛泽东本人也不得不承认的。然而令人遗憾的是，后来，"毛泽东思想"却在实际上成了毛泽东一人的专利，成为神化毛泽东最重要的工具。虽然在文革以后，中共反复强调毛泽东思想是中共"全党智慧的结晶"，但已经造成的巨大损失却再也无法挽回；其二，在被称为完全科学的毛泽东思想的理论中，历史证明，当时就有很多不正确的内容，并在实际上对革命造成过危害；其三，即便是毛泽东思想中当时所谓正确的理论和观点，也不可避免地受到时间、空间的局限，并非永恒的"真理"，绝非"放之四海而皆准"。形势在发展，情况在变化，彼时正确的东西，如果简单地套用到此时，就可能变得十分荒谬。总之，绝不能将毛泽东思想神化，否则必然使之走向反面。尽管在革命时期，这方面的问题似乎并不十分严重，但随着历史的发展，人们将会看到，"神化"的消极后果必然越来越严重。

在谈及中共革命的指导思想时，不应忘记的还有，并非只有马克思列宁主义在起作用，民族主义和民主主义同样十分重要。笔者已经说过，在中共创立以后的中国，最主要的社会矛盾是资本主义列强与中华民族、封建专制统治与人民大众的矛盾。因此，反对外国列强的侵略、压迫和控制，恢复国家的独立和主权，反对封建的专制统治，实现民主，不仅是中国历史发展的当务之急，也是全国人民的迫切要求。正因为中共从中国的实际出发，清楚地看到了这一点，认识到立即用马克思列宁主义所提倡的社会主义和共产主义来号召、动员全国民众，很难有效，故在中共二大以后，制定并开始实行民主革命的纲领，开始以民族主义和民主主义来号召、动员民众，并在以后的整个革命过程中，始终高举民族主义和民主主义的大旗。毫无疑问，这是中共将自己的主观努力与中国历史发展的实际需要，与全国人民当时的迫切愿望密切结合最重要的举措，并在动员民众，争取民心归向上获得了巨大的成功，从根本上奠定了中共革命胜利的基础。虽然中共只将民主革命作为其整个革命过程的第一步，且称其为之奋斗的民主主义为资产阶级的，而中共革命的最终目标仍是社会主义和共产主义，但在当时的中国，绝大多数民众并不了解社会主义和共产主义，迫切向往的仍是国家的独立，人民的自由和民主，并因此而拥护中共，支持中共的革命。可见，中共革命的胜利，在很大程度上也是民族主义和民主主义的胜利。后来，民主革命胜利后的中共虽然没有公开否认这一点，但却很少提及，尤其是极力淡化民主主义的重要性，将一切功劳归于马克思列宁主义。这当然与中共把民主主义看成是资产阶级所专有，不承认民主主义的普世价值和民主是人类社会文明发展的共同成果有关，也同中共掌权后背弃革命时期所许的实现民主的诺言不无关系。须知无论是马克思列宁主义所主张的社会主义、共产主义，也无论中共将其吹得如何天花乱坠，如果没有真正的民主和自由，那都只能是虚无缥缈的空中楼阁，不仅不能给民众带来真正的幸福，甚至会带来灾难，这已为中外历史所证明。

总之，一切从中国的实际出发，实事求是，是中共在主观上努力奋斗，并取得成功最重要的经验。除了笔者已经说过的，它还在其他方面积累了若干值得重视的经验。

### 1.3.1.3 依靠工农下层民众，团结中间势力，赢民心得"天下"

俗话说，得民心者得天下。在中外历史上，不论是统治集团内部争权夺利的斗争，还是民众反抗统治者的起义或革命，凡能获得成功者，都在一定程度上赢得了民心，故民心所向之重要，人所共知。问题在于，如何才能赢得民心，获得大多数民众的支持。毋庸讳言，在革命的过程中，中共在这方面确实做得比较成功。

首先，中共创立伊始，便确定并始终坚持发动和依靠下层民众，主要是贫苦的工人和农民的方针，使之成为革命最广泛最巩固的社会基础。这是与此前的维新变法、辛亥革命不同的"草民革命"，它既得益于激进的马克思主义理论，也同当时的客观形势有关。马克思主义所倡导的革命，其宗旨就是解放广大受剥削、受压迫的下层民众，主要是工人和农民，因而革命必须发动和依靠他们，通过他们进行群众性的阶级斗争和暴力革命，去推翻剥削、压迫他们的统治阶级。再说，这样的革命如不依靠民众，自然也无法找到其它的革命力量。正因为如此，中共成立以后，便以动员、组织下层民众，首先是中国的工人阶级为第一要务，努力开展工人运动。后来，随着革命运动的发展，中共很快认识到，由于工业落后，中国工人阶级的人数有限，而贫苦的农民却占中国人口的绝大多数，从而在开展工人运动的同时，又开始大力从事农民运动，且兼做学生运动、青年运动、妇女运动等等。第一次国共合作破裂后，中共的武装反抗被迫转入农村，不得不进一步将发动、组织农民作为重中之重，使得革命的武装所到之处，农民都成为中共革命最重要的社会支柱，确保了革命所必需的人力、物力资源的供给。在此后抗日战争和抗战胜利后的内战中，中共仍然坚持发动、依靠广大农民的方针，使中共所辖抗日根据地和解放区的农民，成为自己的坚强后盾，从而赢得了革命的胜利。

在动员、组织下层民众的过程中，中共靠的首先是政治号召，包括反对外国的侵略和推翻剥削、压迫民众的专制统治等等，这些当然都很重要，也十分必要，但是，光靠政治口号并不能完全奏效，必须真正为民众谋利益，关心民众的疾苦，尤其是要解决事关民众切身利益的重大问题，给民众以看得见、摸得着的好处。可以说，在这方面，中共也做得比较好。在早期及后来的工人运动中，中共以要求增加工资，改善工人的各种待遇，为工人争取一定的民主权利作为发动工人的重要手段，并取得了不错的效果。而在各个时期的农村，中共或以打土豪、分田地来吸引贫困农民，或以开展"减租减息""土地改革"来维护贫苦农民的利益。其中，采取各种方式解决农民的土地问题，无疑是中共动员广大农民群众最为重要的举措。几千年来，在中国这个始终以农耕为主的社会里，土地一直是农民最重要的生产资料，是农民的命根子，而缺乏土地甚至根本没有土地则是大多数农民受剥削、受压迫和生活贫困的重要原因，因此，改变不合理的土地制度，实现孙中山提出的"耕者有其田"，在当时无疑是为大多数贫苦农民谋利益的大事。如此重要的大事，以孙中山的继承人自居的蒋介石和国民党政府，当时却站在地主阶级的立场上，拒不实行。中共则不同，在其势力所及的地区，将解决农村的土地问题当作大事来做，与国民党统治区形成了鲜明的对比。这件事做好了，农民自然拥护共产党。正是在以实际行动关心农民切身利益的基础上，中共在自己以农村为主的根据地，与广大农民建立了密切关系。中共将此形容为"鱼水关系"，中共是鱼，农民群众则是水，鱼儿当然离不开水。

历史充分证明，在革命战争年代，中共坚持依靠下层民众的政策是成功的，它不仅成为中共革命力量的主要源泉，使得中国的革命获得了看得见的人力、物力支持，而且使中共赢得了看不见却摸得着的人心所向。反之，如果没有广大下层民众的支持，不要说胜利，中共大概连生存都很困难。事实上，在革命过程中，中共也有人在这方面犯过错误，即命令主义、官僚主义等等，违背民众利益甚至侵犯民众利益，导致脱离民众，也造成过损失。只是因为所犯错误均属局部性质，且能不断得到纠正，未对大局造成影响，但教训毕竟是深刻的。

为了争取民心，除了紧紧依靠下层民众外，中共还采取了联合、团结中间势力的政策，亦即中共所称的实行"革命统一战线"的方针，并取得了成功。在中共和他的对手，如国共两党之间，除了广大的下层民众，还有一个包括城乡中、上层人士和知识阶层，乃至政治上的其它党派在内的所谓中间势力，或如中共所称的资产阶级、小资产阶级的民众。相比于下层的工人、农民，他们的人数虽然较少，能量却不小，其中不乏在社会上有着重大影响的民族精英、知识精英。在国共两大政治集团的博弈中，中间势力或中间阶层的动向同样对博弈双方具有举足轻重的作用，而争取中间势力或中间阶层的支持，自然成为中共不能不关注的重大问题。

　　中共建立之初，由于缺乏经验，一度企图采取孤军奋战的错误政策，但很快便认识到，这是行不通的。故从中共二大开始，就提出了建立革命的联合阵线的新方针，主张联合一切可以联合的革命民主力量，孤立和集中打击最主要的敌人，并由此而成功地实现了第一次国共合作，促进了国民革命高潮的兴起。虽然后来中共在国民革命中严重受挫，但这并不是联合其它革命力量的方针不正确，而主要是中共经验不足，力量不够，未能处理好与同盟者的关系，遭到了国民党右派的暗算。此外，由于在领导工人、农民运动中过于激进，亦即人们后来所说的"左倾"，激起了中间势力，包括中产阶级的反感，致使中间势力倒向国民党一边。国共合作破裂后，在相当长的一段时间内，因为继续受到"左"的影响，中共处于迷茫之中，显示出排斥中间势力的孤立主义倾向，称中间势力为最危险的敌人等等，但在抗日救亡运动兴起之后，中共终于克服和纠正了这种错误的倾向，重新实行联合一切爱国民主力量的方针，且主动提出并促成了著名的抗日民族统一战线和国共第二次合作。在整个抗日战争期间，中共不仅巧妙地处理好了国共关系，而且成功地团结和影响了国共两党之外的中间力量。尤其是在抗战后期，在国民党蒋介石政府顽固坚持"一党专政"，拒绝民主改革的情况下，中共反其道而行之，高举民主的旗帜，获得了中共党外民族精英和知识精英的同情和支持，抗战期间新成立的民主党派，多数也都站到了中共一边。抗战胜利后，无论是在胜利之初的和平民主运动中，还是在大规模内战爆发之后，中共仍然坚持联合和团结各种爱国民主力量的方针，最大可能地争取中间派的绝大多数，其中包括国民党内对蒋介石不满的民主派、改革派，最大限度地孤立专制独裁的蒋介石政府。到了内战后期，由于国民党蒋介石对民主党派的打压，再加上中共不断在战场取得胜利，而国民党军队则败得越来越惨，绝大多数民主党派都公开宣布支持中共，甚至国民党内很多高官和高级将领也都反戈一击，公开声明与中共一起反蒋。至于国统区广大的青年学生、城市居民，包括资产阶级中的一些人等等，也都加入了反蒋的斗争之中，因而被毛泽东称为革命的"第二条战线"。历史表明，中共联合和团结中间势力和中间阶层的方针是正确而有效的，它同国民党的专制独裁，为丛驱雀，为渊驱鱼的愚蠢做法正好相反，使得中间阶层的民心归向中共，为中共革命的胜利创造了又一个重要条件，正如中共的党史专家胡绳所说："革命能胜利，是因为我们党把中间势力拉过来了，如果中间势力都倒向国民党，共产党就不可能胜利。"[1]

不过，必须指出的是，抗战开始以后，中间阶层和民主党派之所以能够与中共走到一起，既与中共的努力有关，也同中间势力和民主党派的宗旨密切相关。他们不仅爱国，而且要求民主，希望建立一个独立、和平、自由、民主、繁荣的新中国。正是在这个基本的大目标上，他们和中共一致，至少与中共当时所宣传的相同，而且和中共一样，反对和不满国民党政府的专制独裁。尽管在很多具体的主张，具体的做法上，他们与中共并不完全相同，但中共当时正确地采取了尊重对方，求同存异的政策。在当时，几乎所有的民主党派在政治上、组织上都是独立的，并非中共的依附者，但中共并未因此而鄙弃他们，也没有要求他们完全听命于中共，或使之受中共的控制，与国民党的做法完全相反。正因为如此，中间阶层和民主党派真诚地愿意与共产党合作，而分布在各个民主党派、各个团体和各个社会阶层的民族精英、知识精英，大多折服中共并愿意响应中共的号召，甚至明确表示接受中共的领导，为夺取革命的胜利和即将建立的新中国效力。

实践证明，正是这动员、依靠广大下层民众和联合、团结中间势力和中间阶层的政策，使得中共赢得了民心，成为中共革命成功的又一个重要原因和宝贵经验。

### 1.3.1.4 枪杆子和笔杆子，打江山就靠这两杆子

自古以来，中国的统治者都是靠暴力夺取政权，并靠暴力进行统治的。中国社会进入近代以后，从清王朝到北洋军阀、国民党政府，也都是如此。西方列强侵略中国，靠的也是暴力。其根本原因在于，中国从来没有实行过真正的民主制度。因此，不论是被剥削、被压迫的民众起来造反，还是真正的革命者发动的革命，也只能靠暴力，靠武装斗争，去争取国家和民族的独立，推翻反动腐朽的统治者，不可能搞什么合法的斗争，亦即中国古人所说的，只能"从马上打天下"。中国的共产党人也在实践中懂得了这个道理，不仅坚持以武装斗争为主要的革命方式，而且成功地创建了一支革命的军队，解决了军队作战的战略战术原则，掌握了高明的作战指挥艺术，又通过战争的实践培养锻炼出了大批杰出的军事人才，最终打下了江山。

回顾中共革命的历史，人们不得不承认，在武装斗争的问题上，中共也是走过一段弯路的。创建之初，中共虽然从马克思列宁主义理论和苏俄的经验中，知道暴力革命的重要，但也因为受到苏俄经验的影响，认为革命首先要发动群众，组织群众，等到时机成熟时，再发动城市的工人进行武装起义。因此，中共一开始便把工作的重心放在群众的动员和组织上，并没有想到立即建立革命的武装。第一次国共合作成立后，中共虽然也支持孙中山和国民党建立军队，帮助其开展武装斗争，但又对孙中山过于热衷于单纯的军事行动不以为然，更没有意识到建立自己直接领导的革命军队的重要。当然，这也同苏俄和共产国际的错误指导有关。只是到了国民革命后期，由于掌握军事实力的国民党右派蒋介石等人，反共的倾向日趋明显，莫斯科和中共中央才真正意识到问题的严重，开始考虑组建自己的军队，以挽救革命的危机。但形势的变化极快，在莫斯科的计划尚未实现，也不可能实现的情况下，大祸已经降临。在蒋介石等人毫无顾忌地向共产党人挥起屠刀之后，中共才不得不举起武装反抗的大旗，发动了一系列武装

起义，并真正开始下决心创建自己的军队。

也正是革命遭受严重挫折的教训惊醒了中共，使得包括毛泽东等人在内幸存的共产党人认识到建立革命军队，进行武装斗争的重要性。在中共1927年8月7日召开的中央紧急会议上，毛泽东所说的"枪杆子里面出政权"，成了代表许多共产党人从此真正觉醒的至理名言，标志着中共从此真正走上了以武装斗争为主的革命道路。

不过，认识到开展武装斗争，进行革命战争的必要性和重要性，对于中共来说，当然意义重大，但要长期坚持下去，并取得最后胜利，却并不容易。敌人之强大，经验之缺乏，军事人才之少，武器装备之不足，如此等等，个中的困难与艰险，都是不言而喻的。从开始进行武装革命的第一天起，许多问题就摆到共产党人面前，诸如：军队如何建立？建立一支什么样的军队？军队的兵员、武器和其它的后勤供给如何解决？如何确保军队的革命性质，确保党对军队的领导权？军队的主要任务是作战，应当采取什么样的战略战术？军队需要大批军事人才，人才从何而来？所有这些问题的解决都非轻而易举之事。在中国这个崇尚"胜者为王，败者为寇"的国家里，武装造反稍有不慎，便可能落得个身败名裂，人头落地的悲惨结果。历史上这样的例子可谓数不胜数。然而，中共并没有重蹈覆辙，虽然武装革命的道路极为曲折，有着数不尽的困难和艰险，但共产党人经过长期的奋斗，克服了一个又一个艰难险阻，经历了多次的成功和失败，终于比较出色地解决了上述各种重大问题，不仅成功地创建了以革命和维护大多数民众的利益为宗旨，依靠民众，与民众关系融洽，纪律严明的革命军队，而且创造性地解决了不同历史阶段、不同战争形势下，军队作战的战略战术，并通过战争的实践，培养和锻炼出了一大批杰出的军事人才和领导骨干，尤其是涌现出一批以毛泽东、周恩来、朱德为代表的古今中外罕见的统帅人物。他们熟谙战略战术原则和战争指挥艺术，在两军对垒的战场上，特别是在国共双方逐鹿中原的内战中，将变化莫测的军事指挥才能发挥得淋漓尽致，以少胜多，以弱胜强，统帅千军万马创造了一个又一个有史以来少有的战争奇迹。此外，如笔者已经说过的，除了最高统帅部的统帅们，各大战区、各个战场、各支劲旅也拥有众多杰出的将领,如中共胜利后被称为十大元帅、十名大将、数百名上将、中将、少将等等。

历史充分表明,武装斗争的成败,对中共的发展壮大,对中共革命的命运,起着十分重要的关键性作用。中共革命的历史,实际上就是中共领导的一场持续多年的革命战争的历史,亦即古人所说的"马上打天下"的历史。正是经过战场上多年的较量并取得胜利之后,中共的革命才真正获得了成功。正因为如此,毛泽东才说:"在中国,离开了武装斗争,就没有无产阶级的地位,就没有人民的地位,就没有共产党的地位,就没有革命的胜利。"[2]当然,这样说并不是否定非军事领域其它各条战线的斗争,如政权工作、经济工作、群众工作乃至敌占区的秘密地下工作等等。没有上述各个领域斗争的配合和支持,军事斗争也不可能取得胜利。因此,其它战线的共产党人同样为中共革命的胜利作出了不可磨灭的贡献。但就革命的全局而言,武装斗争毕竟是重中之重,这是不争的事实。

值得一提的是,我们之所以肯定中共的武装斗争,赞成中共以暴力革命解决问题,甚至讴歌革命战争的胜利,是因为在当时的中国没有任何民主的制度,或者说当权的统治者总是顽固地拒绝一切的民主改革,而要推动中国社会历史的发展,只能走革命战争这条道路,以革命的暴力对付专制独裁的暴力。但我们并不是黩武主义者,也不是"革命战争万能论"者。所有的战争,包括革命战争在内,所付出的代价毕竟是很大的。战争不仅会造成社会经济的破坏,造成广大民众生命财产的损失,而且必然带来许多后遗症。因此,一旦民主的政治制度建立起来,有可能在和平的条件下争取和实现社会所需要的变革和革新,包括国家政权的变更,就不应当诉诸于暴力和战争。尽管在迄今为止的国际范围内,国家之间、民族之间的武装冲突还不能完全消除,军队仍必须存在,仍要捍卫国家的主权和安全,甚至在国内,军队仍有维护社会安定,支持国家建设的任务,但就推动社会的变革和革新而言,无疑应当告别大规模的国内战争,告别暴力革命,以和平民主的方式推动社会的发展,并努力克服以往战争带来的各种后遗症。

在中共夺取全国政权，打天下的过程中，除了使用枪杆子，即进行武装斗争外，还充分发挥了笔杆子的作用。笔杆子，指的主要是思想、政治、文化方面的宣传工作，也就是所谓的"造舆论"。毛泽东曾多次说过："凡是要推翻一个政权，总要先造成舆论，总要先做意识形态方面的工作。革命的阶级是这样，反革命的阶级也是这样。"[3]可见，在共产党人的心目中，笔杆子也是不可或缺的。

事实上，在中共创立之前，中国的先进分子就做了大量的思想宣传工作，其中包括人所共知的五四新文化运动和直接为建党所做的舆论准备。中共成立后，中共中央仍然十分重视舆论宣传，创办杂志、报纸，出版各种书籍等等。即便是在白色恐怖非常严重的时期，中共也要千方百计地打破国民党政府的文化封锁和文化"围剿"，开展自己的思想宣传工作。抗战开始后，中共有了一个比较稳定的"合法"的后方基地，即陕甘宁边区，甚至获得了在国民党统治的大后方办报的"合法"权利，思想宣传工作开展得更加有声有色。尽管国民党政府仍然想尽一切办法封锁中共的声音，对有着中共背景的思想文化宣传拼命地予以打压，却难以完全堵住中共思想的传播。虽然因为物资的缺乏以及技术人才的不足，对宣传工作带来许多困难，但中共却克服了重重困难，不仅办了许多报纸、杂志，而且创建了广播电台，使得中共的声音得以传遍全中国。

中共的舆论宣传的功能，包括对外和对内两个方面。对外，主要是揭露和批判"敌人"，同时宣传中共的主张、政策，以孤立"敌人"，争取民心；对内，则主要是教育自己的党员、干部，教育革命队伍和根据地内部群众，以提高他们的思想认识和阶级觉悟。在这后一方面，除了通过报纸、杂志、书籍、电台进行思想政治教育外，中共还创造了一种被称为"思想政治工作"的新方法，并取得了非常成功的效果。尽管这种被中共的"敌人"和对手称为"洗脑"的"思想政治工作"，后来产生的弊病越来越大，但不可否认，在革命战争的年代里，它确实发挥了重要的作用。当然，对外和对内，这两方面的内容和功能实际上又是紧密地联系在一起的，很难截然分开。揭露和批判"敌人"，同样也可以教育自己的党员和群众。不管"敌人"们对此如何深恶痛绝，中共的舆论宣传都是他们望尘莫及的，而中共也因此得益匪浅。难怪在打下江山以后，很多中共的高官都感叹说："笔杆子、枪杆子，夺取政权靠这两杆子。"[4]

毋庸讳言，在打江山的过程中，中共在充分发挥笔杆子作用的同时，思想政治宣传和教育工作的弊病也在开始滋长。大造革命的舆论当然很重要，但宣传的内容必须符合客观实际，必须确保其科学性，才能真正有效，且经得起实践和历史的检验。思想政治教育则必须在尊重人们的思想自由的基础上，以理服人，决不能用强制的手段逼迫人们就范。然而，在中共的思想政治宣传和教育中，特别是在抗日战争和大规模的内战时期，为了自己的政治需要，妖魔化对手，过分美化自己，导致宣传失实的现象开始出现。尽管在当时的战争环境中，这种做法情有可原，也没有对战争的结局产生什么不利影响，但它毕竟开了中共在舆论宣传方面脱离实际，甚至歪曲事实的不良风气的先河，对中共后来的执政产生了极为不利的影响。此外，在对内部干部、群众的思想教育方面，则开始出现强制进行所谓的思想改造，严格控制人们的思想，根绝自由思考，禁锢人们的思想等等不良倾向，最终走上思想文化专制的不归路。对此，笔者将在以后的各章节中予以进一步说明，此处暂不赘述。

不管后来怎么样，在革命战争时代，中共运用枪杆子、笔杆子两大"法宝"，毕竟做得很成功，尤其是在武装斗争方面表现得极为突出，自然成为夺取革命胜利的又一个关键性的因素。

### 1.3.1.5 群贤毕至，精英汇聚；前仆后继，奋斗不已

回顾中共及其革命的历史，从创立时只有五、六十人的小团体，发展到革命胜利时拥有数百万党员和数百万军队，堪称中国历史上罕见的规模巨大的政治、军事集团，这一事实就不能不引起人们，特别是历史研究者的思考。中共的人才是从哪里来的？它是如何吸引人才的？它又是怎样将如此众多的人才组织起来，使之凝聚在一起的？

人所共知，在历史悠久、思想文化源远流长、人口众多的中国，

并不缺少人才，也不乏各种精英人才。在中国的历史上，凡是想成大事者，不论是个人，还是团体，都十分注重吸引人才，且都有一套办法，或者说各有其招。当然，时代不同，招法自然也不一样，而成功与否，则主要取决于是否适时，能否赢得人心。得人心者必得人才，得人才者必能获得成功。这也是一条不以人的主观意志为转移的客观规律。

谁都无法否认，从创立到最后取得胜利，中共不仅吸引了大批有理想、有抱负、有能力的民族精英、知识精英，而且能够较好地将各种人才团结起来，充分地发挥他们的作用。值得研究的问题首先是，中共能够吸引如此多的人才，有何"秘诀"？笔者认为，"秘诀"并不存在，但确有后人值得重视的宝贵经验。

在漫长的中国古代社会，无论是上层统治者内部的争权夺利，还是下层民众的造反行动，凡欲成大事者，都要吸引人才，而吸引人才的办法，大多是封官许愿，以升官发财为诱惑。虽然也有人出于个人的理想和抱负被吸引，但他们的所谓理想、抱负无不受到封建意识的局限，跳不出"改朝换代"的框框。近代以来，由于民族存亡的危机日趋深重，加之受到西方各种先进思想的影响，中国才出现了一大批真正以挽救国家和民族的危亡为宗旨，努力促进社会的革新和进步的先进分子。此外，由于近代教育的发展和出国留学运动的兴起，还产生了一大批有理想、有抱负的青年学生和青年知识分子。在中共诞生前夕，这些民族精英和知识精英，正在为寻找救国救民的道路而不断地进行探索。而中共的出世犹如一盏明灯，使很多人在黑暗中看到了光明。加之中共诞生以后，立即以开展民族革命和民主革命，以实现中华民族的独立、民主、自由、富强为号召，并在后来长期的斗争过程中始终高举民族主义、民主主义的大旗，因而对大批的民族精英和知识精英，包括很多有理想和抱负的青年学子产生了巨大的吸引力，促使他们纷纷加入中共，或投身到中共领导的革命事业。当然，打开中共的发展历史，人们可以看到，在不同的时期，精英们投向中共的情况也有所差别。从中共初创到国民革命的高潮时期，中共的发展较快，加入的精英很多，其中虽然也有少数的投机者，但更不乏水平、能力都十分杰出的革命志士。可惜的是，不少有作为的优秀人才在国民党后来的所谓"清党"中牺牲了。在国民革命中受挫之后，中共进入了最困难的时期，但即便如此，仍有不少的精英分子冒着生命危险加入中共。抗日战争开始后，随着国内大气候的变化和中共将民族革命的大旗举得更高，向往中共及其领导的抗日根据地的精英们，更是越来越多。各种"文化人"和青年学生想尽一切办法，冲破国民党政府的封锁，纷纷奔赴延安和其它的敌后抗日根据地。他们之所以如此热烈地投向中共及其革命的阵营，可能有少数人出于投机的目的，但绝大多数人完全出于抗日救国和在中国实现自由、民主的理想、抱负，出于对中共关于抗日和民主主张的拥护，并非为了个人的升官发财。这一点，可以从最近二、三十年来许多老革命的回忆录中得到充分证明。

除了在救国救民的大目标上精英们与中共完全一致外，众多的民族精英、知识精英和青年学子之所以选择中共，投入中共阵营，也是他们对国共两党进行对比的结果。照理，国民党掌握着全国政权，力量比中共大得多，物质条件也比延安和敌后抗日根据地好得多，应当更能吸引人。然而，众多的精英们却舍之弃之，甘愿选择生活条件十分困难的延安和敌后抗日根据地，显然是因为他们看到了国民党内部的腐败和无能，延安和敌后根据地则完全不同，条件虽然艰苦，但中共内部不仅清正廉洁，纪律严明，作风纯朴，而且上上下下，团结一致，生气勃勃，代表着国家和民族的希望。因此，延安和敌后根据地受到目光远大的精英们的青睐，也就毫不奇怪了。尽管延安和敌后根据地并不是什么都好，但在当时它确实比国民党的大后方要好得多，这是不争的事实，再说，精英们在到延安以前，也不可能完全了解中共内部的情况，更不可能预见到中共胜利以后将会如何。不管怎么样，在当时的历史条件下，他们的选择无疑是正确的。

如此多的精英加入中共的阵营，他们能不能真正发挥自己的才能？实事求是地说，在培养、使用人才，发挥人才的作用方面，革命战争年代的中共也做得比较好。中共所从事的革命事业不仅需要大批人才，也为他们提供了用武之地，其中最为重要的是实践斗争。中共虽然也设立过若干培训式的学校,但只能起辅助性的作用,各种人才主要是通过实践得到锻炼与提高,在极其艰苦、极其困难的斗争中获得成长的。对于后来成为杰出领导骨干的许多人而言,实践是他们最好的学校和老师,也是他们用武的广阔天地。不仅精英们是如此,还有很多务农出身,最初文化水平很低,后来也成为中共的优秀人才,也都得益于实践的锻炼。"在革命中学习革命,在战争中学习战争",几乎成为所有人才成长的座右铭。多年来,人们津津乐道的,"从奴隶到将军"等许多生动事例,还有许许多多老革命成长的历程,都反映了这一事实。

当然,除了实践的锻炼,中共在长期的革命过程中,还在党内创立了一套行之有效的制度,亦即毛泽东所说的"党的建设"制度,其中包括笔者已经说过的思想政治教育制度。必须承认,尽管中共的思想政治教育本身存在着许多弊病,但在当时的条件下,确实发挥了极大的作用。它强调通过思想政治教育,不断地克服党内军内错误的思想倾向,强调全党全军的思想统一,对于不断地提高党员、干部和部队官兵的思想政治水平,培养人才,提高全党全军的士气和斗志,增强党和军队的凝聚力、战斗力等等,都起了十分重要的作用。尽管笔者将在下文谈到,中共在延安整风中关于思想改造的很多做法,曾对知识分子和文化人造成过很大的伤害,教训深刻,但从总体上看,在革命战争年代,错误做法所产生的负面影响仍是局部性的。此外,在党内军内不断地强调党的作风建设,严格规定并执行党的纪律、军队的纪律,实现虽然很有限,却不可或缺的若干民主措施,所有这些也都比较有效。正因为如此,毛泽东才把"党的建设"同"武装斗争""统一战线"并称为中共的"三大法宝"。

由于中共在长期的革命战争年代,既能不断地吸引有理想和抱负的民族精英、知识精英,又能动员广大的工农群众;既能通过实践锻炼和党内教育,使他们,包括精英和出身于下层工农民众的优秀分子的思想政治水平和实际工作能力,不断得到提高,又能将之团结在一起,充分发挥他们的作用,这就造成了中共党内群贤毕至、精英汇聚、人才济济、英雄辈出的局面。各种优秀人才分布于政治、经济、思想、文化及群众工作、秘密工作等各条战线上，特别是最为关键的军事系统，他们吃苦耐劳，不怕牺牲，前仆后继，奋斗不已，经受了无数艰难困苦的考验，和党内军内的领袖人物一起，将中共革命的航船驶向最终胜利的彼岸。特别应当指出的是，在漫长的革命征途中，许许多多的优秀人才，也包括许许多多普通的革命战士，为革命献出了自己宝贵的生命。从最初的工人运动到中共在国民革命中受挫之后，从"白区"工作到各个时期的"地下"斗争，大批大批的共产党员和革命者被逮捕、被杀害；更多的人则牺牲在战场上，从国民革命军的东征、北伐，到红军时期、抗日战争时期、抗战胜利后的内战时期，中共方面阵亡的官兵少说也有百万之多。最让人感到遗憾的是，还有不少人因为党在所谓的"肃反"中犯了错误，而冤死在自己人的刀下。迄今为止，对于中共革命时期牺牲的人，我们都还找不到一个比较完整、准确的数字，但据粗略的估计，肯定超过百万。所有的牺牲者，他们虽然没有亲眼看到革命的胜利，但他们为革命所作的贡献，为革命所付出的代价，都是后人不应当忘记的。毋庸讳言，革命时期的中共党内，也有不少人经不起考验，或中途退缩，或因贪生怕死而背叛了中共的革命，这在一个如此大规模的革命运动中，既是难免的，也毫不奇怪。他们的行为虽然会对革命造成一定的损害，却并不能阻挡革命前进的步伐。

总之，以真正反映、符合民意的纲领和政策吸引人才，充分发挥他们的作用，这不仅是中共革命得以成功的又一个重要原因，它同时也充分证明，中共革命的胜利，是千百万革命志士、革命群众浴血奋战的结果，不论是牺牲者，还是幸存者，也不论是普通官兵，还是各级领导者，乃至高层的领袖人物，都为革命建立了不朽的功勋。因此，我们虽然必须肯定领袖人物相对突出的贡献，却不能将所有的功劳都记在少数领袖的身上。

### 1.3.1.6 从陈独秀到毛泽东：对领袖人物的再评说

笔者强调中共革命的成功，是广大的革命志士和千百万革命群众共同奋斗的结果，但并不否认领导者的作用，更不否认领袖人物的功劳。没有群众的努力,革命不可能胜利;同样,没有领导者,尤其是领袖人物正确地掌握航向,革命的航船也不可能顺利地驶达预定的目的地。

事实上,从创立到后来取得革命的胜利,虽然其间的道路十分曲折,中共党内毕竟产生过不少的领袖人物,并经过多次必不可少的更替,逐渐形成了以毛泽东为首、比较稳定、决策相对正确的最高领导集团。这当然不是偶然的。领袖人物的产生、变更,领导集团的新陈代谢,既与当时的客观条件有关,也同各个领袖人物的主观因素,包括各人的思想水平、个人素质、主观努力的程度等等密不可分。更重要的是,不管哪一个领袖人物,只要他在领导的岗位上行使过职权,为革命事业做过工作,都应对其功过作出公允的评价。

就领袖人物产生和选择的客观条件而言,值得一提的至少有以下几点:一是如笔者已经说过的,因为中共所确定的革命目标、革命政纲不仅符合中国社会历史发展的需要,而且符合大多数国人的愿望,故而吸引了大批的民族精英、知识精英,在中共党内形成了人才济济、英雄辈出的大环境,为党内领袖人物的涌现创造了必不可少的基础条件。二是由于中共从一开始就处于艰苦、恶劣的环境之中,所从事的革命称得上是前无古人、后无来者的大事业,故斗争实践的锻炼和考验,既是各类人才得以培养、成长的主要管道,也是领袖人物脱颖而出的重要途径。尽管如笔者在前文中曾经说过,在莫斯科严密控制中共的一段时期里,中共领袖的选择在很大程度上取决于联共中央和共产国际,或受到党内宗派斗争的影响,但最终起作用的仍是实践,而不是莫斯科的主观意志,更不是中共党内某个领导人的"指定"。无论是已经在台上的,还是想上台的领袖人物,最终都必须接受实践的检验。任何人的是非成败,都会在实践中立竿见影地呈现出来,谁也无法掩盖。任何人都不能改变在实践中优胜劣汰的客观规律,只能由实践决定其去留。三是革命时期的中共党内,在一定程度上还存有民主的制度,使得优秀的人才有可能脱颖而出。虽然中共创立伊始,党内的民主制度就不完善,但也不是完全没有民主制度,尤其是在陈独秀时代,不仅党内的民主气氛比较浓厚,而且所规定的民主制度也实行得比较好。尽管后来中共在莫斯科的控制下，联共中央和共产国际的专制使中共党内的民主遭到破坏，但莫斯科毕竟无法一手遮天，搞绝对的专制。在莫斯科力不能及的特殊情况下，党内的民主制度仍能发挥一定的作用，使得党内领袖人物的更替有可能通过民主的方式实现。红军长征期间及遵义会议前后，中共最高领导层的顺利改组和毛泽东在中央的崛起，就是一个很好的证明。

人们常说，"时势造英雄"或"乱世出英雄"。所谓的"时势"或"乱世"，指的就是上述的客观条件或大气候。正是在这样的大气候中，从陈独秀到毛泽东，中共党内的领袖人物得以次第出现，且多次更替，最终形成了稳固而又得力的最高领导集团。

从中共创立，到革命胜利成为全中国的执政党，28年间，党内虽然产生过多位最高领导人，但其中在位时间最长，影响最大的无疑当属陈独秀和毛泽东。而就他们两人的关系来说，陈独秀是毛泽东的前辈，毛泽东则是陈独秀的"学生"；至于他们两人对中共革命的贡献，相比之下，毛泽东则是青出于蓝，而胜于蓝。

陈独秀生于19世纪的1879年，当时的中国正处于"乱世"之中。青少年时期，他受的虽然都是旧式教育，却也使他获得了较高的文化素养。成年以后，他出国留学，又汲取了大量西方文化的营养，并培育了民族精神和独立自由的人格，成为近代中国众多民族精英、知识精英队伍中的一员。正如笔者在本书第一章已经说过的，20世纪初，陈独秀便以救国救民为己任，积极投身于维护国家主权、推翻封建的清王朝的斗争，参加了辛亥革命。辛亥革命受挫后，他逃亡到日本。在此期间，陈独秀痛定思痛，经过艰苦的思考和探索，认识到发动一场思想文化革命是拯救黑暗中国的当务之急。从日本回国后，他立即付诸行动，于1915年创办了《新青年》杂志，并以此首倡新文化运动，高扬起民主与科学的大旗，向统治中国几千年的封建专制的思想文化发动猛攻。新文化运动不仅震撼了中国的思想界，吸引了大批的青年学子，对中国民族精英和知识精英的思想解放产生了巨大的推动作用，为五四爱国运动的爆发和中国共产党的诞生扫清了道路，也使陈独秀的名声大振，使之成为中国先进知识分子的杰出代表和思想界的领袖，被包括毛泽东在内的青年学子誉为思想界的"明星"。五四爱国运动之后，陈独秀又在俄国革命的影响下，接受了马克思列宁主义，并开始宣传马克思列宁主义和从事劳工运动，成为中国共产党的主要创始人。正是因为他在新文化运动、五四爱国运动及创建中共的活动中，所作出的特殊贡献和在实际斗争中获得的声望，中共一大在他本人缺席的情况下，选举他为中共第一任最高领导人，并以他为首形成了中共第一代领导集团。

那么，作为中共的早期领袖，陈独秀又表现得如何呢？只要站在公正的立场上，就不能不承认，中共一大以后，尽管党处在幼年时期，全党都缺乏经验，但中共在陈独秀为首的中央领导下，在共产国际的支持、帮助下，经过六、七年的奋斗，吸引并团结了大批年轻的民族精英和知识精英，在党的思想政治建设、组织建设，在开展工人运动、农民运动，与国民党合作推动国民革命的新高潮等等方面，都做了大量的工作，取得了突出的成绩，使中共从一个只有几十人的小团体，发展成为拥有数万党员和领导几十万工农民众，具有较高政治声望，在国民革命中仅次于国民党的第二大政治力量，且能在中国当时的政治舞台上立足的生力军，从而为中共后来的发展奠定了坚实的基础。正因为如此，认为陈独秀为首的中央在1926年前六、七年间的领导，基本上都是正确的，这已成为人们的共识。也正是在担任中共最高领导人的这几年里，由于所取得的成就，党内对陈独秀的领袖地位没有出现过任何争议，自然也不会受到任何挑战。诚然，中共在早期的斗争中取得的成就，也是全党党员、干部共同努力的结果，不能归功于陈独秀一人，但作为党的最高领袖人物，他的功劳无论如何不应被抹杀，实际上也不可能被抹杀。否定陈独秀的功劳，就等于否定中共的早期历史，必然使中共后来的成功变成了无源之水，无本之末。

然而，可笑的是，这样的事后来还真的发生了。多年来，特别是在革命取得胜利之后，以陈独秀在国民革命后期犯了所谓的"右倾机会主义"错误为由，再加上其它许多莫须有的罪名，陈独秀竟然被中共官方打成了中共和革命的"罪人"。对这样一个不仅有功于中共及其革命事业，也为近代中国的进步和发展作出过极大贡献的历史巨人，对这个从未向中共的敌人屈服，且有两个亲生儿子壮烈地牺牲在国民党屠刀之下的革命硬汉，仅仅因为他在工作中犯过若干错误，就毫不留情地将其打翻在地。不管发难者出于何种动机，这种"数典忘祖"的行为，不仅毫无道理，而且缺乏基本的道德良心，后人不但无法接受，且不能不为前人的荒唐做法深感寒心和汗颜。

毋庸讳言，在中共早期的斗争中，作为党的领袖，陈独秀确实犯过错误，尤其是在国民革命后期，即1927年上半年，由于缺乏经验，加之受到共产国际的错误指导，以陈独秀为首的中共中央过于相信同盟者国民党，结果被蒋介石、汪精卫为代表的国民党右派阴谋暗算，使中共及其领导的革命力量严重受损。这表明，陈独秀虽然是中国近代历史上的杰出人物，但他毕竟是人，而不是神。他同历史上所有的杰出人物一样，不可避免地受到历史的局限。在20世纪20年代的国民革命或大革命中，随着斗争的发展和革命高潮的兴起，形势变得越来越复杂。中共不仅要面对公开的敌人，即西方列强和北洋军阀政府，还要面对自己的同盟者国民党，应对革命阵营内部的斗争。作为党的主要领导人，陈独秀虽然才华过人，敢想敢干，但也有正直知识分子的通病，即书生气太足，不大懂得政治斗争的策略，更不会使用权术。在日趋复杂的斗争中，陈独秀不仅难以识破各种对手，特别是革命阵营内部的阴谋诡计，而且即便有所察觉，当时也没有实力制止和粉碎对手的阴谋暗算。毕竟中共尚处于幼年时期，全党上下都没有经验，实力也有限，再加上莫斯科的指导出现了很大的失误，这就不可避免地导致中共的处境日趋被动，最后因同盟者国民党的背信弃义和突然袭击而严重受挫。事实上，1927年上半年，当时的中共中央政治局内部的思想十分混乱，不仅是陈独秀，中央高层的所有领导人，包括莫斯科派来的握有大权的共产国际代表，在危机面前都感到束手无策，找不到完全避免灾难的出路。尽管作为党的最高领袖，陈独秀不能不为此承担主要的责任，但也不能把遭受灾难统统归咎于他。

不过，历史也再一次告诉人们，在革命发展的过程中，当斗争进入更为深入、更为复杂的新阶段时，前一阶段曾经成功地指导过革命，推动过历史发展的领袖人物，却因其自身存在的局限性而变得难以胜任，不得不从历史的舞台上退下来，让位于新的领袖人物。长江的后浪推前浪，这正是历史发展的客观规律，也是包括中共革命在内的发展规律。作为中共早期领袖的陈独秀，他已完成了自己的历史使命，人们不应苛求于他，要求他永远英明正确，要求他去做自己再也无法胜任的事情，更不能因此而否定他在前一阶段所作的历史贡献。

陈独秀虽然下台了，中共第一代领导集团也随之瓦解了，但中共及其领导的革命事业并未停止，而且从此进入了一个新的发展阶段。这就要求党产生新的领袖人物、新的领导集团，承担新的领导职责。不过，由于革命运动的艰难和复杂，要找到一个在党内真正站得住脚，经得起时间考验的新领袖和新领导集团，并非只是简单的人事更替。自从陈独秀辞职下台以后，在一个相当长的时期里，中共党内并不存在如同陈独秀那样有威望，又比他水平高的领袖人物。虽然此时已成为中共太上皇的莫斯科，不断地为中共"走马换将"，先后将瞿秋白、向忠发、李立三、王明、博古等人扶上台，但最终都因为经不起实践的检验而被迫下台。个中的详细过程，笔者已在本书的第二章中叙述过，此处不再重复。需要补充的只有两点：一是从大革命受挫，到红军长征途中遵义会议召开前夕，这是中共历史上最为艰难曲折，不得不在黑暗中摸索的时期。这一基本特点既决定了党内领袖人物和领导集团的不稳定状态，又为真正得力的新领袖和新领导集团的产生准备了条件。历史再一次证明，真正的英雄只能在群雄并起的"乱世"中脱颖而出。二是曾在这一时期主导过中共全党的领袖人物，即瞿秋白等人，不论其是名义上的，还是实质上的；也不论其任职的时间是长，还是短，除个别人外，他们虽然都犯过错误，实践也证明他们胜任不了领袖的职责，人们却不能否认，他们都是精英人物，都是中共党内的出类拔萃之辈。他们犯过错误，对革命造成过危害，但也为中共做过许多工作，为革命作出过贡献。至于贡献的大小，自然因人而异。作为历史研究，无疑应当批评他们的错误，总结他们的教训，但同时，也必须肯定他们的功劳。

经过将近七、八年的动荡和革命实践的大浪淘沙，在中国革命最危急的时刻，未来的新领袖毛泽东终于开始崛起，以毛泽东为核心的新领导集团也逐渐浮出水面。

毛泽东也同陈独秀一样，生于19世纪末的"乱世"之中，但比陈独秀晚生了十几年。他的青少年时代是在中国最基层的农村度过的，并没有显赫的家世背景。直到将近成年，他才走出封闭的农村，来到具有近代气息的都市。他当时所受的教育，就其内容而言，基本上是新学和旧学的混合物。不过，他是一个特别聪颖、特别努力的学子。虽然他未能进入正规的大学就读，也没有出过国留过学，却能够通过刻苦的自学，既打下了深厚的国学基础，又较多地接受了新思想新文化的影响。更重要的在于，19世纪末20世纪初中国的志士仁人为挽救国家、民族的危亡，所掀起的一个个革新和革命运动，如维新变法、辛亥革命、新文化运动等等，一次次地对年轻的毛泽东带来过极大的震撼。康有为与梁启超、孙中山与黄兴、陈独秀与李大钊等，先后成为他崇拜的偶像，促使他也像他们一样，决心以革新中国、改造世界为己任。他不仅从此立下了远大的志向，而且从国内外先人的实践中认识到，要实现自己的远大理想，必须脚踏实地，一步一步去努力。他虽然身为学子，却不是一个死读书的人。他喜欢独立思考，注重联系实际和从实践中学习。因此，他的创新精神、实践精神在同辈中表现得分外突出。正当他从湖南第一师范学校毕业，踌躇满志，期盼着有所作为之时，中国又迎来了一个风云激荡的新时期，亦即五四运动时期。国内外形势的大变动，迅速激起中国民众，特别是知识阶层的新觉醒，使得五四爱国运动像火山一样爆发了。毛泽东立即以极大的热情投身到运动中去，并在湖湘大地崭露头角，成为新革新浪潮中涌现出来的众多民族精英、知识精英之一员。随后不久，他又在陈独秀、李大钊的影响下，作出了接受马克思列宁主义，亦即社会主义理论的重大决择，并因此而成为中共最早的一批党员和出席中共一大的代表之一。

至于毛泽东投身于中共的革命事业以后，到他在遵义会议时开始崛起，其间的曲折历程，已为国人所熟知，笔者也在第二章中作过介绍，在此无需重复。但必须指出的是，毛泽东当时的表现确实与众不同，尤其是在中共遭受重挫，革命事业最为艰难的日子里，他确实作出了突出的贡献。正因为如此，他才得以崛起。然而，我们也不应当予以神化。中共胜利以后，为了神化毛泽东，官方的笔杆子曾鼓吹说，从创党和国民革命开始，毛泽东就是中共党内正确路线的代表，甚至还说，就是因为当时以陈独秀为首的中央，没有按照毛泽东的正确路线办，才导致了革命的失败。此说当然不符合事实。尽管在大革命后期，毛泽东确实提出过一些不同意见，某些看法也有一定的道理，但根本不存在所谓的与中央完全不同的正确路线，更谈不上毛泽东已经掌握了革命的客观规律。因此，对上述神化毛泽东的说法，他本人都感到不妥。1962年毛泽东就曾明确地说过："如果有人说，有哪一位同志，比如说中央的任何同志，比如说我自己，对于中国革命的规律，在一开始的时候就完全认识了，那是吹牛，你们切记不要信，没有那回事。过去，特别是开始时期，我们只是一股劲儿要革命，至于怎么革法，革些什么，哪些先革，哪些要到下一阶段才革，在一个相当长的时间内，都没有弄清楚，或者说没有完全弄清楚。"[5]毛泽东的这番话不仅戳穿了一些人的谎言，也证明了世上并没有天生的杰出人物，不管是谁，都离不开实践，只能通过实践的磨练，才有可能获得成长。毛泽东比其它领袖人物高明的地方，只是他善于总结实践的经验教训，不但善于从自己的实践中，也能从前人或别人的实践中汲取经验教训。

当毛泽东通过遵义会议进入中共最高领导核心时，由于多年的磨练，他比大革命时期成熟得多了，但也不能说已经完全掌握了革命的客观规律。他在中央的领导地位也不巩固，只是最高领导层中间的一员，一些人对他并不服气，诸如张国焘、王明等还曾先后向毛泽东发起过挑战。然而，随着斗争的发展，毛泽东不仅进一步显示出杰出的领导才能，带领中共战胜了前进道路上的各种艰难险阻，而且能在复杂多变的形势面前保持清醒的头脑，逐渐地赢得了党内大多数领导骨干的信任，也获得了莫斯科的认可。在1938年秋举行的中共六届六中全会上，尽管毛泽东在名义上并不是中央的"总书记"或

"主席"，但他在中央的最高领导地位却得到了公认。几年之后，即1943年春，毛泽东被正式选为中共中央政治局主席和中央书记处主席。这时，不论是在名义上，还是在掌握实权方面，毛泽东才名副其实地成为中共的最高领袖。也正是在这一过程中，中共中央逐渐地形成了以毛泽东为首的、相对稳定的新领导集团。

必须承认，毛泽东的崛起即他在中共党内最高领袖地位的确立，以毛泽东为首的新领导集团的形成，对中共革命确实意义重大。在此后的抗日战争时期和战后的大规模内战时期，毛泽东和新的中央充分地发挥了他们的聪明才智，及时地抓住了历史发展的"天赐良机"，因势利导，趋利避害，不仅使得中共东山再起，迅速地发展壮大，而且在与国民党的最后决战中创造了以少胜多，以弱胜强的奇迹，终于使神州大地再一次改朝换代。至于毛泽东在这方面的作为以及他所起的特殊作用，早已为全国人民所熟知，笔者在本书第二章中也作过概括性的介绍，笔者所要补充的只有一点，即毛泽东不仅以其出色的领导才能，带领中共取得了革命的巨大胜利，而且还在实践的过程中，做了大量的理论工作，写了不少的理论著作，不断地总结实践的经验，并将其上升到理论的高度，创立了带有明显中国特色的革命理论和理论体系。这就是被中共称为"毛泽东思想"的那一套理论。撇开中共对毛泽东思想的种种神化不谈，也不论后人对毛泽东思想是否科学存在着怎样的质疑，人们毕竟不能不承认，毛泽东所创立的理论对中共的革命确实起了十分重要的促进作用，或者说，对指导革命的胜利作出过极大的贡献。尽管在理论创新方面，毛泽东也不能独占其功，中共党内很多人都曾有所建树，或如中共后来所说，毛泽东的思想是"全党智慧的结晶"，但相比较而言，毛泽东确实在这方面取得了最突出的成果，因此而给人们以"鹤立鸡群"之感。自然，这也大大地提高了毛泽东的威望，不仅有助于巩固和强化他的最高领袖地位，而且使他牢牢地掌握了中共党内理论上的话语权，成为全党公认的最高理论权威。

总之，尽管我们必须强调，人民群众是真正的英雄，中共革命的胜利是中共全党的党员、干部，包括所有的牺牲者、幸存者共同奋斗的结果，尤其是许多精英人物，包括以毛泽东为首的新领导集团的其它成员，如刘少奇、周恩来、朱德、任弼时等，都为之作出了重大贡献，但也不能否认，最高领袖的作用不可或缺，同样功不可没。而在夺取革命胜利的过程中，从陈独秀到毛泽东，众多担任过中共最高领袖角色的人，虽然所作贡献的大小并不完全相同，都应当得到公允的评价。其中，功劳最大的无疑非毛泽东莫属。尽管毛泽东并不是"圣人"，也不是绝对正确，更不是永远英明，甚至在他掌握全国大权以后对国人犯有"滔天大罪"，但也不应否定他在领导中共夺取革命胜利过程中的"盖世奇功"。1981年中共中央所作的《关于建国以来党的若干历史问题的决议》曾经写道："如果没有毛泽东同志多次从危机中挽救中国革命，如果没有以他为首的党中央给全党、全国各族人民和人民军队指明坚定正确的政治方向，我们党和人民可能还要在黑暗中摸索更长时间。"[6]这虽然只是历史的假设，却也不无道理。不过，历史研究毕竟不能以假设，而只能以已经发生过的事实为依据。对待所有的历史人物，不论是对，还是错，也不论是有功，还是有罪，都只能按照历史的事实作出公正的评说。

当本节的论述即将告一段落时，笔者还必须指出，上述对于中共革命成功之因的探讨，所反映的就是中共官方常说的所谓革命的基本经验或主要经验，只是笔者的归纳与官方的观点并不完全相同而已。但不管怎么说，正是这些经验后来被中共称之为党的优良传统，并强调要不断地发扬光大。诚然，正是这些好的经验和优良的传统，不仅给中共带来了革命胜利的丰硕成果，无疑也为中共胜利以后的发展，乃至对整个中国和中华民族的未来产生巨大的影响。然而，如何正确地对待上述的经验和传统，包括革命时期所有的经验和传统，却是一个值得重视的大问题。有些经验所反映的确是人类社会历史发展的普遍真理，具有普世价值，当然必须继承和发扬，决不能背离；也有很多只是在特定的条件下有效，必须因时、因地、因具体的条件而用，决不能盲目地、简单地照抄照搬。不论是背弃普遍正确的原则，还是乱搬乱套带有局限性的经验和传统，所造成的后果必然适得其反。此外，在革命的过程中，中共虽然取得了最后的胜利，并不等于所做的一切都是正确的，也犯过很多错误，且形成了不少负面的传统，或成为"革命的后遗症"。对此，也必须认真地加以分析。事实证明，如果不能正确地对待革命的后遗症，同样会给中共的事业，乃至给整个中国和中华民族带来不可估量的灾难。

## 1.3.2 被凯歌声掩盖的"革命后遗症"

### 1.3.2.1 神化与迷信之风绵延不绝

任何事物都存在着两面性，革命同样如此。既然要对中共的革命进行全面反思，那就不仅需要总结成功的经验，肯定革命过程中形成的优良传统，也要正视中共在领导革命过程中出现的问题，包括所犯过的严重错误，以及革命中形成的各种不良风气。尽管总的来说，后者在中共革命时期只是"支流"，并没有从根本上影响革命的进程，但问题毕竟是客观的事实，且或多或少对革命事业造成过损害。更重要的是，无论是好的传统，还是不好的风气，都会有历史的惯性，在新的历史条件下，如果当权者头脑不清醒，好的传统有可能"异化"，而不良风气则可能进一步滋长、发展，对胜利后的中共产生更大的消极影响。因此，在充分肯定中共革命的成就和正面经验的同时，必须对负面的问题进行认真的研究，深刻地揭示其教训。

事实上，中共在革命过程中也出现过不少的问题，但笔者的论述不可能，也没有必要面面俱到，只能就若干相对影响较大的方面予以说明。其中，首要的一条无疑是，在对待指导革命的理论和借鉴别国经验时，多次出现过将马克思列宁主义理论教条化，将苏联经验神圣化，亦即不从中国的实际出发，而是生搬硬套马列书本和苏联经验的倾向，背离"走中国历史必由之路"的客观规律，给革命造成过重大损失。

自创立以来，中共就是一个十分重视革命理论和意识形态的政党，并强调要以当时世界上最激进的马克思列宁主义指导自己的革命实践。同时，中共又是在俄国十月革命胜利之后，在苏俄共产党和共产国际的帮助下成立的，不仅从一开始就加入了共产国际，服从其领导，而且强调要学习苏俄革命的经验，以苏俄为榜样建立中共和开展中国革命。这样的历史背景，再加上中共刚刚诞生，尚处于幼年时代，缺乏经验，无论是对马克思列宁主义理论和苏俄的经验，还是对中国的实际情况都缺乏真正的了解，自然不可避免地在中共党内形成一种神化，乃至迷信马克思列宁主义理论和苏俄经验的氛围。从某种意义上讲，神化和迷信，是中共与生俱来的弊病。诚然，如笔者多次说过的，马克思列宁主义是近代以来人类进步思想发展的重要成果之一，确实包含有许多科学的真理，并非毫无可取之处；共产国际的指导和苏俄的革命经验也确有值得借鉴的作用。此外，人们也不得不承认，马克思列宁主义理论和苏俄的经验，确实在指导和推动中共革命的过程中发挥过积极的作用。然而，马克思列宁主义并非"放之四海而皆准"，世界上也不存在百分之百正确的理论；苏俄的革命经验虽然可以借鉴，但它只是在苏俄当时的历史条件下形成的，即便正确，也不是"普遍真理"，不可能适合所有国情存在极大差别的国家。因此，将其神化，盲目迷信，并在实践中照搬照抄，无疑都是荒唐的，必然带来严重的后果。

这种情况，在中共革命的初期已经明显地反映出来。中共一大所确定的纲领，即在中国立即实行所谓社会主义革命的规定，实际上就是教条地照抄马克思列宁主义理论，生搬硬套苏俄革命经验的一个典型。所幸的是，由于中共当时的领导人已开始对中国的实际有所认识，而莫斯科对此也并不认可，使得这种根本不适合中国国情的"空想"很快就得到了纠正，通过中共二大、三大，及时地制定了民主革命的纲领和策略方针，中共的革命才能够在国民革命时期得到较快的发展。然而，到了国民革命后期，一方面由于力量对比过于悬殊。另一方面则因为莫斯科并不真正了解中国的实际，囿于自身的所谓成功经验，对中共的指导产生了重大失误，致使中共在革命中严重受挫。更加糟糕的是，莫斯科出于文过饰非的目的，不仅不承认自己脱离中国实际的错误，反而吹嘘斯大林和共产国际的指导路线百分之百正确，将陈独秀为首的中共中央当作"替罪羊"，指责其背离了马克思列宁主义，拒不执行莫斯科的所谓正确指示，犯了右倾机会主义的错误。如此做法，不仅大大强化了莫斯科的权威和对中共的控制，而且进一步助长、强化了中共党内早已存在的神化、迷信马克思列宁主义和苏俄经验、共产国际指示的氛围，导致脱离中国实际的倾向更加严重，一度给中共的革命带来了新的灾难。

　　灾难主要发生在被称为中共的土地革命战争时期。尽管在这一时期，莫斯科仍在援助和帮助中共，对中共所作的指示并非都是错误的，所做的事情也不都是坏事，但就其主要方面而言，无疑更加脱离中国的实际，不断地将莫斯科所认定的，所谓马克思列宁主义的，而实际上只是模仿苏俄的那一套东西强加在中共头上。至于中共内部，虽然已有不少共产党人，如毛泽东等，开始在实践中突破莫斯科的框框，力图从中国的实际出发，探索新的革命道路，并取得了一定成果，逐步打开了革命的新局面，但党内从上到下却弥漫着神化、迷信莫斯科的空气。由莫斯科先后扶植起来的领导人，或因认识不清，或慑于苏联和共产国际的权威，大多教条地对待马克思列宁主义，机械地执行莫斯科的指示，生搬硬套苏联的经验，致使中国的革命一次又一次遭受损失。其中，最为突出的则是王明、博古等人。他们上台后，十分卖力地推行所谓的"国际路线"，即完全背离中国实际，纯粹莫斯科化的一整套政策和策略，导致多年来许多共产党人浴血奋战所取得的革命成果，几乎丧失殆尽。正如中共官方1981年所说："主要在本世纪二十年代后期和三十年代前期在国际共产主义运动中和我们党内盛行的把马克思主义教条化、把共产国际决议和苏联经验神圣化的错误倾向，曾使中国革命几乎陷于绝境。"[7]血的教训证明，对马克思列宁主义理论的神化，对共产国际和苏联经验的迷信，害处是多么的大。

　　正是在血的教训面前，更多的共产党人开始觉悟，这才有了遵义会议的召开和毛泽东在中共中央的崛起。此后，由于以毛泽东为核心的新中央开始强调理论联系实际，强调从中国的实际出发，中国党内的风气逐渐有所改变。尤其是在后来的延安整风运动中，经过全党对教条主义的批判，党的各级领导对实事求是的重要性有了比较深刻的认识，从而确保了抗日战争时期和抗战胜利后的内战时期，中共的战略战术和一整套路线、方针、政策的基本正确，避免了过去犯过的大错误。

但是，中共党内长期存在的神化、迷信之风并没有因此从根本上得以改变。原因在于，毛泽东和中共中央虽然批判了教条主义，并在实际工作中纠正了教条地对待马克思列宁主义理论，生搬硬套苏联经验的若干错误做法，改变了党内某些不良的倾向，却因政治上的需要，不愿真正触及马克思列宁主义理论本身的问题，更不愿触犯莫斯科的权威。对于中共及其领导的革命来说，马克思列宁主义就好比是自己的命根子，其理论权威的地位是决不能动摇的，决不能承认这一理论本身存在着局限性，必须永远坚持它是"放之四海而皆准"的普遍真理。中共所强调的仅仅是理论必须联系实际，或必须将马克思列宁主义的普遍真理与中国的实际相结合而已。其实，人类近百年来的历史已经清楚地表明，马克思列宁主义虽然也是在人类文明进步的过程中，所取得的重要思想理论成果之一，包含有许多有价值的内容，但它也同所有人类历史上的思想理论学说一样，无不具有一定的历史局限性，或者说同样存在着许多已经被实践证明为谬误的成分。即便过去是正确的观点，也会因时势的变化而过时。它不是，也不可能是什么"绝对的真理""永恒的真理"。后人可以，也应当从中汲取营养，却不能将其奉为革命的"圣经"，将其神化。可是，由于中共创立伊始，便将自己的命运与马克思列宁主义理论捆绑在一起，甚至在中共党内早已形成一种难以改变的规则，即任何人，包括普通党员和最高领袖人物，都把自己在党内存在的合法性和前途与这一理论联系在一起，而被斥为反对或违背马克思列宁主义者，则无法在党内立足。因此，毛泽东和当时的中共中央虽然批判教条主义，强调要用所谓的科学态度对待马克思列宁主义，却不可能采取真正的科学态度，即实事求是地承认世界上根本不存在什么绝对的"普遍真理"。否则，必将遭到其他共产党人的排斥。在这样的氛围中，中共自然也就不可能根除对马克思列宁主义的神化、迷信之风。此外，由于苏联是当时中共的主要支持者，共产国际则是中共法定的顶头上司。因此，尽管毛泽东等人完全清楚，所谓的教条主义和迷信苏联经验的歪风,其源头就在莫斯科,但毛泽东和中共中央考虑到革命仍然需要苏联和共产国际的支持,必须继续与莫斯科保持良好的关系,不仅不能在太岁头上动土,而且还必须继续对莫斯科和苏联的经验大唱颂歌。在这样的气候下,中共又怎么可能真正根除神化、迷信莫斯科和苏联经验的不良风气呢?!

更让人无法理解的还有,毛泽东和中共中央一方面通过延安整风大批所谓的教条主义,企图破除对莫斯科的迷信,另一方面却又在延安整风的过程中制造新的神话和迷信,即对毛泽东和毛泽东思想的神化和迷信,且在做法上更加毫无顾忌,所造成的后果也更为严重。对此,笔者将在下一节详加阐述。总之,尽管由于毛泽东及其为首的新中央在一定时期内和一定程度上纠正了党内神化、迷信马克思列宁主义理论和苏联经验的错误,促进了革命的最终胜利,但却未能,也不可能真正解决党内存在的神化和迷信之风,随着形势的变化,尤其是中共革命的胜利,加之毛泽东等人人为的操作,反而助长了此种不良风气的进一步蔓延,乃至最终泛滥成灾。

### 1.3.2.2 党内民主屡遭破坏,专制独裁阴魂不散

中共另一个"革命后遗症"的重要表现,就是党内的民主制度屡屡遭受破坏,致使党员干部的民主意识薄弱,而专制独裁的思想遗毒则不断地侵蚀党的肌体,并最终成为危害党的生命的顽症。

民主,是人类社会文明进步的一个重大成果,是否具有民主意识,能否建立民主的制度,则是近现代的社会、国家、政党等等区别于中世纪的主要标志。然而,在中国,由于以专制为特征的封建中世纪社会延续了两千多年,专制思想的影响可谓根深蒂固。尽管在1840年的鸦片战争以后,中国也被迫进入了近代社会,民主的意识和制度亦逐渐为部分中国人所了解,一些先进的中国知识分子也在传播民主方面做了大量的启蒙工作。维新变法运动、辛亥革命,特别是高举民主和科学大旗的五四新文化运动,在传播民主思想方面也取得过不小的成绩,而且封建专制的清王朝也被推翻了,但无论是在哪个领域,专制独裁的影响仍然十分严重,民主制度的建立仍然十分困难。

中共创立之初，曾按照马克思列宁主义的要求，明确规定以民主集中制作为党的组织原则，实行在民主的基础上集中、在集中指导下的民主，强调所有的党员都具有不可随意剥夺的民主权利，党内的各级领导机构和领导人由党员或党员代表选举产生，少数服从多数，全党服从中央，党的最高权力机构是党的全国代表大会，从中央到基层的各级领导机构实行集体领导的原则等等。且不论所谓的民主集中制是不是真正的民主制度，若能真正实行并坚持下去，中共无疑将成为国内建立民主制度的模范。客观地说，在创立之后陈独秀主政的七、八年间，尽管存在着莫斯科的干预，以及因为党不得不处于秘密环境而使民主制度的实行受到一定的限制，但由于早期加入中共的精英分子都受到过五四新文化运动的洗礼，有一定的民主意识，因而党内的民主气氛仍比较浓厚，民主集中制的贯彻也比较正常，例如党的全国代表大会基本上都能按时召开，党的重大决策都能通过民主的程序作出，党的中央和各级领导机构、领导人都是通过民主选举出来的，且基本上都能做到进行集体领导。尤其是每个党员的民主权利都能得到保障，党员有权对党的工作发表自己的意见，且不会因为与领导人的意见不同而受到排斥和打击。因此，说陈独秀主政期间，中共党内的民主制度是实行得最好的时期，这并不为过。

诚然，也有人批评陈独秀的脾气不好，开会时常常拍桌子、打板凳，搞家长制，[8]或听不进别人的正确意见等等，实际上是在指责陈独秀并不民主，搞的也是专制。陈独秀的个性确实比较强，有时显得不够冷静，作为一个领袖人物，确有值得批评的缺点，甚至也会因为认识不清而拒绝某些今天看来是正确的意见，似乎表现出某种家长作风，但他并不是一个拒谏饰非之人，更不是一个睚眦必报之徒，绝不会仅仅因别人与之意见不合就怀恨在心，事后必寻机报复。他可以与人当面争论，但吵过即罢。当年，也从未听说过某人因为与陈独秀争吵，或批评过陈独秀而被整的。在早期的中共党内，无疑也存在着不同意见的争论，但并未发生过最高领袖和中央对持有不同意见者进行整肃之事。再说，领袖人物的个性缺点虽然应当予以批评，但与党内是否民主并不是一回事。而对所谓的家长制作风，则更要作具体分析，不能笼统地将其与反民主的专制画等号。即便陈独秀有所谓的家长作风，也只是一般的缺点，并无事实证明他破坏了党内民主制度，或对党员的民主权利造成了侵害，与后来的王明、毛泽东等人相比，完全不同。

不过，陈独秀时代的中共党内民主氛围虽然比较好，但这种局面却未能持续多久。随着中共在大革命运动中严重受挫，党内民主也开始遭到破坏，始作俑者当然是莫斯科。以斯大林为首的联共中央为了推脱责任，不仅把陈独秀为首的中共中央当作"替罪羊"，大加鞭挞，而且加强了对中共的控制，并开始将联共内部盛行的专制制度搬了过来，直接或间接地对中共进行专制统治。莫斯科不顾很多中共党员的反对，每每以联共中央或共产国际的名义，强制推行违背中国实际的所谓"国际路线"，按他们的意志，而非广大中共党员的民意，挑选、决定乃至更换中共中央的领导人，肆意打击中共党内不赞成或反对莫斯科路线的党员、干部，甚至对所谓的贯彻国际指示不得力者也不放过，毫无道理地予以惩罚。其中，对陈独秀等人的错误处理，就是一个典型的例子。

陈独秀辞职下台以后，不仅受到了严厉的批判，而且实际上被剥夺了作为一个普通党员应有的民主权利。但他毕竟是一个有着强烈责任心的革命者。出于对中共及其革命事业的关心，他经过自己的独立思考，认为新中央在革命受挫以后对国内外形势的判断和采取的对策并不完全正确，遂多次致信中央，提出自己的看法，希望中央予以考虑。今天看来，陈独秀的观点并非都是正确的，确有一些错误的看法，但他对新中央和莫斯科的批评，基本的内容不仅很有见地，且十分重要。再说，给中央写信，是党章赋予党员的民主权利，不论对错，都无可厚非。然而，处于莫斯科掌控下的中共中央不仅完全拒绝陈独秀的意见，而且根本不尊重他的民主权利，最终竟因陈独秀不服，以反党反共产国际为由将其开除出党。尽管至今人们对开除陈独秀一案仍然众说纷纭，但撇开此案的对错不谈，从新中央与陈独秀争执的过程中，人们仍然可以看得很清楚，这与党内的民主制度受到破坏密切相关。正如陈独秀当时所指出："现在中央政策，竟在反对

'极端民主化'的名义之下，把党内必需的最小限度德谟克拉西也根本取消了，并不是什么'相当缩小'；由省委到支部一概是委派制；同志们对于政策上工作方法上有不同意见一概不许开口，从省委到支部，都不能讨论政策及工作方法问题，都成了机械的'中央命令传达机关'；这样的办法，为了操纵一切使盲动的命令能够顺利的施行，自然觉得很方便，其如毁坏了党的组织与力量何！倘若现在白色恐怖的环境之下，党内德谟克拉西势必缩小到连区委支部都不能行选举制；这根本上连少数人都不能集会，一切工作都无从谈起，党内的基础组织便已经不存在了，还说什么党已有相当的发展，还说什么革命复兴！"[9]陈独秀还说："德谟克拉西，是各阶级为求得多数意见之致以发展其整个的阶级力所必需之工具；他是无产阶级民主集权制之一元素，没有了他，在党内党外都只是集权而非民主，即是变成了民主集权制之反面官僚集权制。在官僚集权制之下，蒙蔽，庇护，腐败，堕落，营私舞弊，粉饰太平，萎靡不振，都是相因而至的必然现象。"[10]陈独秀的批评虽然有点过激，但基本的内容并不违背事实。它也充分显示出，陈独秀对党内党外民主的重视和在这方面所表现出来的言行一致，在中共党内迄今为止所有的领袖人物中无出其右者。

既然连陈独秀这样创党有大功，又曾经担任党的最高领导人多年的重量级人物，其民主权利都得不到保障，可见中共党内的民主制度和民主氛围遭到了多么严重的破坏。而在陈独秀之后，党内持不同意见者何孟雄等人遭到惩罚，毛泽东因其做法与所谓的"国际路线"有所不同而被排斥等等，也就毫不奇怪了。至于莫斯科及其控制下的中共中央实行反民主的专制统治的后果，已是众所周知。中共革命之所以遭受重大损失，无疑首先要归咎于所谓的"国际路线"，但是错误的路线虽然在实践中连连碰壁却难以得到及时的纠正，则与党内的民主制度屡遭破坏不无关系。

这样的状况得以改变，是在中央红军开始长征前后。一方面，由于中共中央与莫斯科的电讯联系因国民党的破坏而中断，加之红军长征后一直处于流动状态，莫斯科对中共中央和红军的控制严重受阻；另一方面，由于长征前后中央红军屡遭失败，实际上宣告了"国际路线"的破产，使得一向秉承莫斯科旨意的中央主要领导人的处境越来越不妙，党内军内的干部越来越不满。形势的演变终于使得大多数人冲破了专制的束缚，迫使最高领导博古等人同意召开会议，发扬民主，检讨党的路线和政策。毫无疑问，如笔者已经说过的，正是在这次莫斯科因为鞭长莫及而无法控制的会议上，中共党内的民主机制有所恢复。不仅与会者得以对最高领导的错误进行了大胆的批评，使党的指导路线，特别是关系到当时红军命运的军事路线的是非有了明确的结论，而且会议还据此对最高领导层的人事作出了十分重要的调整。历史表明，遵义会议不仅使中共和中共革命的命运发生了重要转折，而且成为打破莫斯科及其拥护者在中共党内实行专制的重要开端。随着毛泽东的崛起，莫斯科在中国党内的专制从此日趋削弱。毛泽东主政中共以后，尽管仍然不得不小心谨慎地处理同莫斯科的关系，但他所采取的基本方针，是有选择地对待来自莫斯科的指示，亦即对莫斯科的话"不可不听，又不可全听"，用今天的话来表达，毛泽东开始对莫斯科控制中共的做法说"不"了。

照理，莫斯科及其拥护者在中共党内专制统治的不断削弱，应当有利于党内民主机制的恢复。在遵义会议之后的若干年里，情况确实如此。由于毛泽东在中央立足未稳，在全党的领导地位尚未巩固，且不时地受到挑战，他不得不更多地采取集体领导的方式作出重大决策。因此，不仅在中央最高领导层可以比较民主地发表意见，下面的干部也能提出自己的不同看法，甚至批评上级领导，乃至中央领导人。总之，在延安整风以前，中共党内的民主空气相对比较浓厚，虽然还谈不上真正恢复党内的民主制度，但民主的氛围相对较好，类似于中共建党初期的陈独秀时代。

然而，好景不长。随着毛泽东威望的提高和他在中共党内领导地位的巩固，情况再一次发生变化。中共党内民主的发展又开始转向，不仅没有朝着真正确立民主制度的方向前进，相反，专制倾向却卷土重来，尤其是在延安整风中愈演愈烈。所不同的是，以新上台的领袖毛泽东的新专制逐渐取代了莫斯科及其拥护者的旧专制。

今天看来,新专制的出现并不奇怪。中国的专制思想和专制制度源远流长,对国人的影响至大至深,而民主的思想虽然从近代开始,也在中国传播了几十年,却很难在中国人,包括许多精英的脑子里扎根。即便是像毛泽东这样的历史伟人,也难免不受封建专制思想的侵蚀。

在加入中共之前,作为一名青年学子,毛泽东也受到过五四时期民主运动的影响。然而他同当时大多数知识精英一样,中国根深蒂固的专制政治和专制文化,也在毛泽东的身上打下了深深的烙印,故而形成了许多精英都难以避免的双重性格。他们在受到专制统治者的压迫时,无疑会以民主为武器,进行抵制和反抗。然而当他们自己掌握一定的权力时,则更倾向于实行专制,而对建立真正的民主制度不感兴趣。毛泽东也是如此。无论是在党内还是党外,他都是反对他人搞专制的"民主"斗士,但在他的权力所涉及的范围内,却常常反其道而行之。在毛泽东率领秋收起义的部队上井冈山以后,他在党和红军中逐渐掌握了越来越多的权力,而他喜欢独断专行的作风也逐渐显露出来。无论是在井冈山,还是在后来的中央苏区,一方面由于政见不同,或者说因为在路线、政策上有分歧,另一方面也与毛泽东的个性和不民主的作风有关,毛泽东曾与他的同事,乃至中共中央多次发生矛盾和冲突。很多人都公开反对或排斥过他。反对者一方面不能认同他的路线和政策,另一方面也缘于对他的专断作风不满。不过,反对者最终都遭受挫败,原因主要在于,毛泽东的绝大多数主张被实践证明是正确的,使反对者在大是大非问题上输了理,而毛泽东在作风上的专断和不民主则被淡化了。

也正是在大是大非的问题上,毛泽东相对比较正确,他终于结束了一度被贬黜的窘境,通过遵义会议东山再起。进入中共中央核心领导层以后,毛泽东的权力不仅得以恢复,且迅速得到扩张。只是因为一开始地位尚不巩固,毛泽东在一段时期里还比较小心谨慎,专制的作风也有所收敛。然而,这并不意味着他要改变过去的做法。一旦时机成熟,毛泽东就会毫不犹豫地出手,实现自己的"宏图大略"。不久,机会就来了。从1941年起,毛泽东开始发动后来被称为延安整风，实为全党的整风运动。在整个运动中，毛泽东采取了一系列反民主的手段，最终确立了他在全党专制独裁的统治地位。对于毛泽东如何通过延安整风运动达到自己的目的，笔者将在下一节予以详述。

### 1.3.2.3 路线之争：开党内"残酷斗争，无情打击"之先河

在中共革命发展的过程中，还有一个与党内的民主或专制密切相关的问题，就是所谓的党内斗争。同社会上所有的党派、团体一样，共产党也是由众多的党员集合而成的。每个党员都有一个会思考的脑袋，都有自己的思想。当然，政党的组成也都有一个共同的思想信仰或思想基础，并非乌合之众。即便如此，社会的复杂，形势的变化等等，都会在党内引发不同的意见，包括对一些重大问题，诸如战略策略、方针政策等问题的不同看法。有分歧，自然也就有是非之分。而党作为一个集体，又必须保持思想和行动的基本一致，否则就难以凝聚成强大的力量，实现自己的奋斗目标。党既然要分清是非，舍弃和克服错误的意见，采取正确的主张，使党内的思想、行动达到统一，则不可避免地有党内斗争。此外，党内斗争还不可避免地与党内的权力分配联系在一起。可见，有分歧，有斗争，甚至因此发生权力之争，这都是正常现象。问题在于如何对待内部分歧，开展党内斗争？概括地说，不外乎两种方式。一种是在党内规定的民主制度的框架下，通过民主的程序进行党内斗争；另一种则是以专制的强制的方式实现所谓的思想、行动的统一，或实现权力更替。前者的好处是既能达到分清是非、去伪存真、统一思想和行动的目的，又能维护每个党员的民主权利，调动所有党员的积极性；而后者虽然也能暂时地解决思想行动统一和权力分配的问题，却必然伤害一部分党员、干部，甚至造成党内"残酷斗争，无情打击"的恐怖局面，从根本上危害党和党的事业。两种方式，孰是孰非，并不复杂难辨。

如前所述，在中共早期，即陈独秀主政时期，党内的民主气氛比较好，民主集中制的原则基本上得到了贯彻实行，因而党内斗争也能正常地进行。当时的党内无疑存在着不同的思想，甚至在方针、政策和策略问题上存在着分歧，但大多能通过批评与自我批评，通过充分

说理的民主方式和按照民主集中制的原则得以解决，很少出现强制的，或过火的斗争现象。对涉及路线、方针、政策问题的分歧，虽然有时也借用"左倾""右倾"的说法，也批评所谓的机会主义，却并没有以此给党内的党员和干部扣帽子，更没有因此而惩罚和打击有不同意见的党员、干部，甚至连"路线斗争"这样的提法都没有听说过。即便是翻开后来中共官方所写的党史书，虽然也批评陈独秀的所谓家长制作风，批评他和当时的中共中央曾经拒绝某某人的正确意见等等，却找不到一个党员、干部在所谓的路线斗争中遭受不合理打击的事例。具有讽刺意味的，倒是后来的中共官方给陈独秀等人扣上了许多，而当时根本不存在的所谓"右倾""左倾""机会主义"的大帽子，硬把当年不同意见的正常争论塞进"路线斗争"的框框之中。

遗憾的是，这种相对较好的氛围却因中共在大革命后期的严重受挫，而未能持续下去。由于挫折造成了革命事业的巨大损失，广大党员、干部必然要总结教训，追究责任。尽管陈独秀和中共中央确实应当为此负责，但莫斯科也应承担重要的责任。然而斯大林和共产国际却文过饰非，将失败完全归咎于陈独秀和中共中央，并为此给陈独秀等人制造了一个所谓的"右倾机会主义"或"右倾投降主义"的罪名，对其大加鞭挞。从此，所谓的路线错误、路线斗争、左倾、右倾、机会主义等等名词、概念，便逐渐成为中共党内斗争的口头禅，且所谓的罪名也在不断地创新和发展，如"反党""反共产国际""反马克思列宁主义"等等，党内斗争也逐渐脱离民主制度的正常轨道，成为党内的专制主义者用以排斥、打击异己，巩固自己统治地位的主要手段。

毫无疑问，在大革命失败以后的一个相当长的时期里，以路线斗争为名，大搞专制，整肃异己的主角自然是莫斯科及其控制下的中共中央领导人，而受害者则包括陈独秀等一大批对莫斯科的路线提出异议的党内人士。不过，其中也有曾经受到莫斯科青睐，整过别人，而他自己后来也得罪了共产国际的领袖人物，如瞿秋白、李立山等。在整个土地革命战争时期，相比较而言，整人整得最为厉害的，则是后来被中共官方称为第三次左倾路线的代表者王明、博古统治的时期。为了贯彻推行莫斯科所制定的所谓"国际路线",他们"在党内曾经把一切因为错误路线行不通而对它采取怀疑、不同意、不满意、不积极拥护、不坚决执行的同志,不问其情况如何,一律错误地戴上'右倾机会主义''富农路线''罗明路线''调和路线''两面派'等大帽子,而以'残酷斗争'和'无情打击',甚至以对罪犯和敌人作斗争的方式来进行这种党内斗争。这种错误的党内斗争,成了领导或执行左倾路线的同志们提高其威信,实现其要求和吓唬党员干部的一种经常办法"。[11]请读者特别注意,笔者所引的这一大段话,来自延安整风后期中共中央就党的历史问题所作的决议。决议对王明、博古主政时期所谓的路线斗争所作的批判基本上符合事实,并不为过。然而,在毛泽东所发动的延安整风运动中,情形又如何呢?对此,笔者当然还要述及,也希望读者不妨认真作一番思考。

值得注意的还有,当时还不是中央主要领导人的刘少奇,曾在延安整风运动前夕的1941年7月专门做过一个报告,题为《论党内斗争》。在这个报告中,他用了很多的篇幅批判了遵义会议以前中共党内的所谓的过火斗争。他例举了许多"过火斗争"的表现,如经常举行所谓的"斗争会",或"以为党内斗争是斗得愈凶就愈好,问题提得愈严重愈好,搜集别人的错误愈多愈好,给别人戴的帽子愈大愈好"等等,然后写道:"上述这些,是中国党内斗争中的一种偏向,是在中国党内特别严重的(在外国党内虽然也有)一种偏向。这就是党内斗争进行得过火、进行得毫无限制,走到另一极端——党内斗争中的左倾机会主义,党的组织上的左倾机会主义(否定党内民主,否定原则上一致的党内和平,否定工会及其他群众组织的相对独立性,否定党员的个性及其自动性、创造性等)。"[12]刘少奇对党内过火斗争的批评虽然并不全面,也没有打中要害,但并不违背事实。但他所反对的只是所谓的无原则的斗争,而对所谓涉及严重问题的"路线斗争"则没有提起,更未能注意到以所谓的"路线斗争"为名,排斥异己,打击与自己意见不同者,在党内实行专制统治的行为。他似乎没有意识到,即便是带有原则分歧的所谓路线问题,也应当在保障党员、干部民主权利的基础上，通过民主的方式予以解决，否则将给专制统治者以可乘之机。这也许就是刘少奇后来在延安整风运动中支持毛泽东利用"路线斗争"整人的原因之一吧。

历史表明，正是由莫斯科肇始，并在后来不断予以发展的所谓"路线斗争"，从此中断了中共早期党内相对比较和谐的同志关系，开了"残酷斗争，无情打击"的先河，造成了极为恶劣、深远的影响。从根本上讲，莫斯科之所以这样做，首先是出于控制中共的政治需要，同时也与苏联的实际状况有关。自从列宁去世以后，继任的斯大林便开始在联共党内逐步建立起自己的专制独裁，并开始通过反民主的党内斗争，打击一切不满、反对斯大林的其他领袖人物。因此，从某种意义上说，莫斯科只是将苏联的那一套搬到中共来而已。至于陈独秀之后的中共中央领导人之所以完全接受莫斯科的做法，除了慑于联共和共产国际的压力外，无疑既同迷信苏联，也同中国封建专制的思想影响密切相关。

当然，莫斯科及其控制下的中共中央所推行的，以路线斗争为名排斥异己的做法，必然激起中共党内的不满和反对声浪，尤其是那些受到错误打击的党内干部，必然因此而愤愤不平。其中，最早起来抗争的就是笔者前文已经提到过的陈独秀等人。但由于势单力薄，陈独秀等人的反抗不仅没有奏效，反而被开除出党。另有一些人，如毛泽东、刘少奇等，则不得不暂时隐忍，以待时机。随着莫斯科对中共控制的削弱，特别是它所极力推行的所谓"国际路线"在革命实践中遭到破产，毛泽东等人终于获得了崛起的机会。党内那种"残酷斗争，无情打击"的做法也因此有所改变。

实事求是地说，遵义会议以后的一段时间里，与整个党内较好的民主氛围相适应，包括毛泽东在内的新中央领导人没有搞过去那种过火的党内斗争，即便是对待像张国焘那样公开宣布成立"第二中央"的分裂行为，毛泽东等人的斗争仍是相当谨慎和节制的。显然，这同毛泽东尚未在中央站稳脚跟有关。此外，莫斯科的影响虽然有所削弱，却仍然存在，毛泽东对此还不能不有所顾忌。

然而，随着毛泽东的权力越来越大，他在中共中央的领导地位越来越巩固，党内关系相对和谐的氛围也逐渐发生变化。这次在党内掀起新波澜的已不是莫斯科，也不是莫斯科路线的拥护者，而是毛泽东。他虽然对所谓苏维埃革命时期王明、博古等人以路线斗争为名，打击自己的做法深恶痛绝，予以尖锐的抨击，却并不是为了建立真正的民主制度，以根绝这种恶劣而残酷的党内斗争歪风，反而为了达到自己的目的，从延安整风运动开始，不仅继承，而且将这种为后来的历史充分证明的、祸害无穷的所谓"路线斗争"发展到了登峰造极的地步。正因为如此，毛泽东后来进行的一次又一次"路线斗争"所造成的后果，对中共乃至全中国人民所带来的灾难，不知要比当年的莫斯科及其追随者大多少倍。至于毛泽东在延安整风中，乃至执掌全国政权后，是如何"创造性"地运用和发展"路线斗争"，又把"路线斗争"与所谓的"阶级斗争"紧密地联系在一起，"双管齐下"，在中共党内和全中国进行"残酷斗争，无情打击"的，笔者将在以后的各章各节中陆续述及。

### 1.3.2.4 苏区"肃反"大搞"逼供信"，被冤杀者超过十万

除了以路线斗争为名，在中共党内整人外，还有一个后果更为严重的所谓"肃反"问题。从苏维埃革命时期开始，由于中共中央和各级领导者在革命队伍内部的"肃反"斗争中采取了错误的方针、政策，致使许多革命者，包括红军的大批官兵被错误地杀害。从某种意义上说，因"肃反"所犯的严重错误对中共革命造成的危害，相比于党内的"路线斗争"，无疑更大，更深远。

革命的政党和革命的队伍，为了对付敌人的破坏活动，维护自身的纯洁性，都需要不断地清除党和革命队伍中的不纯分子，清除混进来的敌人，这自然无可厚非。不过，由于斗争的复杂，清除内奸和不纯分子，无疑也是一件复杂的事情，必须谨慎从事，不仅要有清醒的认识和正确的方针政策，还必须采取正确的方法。否则，不仅不能取得良好的效果，反而会伤害自己人，甚至中了敌人的离间之计，造成党和革命事业的损失，乃至革命队伍的分裂，使亲者痛，仇者快。

中共创立伊始，就十分重视自身的纯洁性。党不仅对吸收新党

员，发展扩大党的组织，规定了一套不同于其他政党的严密制度，而且在党内制定了严格的纪律。更重要的是，当时的中共主要依靠党的革命宗旨和革命理论吸引民族精英和知识精英，吸引广大受压迫、受剥削的工农民众，不可能给加入党和革命队伍者带来个人的好处，如升官发财等，因而极大地减少了投机分子渗入的可能性。同时，由于当时党内的民主氛围比较好，陈独秀领导的党中央从未利用党内分歧排斥、打击异己。再加上当时的中共力量相对比较弱小，尚未成为敌对阵营关注的重点对象和有计划地进行渗透、破坏的主要目标。因此，直到中共在国民革命中受挫之前，中共及其领导的革命队伍相对比较纯洁，极少数党员退党或被党组织开除的事虽然时有发生，但党内并没有出现过大的问题，也没有开展过后来那种大规模的"除奸""肃反"运动。

然而，随着1927年春夏国共分裂，新建立的国民党政权对中共及其领导的革命志士实施大屠杀，而中共也被迫采取武装反抗的政策之后，中共内部相对平和的状况也从此改变了。一方面，国民党政权开始将中共视为最重要的敌人，不但残酷地捕杀中共党员和革命志士，而且通过威逼利诱，迫使中共部分党员自首、叛变；或千方百计地派国民党的特务和中共的叛徒打入中共内部，进行各种破坏活动。这无疑给中共造成了前所未有的威胁，迫使中共不得不在严酷的斗争中时刻保持高度的警惕，不断地同混入革命队伍的奸细进行斗争。另一方面，由于革命遭受严重挫折，从莫斯科到中共中央，从大的路线、方针，到各项具体的政策、策略，都越来越"左"，不仅将革命阵营内部的意见分歧上纲上线，将党内的反对派宣布为敌人，如所谓的托洛茨基派等，而且将游移于国共两党之间的中间势力，如所谓的社会民主党、改组派等等，统统视为"最危险的敌人"，必须与之进行坚决的斗争。更荒唐的是，无论是莫斯科，还是中共中央都大大地高估了这些所谓敌人实际的活动能力和影响力，一度认为它们已经大批地渗入了中共及其领导的红军内部，不仅为在党内、军内错误地开展大规模的"除奸""肃反"运动大开了绿灯，也为党内一些别有用心的领导者趁机"制造"形形色色的"敌人"，以排斥、打击异己提供了极好的机会。

苏维埃革命时期，亦即土地革命时期，中共内部错误的大规模"肃反"运动主要发生在中共领导的各个苏区和各支红军队伍里。诚然，在中共领导的白区工作中，也有"除奸""反特"的斗争，但主要是针对叛徒的。在打叛徒的过程中，也出现过失误，如在上海，就曾发生过从事地下工作的匡亚明被错误地当作"叛徒"，[13]差一点被自己人打死的事情。不过，由于白区是国民党的天下，中共的处境艰难，实力有限，不可能搞什么"肃反"运动，故类似于匡亚明的错误事件也比较少。而在苏区和红军里，情况则完全不同，各级领导者都掌握了不小的权力，一旦在所谓的"肃反"运动中出现偏差，就可能"失之毫厘，差以千里"，酿成严重后果。

大规模的错误的"肃反"运动最早发生在江西中央苏区和中央红军之中，即被称为"肃清AB团反革命"的"肃反"运动。[14]所谓的AB团，本是1927年国民革命后期国民党右派在南昌建立的一个反共组织，但成立不久就被当时的革命派摧毁了，它与后来的苏区和红军更是毫无关联。不料，到了1930年初，在中央苏区却传出了这个早已销声匿迹的反共组织大批渗入苏区和红军内部的消息，导致从中共中央到苏区的领导人对AB团渗透的情况，估计得越来越严重，简直到了草木皆兵的程度。于是，在当时担任红一方面军总前委书记毛泽东的主持下，从1930年春夏到1931年底，先后在红一方面军及江西地方党政机关里开展了大规模的，以整肃、清除AB团反革命分子为中心内容的"肃反"运动，在苏区和红军中开了大刮红色恐怖旋风的先河。运动中，由于受到毛泽东重用，而具体负责"肃反"工作的李韶九等人大搞严刑逼供，大批所谓的AB团组织、AB团的骨干分子被无中生有地"制造"出来，且绝大多数被诬指为AB团反革命分子的党政官员和红军官兵均惨遭杀害。其中，仅红一方面军中被冤杀者就达到四千四百余人。更为严重的是，对所谓AB团分子的乱打乱杀，导致了苏区和红军内部的矛盾激化，引发了震惊苏区的红二十军兵变，即"富田事变"。事变发生后，在中共中央的支持下，苏区和红军的领导人又对参与兵变的红二十军官兵予以严厉镇压，不问情由地将全军排以上的军官集体枪决，并取消该军番号。中央苏区和中央红军中这次打 AB 团的"肃反"运动持续了两年左右，直到周恩来从上海抵达中央苏区担任中共苏区中央局书记后，才逐渐停止。如今，包括中共官方在内，几乎所有的人都承认，中央苏区当年打 AB 团的所谓肃反，是完全错误的，是在苏区和红军中最早发生的一个大悲剧。至于究竟有多少党政干部和红军官兵冤死在这次"肃反"中，至今仍然没有一个准确的统计，而学者们经过估算，认为至少有六、七千人被错误杀害。

就在中央苏区的"肃反"进入高潮之后不久，1931 年初，毗邻的闽西苏区也受到影响，开始大刮"肃反"的红色恐怖旋风。闽西苏区的"肃反"以清查、打击所谓的"社会民主党"为主要内容，且起因颇具戏剧性。[15]1931 年 1 月，在闽西苏区的红十二军举行纪念国际共产主义运动的先驱李卜克内西、卢森堡、列宁大会。可能是因为会上讲到了第二国际、第三国际、社会民主党等等方面的内容，会议进行过程中呼口号时，几个文化水平低，根本搞不清国际共产主义运动历史的红军官兵，错误地喊出了"拥护第二国际""社会民主党万岁"的口号。他们随即被检举揭发，成为第一批遭殃的所谓的社会民主党分子。其实，社会民主党是恩格斯领导的第二国际时期，包括俄国在内的各国无产阶级政党所用的名称，在中国则简称"社民党"。然而，列宁在领导共产国际，亦即第三国际成立前后，即宣布第二国际和欧洲各国的社会民主党都已变修。从此，第二国际和社会民主党就变成了反革命的代名词。尽管如此，中共却与第二国际和社会民主党没有任何关系，它是在共产国际的帮助下创立的，自然与第二国际和社会民主党挂不上钩。在当时的中国，也从未建立过社会民主党这样的组织，更谈不上社会民主党渗入中共、苏区和红军。至于一般的中共党员，特别是没有多少文化的红军官兵，则根本搞不清这些问题，甚至连第二国际、社会民主党等等的名词都没有听说过，故错喊口号纯粹是一种偶然的现象。但可笑的是，闽西苏区的领导人，乃至中共中央却将此事看得十分严重，不仅认为所谓的社会民主党就是反革命，而且捕风捉影地断定反革命的社会民主党已经大批地渗入了苏区和红军。于是，一场大规模的以肃清"社民党"分子为主要内容的"肃反"运动便开始席卷整个闽西苏区。同中央苏区一样，在中共中央和闽西苏区的领导者邓发等人的支持下，具体负责实施"肃反"的林一株等人大搞"逼供信"，大批大批的干部、战士熬不过严刑拷打，被迫承认自己加入了所谓的社会民主党，随后又被迫揭发别人。如此循环往复，反革命的社民党分子像滚雪球一样，越滚越大，越打越多。闽西苏区对"反革命的社会民主党分子"的处理，也和中央苏区差不多，除少数成功的逃亡者外，其他人几乎都被杀害。被害者中，竟有不少少先队员和儿童团员，最小的只有十六岁。他们被指控的罪名更是五花八门，如参加了"社民党"的"十毫子运动""食烟大同盟""姑娘姐妹团""找爱团""膳食委员会"等等。

由于在"肃反"中不分青红皂白地乱打乱杀，闽西苏区也发生了几起武装反抗事件，如上杭坑口事变、杭武第三区的"叛乱"等等。其中，影响最大的则是以傅柏翠为首的武装对抗事件。傅柏翠原是蛟洋农民暴动的领导者，曾经担任过红四军第四纵队司令员、闽西苏维埃政府财政经济部部长，后来因同苏区其他领导人意见不一致，被中共开除党籍。傅柏翠不服，遂拥兵反抗。闽西"肃反"开始后，大批红军的干部、战士为逃避捕杀，纷纷逃到傅柏翠所控制的古蛟区，受到了傅柏翠的保护。尽管闽西苏维埃政府毫无根据地宣布傅柏翠是闽西"社民党"的首领，古蛟区是"社民党"的巢穴，并多次派兵攻打古蛟区，却始终未能奏效，使得受到傅柏翠保护的苏区和红军官兵幸运地逃过了一劫。但其他的反抗者就没有那么幸运了。"坑口事件"、杭武第三区等反叛事件的发起者和参与者都遭到了残酷的镇压。

闽西苏区大规模的"肃反"运动，一直持续到1931年底周恩来到达苏区以后才逐渐停止。据1983年官方内部文件的资料，在长达一年的"肃社民党"运动中，闽西苏区被错误地打成反革命的"社会民主党"而惨遭杀害者约六千三百五十二人。[16]这是中共执政以后为冤死者平反昭雪时统计出来的数字，尽管实际上的被害人数肯定不止这些,但错误地进行"肃反"的后果之严重,也可以从中看得十分清楚了。事实上,撇开"社会民主党"是不是反革命不谈,闽西苏区,乃至全中国都没有一个"社会民主党"分子。就连当年闽西苏区中共的首脑人物邓发,后来在延安也不得不承认:"今天来看,不仅当时全国没有什么社会民主党,连傅柏翠本人是不是也难说。"[17] 其实,傅柏翠也与社会民主党毫无瓜葛。由此可见,这样的"肃反"真可谓荒唐至极。

紧接着江西中央苏区、闽西苏区的"肃反"之后,鄂豫皖苏区也开始进行大规模的"肃反"运动。鄂豫皖苏区以大别山为中心,其范围包括湖北、河南、安徽三省交界的大片地区,是中共当时仅次于中央苏区的第二块重要的革命根据地,主力红军有红四军和红二十五军等。该苏区的"肃反"以清查、打击所谓的"改组派"和"第三党"为主要内容,但也不放过漏网的"AB团"分子。如前所述,"改组派""第三党"都是国共两党之外的中间势力,它们既反对国民党和蒋介石,也对共产党不满,因而被中共看成"最危险的敌人"。且不论它们是不是反革命,它们虽然在当时国内的政治斗争中有一定的名声,但在中共领导的苏区和红军里并无多大影响,绝大多数苏区干部和红军官兵甚至根本不知道什么"改组派"和"第三党"。可见,以清除"改组派"和"第三党"为名的"肃反",同打AB团、"社会民主党"一样荒唐。

鄂豫皖苏区的"肃反"也是在中共中央的支持下,在张国焘为首的鄂豫皖中央分局的主持下开展起来的。在中共党内,张国焘曾被指责为老机会主义。中共四中全会以后,张国焘"改邪归正",开始紧跟米夫、王明等人,受到新中央的青睐,1931年春夏作为"钦差大臣"被派往鄂豫皖苏区,担任中央分局书记兼军委主席。张国焘下车伊始,便积极地推行所谓的国际路线,大肆排斥原苏区对国际路线和他的所作所为不满的老干部,使得苏区党内军内的矛盾日趋尖锐。正是在这样的背景下,张国焘等人于1931年10月开始在苏区和红军内

部掀起"肃反"大浪。[18] 此前,国民党为了打击红军,曾施展反

间计，制造了一个原苏区党和红军的领导人许继慎私自通敌，且与"改组派"有联络的假情报。国民党的手段并不高明，且许继慎光明磊落，立即将情况如实地报告了党的组织，故其他的领导人，如徐向前、曾中生等均不相信所谓许继慎通敌之事。但张国焘等人却不问青红皂白，不仅武断地认定许继慎就是"改组派"，而且立即以此为借口，首先在红四军中大搞"肃反"，将许继慎等一大批军官逮捕，且不进行任何认真的审讯，便将他们全部杀害。接着，张国焘等人又在所有的红军部队和整个苏区大抓"改组派""第三党"，大搞"逼供信"。仅仅一个多月，据陈昌浩当时给中共中央的报告称，红军中排以上的军官被杀者就达二千五百多人。[19]当时，绝大多数人都是在苏区的白雀园被集中杀害的，白雀园因此而成了大屠场。鄂豫皖苏区的"肃反"一直持续到1932年10月张国焘率领红四军撤离鄂豫皖，才暂告一段落。据学者们估计，在鄂豫皖苏区长达一年的"肃反"中，被害者的总数超过一万人。[20]其中，许多人是鄂豫皖苏区和红军最早的创建者、红军中久经战争考验的杰出将领。正因为如此，"肃反"造成的后果十分严重，可以说，"肃反"实际上做了国民党想做而做不到的事。后来，徐向前等人曾痛心地谈及此事："由这一大肃反的结果，红军中有战斗经验的老干部几乎被杀完了，鄂豫皖苏区与红军的创造者几乎被杀完了，外来的党的知识分子军政干部被杀的已差不多了，六安兵暴的领导者也捕杀了。这一肃反的危害，不仅捕杀了大批大批的军政党群众的领袖，而且在党内、苏维埃政权内、军队内与地方群众中造成了极端严重的赤色恐怖。未被肃反的同志终日惴惴不安，不知死之何时将至。"[21]

张国焘在鄂豫皖苏区的"肃反"虽然于1932年10月大致告一段落，但事情并没有到此为止。红四军西征到达四川、陕西一带，建立川陕苏区以后，张国焘又故伎重演，以反对"右派"和"托陈取消派"等等名义，继续搞"肃反"，并以各种莫须有的罪名，先后将曾中生、余笃三、旷继勋等苏区重要的领导人和一大批干部杀害。川陕苏区的"肃反"时断时续，虽然"不像鄂豫皖'白雀园大肃反'那么集中、突出，但是，遇害的同志也不少"。[22]此外，张国焘等人虽然离开了鄂豫皖，但留在该苏区的红二十五军领导人仍然继续按照张国焘过去的做法，从1932年10月到1934年11月，又搞了四次大规模的"肃反"，先后杀害了红军官兵与苏区地方干部二、三千人。其中，原红二十八军营以上干部，除极少数幸免外，全部被杀害。[23]

在苏区所谓的"肃反"中，同中央苏区、闽西苏区、鄂豫皖苏区一样惨烈，甚至有过之而无不及的还有湘鄂西苏区。[24]该苏区以湖北的洪湖地区为中心，其范围包括湖南、湖北西部长江两岸的广大地区，是中共在大革命中受挫之后，由贺龙、周逸群等人创建的，红军的主力部队则为红三军，亦即红二军团的前身。1930年秋冬，湘鄂西苏区就开展过"肃反"运动，错误地杀害了一批苏区和红军的干部。不过，当时"肃反"的规模不大，冤死的人还不算多。该苏区大规模的"肃反"则开始于1932年5月，且先后进行过四次，一直持续到1934年夏天才结束。1931年春中共四中全会以后，王明等人控制的中共中央派"钦差大臣"夏曦到湘鄂西苏区夺权，强制推行所谓的国际路线。夏曦抵达湘鄂西后，即取代此前李立三等人派来的邓中夏，担任中共湘鄂西分局书记，成为苏区的最高领导人。由于夏曦不仅忠实地推行根本不符合苏区实际的"国际路线"，而且刚愎自用，作风专横，因而遭到苏区和红军内部很多干部的批评和反对，致使党内军内的矛盾越来越尖锐。但坚持"国际路线"的中共中央却全力支持夏曦，从上海特派关向应到湘鄂西，一方面充分肯定夏曦的"正确"，另一方面则大批持反对意见者是小宗派的反党活动，是反中央反国际路线的阴谋等等，并强调要"开展群众性的肃反运动"，要求湘鄂西苏区学习中央苏区和鄂豫皖苏区的"肃反"经验。正是在这样的情况下，有恃无恐的夏曦开始积极地部署湘鄂西苏区的大"肃反"，将苏区和红军搅了个天翻地覆。

湘鄂西苏区的"肃反"也同鄂豫皖一样，以所谓的"反改组派"为主要内容，当然也打"第三党"和"AB团"等"反革命分子"。1932年5月，红军俘虏了一个国民党军队的军官张锡侯，经过严刑拷打，该军官供出他与红军游击队的某些人勾结，准备发动所谓的"暴动"。保卫部门立即将被供出的人逮捕，进行逼供，被捕者不得不"承认"自己是"改组派"，且又供出了更多的人。就这样，"改组派"越来越多。与此同时，关向应在审讯一个违反群众纪律的红八师特务队长时，此人也被屈打成招，不仅承认自己是"改组派"，而且供出了所谓红三军中改组派军事委员会的情况，还说红八师参谋长胡慎己等一批师、团、营干部都是"改组派"。对上述天方夜谭式的所谓"供词"，夏曦不仅完全相信，而且不断地夸大"敌情"，把形势说得越来越严重；不仅不为越来越多的人受到"指控"而感到痛心，反而窃喜有了打击异己的借口和机会。于是，又一场红色恐怖的大风暴就此而掀起。

"肃反"大幕拉开之后，从最高领导机构中央分局到基层支部、连队，苏区和红军的绝大多数干部都被怀疑是"改组派"、反革命。湘鄂西苏区的第一次"肃反"之后不久，当时与夏曦一起主持"肃反"的省委书记杨光华曾向中共中央写过一个报告，他在该报告中说："分局和省级党政群领导机关中除了几个高级领导人和少数事务人员外，都是反革命和反革命嫌疑分子；宜昌特委和沔阳、江陵、川阳、天汉、天潜各县县委都是清一色的反革命；江南、潜江、监利各县县委和襄北特委除个别人不是反革命或嫌疑分子外，其全部都是反革命；京山、荆门、云孝县委书记和大部分区委书记、各县保卫局人员都是反革命。差不多每个地方党的支部中都有反革命组织。省军委参谋部的七个科长，红三军的参谋长，红八师师长，三个师的政委、参谋长、政治部主任，三个师政治部的组织、宣传科全体人员，大部分的团长、团政委、团参谋长，大部分的营长和一些连长，后方军事部门的大部分负责人，多数县的军事部长、游击队长，也都是反革命。"[25]读了这样的报告，人们只能得出这样的结论：真是"洪洞县里没好人"！哪里还有什么革命的苏区，革命的红军，除了夏曦等少数"光杆司令"，统统都是"反革命"！

更加荒唐和更为可悲的是，夏曦等人正是按照这样的估计抓人杀人的。从第一次"肃反"，到第四次"肃反"，夏曦等人几乎将湘鄂西苏区地方党组织和红军中的骨干抓光杀光了，罪名都是"改组派"、反革命等等。其中,包括红三军政委万涛、红三军参谋长孙德清、红三军政治部主任柳克明(即柳直荀)、红九师师长段德昌、红九师参谋长王炳南等等。[26]如果把被害的重要干部的姓名列出来,那将是长长的一大串。至于连姓名都没有的基层干部、战士,则更是难以计数。据贺龙后来估计,仅仅在第一次"肃反"的几个月内,被错误杀害的就达一万多人。[27]而在长达两年多的"肃反"中,湘鄂西的苏区和红军中被错打错杀者究竟有多少人,至今仍无准确的统计。在"肃反"的后期,夏曦等人杀"反革命"杀红了眼,不仅连自己的警卫员都不敢相信,甚至还怀疑起时任红三军军长的贺龙来,只是慑于贺龙的威望,一直未敢对他下手。再就"肃反"造成的恶果而言,相比于其他苏区,湘鄂西的情况可谓最严重。用贺龙的话来说,"肃反"把整个苏区完全搞垮了,"使整个苏区已经没有一块哪怕是很小的根据地",没有一块可供红军立足的地方了。苏区原有的地方武装已损失殆尽,而红三军这支主力部队也从2万余人减至3千人左右,只能在敌人的前堵后追下,被动地"流窜"。[28]

湘鄂西苏区的"肃反"一直持续到1934年7月前后。由于夏曦的做法过于荒唐,过于极端,终于使得一直支持他的中共中央也感到无法容忍了。中共六届五中全会以后,1934年5月,以博古为首的中共中央向湘鄂西中央分局发出指示信,严厉地批评了夏曦等人在"肃反"过程中犯了严重的错误,造成了整个苏区和红军的大失败。受到批评的夏曦在苏区的地位顿时一落千丈,[29]"肃反"也因此完全停止,一场大悲剧才正式画上句号。后来,当人们再次谈及湘鄂西苏区的"肃反"时,大家都公认,苏区实际上没有一个所谓的"改组派"。有人出于气愤说,如果真有"改组派",那也只有一个,就是夏曦。当然,夏曦也不是什么"改组派"。

除了上述几个比较大的苏区外,其他几个相对比较小的苏区,如包括赣东北、闽北在内的闽浙赣苏区,闽东苏区,海陆丰苏区,陕北苏区等等都先后进行过"肃反",其运动的规模大小虽然不等,但也都错误地杀害了不少苏区干部和红军官兵,且罪名都是子虚乌有的"AB团""社会民主党""改组派""第三党"等等"反革命分子"。其中，比较严重的如闽北苏区也错杀了三千多人。[30]其他如闽东苏区错杀了二、三百人，[31]海陆丰错杀了五、六百人。[32]陕北苏区的"肃反"开展得较晚，也错杀了二百多名红军官兵，如果不是中共中央和中央红军长征结束，及时地抵达陕北，包括苏区创始人刘志丹、高岗等无疑也将成为"肃反"运动的刀下之鬼。[33]据李锐透露，他在主编《中国共产党组织史资料》时，曾作过统计，十年内战时期中共在自己领导的苏区和红军中所进行的"肃反"，从打 AB 团开始，到闽东苏区结束"肃反"，共错误地杀害了十万人左右。[34]当时，全国的红军最多时也只有三十万人，而被冤杀者竟然高达全国红军总数的三分之一，可见问题是多么的严重了。

20世纪30年代在苏区和红军中开展的完全错误的"肃反"运动，对于革命战争时期的中共，无疑是最为惨痛的教训。本来，不断地清除革命队伍中包括叛徒、特务和蜕化变质者在内的各种不纯分子，不但正常，而且也十分必要。但在具体实施"除奸""反特"时，必须谨慎小心，根本不能采取大轰大嗡搞运动的方式进行。因此，像中共在苏区和红军中所搞的这类"肃反"运动，则是完全违背客观规律的胡作非为，不仅毫无必要，而且只能是自残手足。当然，中共的"肃反"之所以造成如此大的悲剧，除了方式的不当外，还有更为复杂的原因。

首先，当年客观的大气候在很大程度上影响了中共，成为中共错误地发动"肃反"运动的重要原因之一。所谓的"大气候"，包括很多方面，如十年内战时期国共两党之间的斗争十分激烈、十分残酷，而中共的处境又极为艰难，使得中共在对敌情的判断和应对方面，很容易走极端；又如，莫斯科的路线、政策越来越"左"，对中共的控制越来越严，不仅要在中共内部强制推行所谓的国际路线，而且破坏了中共的党内民主，助长了专制与独裁，这些都不能不对中共产生重大影响；此外，各个苏区之间虽然被地理和敌人所分割，但在中共中央的统一领导下进行"肃反"时，不仅仍能互相影响，甚至还互相攀比，以显示该地区对中央或"革命"的忠诚等等。

其次，主观方面，从中共中央到各个苏区的领导人，不仅对敌对势力的渗入和革命内部的不纯作了完全错误的估计，简直到了草木皆兵的荒唐程度，而且在"肃反"过程中大搞"逼供信"，无中生有地"制造"出了大量的各种各样的"敌人"。从最近二十多年来披露的材料可以看得很清楚，所有的苏区在"肃反"中都采取了严刑逼供的残酷手段，其花样之多，手段之残忍，虽然不能说史无前例，也堪称集历代酷刑之大成。这种做法与号称是"人类历史上最先进的政党"——共产党所宣传的实在太不相称，只能将其归之为封建法西斯的手段。一方面限于篇幅，另一方面也因为于心不忍，对于各种酷刑，笔者不想在此一一例举。更为严重的是，各地又在"逼供信"的基础上大开杀戒，甚至将消灭肉体作为处置所谓"反革命分子"的唯一手段，从而使得"肃反"成为名副其实的"绞肉机"，导致被冤枉的十万苏区干部、群众和红军官兵人头落地。反之，如果"肃反"能够按照民主和法制的轨道运行，完全杜绝乱逼、乱供、乱信、乱杀的做法，重证据，并允许被控的嫌疑人进行自我辩护，大的错误完全可以避免，即便出现局部性的小错误，也容易得到及时纠正。可见，在导致严重错误的因素中，"逼供信"和随意杀人无疑是最为关键的一环。

第三，在苏区和红军内部进行"肃反"时，从中共中央到各个苏区的领导人普遍地将党内军内在思想、路线、政策、策略上的分歧，与所谓的反革命混淆在一起，将干部、战士的出身好坏，乃至个人的一般性缺点与"反革命"联系在一起，致使许多对中共中央，对苏区领导人的路线、政策持批评意见的人，甚至仅仅因为个人存有某种一般的缺点，便成为被怀疑的对象，甚至成为被定为"反革命"分子的"证据"。这种后来被概括为将党内的思想斗争、路线斗争与阶级斗争紧密相连的错误做法所造成的后果，不仅是导致苏区"肃反"悲剧，造成敌我混淆的又一个重要原因，而且对中共乃至全中国后来的命运产生了深远的负面影响。这种做法也为党内怀有个人目的和个人野心的当权者，利用所谓的"肃反"人为地制造暴力恐怖，打击政敌，排除异己开了绿灯。大量的事实表明，在中央苏区、鄂豫皖苏区、湘鄂西苏区等地的"肃反"中，毛泽东、张国焘、夏曦等人不仅要对

"肃反"的严重错误负责，而且也难以排除他们借"肃反"之名，打击政敌，排斥异己的嫌疑。

总之，对于中共来说，导致30年代苏区的错误"肃反"原因很多，教训极为深刻。不过，中共若能对此进行真正的反思，汲取教训，确保此类错误不再重犯，则坏事也可以变成好事。然而，十分可惜的是，无论是中共中央，还是党的各级领导骨干，后来都未能认真反省。抗日战争开始后，各地的中共党内在肃清所谓的托洛茨基反革命分子时，仍不断地发生错抓错杀的现象。其中，最为典型的就是后来发生在山东湖西地区的"肃托"事件。[35]1939年8月至11月间，在当时的中共湖西区党委书记白子明和湖边地委的支持下，时任地委组织部长的王须仁和八路军苏鲁豫支队政治部主任王宏鸣，采取残酷的肉刑逼供，人为地无中生有地制造出了一批"反革命的托派分子"，然后又通过"逼供信"，将"托派"队伍不断扩大，最多时竟达到五、六百人。[36]所有被指控为"托派"的人，都立即遭到逮捕。更为严重的是，王须仁还被授权大开杀戒。短短的几个月内，就有约三百人被错误地杀害。[37]只是因为后来中共山东分局得悉此事，立即派八路军第一一五师政委罗荣桓、山东分局书记郭洪涛、八路军山东纵队指挥长张经武赶到湖西地区，及时地纠正了"肃托"的错误，才制止了事态的进一步发展，并挽救了已经被捕，尚未被杀的梁兴初、郭影秋等一大批干部的性命。抗日战争时期其他地区的"肃托"，虽然没有湖西地区那么严重，但无疑也产生过不少冤假错案，只是究竟多少人被错误地杀害，至今仍无法搞清楚。湖西"肃托"事件的发生，以及到了号称"彻底纠正'左倾'错误"的延安整风时期，又搞了重蹈覆辙的"抢救运动"，这就足以说明，30年代"肃反"的教训并没有被真正汲取，尤其是导致错误"肃反"的各种因素，诸如党内的专制，将敌情估计得过于严重，崇尚"逼供信"，利用"肃反"打击政敌等等，并未真正得到改变，仍然继续存在，则此类性质的错误不仅不可能避免，甚至还会进一步发展，成为中共带有历史惯性的"痼疾"。这一点，将在笔者以后的叙述中得到进一步证明。

## 1.3.3 对中共的全面改造：延安整风运动的是与非

### 1.3.3.1 毛泽东发动延安整风运动的双重目的和政治权谋

无论是在革命战争时期，还是在中共迄今为止的整个历史中，延安整风运动都被视为对中共的发展产生过重大作用，且影响深远的大事。尽管多年来中共官方一直把延安整风运动吹得天花乱坠，而事实的真相却一直被故意掩盖着。实际上，从一开始人们对延安整风就有不同的看法。特别是近二十多年来，随着历史研究的深入，随着许多亲历者回忆录的发表以及学者们研究成果的出版，[38] 延安整风运动的真实状况越来越多地被揭示出来，人们不仅对延安整风运动的真相了解得越来越清楚，对它的所谓"功过是非"的认识也越来越趋于客观。

毫无疑问，延安整风运动是毛泽东亲自发动和领导的。那么，他为什么要发动整风运动，其目的究竟何在？他又是如何发动整风运动的？多年来，由于毛泽东本人和中共官方的片面宣传，在这一重要的问题上，始终笼罩着层层迷雾。因此，研究者必须首先就此作出明确的回答，以恢复历史的真实面目。

作为一个年轻时就投身于中共革命事业的革命者，毛泽东同其他的共产党人一样，不仅希望革命能够取得最后的胜利，而且也有一定的信心。尽管在中共党内，人们对所谓"胜利"的具体目标和如何才能达到这一目标，认识不尽相同，但大家都有一个共同的信念，即不仅要革命，而且要胜利。不过，毛泽东毕竟是一个不同凡响的共产党人，相比于其他的革命者，不仅他的理想和抱负似乎更为远大，而且他的智慧和能力也都胜人一筹。尤其是遵义会议期间他在中共党内崛起之后，新的更为完整的"宏图大略"也在毛泽东的脑海中逐渐变得清晰起来。毛泽东的宏图大略包括两方面的内容：一方面，中共及其领导的革命事业必须取得胜利，即必须首先战胜国民党政府，夺得全国的政权，然后在此基础上进一步发展，改造整个中国和世界。毛泽东十分清楚，无论是对中共，还是对他本人，这都是最重要的一点。这一目标不达到，就没有中共的地位，也没有他本人的地位，中共也好，他本人也好，就只能被国民党蒋介石，被历史视为"叛乱"，被宣布为"共匪"，更谈不上什么改造中国和世界了。这也是所有共产党人的希望和目标，或者说，在这一方面，毛泽东与其他的共产党人、革命者并无区别。有所不同的只是另一方面，即毛泽东不仅要中共的胜利，而且要把它变成自己的胜利。说得更明白一点，就是毛泽东必须力争中共的胜利不仅在他的领导下取得，而且要使自己成为中共党内绝对的、说一不二的领袖，成为中共之王，继而进一步成为全中国之王，如联共和苏联的列宁、斯大林。在毛泽东看来，上述两方面不但并不矛盾，且紧密相连。事实似乎也是如此。如果毛泽东不能领导中共取得革命的胜利，他自然也不可能成为中共乃至全中国的"伟大领袖"；反之，如果毛泽东不能在中共党内取得绝对的统治地位，他自信，中共就不可能获得成功。尽管在很长的一段时间里，中共党内的精英们并没有这样的想法，但后来，当然是经过延安整风以后，却也成了党内精英们的共识。不过，这是后话。可以说，正是为了实现自己的"宏图大略"，在遵义会议以后，毛泽东采取了一个又一个重大举措，而发动延安整风运动，就是其中最为重要、最为关键的一着。也正是上述的"宏图大略"，使得毛泽东发动延安整风运动时不能不带有双重目的。

所谓的双重目的，一是指毛泽东为了领导中共取得革命的最终胜利，确有通过整风运动总结党的历史经验，分清是非，纠正和克服党内存在的各种错误思想，统一全党的认识，确保党的正确路线和政策得到执行的考虑，甚至还有排除莫斯科的错误干扰，确保中共的独立自主等等动机。这也是多年来毛泽东本人和中共官方所宣扬的，即便是今天人们也不应当完全否认。二是毛泽东无疑也有通过整风运动打击乃至报复反对过他、整过他，甚至仅仅怀疑过他的其他领导人，以"突现"自己的"一贯正确"，树立他在中共党内的绝对权威，强化他对全党的控制，最终达到按照他的思想、意志和风格完全改造整个党，亦即使中共完全毛泽东化的目的。对于这后一方面的动机，毛泽东本人和中共官方一直避而不谈，直到今天，仍有不少崇尚

"主旋律"的学者羞羞答答地予以否认。然而,随着时间的流逝,真相不断地被揭示出来,越来越多的人看到了毛泽东那并不光彩的一面,认识到毛泽东发动延安整风运动,除了公开宣示的目的外,还有不可告人的个人动机。当然,在毛泽东的心目中,笔者所说的双重目的也和他的"宏图大略"一样,并不矛盾。他自信,自己就是真理的化身,就是正确路线的代表,就是党的灵魂,树立他的绝对权威,就是树立真理的权威、正确路线的权威、党的权威,就是中共夺取革命胜利的必由之路。如上所述,十分可悲的是,经过整风运动,除了极少数人,绝大多数党的领导人,包括那些在运动中被整得很惨的精英们,也都认同了毛泽东的这一似是而非的逻辑。

必须指出,今天人们批评毛泽东发动延安整风运动有着不可告人的目的,并非空穴来风,或仅仅出于猜测,而是以大量的事实为根据的。最基本的事实是,正因为怀有不太光彩的个人目的,毛泽东在整风运动中采取了许多反民主的手段,施展了各种政治权谋和权术。如果整风仅仅是为了总结历史的经验,分清是非,纠正错误,则完全可以在党内民主制度的框架内正大光明地进行,无需采取违背党的民主集中制的手段,更不应当重复莫斯科一度在中共党内实行的"残酷斗争,无情打击",也不需要对广大党员干部进行强制性的所谓"思想改造",甚至以暴力手段在党内大搞所谓的"审干"和"抢救运动"。可见,反民主的做法,施展政治权谋,大搞权术,都是为他达到一定的个人目的服务的。

毛泽东在发动和推行延安整风运动的过程中所采取的反民主手段,表现在各个方面,笔者将择其要点,在本节中分别予以叙述,而首先要谈的则是,为了准备和发动整风运动,毛泽东无视中共党章关于党内民主程序的规定,随心所欲、独断专行地决定和处理包括整风运动在内的各种重大问题。

尽管在中共党内从未建立起真正的民主制度,但党毕竟定有党章,且对党内若干重要的民主程序有明确的规定。例如,中共六大通过的党章规定:"党的全国大会是党的最高机关,按通常规则,每年开会一次,由中央委员会得共产国际同意后召集之。""中央委员会应该按期召集全体委员会之会议——至少每三月一次。"[39]实事求是地说，在陈独秀主政时期，这些规定较好地得到了执行。但自中共六大以后，一直到抗日战争开始时的十多年里，中共都没有开过全国代表大会。这显然与中共在十年内战时期所处的恶劣环境和中央领导人变动频繁有关，虽属情有可原，却也是不正常的。有鉴于此，抗战开始，且形势相对稳定之后，共产国际遂指示中共应及时召开新的全国代表大会。于是，1938年秋举行的中共六届六中全会作出决定，立即开始筹备党的第七次全国代表大会，并正式成立了由十六名中央政治局委员、若干党的元老和重要干部组成的"七大"准备委员会，以便尽快举行中共七大。当时，毛泽东不仅赞同这一决定，而且被选为准备委员会主席。此次中央全会虽然没有明确规定七大召开的具体日期，但按照常规，准备的时间不应超过一到二年。正因为如此，六届六中全会之后，各机关、各部队、各地区的党组织，亦都按照全会的决定，分别选出了出席党的七大的代表，很多代表甚至已经按照规定来到延安，等待七大的召开。

然而，作为实际上党的最高领导人和七大准备委员会主席的毛泽东，却对立即召开七大之事采取了十分消极的态度，一直不作正式的具体的安排，也不说明理由。后来人们才明白，毛泽东实际上是在采取无限期拖延的办法，使六中全会的决定无法得到落实。毛泽东之所以这样做，是因为他觉得，自己虽然实际上已是党的最高领导人，但地位还不十分巩固，更未能成为党内的绝对权威，以前反对过自己，或与他有歧见的许多人还占据着党内重要的领导岗位，此时召开七大，无法达到他完全掌控中央和全党的目的，因此，他决定置党章的规定和中央全会的决议于不顾，无限期地推迟七大的召开。为了使以后七大的举行完全达到自己的目的，他首先要通过发动整风运动，施展笔者将在下文述及的各种谋略，使过去的反对者名誉扫地，完全臣服于他，并将全党，包括所有的七大代表都置于他的权威、思想的掌控之下。对这一点，连胡乔木也不得不承认。20世纪90年代，有人问起他七大的筹备时间为何那么长时，胡乔木说："最初一个主要的原因是战争，后来不是战争，主要的原因就是整风，就是要研究历史问题，把历史问题研究清楚了才能开。"⁴⁰ 胡乔木虽然承认七大被推迟是因为毛泽东要搞整风，却仍在为毛泽东辩护。其实，开党代会同样可以搞清历史，总结历史的经验，而且只有通过党代会按照民主的方式搞清历史问题才是合法的，而毛泽东所谓的把历史问题研究清楚，实际上就是要通过他所控制的所谓整风，强迫过去反对过他的人承认错误，就是为了证明只有他才是正确的，让所有的人都臣服于他。当整风运动圆满结束，自认为上述条件统统具备之后，毛泽东才在 1945 年夏天正式召开党的七大。此时已是六中全会决定筹备、举行七大的七年之后，是在中共六大的十七年之后。出于同样的动机和采取同样的手段，党的六届七中全会也被毛泽东故意推迟了六年之后才得以举行。且不论七中全会和七大开得如何，仅就党章规定的民主程序而言，毛泽东无疑开了中共党内在毫无正当理由的情况下，无视中央全会的决议，随心所欲地破坏民主程序的先河。中共掌握全国政权之后，毛泽东又故伎重演，无视他自己主持制定的党章规定，独断专行地对待名义上被称为党的最高权力机构的全国代表大会和中央全会。开不开会，何时开会，都由毛泽东根据自己的需要来决定，党章则完全形同虚设，等于一张废纸。

为了准备和发动整风运动，除了故意地推迟七大和六届七中全会的召开，毛泽东还做了一件大事，即以为七大准备材料为名，编辑出版了反映中共历史的文献资料集《六大以来》。⁴¹ 毛泽东声称，编辑此书的目的是为了便于党内高级干部学习研究党史，总结历史经验，分清路线是非等等。如果真是这样，当然无可厚非。不过，总结历史经验必须坚持实事求是的原则，所编的文献资料必须反映历史的真实面貌，不管是何人所作，也不管其对或错，都应当如实地、全面地编入书中。然而，毛泽东做此事，并非完全出于公心，而是在冠冕堂皇的理由之下，掩盖着自己的小算盘。在编书的过程中，毛泽东不仅独掌编辑大权，不让他人染指，而且违背实事求是的原则，按照自己的政治需要，精心策划，任意取舍，歪曲历史，从而将所谓的"党书"变成了打击异己，抬高自己的"法宝"。毛泽东按照事先确定的以所谓的两条路线斗争为纲的框框，以他自己和他的支持者刘少奇，分别为苏区和白区正确路线的代表，而以王明、博古、张闻天、周恩来等人为错误路线的制定者和执行者，并按此框框选择材料，或决定文献的取舍。一方面，凡与毛泽东和刘少奇有关的材料都是正确的，而反映他们历史上所说过的话，做过的事，后来被证明也有错误的材料则一概不用，或予以删节，以此证明他们一贯正确，无任何过错；另一方面，凡是毛泽东以前的反对者，他们被编入的文章、讲话，则都是错误的，而反映他们正确的东西，则基本不用。毛泽东的目的，是通过这样的鲜明对比，来突显自己的正确和反对者的错误。诚然，自中共在大革命后期受挫以来，毛泽东在很多重大问题上相对比较正确，他的才智和能力也表现得相对比较突出，但他并不是一贯正确，同样犯过错误，甚至是严重的错误，也不能说，他在任何时期都代表党的正确路线；至于所谓毛泽东的反对者，包括王明、博古、张闻天、周恩来等人虽然确实犯过不少错误，但也不是一贯错误，也有许多正确的主张，为革命作出过重大贡献，他们曾经在一些问题上反对过毛泽东，且被实践证明是错误的，但并非在所有的问题上都反对毛泽东，也支持过他。因此，毛泽东的做法显然是片面的，只能导致歪曲历史。此后，在整个整风过程中，由《六大以来》所开创的歪曲历史的恶习，不仅造成了对许多领导人的过火打击，而且在中共六届七中全会通过的关于若干历史问题的决议中被进一步肯定和发挥，更对迄今为止中共党史的研究造成了深远的恶劣影响。可见，毛泽东编辑《六大以来》的真实意图及其实际效应是多么的明显，可谓昭然若揭，甚至他本人对此也毫不隐讳。几年后，他曾公开地说："1941年6月编了党书，党书一出，许多同志解除武装，故可能召开九月会议，大家才承认错误。"[42]其得意之情，溢于言表。

毛泽东除了施展上述的政治权谋外，对于如何发动和掌控整风运动，也是处心积虑，玩弄了各种反民主的手段。对于发动全党整风运动这样的大事，在没有经过党的全国代表大会、中央全会，甚至中央政治局正式、认真地讨论，也没有公开宣布整风开始的情况下，1941年9月，毛泽东通过所谓的并不完全合法的政治局扩大会议，以讨论党的历史问题为名，采取突然袭击的方式向过去犯过错误的政治局委员们发起进攻，从而在实际上拉开了延安整风运动的序幕。由于毛泽东把当时不是政治局委员的人拉进会议，使受批判者处于相对孤立地位，除王明一人不肯完全认输外，其他人都不得不检讨自己的错误。紧接着，1942年春，毛泽东又在迫使中央政治局承认既成事实的基础上，以党中央的名义正式发布在全党开展整风学习的决定。可见，整风运动的发动，从一开始就带有被毛泽东强加给中央和全党的意味。尽管如此，运动既然起来了，就应当由中央政治局和书记处领导。然而，毛泽东虽然并没有明确反对由中央政治局和书记处掌握运动的领导权，但在实际上，先是以成立中央高级学习组，后又以成立全权领导整风运动的中央总学习委员会，在实际上架空了中央政治局和书记处，或用一些学者的话来说，就是"冻结"了政治局和书记处，使之处于名存实亡的状态。中央总学委由毛泽东亲自担任主任，康生为副主任。1942年底刘少奇回到延安后，也被任命为副主任，排在康生之前。在1944年中共六届七中全会召开以前，毛泽东完全掌控的中央总学委是全党整风运动的最高领导机构，其权大势盛，可谓登峰造极。而中央政治局的其他领导人，尤其是王明、博古、张闻天等则完全被排除在领导机构之外。周恩来一开始不在延安，1943年夏回到延安后，也同样被打入冷宫，和王明等人一样，只有受批判的份。凡是涉及整风运动的大事，毛泽东大权独揽，只有他说了才算数，然后通过康生等人去贯彻执行。

以上所述，虽然只是毛泽东所施展的政治权谋和权术的冰山一角，但也足以说明，他的手段是如何的"高明"。尽管这些做法与党的民主精神和民主制度格格不入，毛泽东却将此并不光彩的权谋和权术玩得十分得心应手，从而使他能够从开始到结束，始终将整风运动牢牢地掌控在自己手中，"创造"出了许多中共历史上前所未有的"奇迹"。

### 1.3.3.2 上层革命：分清路线是非，还是向党内异己开刀？

对毛泽东来说，在准备发动整风运动时通过编"党书"，歪曲历史，并不是他的最终目的，只是一种手段，是为了在整风运动中整肃异己，抬高自己。正是在剪裁历史、歪曲历史的基础上，毛泽东首先以此为武器，以"我"划线，算历史旧账，打击曾经反对过他的其他领导人。不过，迄今为止中共官方似乎仍不愿承认这一点，不承认毛泽东在延安整风运动中，以分清所谓的路线是非，开展路线斗争为名，排斥、打击异己的基本事实，声称整风运动中对错误路线的批判，只是为了总结历史经验，为了"惩前毖后，治病救人"，为了在全党开展马克思列宁主义的教育等等。[43]在整风运动的真相逐渐为世人所了解的情况下，这样的说法当然无法令人信服。诚然，如笔者所说，毛泽东确有总结历史经验，克服党内错误思想的考虑，但不可否认，他也有整人的企图。若是真如官方所说的那么正大光明，毛泽东又何必歪曲历史，采取各种反民主的手段，何必再像过去那样搞"残酷斗争，无情打击"呢？

实事求是地说，毛泽东并不是中共党内以路线斗争为名，进行"残酷斗争，无情打击"的始作俑者，而莫斯科才是开此恶劣先河的罪魁祸首。在十年内战时期，毛泽东甚至也是所谓路线斗争的受害者之一。正因为如此，他曾尖锐地批判过这种以整人为目的的错误做法。然而，批归批，却并不妨碍毛泽东将类似的手段照搬过来为自己所用。当然，从他发动和领导延安整风运动的全过程来看，毛泽东也不是简单地重复过去莫斯科及其在中共党内的支持者的做法，而是有着很多新的"创造"。用中共官方的套话来说，就是毛泽东既有"继承"，也有"发展"。

毛泽东发动的整风运动，首先是从学者们所称的"上层革命"开始的。他在成功地编印了《六大以来》的"党书"，并做好了一系列准备工作之后，于1941年9月以突然袭击的方式连续召开中央政治局扩大会议，开始向政治局内过去反对过他、犯过错误的领导人，如王明、博古、张闻天等发起进攻。[44]在这后来被称为"九月会议"第一天的会议上，毛泽东首先亲自发难，作了实际上是确定会议基调的主题报告，对那些在苏维埃革命后期犯过错误，反对过自己的领导人，对他们所犯的思想上、路线上的错误进行了尖锐的、全面系统的批判。他在报告中完全改变了1935年遵义会议时出于"策略"考虑，肯定当时的中央政治路线是正确的结论，明确地指责1931年9月之后的中央所实行的是货真价实的"左倾"机会主义路线，而博古、张闻天等人必须为此负责。面对毛泽东的严厉批判，除王明外，其他犯过错误的领导人被迫纷纷承认和检讨自己的错误，用毛泽东的话来说，就是被迅速地"解除武装"。其中，第一个"缴械投降"的是名义上的党中央总书记张闻天。他不仅首先在会上作了"深刻的检讨"，而且会后立即主动"宣布"下台，以要求到基层进行调查研究为名，离开了在中央的领导岗位。博古虽然对毛泽东的批判有所保留，却也不得不表示要认真考虑自己的问题。会议上最值得注意的是王明的态度。他虽然明确表示支持和拥护毛泽东的正确路线，却没有就自己的错误作检讨，反过来还积极地揭发、批判博古等人的错误，从而引发了会议期间被批判者互相之间的指责和批判。更令人不解的是，会后王明的态度又发生大变，不仅根本不承认自己的错误，反而企图向毛泽东发起反攻。有学者认为，起初毛泽东的主要斗争矛头还不是王明，但王明此举不仅引起了毛泽东的"愤怒"，也激起了其他人的"反感"，使自己变得更加孤立，最终成了整风中被打击的头号对象。[45]不过，王明不愿认输，并不影响这次"九月会议"的最后结果。由于绝大多数领导人均表示赞同毛泽东的意见，会议决定成立由毛泽东挂帅的"清算过去历史委员会"，按照毛泽东在会上所定的基调草拟关于四中全会以来中央领导路线问题的结论。这一结果表明，毛泽东召开"九月会议"的目的已完全达到，初战告捷，已在与王明、博古、张闻天等人的首轮交锋中取得了绝对的优势。

然而，毛泽东虽然对初战的成功极为满意，却并不满足。在他看来，由于当时共产国际还存在，他不得不对莫斯科的影响有所顾忌，对过去被称为国际派的斗争有所保留。此外，当时在党内有很大影响的领导人周恩来、刘少奇都不在延安，没有参加"九月会议"。周恩来过去跟着王明、博古等人，犯了不少错误，自然也是毛泽东必整的重要对象之一，而刘少奇则是被党内一些人誉为白区正确路线代表，是毛泽东力争与之结盟的重要人物。因此，1941年的"九月会议"只是毛泽东进行"上层革命"的第一步。此次会议结束，在开展了全党整风并取得胜利，且刘少奇、周恩来等人也先后回到延安，加之通过 1943 年春的中央政治局会议，毛泽已正式当选为中央政治局主席和书记处主席，成为中共名副其实的最高领导人，而共产国际也于 1943 年夏宣布解散之后，毛泽东在党内的领导地位已完全巩固，他也不再有任何顾忌，决定走"上层革命"的第二步，联合刘少奇，乘胜追击，彻底地打垮包括王明、博古、张闻天、周恩来等在内的被整肃者，以取得所谓路线斗争的全胜。

于是，从 1943 年 9 月起，毛泽东又再次召开新的政治局扩大会议，以总结历史经验和讨论党史上的路线斗争为主要内容，进一步清算、整肃犯过错误，反对过他的领导人。"在此次被称为第二次"九月会议"的政治局扩大会议召开以前，毛泽东实际上已经通过各种场合，或在政治局、书记处会议上讲话，或为延安的高级干部作报告等等，为会议定了调子，其中最为重要的是下述几点：一是改变了第一次"九月会议"主要批判博古、张闻天等人的做法，将王明定为批判的头号目标，而且不仅视王明为所谓第三次"左倾"机会主义路线的主要代表，还把他在抗日战争初期的"错误"上升到右倾投降主义路线的高度，予以彻底的批判；二是明确地说，多年来党内存在着两个"宗派"，即"教条宗派"和"经验宗派"，前者以王明为首，包括博古、张闻天、王稼祥等人，后者则以周恩来为代表，包括许多有实际斗争经验，"理论水平却不高"的老干部。"教条宗派"打着国际的招牌，用假马克思列宁主义理论骗人，篡夺党中央的领导权，干尽了坏事，给革命造成了巨大损失，罪恶累累；"经验宗派"则追随"教条宗派"，同样犯了严重的错误；"教条宗派"有过无功，是主要的，"经验宗派"不是主要的，除极少数坏人，如张国焘外，则是有功也有过，但两个宗派都要整，都必须彻底摧毁；三是党内绝大多数干部，不是受"教条宗派"欺骗，就是受"经验宗派"影响，跟着跑，中共六大选出的中央委员现在只剩下六人，其中只有毛泽东和刘少奇是受"左"倾路线排挤打击的，其余都是拥护王明宗派的，必须通过整风肃清其影响。这就清楚地表明，毛泽东召开第二次"九月会议"究竟要干什么。

正是按照毛泽东的部署,会议首先对因病或如某些人所说"装病"的王明,进行了严厉的缺席批判,同时也对犯了"教条宗派"和"经验宗派"错误的其他领导人,如博古、张闻天、周恩来等进行了严厉的批判,以彻底清算他们过去的罪恶和错误。而被批判者,除了王明外,一个一个都被迫作了深刻的检讨,不仅以各种夸张的语言进行自责,痛斥自己所犯的错误,深挖犯错误的原因,而且毫不吝啬地赞颂毛泽东的正确。"在断断续续两个多月的政治局会议上,最主要的检讨者是博古、张闻天和从重庆回来不久的周恩来。其中,周恩来的发言最长,从11月27日开始,中间29日和30日两天没讲,一直讲到12月3日,整整讲了5天时间。"[47]可见被批判者,特别是周恩来所受的压力之大,不能不对自己的"错误"进行深刻的"反省"。即便如此,毛泽东、刘少奇、康生等人似乎仍不满意,在会上对周恩来多次予以严厉的指责。王明虽然没有出席会议,也没有作详细的检讨,但在强大的压力之下,也不得不给毛泽东和中共中央写信,表示拥护中央的意见,承认自己犯有错误,应当反省。这次"九月会议"除了对两个宗派的主要人物进行批判外,其他很多与之有关的高级干部都不得不联系自己的错误进行检讨。另有一些重要干部,如彭德怀、陈毅等人则通过召开"华北座谈会"等各种方式受到批判和"帮助"。[48]

相比于第一次"九月会议",第二次"九月会议"的斗争气氛更为紧张和浓厚,称之为"刺刀见红"似乎并不为过。会议期间,毛泽东还嫌"火力不够",一再要求其亲信们不断地"加温""加压",他的目的当然是为了将被批判者完全整服。事实上,除了"口服心不服"的王明外,其他被整者确实都已服了。到1944年4月会议宣告结束时,毛泽东的"路线斗争"再一次大获全胜。与会者不仅完全赞成和拥护毛泽东对中共党史上路线斗争孰是孰非,对所有犯了错误乃至罪恶者的判决,而且几乎所有的人都明确地表示臣服于党内最英明、最伟大的领袖毛泽东,从而完全实现了毛泽东所要的全党"空前的团结和统一"。而毛泽东下一步要做的,就是将获得的成果通过党的正式会议及其所作出的决议巩固下来,包括对所谓错误路线的定性，使之板上钉钉，任何人都休想"翻案"，就如给犯了错误的人套上一个"紧箍咒"。于是，从1944年5月开始，自认为条件已经完全成熟的毛泽东决定首先召开拖延了好几年的中共六届七中全会。这次中央全会断断续续开了将近一年左右，又创了历史的新纪录。会议的主要任务实际上只有两项，即把毛泽东在整风中对中共党史上所谓两条路线斗争所作的结论，以中央文件的形式固定下来，起草并通过关于党的历史问题的决议，从而为构建以毛泽东为中心的中共党史新体系奠定坚实的基础；同时改组和重建中央新的领导机构，以此为中共七大作最后的准备工作。六届七中全会正式通过的决议虽然洋洋洒洒写了数万言，但概括起来基本上就是以路线斗争为纲，包括两个方面的内容，即充分肯定毛泽东和刘少奇所代表的正确路线，尤其是大赞大颂毛泽东在各个历史时期的正确、英明和伟大；尖锐地批判各个历史时期的错误路线，特别是中共六届四中全会以来以王明、博古为代表的"左"倾机会主义路线，痛斥其给革命造成的严重损失，深挖其思想根源和阶级根源等等。随着该决议的基本通过和中央新领导班子人选的确定，1945年4月至6月，中共在延安正式召开了党的第七次全国代表大会。会议期间，整风中受到批判的犯过错误的主要人物，除王明外，博古、张闻天、周恩来等又先后在大会上作了检讨。[49]可见，只有到了此时，延安整风期间毛泽东发动的"路线斗争"，或者说毛泽东通过所谓的路线斗争对异己者进行的整肃才算告一段落。

  对于"上层革命"所取得的巨大"成果"，几十年来，中共官方和崇尚"主旋律"的学者们一直予以充分肯定，声称正是因为延安整风运动分清了历史上的路线是非，教育了犯过错误的干部和全党的同志，才使全党在毛泽东的领导下获得了空前的"团结和统一"，为中共革命的最后胜利奠定了基础，而对毛泽东在整风中所采取的种种反民主手段及其产生的负面影响却只字不提，更不承认毛泽东所搞的"残酷斗争，无情打击"。[50]诚然，延安整风以后中共确实实现了毛泽东掌控下的"团结和统一"，客观上也为中共夺取革命的最后胜利产生了积极的作用。然而，这种所谓的"团结和统一"并不是通过民主的方式形成的，缺乏牢固的基础，自然不可能长久维持下去。更重要的是，由于毛泽东在整风过程中，尤其是在所谓的路线斗争中采取了种种反民主的权谋和权术，开了党内种种负面传统的先河，对中共后来的发展产生了深远的恶劣影响，且反过来不可避免地破坏了所谓的"团结和统一"。

为了进一步说明所谓路线斗争导致的严重后果，笔者深感有必要对毛泽东在这方面所采取的种种反民主的权谋和权术再作一点剖析。

其一，在所谓的路线斗争中，毛泽东采取了"以我划线""算历史旧账""无限上纲"，对被批判者"一棍子打死"，却不允许其自我申辩的恶劣做法。

所谓"以我划线"，当然就是以毛泽东划线，就是肯定毛泽东在中共历史上是完全、绝对正确的，毛泽东在任何时候都是真理的化身、正确路线的代表乃至标志，因此，任何与毛泽东的思想、路线有所不同，甚至反对过毛泽东的意见和人都是错误的，不是错误路线的制定者，就是错误路线的执行者。这种逻辑不仅违背了被共产党人尊奉为指导思想的唯物辩证法，而且也根本不符合事实。诚然，在中共历史上，主要是在十年内战时期和抗日战争初期，毛泽东的大部分主张，或者说他所实行的方针和政策是正确的，但这种正确也是相对的，是在一定的时期、一定范围内相比于其他领导人而言的，并不意味着他在任何时候，在所有的问题上都完全正确，都比别人高明。反之，被指责犯了错误的其他领导人也不是在任何时候、任何问题上都是错误的，更不能把曾经反对过毛泽东，以及与毛泽东有过不同意见的人统统都说成是错误。中共的全部历史早已证明，正确与错误，乃至"代表"对与错的人，都会因时因事因人而不断地发生变化，既没有绝对正确的意见，更没有永远正确的人，将包括毛泽东在内的任何个人捧为"真理的化身"，或称颂任何个人始终代表正确的路线，都只能是一种"神话"。既如此，自然不能以任何个人"划线"，以其为判断正确与错误的标准。即便按照马克思主义的理论，检验真理的标准，检验正确与错误的标准，也只有一个，即实践。可见，以毛泽东"划线"是多么的荒唐。

然而，在延安整风的所谓"路线斗争"中，毛泽东乃至许多或主动，或被迫紧跟毛泽东的高级干部们使用的就是这一荒唐的逻辑，凡是过去站在毛泽东一边的都是执行正确路线者，反过来，所有批评过、反对过毛泽东的都是错误路线的制定者或执行者，都必须予以批判。尽管在革命战争时期，由于毛泽东相对比较正确，被批判者则多多少少犯过一些错误，故而对犯错误者的整肃虽然也产生过消极作用，但对革命的全局影响不大。可从长远来看，这一荒唐的做法，却开创了中共党内斗争中以毛泽东"划线"，不可动摇的"新规矩""新传统"，给中共和全中国人民带来了巨大的灾难。

在所谓的路线斗争中，"算历史旧账""无限上纲"，将被批判者全盘否定，且不允许被批判的人进行自我申辩，是毛泽东的又一恶劣做法。毛泽东曾经声称，讨论历史上的路线问题，是为了分清是非，总结经验教训。果真如此，当然无可厚非，且在具体实施时，就应当采取与人为善的态度，充分发扬民主，让大家说话；就应当对事不对人，将重点放在汲取教训，而非整人上。共产党人常说，他们从事的革命事业"前无古人、后无来者"，由于缺乏经验，包括毛泽东在内所有的人都不可避免地要犯错误，只要敢于正视错误，认识了，改正了，就应当既往不咎。特别是对历史上的问题，在实践已经证明错了，且已经得到纠正，虽然应当从中汲取教训，却不应揪住不放。然而毛泽东的态度正好与之相反，把"总结历史经验"变成了"算历史旧账"。在发动"上层革命"，即开展党内路线斗争之初，毛泽东不仅在政治局会议上作了严厉批判历史上犯过错误的博古、张闻天、周恩来等人的发言，而且还写了九篇批判文章。由于过去受到过不公正的对待，故毛泽东无论是发言，还是写文章，态度都很激烈，都带有明显的报复情绪。尤其是"九篇文章"，对曾是党中央主要领导人的博古、张闻天、周恩来等嘲讽怒骂，"用词辛辣、尖刻、甚至带有某种挖苦"，尽情地对他"过去长期被压抑的郁闷情绪"进行宣泄，说了许多刺人的过头话。这样的文章，就连《胡乔木回忆毛泽东》一书的作者都不能不承认，它与毛泽东公开宣布的"惩前毖后，治病救人"的方针"很不协调","难以为犯错误的同志所接受"。[51] "九篇文章"虽然从未公开发表过,却也产生过重要的影响,而它所反映的正是多年来毛泽东藏于内心的某种算计,即对政敌和异己的报复心理。他的这一心理和性格,实际上当时就已为被批判者所洞悉。王明就曾对王稼祥抱怨说:"毛这个人太厉害,睚眦必报,现在整我们,你过去也反对过他,你也跑不了的。"[52]中共的历史已充分证明,不管王明本人怎么样,他对毛泽东的这一评价显然完全符合事实,并非"诬蔑"之词。

事实上,毛泽东不仅带有明显的报复情绪,更谈不上与人为善,而且在"算历史旧账"的过程中,大搞"无限上纲","攻其一点,不及其余",全盘否定被批判者,又在实际上剥夺了他们申辩的民主权利。这一做法,在笔者前文已经说过的第二次"九月会议"期间表现得特别明显。毛泽东不仅把十年内战时期王明、博古等人的错误上纲到了"左倾机会主义"路线的高度,还一度给他们戴上了"篡党夺权"的大帽子,而且还把抗战初期王明的某些错误上纲到了"右倾投降主义"路线大加挞伐,有人甚至批判王明是"身在毛营心在蒋",指责他与共产党是两条心,是仇恨共产党,有许多反共言论,他的理论就是叛徒的理论,他实际上已成了买办封建法西斯的代言人等等。[53]此外,前文提及的毛泽东关于党内存在着"教条宗派"和"经验宗派"的说法,以及他对这"两大宗派集团"的尖锐批判,无疑也有许多不实之词,目的都是为了给被批判者加上更多、更吓人的罪名,将其完全否定,以便于彻底地将他们搞臭。整风中已开始流行一种奇怪的逻辑,即所谓路线错了,一切皆错。由此,凡是被宣布犯了路线错误之人,自然也就毫无正确或功劳而言。而在以无限上纲,给被批判者强加了许多不实的罪名之后,毛泽东还不许他们进行自我申辩。第二次"九月会议"期间,延安曾开大会缺席批判王明。会上,王明的妻子孟庆澍上台发言,坚持认为被中共所肯定的"八一宣言"是王明起草的,以此为王明辩护,并当场要求了解事实真相的康生出来作证,使毛泽东和康生等人十分尴尬。[54]此后,毛泽东再也不允许被批判者为自己申辩,尤其是在公众场合为自己申辩,否则,就斥之为态度不老实，致使受批判者只能检讨自己的错误，痛骂自己，却不敢再为自己辩护。

事实很清楚，"算历史旧账"，"无限上纲"，甚至通过歪曲事实，或无中生有地制造各种罪名，或采取老账新账一起算的办法，将被整之人彻底搞臭，这些后来在中共党内乃至全中国已司空见惯的手段，其主要的源头就在延安整风运动之中。尽管毛泽东不是中共党内所有这些坏传统的始作俑者，但至少也是上述坏传统的集大成者、"发扬光大"者，更是将其运用得最为得心应手的唯一领袖人物。

其二，在所谓的路线斗争中，毛泽东曾尖锐地批判党内的宗派主义，而他自己却采取了"拉一派，打一派"恶劣做法，同时对被整的其他领导人施展"分化瓦解，各个击破"的手段，大搞宗派主义。

毛泽东明白，为了使党内的整肃运动完全按照自己的愿望进行，为了迫使被整肃者乖乖就范，他必须将党内高层领导人重新加以组合，将与自己观点相同或相近的，忠实于自己的人拉拢过来，使之紧密地团结在自己周围，形成强大的攻击力量，才能有效地打击自己的政治对手。此即古今中外的权力斗争中常说和常用的"拉一派，打一派"的手法，或"权术"。在延安整风运动中，毛泽东不仅成功地运用此类手法和权术，而且其高明的程度超过了此前中共历史上所有的领导人。

众所周知，毛泽东首先与刘少奇建立了"联盟"。由于中共历史上确有各种矛盾存在，故人事关系十分复杂。尤其是在大革命受挫之后，除了毛泽东本人，与他的处境相近，受过某些不公正待遇的还有刘少奇等人。而实践又证明了刘少奇的许多主张，特别是涉及白区工作的主张相对比较正确，故刘少奇对以前的中央领导人同样十分不满，且多次表示要对他们及其所犯的错误进行清算。政治上极为敏感的毛泽东，立即意识到刘少奇与自己有着许多"一致性"，决定与刘少奇结成事实上的"联盟"，以共同对付自己的政敌。毛泽东不仅立即重用原本在中共党内的地位和影响并不很高的刘少奇，很快将其提拔为党内仅次于他本人的第二把手，同时还把刘少奇的一批亲信提拔到党内重要的领导岗位上来。毛泽东除了与刘少奇结盟，重用他的亲信外,对于过去虽然犯过错误,或虽然同毛泽东的关系并不密切,但后来很快转变态度,下决心忠实于毛泽东的,他也予以重用,甚至授予很大的权力。其中,最典型的人物便是康生。他不仅受到毛泽东的特别青睐,而且在延安整风期间成为毛泽东最得力的"打手",或如有些学者所称,成为毛泽东手中"出鞘的利剑"。至于本来就是毛泽东的亲信,或历史上与他的关系比较好的,或他在抗战时期新提拔的,自然更是毛泽东信任和重用的骨干。总之,从坚定的盟友刘少奇、得力的打手康生,到他们大大小小的亲信们,在整风期间形成了一支强大的力量,他们在毛泽东的亲自指挥下,一次又一次地向被整肃者发起进攻,通过召开大会小会等各种形式,向被批判者施压、加压,甚至进行"围剿",直到他们完全就范,彻底投降为止。对此类做法,毛泽东等人还美其名曰"群众帮助""加强火力"等等,并在中共掌握全国政权以后推广到全中国,反复使用,屡试不爽。

"拉一派"的目的,当然是要"打一派",但对于所要打击的对象,毛泽东也有自己独特的手段,即"分化瓦解,各个击破"。他首先对自己的主要政敌"教条宗派"的重要成员,即王明、博古、张闻天、王稼祥等人进行分化瓦解,先攻谁,后攻谁,谁是重点,谁次之,毛泽东都有周密的算计;为了防止"教条宗派"的人抱成一团,毛泽东还利用他们彼此之间的矛盾,甚至故意挑拨离间,使其互不信任乃至互相攻击;对于"教条宗派"和"经验宗派"的关系,毛泽东一方面把他们绑在一起,予以抨击,另一方面,又对他们有所区别,对之采取并不完全相同的对策,予以各个击破。毛泽东的上述种种"高明"手段,确实行之十分有效。被批判被整肃者不仅无法联合起来进行抗拒,而且为了自保,纷纷缴械投降。

总之,在整个延安整风运动中,毛泽东以开展"路线斗争"为名,行排斥、打击异己之实,可以说无所不用其极,并由此开创了中共党内一系列极不光彩的先例,造成了极为深远的不良影响。令人遗憾的是,面对如此确凿的事实,中共官方至今不愿承认。其理由是,毛泽东在整风中之所以这样做,是为了在思想上批判从严,是为了

"弄清思想，团结同志"，是为了"惩前毖后，治病救人"，而在后来的组织处理上采取的则是"宽大"的政策，并非出于排斥、打击异己之目的，并非进行"残酷斗争，无情打击"。诚然，整风中受批判者并未被开除出党，或被打成"敌人"，甚至绝大多数仍被安排到各种领导岗位，其中，在党的七大，周恩来仍被选为中央政治局常委、中央书记处书记，张闻天、彭德怀等仍被允许进入中央政治局，甚至王明、博古等人也被选为中央委员会委员；而在整风后期，中共六届七中全会还正式作了一个看来相当"宽大"的决议，明确表示：王明等人的问题"不是党外问题"，亦即"敌我问题"，"而是党内错误问题"；"自四中全会至遵义会议期间，党中央的领导路线是错误的，但尚有其正确的部分，应该进行适当的分析，不要否定一切"；"在党的历史上曾经存在过教条宗派与经验宗派，但自遵义会议以来，经过各种变化，作为政治纲领与组织形态的两个宗派，现在已经不存在了"。[55]然而，毛泽东后来之所以变得"宽大"起来，并非完全出于善心，而是另有原因。延安时期中共的处境毕竟与后来不同，革命尚未胜利，中共尚处于用人之际，还需要全党的团结。就毛泽东而言，夺取全国政权毕竟是他的首要目标，他还要利用党内的杰出人才，包括过去的政敌们为之打天下，只要他们彻底臣服，毛泽东自然应当，也完全可以继续用之。此外，毛泽东还不得不顾及莫斯科的反应。当时，共产国际虽然已经解散，但苏联仍是中共的主要盟友，中共仍然需要苏联的支持。而莫斯科对于延安整风，尤其是毛泽东重用康生，大整王明、周恩来等人颇有微词。1943年底，前共产国际总书记季米特洛夫甚至专门致信毛泽东，明确对此表示不满。[56]他虽然用的是个人名义，但反映的却是斯大林和莫斯科的态度。因此，毛泽东不能不有所顾忌。在主要目的已经达到的情况下，毛泽东决定稍稍"宽大"一点，既可以"安抚"莫斯科，又丝毫无损于他已经获得的巨大成功。然而，毛泽东的所谓"宽大"并不能真正掩盖其所采取的各种恶劣手段，也无法否定他利用所谓的路线斗争，排斥、打击异己，进行"残酷斗争，无情打击"的事实。只要将毛泽东的所作所为，与他所批判的王明、博古等人过去的"残酷斗争，无情打击"稍稍比较一下，就不难发现，毛泽东不但有过之而无不及，且手段之厉害，中共党内乃至中国历史上均无出其右者也。

### 1.3.3.3 全党整风：思想革命化，还是扼杀民主精神和思想自由？

在开展"上层革命"，召开第一次"九月会议"初战告捷之后，毛泽东决定将整风推向全党，开始发动全党的整风运动。1942年春，他在延安先后作了两个重要报告，即《整顿党风、学风、文风》和《反对党八股》。前者后来收入《毛泽东选集》时更名为《整顿党的作风》，且作了很多修改，删掉了不少当年所讲的原话。同年4月3日，毛泽东以中共中央宣传部的名义，发出《关于在延安讨论中央决定及毛泽东同志整顿三风报告的决定》，正式拉开了全党整风，开展所谓思想革命化的序幕。

毛泽东为什么要把一开始仅仅在中共高层开展的整风运动引向党的中下层，花费很大的精力搞全党的整风，他的目的究竟何在？当年乃至多年来，毛泽东和中共官方都是说，这是为了对全党干部、党员进行一次广泛深入的马克思列宁主义的教育，是为了彻底肃清错误路线的流毒，为了彻底纠正主观主义、宗派主义、党八股等不正之风，统一全党的思想，实现思想革命化。这当然是一种冠冕堂皇的说辞，而毛泽东的实际想法并不那么简单。确实，在毛泽东看来，过去党内的路线错误虽然主要发生在"上层"，似乎与广大的中下层干部、党员关系不大，但中下层同样存在着各种错误的思想与作风，这无疑有利于错误路线的推行。因此只搞上层，不抓中下层，就不能真正解决问题。因此，必须对党内广大的中下层的干部、党员进行教育，纠正所谓的错误思想和作风，以便在正确思想、作风的基础上统一全党的思想和行动。这样的想法并不错，对全党进行一次教育也不能说没有必要。但问题是，什么才是真正的马克思列宁主义？正确与错误，判断的标准是什么？应当采取何种方式对广大党员、干部进行教育，实现党的思想统一或思想革命化？如此等等。而对上述问题的不同回答，不仅有是非之别，也能反映出整风运动发动者的真正动机。

从迄今为止披露出来的大量事实可以清楚地看出，如同他大搞"上层"的路线斗争那样，毛泽东也是在冠冕堂皇的理由之下贩卖自己的私货。他不仅要通过全党整风，通过所谓的肃清流毒，把犯错误的其他高层领导人彻底搞臭，整垮自己的政敌，而且要在全党的干部、党员中牢固树立他自己才是正确路线的代表，他的思想才是真正的中国化的马克思列宁主义的形象，必须按照他的意志来彻底改造全党的干部、党员，使他们在毛泽东的绝对掌控下实现全党的统一。而为了达到这一目的，毛泽东不惜采取一切可用的反民主的手段，以教化与强制、说服与压服、思想灌输与暴力震慑的方式，或双管齐下，或交替使用，总之是软硬兼施，经过所谓脱胎换骨的改造，迫使所有的人乖乖就范，成为毛泽东所要塑造的"新人"。这样做的最终结果是，"新人"确实造成了，思想也获得了"统一"，但中共党内本来就已不多的民主精神和思想自由却被进一步无情地"扼杀"了。

在前面各章中，笔者曾多次谈到，中共创立于五四时期，早期加入中共的众多民族精英和知识精英大多受过五四新文化运动的熏陶，在反对封建专制思想的斗争中获得了思想解放。他们通过独立思考、自由思想，对各种传播到中国的新思潮进行了对比研究后，自觉地选择了马克思主义或社会主义学说，将其作为救国救民的思想武器，并自愿地集合在一起，或参与组建，或积极加入中共。正因为如此，初创时期的中共党内既富有独立思考、自由思想的民主精神，又有思想、信仰上的相对统一，呈现出一派生气勃勃，凝聚力和战斗力都比较强的景象。党内人数虽然不多，却很快便为推动轰轰烈烈的国民革命运动作出了巨大贡献，在中国的政治历史舞台上崭露头角。连毛泽东也不能不承认，从五四到大革命，这是中共历史上第一个生动活泼的时期。[57]尽管在大革命后期，由于敌我力量对比悬殊和自身经验不足，加之莫斯科的指导错误，中共遭受了严重挫折，但党的组织并未被打垮，许多思想坚定的党员骨干仍在十分严酷的环境下，冒着生命危险坚持斗争,毫不气馁。他们之所以能如此,正是他们经过独立思考,自觉自愿地为自己的信仰奋斗的结果。没有人强迫他们,也没有人能够强迫他们。在中共后来的各个历史发展时期,特别是抗日战争时期,同样又有许多精英不断地加入中共的队伍。其中,虽不能说没有少数投机分子和随大流者,但大多数人都是经过自己的独立思考,自觉自愿作出的选择,是为了救国救民,实现自己憧憬的理想而采取的行动。可见,在革命战争时期,从创立到后来相当长的一个时期,中共基本上是由众多思想独立和思想自由,又有共同信仰的志愿者集合而成的,不同于此前的其他任何政党。而这也正是中共特别显得有力量的重要原因之一。

不过,在大革命受挫之后,尤其是在苏维埃革命后期,由于共产国际加强了对中共的专制统治,中共党内原有的民主精神和思想自由开始遭受破坏。为了实现所谓的思想统一,莫斯科及其对共产国际唯命是从的中共中央领导人,不断地排斥和打击与其意见不同的党员、干部,而教条主义、宗派主义之风则逐渐兴盛起来。只是因为莫斯科根本不了解中国的实际,它所推行的政策行不通,再加上莫斯科毕竟远在万里之外,遥控并不容易,更不可能在中共党内真正一统天下,故党内独立思考、思想自由的民主精神虽然受到打击,却不可能被完全消灭。包括毛泽东在内的许多党员干部,仍能坚持独立思考,不愿完全盲从莫斯科。正因为如此,以纠正错误为主要内容的遵义会议才有了成功的可能,毛泽东也才得以崛起。

遵义会议以后若干年间,即张闻天和毛泽东共同主政期间,中共党内的民主氛围有所恢复,一度出现了毛泽东所说的第二个生动活泼的时期。[58]但遗憾的是,毛泽东的权力获得巩固之后,反而越来越对党内思想的自由和活跃感到不满,认为这种状况不利于思想的统一,并以此作为他发动整风运动的主要理由之一。1942 年 4 月 20 日,毛泽东在《关于整顿三风》的报告中说:"最近教育方面又有许多东西搞得不好。因为思想庞杂,思想不统一,行动不统一,所以这个人这样想问题,那个人那样想问题,这个人这样看马列主义,那个人那样看马列主义。一件事情,这个人说是黑的,那个人则说是白的，一人一说，十人十说，百人百说，各人有各人的说法。"他还说："可以先来一个研究，在研究中、在检查中来统一思想，统一行动，如果不这样做，就不能够达到统一思想、统一行动的目的"。否则，"那就难于应付时局困难。如果打起仗来，把延安失掉就要哇哇叫，鸡飞狗跳。那时候，'诸子百家'就都会出来的，那就不得了，将来的光明也就很难到来，即使到来，也掌握不了它"。[59]毛泽东要求"统一"，这当然无可厚非，但统一只能是相对的，只能是在大的问题上，如路线、方针、政策等方面达到统一。此外，统一也只能通过民主的方式，在民主的基础之上予以实现。而党内同志能够独立思考、自由思想，民主地发表各种不同的意见，这不仅不是坏事，恰恰是在民主的基础上求得集中和统一的重要条件。因此，统一与独立思考、思想自由，与思想的多元化，甚至与所谓的"诸子百家"在根本上并不是对立的。然而，毛泽东似乎并不是这样想的，他所要的是绝对的"统一"，是思想的所谓"完全一致"，是"舆论一律"。他对中共党内的所谓"诸子百家"已极不耐烦，甚至深恶痛绝了。他要通过全党整风，铲除包括所谓的"自由主义"在内的各种歪风。说得更明白一点，曾经得益于独立思考和自由思想的毛泽东，对别人的教条和框框深恶痛绝、敢于创新和善于创新的毛泽东，却在掌握了全党的大权之后，下决心通过延安整风运动，采取各种反民主的手段，无情地打击党内独立思考、自由思想的民主精神和创新精神，以实现他的思想的"一统天下"。

上述论断绝非耸人听闻，有大量的事实为据。[60]只是笔者限于篇幅，对于毛泽东反民主的做法，只能择其要者予以剖析。

其一，在"对全党进行马克思列宁主义的教育，提高全党的思想理论水平"的口号下，在整风初期的学习文件阶段，毛泽东不仅按照自己的政治需要，垄断了所学文件的选择权，而且垄断了对所谓马列主义理论的解释权，甚至垄断了对各种思想、理论乃至作风等孰是孰非的评判权，以确保整风运动完全按照他的意志和他预设的方向、框框进行。

对于创立伊始就明确强调以马克思列宁主义为其指导思想的中

共,要对全党党员干部进行马列主义理论的教育,要求大家学习马列主义的著作,这完全可以理解。但问题是,哪些文献真正代表马列主义的基本原理?应当选择哪些文献供广大党员干部学习?这中间无疑藏有重要的玄机。正是在这方面,毛泽东利用他在中央已经掌握的权力和多年来在大政方针上相对比较正确的优势,垄断了学习文献的选择权,把他本人的著作、报告和演说,把他主持制定的、以中央名义发布的各种决定,以及他的部分盟友和亲信的著作和报告规定为必读文件,而且占了学习内容的绝大部分。而在规定必读的二十二个文件中,却没有一篇马克思、恩格斯的著作。毛泽东虽然将列宁、斯大林的部分论述列名其中,却也只是他认为对自己有用的"语录",如联共党史结束语六条,列宁、斯大林论党的纪律与党的民主,斯大林论党的布尔什维克十二条、论领导与检查、论平均主义等等。[61]这虽然有断章取义之嫌,却可达到"为我所用"和迷惑莫斯科的双重目的。尽管我们反对神化马列主义,也不认为马列主义是什么"绝对真理",但是延安整风既然标榜要进行马列主义理论的教育,那么按照常理,马克思主义创始人马、恩的著作属于经典,是必选无疑的。而毛泽东却将创始人的经典完全排除在外,一篇都没有,这就很难令人信服是正常的。

不过,毛泽东如此安排虽不正常,其目的却十分明确。一方面,这无疑是为了贬低党内过去相对比较重视创始人马、恩之经典的王明、博古、张闻天等人。多年来,宣传、解释马、恩、列、斯的经典几乎成了王明等人的"专利",他们也因此被"誉为"党内马列主义的理论家。毛泽东对此十分恼怒,也无法容忍这种现象继续下去。为了彻底摧毁王明等人头上"理论家"的"光环",毛泽东不仅给他们戴上了"教条主义"的大帽子,以剥夺其资本,并且来个釜底抽薪,干脆将所有的经典著作都排除在外,省得那些"理论家"们再趁机卖弄。但这样一来,不可避免地产生了严重的负面作用。经过整风,很多人因此而把马列经典与"教条主义"划上了等号,甚至认为读经典,就是搞教条。过去长期从事马列经典著作教学,乃至翻译工作的一些人,也都被斥为搞教条而受到了不公正的待遇。另一方面,毛泽东这样做，也不能排除其实行愚民政策的嫌疑。如果联系到他后来的一贯做法，虽然号称伟大的马克思列宁主义者，却一直对马、恩的经典著作不感兴趣，就很难否认他是故意不让广大党员、干部了解马克思列宁主义的基本原理。事实上，正因为多年来不重视马克思列宁主义的经典著作及其阐述的基本原理，在"言必称马列"的中共党内，上自高级干部，下至一般党员，除了少数专业的理论工作者外，却没有多少人认真读过几篇马列原著和真正掌握马列的基本原理。因此，许多人的言行完全与马列主义原理相悖，却仍然可以大言不惭地宣称，自己的言行不仅完全符合马列主义，而且还是对马列主义的"发展"。必须指出的是，笔者这样说毫无神化马列经典的意思，也无意提倡"教条主义"，只是为了揭示毛泽东大反所谓教条的片面性及其造成的负面影响，为了揭示毛泽东以反教条为名而贩卖私货的恶劣做法。

当然，毛泽东垄断整风学习文件的选择权，并不只是为了搞臭王明等人和实行愚民政策，他的更重要的目的是垄断马列主义的话语权，抬高自己，牢固树立他在中国继承和发展马列主义的最高权威的地位，同时抬高他的盟友和亲信。因此，一方面，毛泽东尖锐地批判王明等教条主义者，将他们所宣传的马列主义说成是"假马列主义""伪马列主义""死马列主义"，是纯粹骗人的货色。在他多次修改的"九篇文章"中，毛泽东就曾写道，那些人"自封为'马克思主义理论家'，家里有成堆的马克思主义出卖，装潢美丽，自卖自夸，只此一家，并无分店，如有假冒，概不承认"，"直到被人戳穿西洋镜，才发现其宝号里面尽是些假马克思，或死马克思，或臭马克思，连半个真马克思，活马克思，香马克思也没有，可是受骗的人已不知有几千几万"，[62]总之是将王明等人骂了个狗血喷头。另一方面，毛泽东则以各种方式宣扬，他自己的理论才是"真马列主义""活马列主义""香马列主义"等等，故整风学习，自然应当以他的著作、演说、报告，以他主持制定的党的各种决议为主要的学习内容。至于他的盟友刘少奇和亲信康生等人，因其完全符合他的思想，故他们的著作、报告、演说也可以选一部分，作为学习的文件。如此安排共,要对全党党员干部进行马列主义理论的教育,要求大家学习马列主义的著作,这完全可以理解。但问题是,哪些文献真正代表马列主义的基本原理?应当选择哪些文献供广大党员干部学习?这中间无疑藏有重要的玄机。正是在这方面,毛泽东利用他在中央已经掌握的权力和多年来在大政方针上相对比较正确的优势,垄断了学习文献的选择权,把他本人的著作、报告和演说,把他主持制定的、以中央名义发布的各种决定,以及他的部分盟友和亲信的著作和报告规定为必读文件,而且占了学习内容的绝大部分。而在规定必读的二十二个文件中,却没有一篇马克思、恩格斯的著作。毛泽东虽然将列宁、斯大林的部分论述列名其中,却也只是他认为对自己有用的"语录",如联共党史结束语六条,列宁、斯大林论党的纪律与党的民主,斯大林论党的布尔什维克十二条、论领导与检查、论平均主义等等。[61] 这虽然有断章取义之嫌,却可达到"为我所用"和迷惑莫斯科的双重目的。尽管我们反对神化马列主义,也不认为马列主义是什么"绝对真理",但是延安整风既然标榜要进行马列主义理论的教育,那么按照常理,马克思主义创始人马、恩的著作属于经典,是必选无疑的。而毛泽东却将创始人的经典完全排除在外,一篇都没有,这就很难令人信服是正常的。

不过,毛泽东如此安排虽不正常,其目的却十分明确。一方面,这无疑是为了贬低党内过去相对比较重视创始人马、恩之经典的王明、博古、张闻天等人。多年来,宣传、解释马、恩、列、斯的经典几乎成了王明等人的"专利",他们也因此被"誉为"党内马列主义的理论家。毛泽东对此十分恼怒,也无法容忍这种现象继续下去。为了彻底摧毁王明等人头上"理论家"的"光环",毛泽东不仅给他们戴上了"教条主义"的大帽子,以剥夺其资本,并且来个釜底抽薪,干脆将所有的经典著作都排除在外,省得那些"理论家"们再趁机卖弄。但这样一来,不可避免地产生了严重的负面作用。经过整风,很多人因此而把马列经典与"教条主义"划上了等号,甚至认为读经典,就是搞教条。过去长期从事马列经典著作教学,乃至翻译工作的一些人,也都被斥为搞教条而受到了不公正的待遇。另一方面,毛泽东这样做，也不能排除其实行愚民政策的嫌疑。如果联系到他后来的一贯做法，虽然号称伟大的马克思列宁主义者，却一直对马、恩的经典著作不感兴趣，就很难否认他是故意不让广大党员、干部了解马克思列宁主义的基本原理。事实上，正因为多年来不重视马克思列宁主义的经典著作及其阐述的基本原理，在"言必称马列"的中共党内，上自高级干部，下至一般党员，除了少数专业的理论工作者外，却没有多少人认真读过几篇马列原著和真正掌握马列的基本原理。因此，许多人的言行完全与马列主义原理相悖，却仍然可以大言不惭地宣称，自己的言行不仅完全符合马列主义，而且还是对马列主义的"发展"。必须指出的是，笔者这样说毫无神化马列经典的意思，也无意提倡"教条主义"，只是为了揭示毛泽东大反所谓教条的片面性及其造成的负面影响，为了揭示毛泽东以反教条为名而贩卖私货的恶劣做法。

当然，毛泽东垄断整风学习文件的选择权，并不只是为了搞臭王明等人和实行愚民政策，他的更重要的目的是垄断马列主义的话语权，抬高自己，牢固树立他在中国继承和发展马列主义的最高权威的地位，同时抬高他的盟友和亲信。因此，一方面，毛泽东尖锐地批判王明等教条主义者，将他们所宣传的马列主义说成是"假马列主义""伪马列主义""死马列主义"，是纯粹骗人的货色。在他多次修改的"九篇文章"中，毛泽东就曾写道，那些人"自封为'马克思主义理论家'，家里有成堆的马克思主义出卖，装潢美丽，自卖自夸，只此一家，并无分店，如有假冒，概不承认"，"直到被人戳穿西洋镜，才发现其宝号里面尽是些假马克思，或死马克思，或臭马克思，连半个真马克思，活马克思，香马克思也没有，可是受骗的人已不知有几千几万"，[62]总之是将王明等人骂了个狗血喷头。另一方面，毛泽东则以各种方式宣扬，他自己的理论才是"真马列主义""活马列主义""香马列主义"等等，故整风学习，自然应当以他的著作、演说、报告，以他主持制定的党的各种决议为主要的学习内容。至于他的盟友刘少奇和亲信康生等人，因其完全符合他的思想，故他们的著作、报告、演说也可以选一部分，作为学习的文件。如此安排确实十分有效。通过学习，所有的党员、干部很快就明白，而且形成了如下的共识：毛泽东才是中共党内真正伟大的马克思列宁主义者，他的著作，他讲的话才是真正的马列主义。反之，一切与毛泽东不同或相反的思想、理论都是错误的，也都是反马列主义的。从此，在中共党内乃至后来在全中国，毛泽东不仅垄断了马列主义的解释权、话语权，而且成了马列主义的最高权威和最高代表，他的著作、报告、指示等等就是判断或识别真假马列主义等等问题的唯一标准。同时，党内其他人，包括毛泽东此时或彼时的盟友和亲信，凡是紧跟他的，都是正确的，反之则必然遭到排斥和打击。不过，具有讽刺意味的是，除了极少数人，毛泽东并没有永久的盟友和亲信，一切都会随着时间的推移而不断地发生变动，只有他本人的绝对权威始终牢固不变，直到其生命终止。

至于毛泽东的著作和思想是否全都符合马列主义，或者说是不是真正的马列主义，笔者不可能，也没有任何必要予以论辩，这不是本书的任务。尽管历史早已对此作出了回答，但这也不是问题的实质。问题的实质在于，以毛泽东或任何个人的著作、思想作为评判其他思想、理论对错的标准，并不符合共产党人所信奉的马列主义的基本原理，即实践才是检验真理唯一标准的原理，只是以一种新教条代替旧教条而已。其实，在毛泽东的头脑中，是否符合马列主义也没有什么客观标准，一切都只能按照他个人的政治需要随心所欲地作出裁决。一个最具有讽刺意味的例子是，刘少奇的著作《论共产党员的修养》，延安整风时期曾被毛泽东认为完全符合马列主义，且列入了党员、干部必读的学习文件之一。然而二十五年后，这同一著作却又被毛泽东钦定为反马列主义的大毒草，发动全国人民没完没了地进行批判。还有，当年康生的演说和报告同样被称为马列主义的杰作，受到毛泽东的青睐，被列为整风的学习文件，而几十年后，同一个康生却被中共宣布为反马列主义反革命集团的重要成员。可见，以毛泽东及其思想、著作为标准既荒唐，也经不起历史的检验。然而，在延安整风中，这种荒唐的逻辑却大行其道。毛泽东不仅垄断了判断重大问题是否符合马列主义的话语权，而且垄断了党内几乎所有问题评判权，包括每个人的思想行为乃至个人隐私，不论其大小，也不论其是否与政治有关等等，诸如何为教条主义、经验主义、主观主义、宗派主义、党八股、自由主义，何为无产阶级思想作风，何为资产阶级或小资产阶级思想作风，何为党性、非党性，还有什么理论家、半条心、两条心等等概念，总之，所有这些名词、概念，其包含哪些内容，是呀，非呀，都只能由毛泽东或根据他的思想予以规定，作出评判，而广大的党员、干部只能按照这一评判决定取舍，或改邪归正，再没有自己独立思考，自作主张的余地。正是经过上述精心安排的文件学习，毛泽东为进一步按照自己的思想、意志改造整个中共，改造全党党员、干部的思想准备了必不可少的条件。

其二，在推动整风学习的过程中，毛泽东以理论学习必须联系实际和彻底纠正错误的思想作风为名，不仅以党纪约束为主要手段，严令每个党员、干部进行自我反省，大搞"个个检讨，人人过关"，要求所有参加学习者反省时必须彻底坦白自己的过错，向党交心，以示痛改前非的决心，而且发明了名为"群众帮助"的新办法，乃至沿袭封建时代所搞的"文字狱"，对党员、干部施加压力，迫其进行"脱胎换骨"的思想改造。

在开展全党整风之初，首先安排大家学习文件，主要是向大家灌输毛泽东的真马列主义和活马列主义。参加学习者均能响应毛泽东和党中央的号召，认真地读文件，听报告，进行大组或小组讨论，谈学习体会，深刻领会文件的精神实质。延安的很多机关、学校甚至停止了日常的工作和活动，专心开展学习运动。但毛泽东明白，如此一般性的学习和灌输虽然十分必要，却显得不痛不痒，毕竟不能从根本上解决问题。他的目的是要大家用学到的"真马列主义""活马列主义"理论作武器，彻底批判和纠正每个人自己头脑中的各种错误思想和不正之风，实现彻底的思想改造。毛泽东同样明白，人人都有"护短"的恶习，仅仅只是一般性的号召而不施加一定的压力，就很难达到上述目的。为此，毛泽东和康生等人强调学习必须理论联系实际，不仅要联系党的路线、方针、政策和别人的实际，更要联系自己的思想实际，进行深刻的自我反省。为了迫使所有的人都能认真检讨，毛泽东和康生以党的组织纪律必须遵守为由，不仅强令所有的人写所谓的学习笔记，亦即反省笔记，而且规定所写的笔记要由上级领导抽查。估计到会有人不赞成甚至予以抵制，毛泽东还亲自出马，对之发出严厉警告。他说："中宣部那个决定上说要写笔记，党员有服从党的决定的义务，决定规定要写笔记，就得写笔记。你说我不写笔记，那可不行，身为党员，铁的纪律就非执行不可。孙行者头上套的箍是金的，列宁论共产党的纪律说纪律是铁的，比孙行者的金箍还厉害，还硬，是上了书的，《共产主义运动中的'左派'幼稚病》上就有。我们的'紧箍咒'里面有一句叫做'写笔记'，我们大家就都要写"，"不管文化人也好，'武化人'也好，男人也好，女人也好，新干部也好，老干部也好，学校也好，机关也好，都要写笔记"。[63] 如此严格的要求之下，自然谁也不敢违反规定。

事实上，反省笔记不仅一定要写，且必须写得深刻，而是否深刻的标准则是能否彻底地坦白和批判自己头脑中错误的思想和作风。至于所写的反省笔记是否深刻，当然不是由自己说了算，必须由群众评判和党组织进行审查。不深刻的不能过关，必须重写，反复写，直到群众和组织都满意为止。几乎所有人都很难写一二遍就过关，有的人不知写了多少遍才勉强获得通过。就这样，整风学习演变成了"个个检讨，人人过关"的运动。不仅如此，更使人感到头痛的是，检讨的内容也随着运动的发展而不断地增加和深入。最初主要是检查自己头脑中的主观主义、宗派主义、党八股，后来又要批判自由主义和检查、交代所谓"小广播"的错误，最后又发展到结合"审干"，彻底坦白、交代自己的历史，特别是自己在历史上所犯的各种错误，彻底地向党交心，真正解决所谓的"半条心"或"两条心"问题。

总之，毛泽东所要求的，是每个党员、干部彻底的自我批判，不允许"隐瞒"自己的任何"错误"，不论是过去的，还是现在的，都必须让其暴露在光天化日之下，并加以严厉批判，直到脱胎换骨，改造成毛泽东所需要的"新人"为止。为了对这种做法存有抵触情绪的人施加压力，除了强调铁的组织纪律外，毛泽东、康生等人还提出了所谓"脱裤子，割尾巴"的口号，要大家真正做到不怕羞耻，彻底地坦白自己所有的肮脏言行。他们还发明了此前中共历史上从未有过的所谓"群众帮助",不仅要求每个人进行自我批判,而且规定人人都要揭发、批判别人的错误思想和错误作风,以"帮助"别人改正或改造。在此过程中,其他人必须对检讨不深刻的某人,通过或大或小的会议进行"帮助",对重点人物还可以开"质问会"或"批判会",批判其不老实的态度,揭发其不肯主动坦白的问题,总之,不能让其轻易过关,必须迫其真正承认错误,且达到大家认为认识深刻的程度。从这种所谓的"群众帮助"中,人们可以清楚地看出,每个人既是被"帮助"的对象,也是"帮助"别人的人,换句话说,人人都要被批判,同时也要批判别人。这也就是后来人们所说的"群众斗群众"。尽管这种做法在中共掌握全国政权以后已是司空见惯,但其始作俑者无疑是延安整风,其发明权则非毛泽东、康生等人莫属。

然而,如此施加压力,毛泽东、康生等人仍觉得不够,竟然还沿袭封建社会的做法,搞起了"文字狱"。众所周知,"文字狱"是几千年来封建专制统治者用于迫害思想反叛者常用的手段,而号称历史上最先进的中国共产党却也在延安整风中,利用"文字狱"制造冤案,对党内外的所谓异己分子进行暴力震慑。其中,最为典型的案例则是当年延安人所共知的王实味案。[64]

在酝酿、发动全党整风之初,由于毛泽东虽然刚刚整过上层那些犯教条主义、经验主义错误的领导人,但对他们的愤怒之情尚未平息,一度企图利用中下层,借整风的名义再整一整他们。为此,毛泽东号召大家"自由地"发表意见,对错误作风和犯有错误的各级领导人提出批评。他不仅允许各单位办墙报、壁报,甚至也不反对在延安最重要的《解放日报》上刊登批评"三风"、批评领导人的文章。正是在这样的背景下,延安很多机关的青年知识分子、文化人受到鼓舞,办起了各种墙报、壁报,如西北局的《西北风》,延安自然科学院的《整风》《向日葵》《心里话》,民族学院的《脱报》,中央研究院的《矢与的》,中央青委的《轻骑队》等等,并通过这些墙报、壁报发表了许多批评和议论文章。很多人不仅在墙报、壁报上发表看法,而且将文章送到《解放日报》和其他报刊上登载,或在机关内部的会议上发表演说。这些文章和演说不仅对"三风"予以批评,也对各级领导人的官僚主义、特殊化,对党内和革命队伍内的等级制度和不平等、不民主的现象进行了尖锐的抨击,不仅将批评的矛头指向毛泽东所痛恨的"教条主义者",而且触及到了包括毛泽东在内的各级领导干部,特别是那些地位较高的"老干部"所享有的特权,从而在延安刮起了一阵清新的民主、自由之风,乃至引发了一场规模虽然不大,却颇有影响的"地震"。其中,影响最大的是发表在《解放日报》上王实味的文章《野百合花》、丁玲的《三八节有感》等。

今天,人们当然都很清楚,当年以王实味为代表的中青年知识分子的文章和演说,有些话虽然说得过于尖锐,似乎有点偏激,但并非反党反革命的言论,更不是什么恶毒攻击。由于他们早年都是出于对民主和自由的憧憬才奔赴延安的,但来到延安后所看到的却与他们心目中的理想有一定的差距。尽管当年延安的官僚主义、等级制度、不平等、不民主的现象,无法同国民党统治区相比,也不能与中共掌握全国政权以后的情况相比,却还是让他们感到不满。因此,他们希望通过整风使中共真正克服已在党内出现的官僚主义,变得更加平等、民主、自由。可见,他们的出发点并不错,也有利于党内的民主建设。再说,王实味等人这样做,不仅是党内民主制度所允许的,也是响应中央和毛泽东的号召,一点也不违法或违纪。即便有些话说得过头一点,也无碍大局,完全可以通过正常的民主制度和说服教育予以纠正。

然而,由于王实味等人的批评意见触犯了很多领导人,尤其是老干部的特权和利益,引起了他们的不满和非难。更重要的是,批评意见所反映出来的党内要求民主、自由、平等的倾向,与毛泽东发动整风运动的宗旨完全相反,这不能不引起他的警惕,并认为这是一种所谓的资产阶级和小资产阶级的自由化倾向,是所谓的绝对平均主义倾向。毛泽东也很快意识到,如果任其存在和发展,将严重危及他对中共的彻底改造,故经过一段时间的准备之后,决定对之进行坚决的打击。于是,一方面,毛泽东在一段时间内继续允许王实味等人发表意见,以便彻底暴露他们的错误思想,抓住他们的辫子。此即后来所称的"引蛇出洞"策略,只是当时还没有使用这样的名词。另一方面,则选择重点对象,准备予以重点批判和重点打击,以达到"杀一儆百"的效果。于是,王实味因为发表的"自由化"言论最多,影响最大而被选为典型。对王实味的批判斗争不仅在他所在的中央研究院全面展开,而且迅速扩展到整个延安;不仅对王实味的所谓错误思想无限上纲,而且为了将其彻底整倒,还给他戴上了"反党分子""反党集团头目""托匪"乃至"国民党特务"的大帽子;不仅限制他的人身自由,而且后来干脆将其逮捕,关进了中央社会部监狱,最终于1947年被康生下令杀害。在批斗王实味的过程中,许多受他影响,或发表过类似言论的知识分子、文化人,如著名作家丁玲等,在强大的政治压力下,一方面不得不痛哭流涕地检讨自己的错误,另一方面为求自保,纷纷反戈一击,揭发控诉王实味,以表示同他划清界线。其中绝大部分人虽然没有像王实味那样被整死,因各种原因勉强渡过一劫,但很多人的过关也只是暂时的。历史证明,只要他们还有自己的思想,达不到毛泽东彻底改造的要求,便终究难逃厄运。其中,丁玲便是一例。

实事求是地说,在延安时期,类似于王实味因发表文章、言论而获罪的案子并不多。尽管在后来的"抢救运动"中也制造了大量的冤案,但与王实味案的性质并不完全相同。原因在于,革命尚未取得完全胜利之时,毛泽东还需要大批人才为之出力,不能不将思想整肃,制造"文字狱"限制在一定的范围内。整倒王实味,旨在"杀一儆百",起震慑作用。但这毕竟开创了中共党内以思想、言论、文字定罪的恶劣先例,打开了此后多年中共乃至全中国"文字狱"泛滥的闸门,其后果和影响都是无法估量的。

其三,在以彻底改造全党思想为宗旨的整风运动中,毛泽东还将知识分子作为思想整肃的主要对象,以反教条主义为名,以加强"党性"和"党纪"为由,大肆贬低知识分子的作用,摧毁他们独立思考,追求自由和民主的精神,迫使其无条件地服从党及其领袖的权威。

毛泽东发动全党的整风运动,虽然声称全党所有的党员、干部都是思想改造的对象，但也不是没有重点。如前所述，就党内不同的阶层而言，最高的领导层当然是首先要整肃的对象。毛泽东认为，最高层的王明、博古等人不仅要对过去所犯的路线错误负主要责任，而且是他的主要政敌，不把他们整倒，他在中共党内的最高权威就不能真正树立。因此，整风伊始，毛泽东首先拿他们"开刀"。不过，高层犯错误的领导人并不是毛泽东要整肃的唯一重点对象，党内的知识分子党员、干部同样也是被毛泽东重点关注，需要彻底改造的人。在毛泽东看来，不仅党内高层那些犯教条主义路线错误的人都是知识分子，而且在中、下层的党员、干部中，也是知识分子的思想和作风问题最多，主观主义，尤其是教条主义表现得最为突出。更重要的还有，相比于党内的工农党员、干部，由于知识分子有较多的文化知识，读过不少书，喜欢独立思考，有自己的主张，且"自以为是"，不容易被驯服，或讲得通俗一点，就是"不听话"，"难驾驭"，甚至喜欢"犯上"。因此，不将党内的知识分子整服，毛泽东的权威也难以真正树立。事实上，这不仅是延安整风期间毛泽东重点整肃知识分子的主要原因，也是中共夺得全国政权后不断地，甚至更加残酷地整肃知识分子的根本原因。

既然谈到知识分子，笔者不能不多说几句。因为这不仅关系到整个社会的进步和发展，而且即便是在中共党内，它也是一个十分重要的问题。谁也无法否认，中共就是由一批知识分子精英们创立的。不仅党的主要创始人陈独秀、李大钊，且包括毛泽东在内参与创党的其他骨干分子都是当时中国的知识精英。换句话说，没有知识分子，就不可能有中国共产党。后来，如笔者多次说过的，又有大批的知识分子加入中共。党在领导革命斗争的过程中，虽然也吸收了大批工农出身的党员，但领导骨干大多仍是知识分子，而工农群众的革命运动也都是由这些知识分子干部们组织、发动起来的。可见，在中共从创立到领导革命的整个过程中，知识分子干部的作用不可或缺。此外，创立或先后加入中共的知识精英们，也是当时社会上的其他知识分子无法相比的。他们都经受过五四新文化运动的洗礼，受到过民主和科学思想的熏陶，喜欢独立思考，追求社会进步和思想自由。而这些，正是中共得以优于其他政党的重要原因之一。诚然,同工农干部一样,知识分子既有优点和长处,也有缺点和短处。如书本知识虽然较多,但实际经验较少,容易受教条的影响,脱离实际,或常常犯自以为是,看不起工农群众的毛病等等。不过,这些缺点既没有什么大了不得,也不难克服,更不应当成为知识分子天生低于工人、农民一等,刻意对之进行贬低,甚至将他们与工农群众对立起来的理由。只要在革命的实践中加以正确的引导,使得知识分子与工农群众互相尊重,互相学习,彼此取长补短,完全可以达到消除隔阂,团结起来,共同奋斗的目的。

然而,在大革命受挫以后,共产国际的斯大林、布哈林等人为了推卸责任,却毫无根据地制造了一种论调,即革命之所以受挫,主要是因为中共中央的领导人都是知识分子,都是因为他们犯了右倾机会主义的错误,并通过他们所控制的中共六大,特意提拔向忠发等所谓工人出身的干部进入中央领导核心,甚至让其担任党的领袖。撇开向忠发等人是否胜任不谈,这种蓄意贬低知识分子的观念和做法本身就是荒谬的,且被实践证明十分有害。遵义会议以后,尤其是在抗日战争爆发初期,出于抗日救国的热情和对民主、自由的向往,大批知识分子、文化人纷纷奔赴延安和中共领导的各个抗日根据地。一方面,由于中共确实需要大批人才,另一方面,则因为毛泽东当时在党内的统治地位虽然尚未巩固,但知识分子和文化人当时还不是挑战其权威的主要威胁,故中共也好,毛泽东本人也好,均对大批知识分子、文化人的到来表示欢迎和重视。不料好景不长,如前所述,随着时间的推移,很多知识分子对延安某些不尽人意的现象开始感到不满,批评的意见逐渐多了起来,而同时,随着毛泽东开始实施改造全党的计划,他对许多知识分子好发表自己的看法,好提不同的意见,甚至"藐视"他的权威越来越反感。前文所说的王实味事件的发生和毛泽东为之采取的态度,就清楚地证明了这一点。于是,也就有了前文引用过的,毛泽东严厉批评所谓"众说纷纭""诸子百家"的讲话。说得更明白一点,就是随着他在高层的政敌被打垮,知识分子固有的独立思考、思想自由的民主精神,与毛泽东力图在党内牢固树立自己的绝对权威，力图用自己的思想、意志完全掌控全党的目标所产生的矛盾逐渐尖锐起来。正是在这样的形势下，毛泽东开始下决心重点整肃知识分子和文化人。至于通过整肃所要达到的最终目标自然也很明确，即彻底摧毁他们独立思考，追求思想自由的民主精神，把他们改造成驯服于党和领袖的"新人"。

为了整肃知识分子，前文已经提及的各种手段，如通过学习规定的文件，首先进行灌输；强制性地要求每个人写反省笔记，交代自己的一切错误言行，"脱裤子、割尾巴"，彻底地向党交心；通过开各种大小不等的会议，让每个人都接受群众的"帮助"；通过向王实味等人"开刀"，杀一儆百等等，无疑都发挥了重要的作用。上述这些手段，尤其是王实味案，从表面上看，似乎是对所有人提出的要求，实际上却主要是针对知识分子的。因为工农干部文化水平相对较低，根本无法按照党组织的要求读那么多的文件，也写不了多少笔记，毛泽东对他们并不苛求，但对知识分子，要求就严格得多了。至于"杀一儆百"所要震慑的，则更是非知识分子莫属。能够像王实味那样发表文章和言论，并因此而获罪的，显然只能是善于"舞文弄墨"的文化人了。

不过，在毛泽东看来，仅仅采取上述手段，仍不足以征服知识精英们。他明白，知识分子的"优越感"是建立在他们所拥有的知识和文化之上的。必须在这个问题上大做文章，才能击中他们的要害。因此，毛泽东首先以批判教条主义为由，专门对知识分子及其拥有的知识和文化大加抨击，彻底否定。毛泽东在整风报告中说："他们一不会耕田，二不会做工，三不会打仗，四不会办事"，"只要你认得了三五千字，学会了翻字典，手中又有一个什么书，公家又给你小米吃，你就可以摇头晃脑的读起来"。"这是世界上最容易的事，这比大师傅煮饭容易得多，比他杀猪更容易"。"那些将马列主义当宗教教条看待的人，就是这种蒙昧无知的人。对于这种人，应该老实对他说，你的教条没有什么用处，说句不客气的话，实在比屎还没有用。我们看，狗屎可以肥田，人屎可以喂狗。教条呢，既不能肥田，又不能肥狗，有什么用处呢"？[65]随后，紧跟毛泽东的康生也在自己的报告中进一步发挥说:"目前所谓知识分子,实际上最无知识,工农分子反而有一点知识。"⁶⁶正是在毛泽东、康生的人如此不断地贬低知识分子及其拥有的知识和文化,甚至将知识分子比作"连猪都不如的蠢货",同时又人为地抬高所谓的工农分子,故意制造知识分子与工农干部之间矛盾的情况下,各种"反智主义"谬论开始在延安和其他抗日根据地大行其道。在故意贬低知识分子和知识、文化的同时,毛泽东还以马列主义所谓的阶级、阶级斗争观点对知识分子进行"阶级分析",武断地认为大多数知识分子虽然参加了革命,甚至入了党,但由于他们的世界观尚未得到彻底改造,仍是资产阶级或小资产阶级的知识分子,从而给大多数知识分子戴上了此后多年都无法摆脱的"紧箍咒"。

今天,人们不得不承认,毛泽东的手段确实十分厉害。他对知识分子及知识、文化的贬斥,沉重地打击了知识分子的自尊心,无情地嘲弄和羞辱了知识分子的人格,犹如釜底抽薪,使知识分子失去了最重要的立足点;而毛泽东给他们扣上的资产阶级或小资产阶级的大帽子,则更使大多数知识分子从此产生了一种永远无法抹去的负罪感或原罪感。在如此高压和大肆推行反智主义的氛围之下,颜面扫地的知识精英们哪里还有"资本"奢谈什么独立思考、自由思想,除了乖乖地自我批判、自我践踏,以示决心革心洗面,脱胎换骨,再无别的出路。事实上,在整风运动中,绝大多数知识分子、文化人也都是这样做的。不论是老的知识分子,还是新的或年轻的知识分子,都要在思想改造、思想革命烈火的煎熬中,痛苦地与自己的灵魂搏杀,最终使自己得到重生,成为"新人"。⁶⁷可见,毛泽东虽然不是中共党内贬斥知识分子的始作俑者,却无疑是推行"反智主义",以各种手段排斥、打击知识分子的集大成者。随着中共革命的胜利,毛泽东在延安整风中整肃知识分子的全套做法,也被推广到全中国,且变得更加惨无人道。它给中国知识分子带来的灾难,则是中国历朝历代都无法与之相比的。

从1942年春开始的全党整风,到1944年春夏大致告一段落,历时两年多。对毛泽东来说,其成效十分显著,其目的基本达到。全党的党员、干部,虽然不能说百分之百,至少绝大多数都得到了不同程度的改造,成了毛泽东所需要的革命化"新人"。既然是"新人",当然有着许多新的特征,诸如对党、对党的领袖、对党的指导思想和党的路线等等,都有了全新的认识,尤其是前所未有地增强了所谓的党性观念、党的纪律观念,真正开始懂得"非党性勿视,非党性勿听,非党性勿言,非党性勿动",必须无条件服从党的领袖、党的组织和上级的指示、命令,做党的驯服工具,做革命的"螺丝钉"等等。此外还有其他许多特征,只因本书篇幅有限,恕笔者不能赘述。在绝大多数党员、干部成为革命化"新人"的情况下,中共党内过去曾经有过的独立思考、自由思想的民主精神,虽然不能说荡然无存,却也所剩无几了。

### 1.3.3.4 又破又立:全面掌控舆论宣传工具和思想文化阵地

毛泽东发动延安整风运动的目的是要对中共全党进行彻底改造,为了实现这一"宏伟"计划,他首先在"破"字上大做文章,亦即对党内存在的所谓错误路线、错误的思想和作风等等开展大批判,乃至对每一个党员、干部头脑中一切邪恶的念头进行彻底的清洗。他明白,"不破不立",不把他所认为的旧东西清除掉,新的东西就难以立足,他就无法实现彻底改造全党和所有党员、干部的目标。但他也十分清楚,在大破特破的同时,也必须在"立"字上下功夫,把他认为新的一套立起来,完全取代旧的,否则,"破"的成果就难以巩固,同样不利于他对全党的改造。

正是出于上述考虑,延安整风中,毛泽东不仅"大破",而且没有忘记"大立"。就"立"的方面而言,最为重要的当然是在大破王明、博古等人的"假马列主义""死马列主义"的基础上,大立毛泽东自己的"真马列主义""活马列主义",使之成为党内唯一的指导思想,大立毛泽东在中共党内最高权威、伟大领袖的地位等等。毫无疑问,这既是毛泽东的首要目标,也是他能够按照自己的思想和意志建立其他一切"新"规范的基础和条件。不过,照中共的说法,马列主义或毛泽东的思想虽然是党的一切工作的指针,但它的一般原理却不能完全代替各个具体领域的方针、政策或规范，必须在基本原理的指导下，进一步具体化，制定出各领域的政策或规范。因此，为了"立"，毛泽东还必须做大量细致的工作。

从毛泽东力图彻底改造全党的角度来说，需要"立"的领域和内容自然很多。其中，尤以对付国民党政府的方针、政策，包括军事方面的战略、战术，夺取中共革命的胜利最为最重要。在这方面，从新民主主义革命的理论到抗日战争时期的一系列方针、政策，乃至战后中共的对策等等，毛泽东不仅胸有成竹，而且成效突出，笔者对此已有详细的说明，无需赘述。笔者所要讲的，主要是毛泽东为了确保整风运动的顺利进行，巩固整风运动的成果，特别是为了全面地掌控舆论宣传工具和思想文化阵地所采取的一系列举措。

在这方面，文学艺术无疑是毛泽东重点关注的领域之一。延安整风期间，在对各种错误的思想和作风，尤其是对文学艺术领域的所谓错误观念进行批判的基础上，毛泽东花费了很大的精力，为文学艺术"立规"，提出了一整套所谓的马列主义文艺理论，为此后中共和他自己全面掌控文学艺术界奠定了坚实的基础。

五四新文化运动期间，文学革命的口号便开始风行。马克思主义传播到中国，尤其是中国共产党成立之后，许多作家、艺术家开始提倡无产阶级的革命文学。他们忧国忧民，不仅关注国家和民族的命运，关注社会底层劳苦大众的悲惨生活，而且自觉自愿地为促进中国的革新和革命事业奋笔疾书，写出了一批又一批新产品，并在中国的文艺界逐渐形成了颇具影响力的左翼文学阵营，与中共领导的武装革命遥相呼应。不过，由于各种条件的限制，尽管彼此都在为共同的革命目标而奋斗，但主要战斗在城市的革命的文学艺术家与长期奋战在偏僻农村的武装革命并没有太多直接的联系。再就革命的文学艺术家个人而言，虽然部分已经加入中共的党员也受到党的秘密组织的领导，但多数人，包括鲁迅在内，并非中共党员，只是在中共的间接影响下，按照自己的革命理念，自觉地从事革命的文学工作，且取得了巨大的成就。其中，鲁迅无疑是其最杰出的代表。其他如巴金、茅盾、丁玲、胡风等，也都十分有名。

革命的文艺工作与革命的武装斗争相隔离的状况，只是到了抗日战争时期才有了改变。抗战开始前后，一批又一批文艺工作者先后奔赴延安和中共领导的抗日根据地，开始在中共的直接领导下从事革命的文艺工作。起初，他们的到来给根据地带来了新的气象，也为延安和根据地的文艺事业做了大量的工作，并因此受到了毛泽东和根据地干部、战士的欢迎。然而，随着时间的推移，一方面，许多文化人对根据地的若干现象逐渐感到不满，觉得与自己头脑中的理想有反差，因而在整风开始后通过发表文章、言论，对他们认为不合理的现象提出了自己的批评意见。另一方面，毛泽东虽然明白，中共的革命事业需要文学艺术的发展，也不能没有大批的文艺人才，但由于他已决心对全党进行整肃，以进一步确立他在党内的最高权威，因而逐渐对文化人特立独行、藐视权威、不听话、难管理的状况难以容忍，再加上文化人的批评文章又得罪了一些享有特权的老干部，也激起他们对文化人的不满。于是，双方的矛盾逐渐变得尖锐起来。特别是在前文所说的王实味事件发生之后，毛泽东和老干部们不仅对王实味等人的言行感到愤怒，也对延安文艺界大多数独立不羁的作家、音乐家、戏剧家、美术家们颇感厌恶，且下决心通过整风运动对之进行整治，或如一些学者所说，给他们套上"辔头"。[68]正是在这样的大气候下，王实味事件发生之后不久，就有了延安文艺座谈会的召开和毛泽东在会上的讲话。[69]

多年来，乃至一直到今天，中共官方都在说，这次座谈会的召开和毛泽东在会上发表的讲话不仅是延安整风运动中的一件大事，也是中国文艺界历史上的一件大事。事情确实如此，只是包括笔者在内的许多学者与中共官方对此事"伟大意义"的理解并不完全相同。

尽管1942年5月延安文艺座谈会召开和毛泽东在会上发表讲话时，包括与会者的所有人尚未立即意识到此事的重要性，但随着整风运动的进一步深入，人们终于逐渐认识到，此事绝不可小觑。时间越长，人们的理解也就越"深刻"。不管你如何解读，谁都无法否认它的重要。而这种"重要"自然首先体现在它所包含的内容中。

概而言之，座谈会和毛泽东的讲话与整个整风运动的基调是完全一致的，都是又破又立，即首先批判各种错误的思想和作风，不仅大批党内普遍存在的所谓教条主义、主观主义、宗派主义、党八股等，尤其是重点批判文化人和整个文艺界存在的所谓资产阶级文艺观，批判其严重脱离群众、脱离实际的坏作风；然后在此基础上强调，革命的文艺工作者必须树立和掌握的无产阶级的立场、观点和方法，必须严格遵守从文艺创作到文艺批评的各种规范。不论是"破"，还是"立"，均紧紧地围绕着文艺领域的重大问题而展开。

至于座谈会和毛泽东所说的重大问题则主要包括两大方面：一是所谓的无产阶级文艺究竟为谁服务，亦即包括文艺的服务对象，文艺工作与整个革命运动、文艺与政治的关系，文艺工作者的立足点和感情等等问题。首先，毛泽东断言文艺都是有阶级性的，世界上不存在任何超阶级的文艺，也不存在为艺术的艺术，无产阶级坚决反对封建地主阶级和资产阶级的文艺，反对一切为剥削阶级服务的文艺，主张革命的文艺必须为无产阶级领导的人民大众，主要为占人口百分之九十以上的工人、农民、兵士，即所谓的工农兵服务。[70]毛泽东还认为，不仅"在现在世界上，一切文化或文学艺术都是属于一定的阶级"，而且"从属于政治"，从"属于一定的政治路线"，"和政治并行或互相独立的艺术"，也是不存在的。因此，"无产阶级的文学艺术是无产阶级整个革命事业的一部分，如同列宁所说，是整个革命机器中的'齿轮和螺丝钉'"。"党的文艺工作，在党的整个革命工作中的位置，是确定了的，摆好了的；是服从党在一定革命时期所规定的革命任务的"。毛泽东还说，文艺服从于政治的原则，不仅应当贯彻到文艺作品从创作到形成的整个过程，而且必须用于文艺批评，将政治标准放在文艺批评的首位。他以自问自答的方式告诉所有的文艺家们，在文艺批评中，"又是政治标准，又是艺术标准，这两者的关系怎么样呢"？"各个阶级社会中的各个阶级都有不同的政治标准和不同的艺术标准。但是任何阶级社会中的任何阶级，总是以政治标准放在第一位，以艺术标准放在第二位的"。他强调，既然无产阶级的文艺必须为工农兵服务，为无产阶级的政治服务，那么作为从事革命文艺工作的文艺家们，就必须将立足点移到工农兵一边来，必须掌握无产阶级的立场、观点、方法，必须具有工农兵的感情或无产阶级的感情。二是文艺应当如何为工农兵、为无产阶级政治服务的问题。这方面涉及的内容也很多，如所谓的普及与提高，政治与艺术的统一，歌颂与暴露，动机与效果等等问题。毛泽东批判了文艺界多年来盛行的各种所谓的资产阶级文艺思想、文艺观点，如"人道主义""人性论""杂文时代""暴露论"等等，强调必须按照为工农兵服务，为无产阶级政治服务的需要来解决上述问题，强调延安的文艺界当时应当将工作重点放在"普及"上，对革命事业和革命人民必须满腔热情地予以"歌颂"，而不是什么"暴露"等等。

正是在对上述两大问题论述的基础上，毛泽东进一步引申出了又一个重要问题，即必须对文艺家和文化人进行彻底的思想改造。尽管毛泽东不得不承认，延安文艺界的绝大多数文学艺术家主观上都是要求革命的，很多人还是共产党员，也愿意为工农兵服务，为人民大众服务，但他又认为，多数人仍然站在小资产阶级的立场上，感情也是小资产阶级的，"或者换句文雅的话说，他们的灵魂深处还是一个小资产阶级知识分子的王国"，"有许多党员，在组织上入了党，思想上并没有完全入党，甚至完全没有入党。这种思想上没有入党的人，头脑里还装着许多剥削阶级的脏东西，根本不知道什么是无产阶级思想，什么是共产主义，什么是党"。总之，"就是文艺界中还存在作风不正的东西，同志们中间还有很多的唯心论、教条主义、空想、空谈、轻视实践、脱离群众等等的缺点，需要有一个切实的严肃的整风运动"。"而为要从组织上整顿，首先需要在思想上整顿，需要展开一个无产阶级对非无产阶级的思想斗争"，需要对文化人、文艺家们进行彻底的思想改造。事实上，在后来的整风运动中，毛泽东就是这样做的。

对于毛泽东在延安文艺座谈会上的讲话，无论是中国官方，还是学术界，多年来已有数不清的评论，或褒或贬，可谓众说纷纭。虽然笔者对文艺理论并不精通，对过分专业的问题难以发表中肯的看法，但对毛泽东讲话的实质性内容却不难理解。笔者认为，从根本上说，毛泽东提出的，被中共官方称之为无产阶级、或马列主义的文艺理论，完全是用马列主义的意识形态对文艺问题重新进行解读的产物，其最重要的特点，是将几千年来人类社会文明进步在精神方面伟大的共同的成果，即文学艺术阶级化、政治化和党化，从而使得文艺和从事文艺工作的专门家只能为毛泽东所说的工农兵、无产阶级政治、革命的共产党服务，使之完全成为所谓党的革命事业的工具，或无条件地充当党的"革命机器"上的"齿轮和螺丝钉"。对于这一"实质"，毛泽东和中共官方不仅直言不讳，从来也不否认，而且不断地予以强调和强化。尽管将文学艺术阶级化、政治化和党化的发明权属于列宁和俄国的共产党人，但毛泽东和中共并非只是简单地予以继承，而是既有"发展"，又有"创新"，无论是在理论方面，还是在具体做法上，相比较于列宁和苏俄共产党人，毛泽东和中共都是有过之而无不及。其中最为突出的，是毛泽东和中共在对文学艺术家进行思想改造方面许多的"创造"和"发明"。由于文学艺术出产的是精神产品，且基本上来自于文学艺术家的"个体"生产，因此，要使文学艺术产品完全符合党的要求，仅仅一般的理论指导远远不够，它还与文学艺术家个人的思想、气质、性格、天赋乃至创作的理念、技巧、方法等等有着密切的关系。包括延安的文学艺术家在内的许多革命的作家、音乐家、美术家、戏剧家们，虽然都愿意在原则上或政治上服从革命的需要，却不大愿意放弃传统的自由创作，不愿使自己的创作受到过多的干涉。对于这种深藏于文艺家骨子里的独立意识和桀骜不驯，连列宁和苏俄共产党都感到难以对付。然而，毛泽东对此不仅心知肚明，而且应付自如，手段也极为高明。如笔者在前文已经详细论述过的，他"发明"了一整套包括整风和对知识分子、文化人进行思想改造的程序、做法，十分有效地促使文学艺术家们脱胎换骨，彻底地摈弃一切与革命原则和共产党党性不合的东西，彻底地抛弃自我，从而真正把自己改造成党的工具，改造成按照党和革命的要求创作、生产文艺作品的机器。毛泽东的所作所为及其达到的效果，大概连列宁、斯大林和苏俄共产党也只能自叹不如了。

在对文学艺术进行阶级化、政治化、党化的同时，毛泽东还在继承和发扬苏俄经验的基础上，采用行政和组织手段，把所有的作家、音乐家、美术家、戏剧家等纳入党领导的各级各种组织之中,将文学艺术组织化,以公家给"小米"吃为其基本的生存条件,换取文学艺术家们个人的创作自由,从而使得按照党和革命的要求,有组织、有计划、有目的地创作、生产、发表文艺作品成为可能,再辅之以历代专制统治者惯用的事前事后审查、打压的手段,毛泽东和中共终于得以完全掌控文学艺术阵地。

延安时期,毛泽东将文学艺术阶级化、政治化、党化和组织化,为革命的文艺工作建立的新规范、新制度,严密掌控文艺阵地,最初的动机无疑首先是使文艺能够为中共革命的成功出力,但也有学者指出,其实他还有更为深远的考虑,即为中共革命胜利后以此推向全中国,构建一个在党的领导和完全掌控下的新制度奠定基础。这个所谓的新制度,不仅只是文学艺术领域的,也包括整个意识形态领域各个方面的新制度。1943年,即毛泽东的讲话正式公开发表之时,中共中央总学委便在下发的通知中明确地说,毛泽东的"讲话"是"中国共产党在思想建设、理论建设事业上最重要的文献之一",它的重要价值所在"决不是单纯的文艺理论问题",因此,"各地党组织收到这一文章后,必须当作整风必读的文件","并尽量印成小册子发送到广大的学生群众和文化界知识界的党内外人士中去"。[71]可见,"讲话"更重要的"意义"是为包括文学艺术界、社会学界和整个思想文化、意识形态领域立规,使"讲话"所提出的各种原则成为整个思想文化、意识形态领域的"新标杆"。

不过,毛泽东关于文艺问题的讲话虽然在意识形态领域具有"普遍"的意义,却也不能完全代替其他方面更为具体的规范。例如,毛泽东不仅要完全掌控文学艺术界,还要严密掌控舆论宣传工具,掌控文化教育阵地等等,还必须在这些方面"立规"。因此,在延安整风期间,也像对待文学艺术工作那样,毛泽东在批判各种错误思想、理论的基础上,提出了颇具特色的中共的"新闻观""教育观",不仅对从事新闻出版和教育工作的知识分子、文化人进行脱胎换骨的思想整肃,而且对当时延安和各个抗日根据地报刊、杂志的出版、发行,对中共的各级党校和各类学校也进行了比较彻底的改造。

毛泽东和中共提出的"新闻观",同样是将新闻出版事业完全阶级化、政治化和党化,将新闻自由的原则和新闻传播所要求的客观、真实、公正和时效等统统斥之为虚伪的资产阶级理论,强调所谓的无产阶级新闻观的根本原则,就是要求新闻出版必须为无产阶级的政治,为共产党的革命事业服务,所谓的客观、真实、公正和时效,都必须服从中共的政治需要,所有新闻的选择,登载或发表的快与慢,都必须按照是否符合中共的"党性"原则,是否符合党的利益来处理;必须坚决反对所谓"虚假的真实性""客观主义""自由主义"等等,坚持所谓"本质的真实性"。毛泽东和中国还强调,要将报刊办成宣传党的路线、方针、政策,指导革命运动,教育干部、群众和揭露、打击敌人的工具,严防有人利用党领导的报刊进行各种反共反革命的破坏活动。正是通过上述严格规定,再加上对新闻工作者思想和组织的"清洗",中共中央乃至毛泽东个人得以完全掌控延安和敌后根据地所有的舆论宣传阵地,并为中共胜利后在全中国构建全面专制的新闻出版制度奠定了基础。

至于教育领域,毛泽东和中共的做法虽然与文艺界、新闻出版界大同小异,却也有自己的特色。由于延安和各个敌后根据地所办的一般性学校并不多,故当时中共的各级党校就成了毛泽东和中共中央予以整肃的重点。通过整风运动,毛泽东和中共中央不仅将党校变成了从思想上和组织上整肃干部、党员最为重要的机构之一,而且将各级党校加以彻底改造,为党校建立了一整套全新的制度,开创了党校"官僚化、机关化的管理体制,贬低理论知识的反智主义倾向",甚至"动用政治保安力量开展思想斗争和组织整肃"的传统。[72]而在中共的革命取得胜利后,毛泽东和中共又将类似的体制推广到全中国,使之成为各类学校,尤其是高等学校管理体制的基础。

总之,正是通过延安整风运动,通过上述种种"又破又立"的一系列举措,毛泽东彻底地改造了延安的文学艺术界、新闻出版界、社会学界和学校教育系统,彻底地改造了上述领域的知识分子、文化人,从而得以全面地掌控舆论宣传工具和思想文化阵地,首先在党内的意识形态领域实现了他一统天下的"宏图伟业",同时也为将来在全中国建立"舆论一律"的新制度作了充分的准备。

### 1.3.3.5 "红色恐怖"风暴再起,"抢救运动"又酿万千冤假错案

如笔者在上文所述,苏维埃革命后期,在中共领导的苏区和红军内部,曾经在"肃反"和"除奸"的名义下,刮过一阵"红色恐怖"的大风暴,酿成了错杀十万以上中共党员、干部和红军官兵的惨剧。这个后来被称为"肃反扩大化"的严重错误,虽然在延安整风运动中曾被作为王明、博古等人推行"左"倾路线的表现受到过批判,但并没有被深究,中共也未能从中汲取教训。笔者以为,个中的主要原因显然与毛泽东有关。毛泽东本人就是当年江西苏区大打"AB"团的主要负责人,对错误的"肃反"运动负有重大责任,他虽然也以此批判王明、博古等人,自己却文过饰非,不愿为此承担责任,以免损害自己一贯正确的形象。更重要的是,毛泽东不仅不愿认错和从中汲取教训,反而对大搞"红色恐怖"之类的做法情有独钟。在他看来,这无疑是树立领导者的权威和整肃异己、部下的有效手段之一。它不仅是古今中外的统治者惯用的手段,也是所谓国际共产主义运动的领袖斯大林的拿手好戏,自然同样符合一心要在党内立威的毛泽东的需要。正因为如此,毛泽东虽然在整风中对王明、博古的其他错误大加挞伐,且所用的语言十分刻薄,却对包括江西苏区在内的所谓"肃反扩大化"错误很少提及,即便不得不说,也只是轻描淡写,一笔带过。由此也就不难理解,为何在号称要彻底纠正错误的"伟大的"整风运动中,毛泽东竟然故伎重演,以"审干""反特""除奸"为名,再一次大刮"红色恐怖"的风暴,搞了一个所谓的"抢救运动",又制造了数万冤假错案,重蹈了30年代苏区错误"肃反"的覆辙。

对于延安整风运动中所搞的"抢救运动",多年来毛泽东本人和中共官方一直讳莫如深,乃至成为当年的受害者长期不敢触及的禁区,使得普通的党员、干部,包括许多历史研究者都不了解事实真

相。直到毛泽东逝世，尤其是改革开放以后，经过许多老同志和史学工作者的不懈努力，过去长期被蓄意掩盖的大量事实才逐渐披露出来，使得世人对"抢救运动"的由来、发展过程、及其严重后果看得越来越清楚了。在铁的事实面前，今天的中共官方也不得不承认，延安整风运动中的"抢救运动"犯了"反特斗争严重扩大化的错误"，"教训是深刻的"。[73]尽管所谓"扩大化"的说法仍不乏文过饰非之意，但总算认了错。不过，也有人并不甘心，至今仍在以各种"理由"为延安整风和"抢救运动"辩护，称"抢救运动"与"延安整风运动"是两码事，不能混同；[74]或曰"抢救运动"只搞了十来天，只是延安整风运动中的一个小插曲；[75]或者将"抢救运动"完全归咎于党内的大野心家康生，有意或无意地为毛泽东减轻罪责，[76]如此等等。然而，墨写的谎言终究掩盖不了血写的事实，蓄意掩盖也好，千方百计为之辩护也好，在事实面前都只能是徒劳的。

事实上，"抢救运动"的发生绝非偶然，不仅与整个延安整风运动密切相关，而且是整风运动发展的必然结果，是由整风运动中所搞的自我反省、普遍的审干运动发展而来；而由审干到"除奸""反特"，更不是康生的发明，而是毛泽东开展整风运动全盘计划的重要组成部分。对此，已有许多当年的亲历者和史学研究者详细谈及，[77]限于篇幅，笔者只能择其要者予以说明。

如前所述，"除奸""反特"是由"整风""审干"发展而来，或如康生所说："整风必然转入审干，审干必然转入反奸（肃反）。"[78]这当然不是康生个人独有的想法，而是毛泽东等最高领导人的共同思路。为了确保党和革命队伍的纯洁性，中共从创立之日开始，就对考察、审查自己的党员、干部工作十分重视，不仅要对新加入者进行严格的审查，而且还在实际的斗争中对所有的党员、干部不断地反复地进行考察和审查。进入抗日战争时期后，党的组织发展得很快，新人越来越多，又有很多新老党员、干部，特别是知识分子、文化人来到延安，党组织对他们的审查更是严格，且从来没有中断过。不过，在延安整风以前，审干基本上都是按照既定的程序由组织部门正常地进行，并未搞过群众性的政治运动。至于"除奸""反特""肃反"之类的工作，中共更是从未懈怠过，甚至因为主持者的指导方针出现偏差，犯过苏区"肃反"那样的严重错误。尽管"审干"与"肃反"并非毫无联系，但毕竟性质不同；虽然在过去的审干中也会发现少数坏人，中共此前却从来没有将"审干"和"肃反"的运动完全绑在一起。然而，在延安整风开展的过程中，在搞了"上层革命"和全党的思想整顿之后，显然是为了施加更大的压力，进一步整肃广大的党员、干部和树立自己的绝对权威，毛泽东不仅又在所谓的"审干"问题上大做文章，开创了中共党内以群众运动的方式进行全面"审干"的先例，而且将"审干"与"除奸""反特"紧密地捆绑起来，将解决所谓的内部矛盾和敌我矛盾，亦即毛泽东所说解决"半条心"和"两条心"的问题完全混在一起进行，从而不可避免地产生了更为严重的后果。

  当然，从整风到审干，从审干到"除奸""反特"，并非一蹴而就，确有一个逐渐转换、不断深入的过程。1942年夏，即在全党整风的学习文件、自我反省阶段尚未结束之时，亦即1940年刚刚搞过审干仅仅一年之后，毛泽东就以王实味事件为由，在一次小范围的会议上强调，不仅要在整风的过程中再次进行大规模的"审干"，而且要通过审干发现托派、国特、日特三种坏人。同年10月，在西北局高干会议上，毛泽东又严厉地批评了所谓对敌特破坏麻木不仁的自由主义态度。[79] 11月，也是在这个会议上，毛泽东更加明确地提出，整风运动不仅要查清无产阶级与非无产阶级的"半条心"，而且要查清革命与反革命的"两条心"问题，[80] 从而实际上发出了将整风运动的重点转向"审干"和"反特"的指示。正是在上述背景下，时任中央总学委副主任和中央社会部部长的康生，不仅对毛泽东的指示心领神会，而且立即紧跟，通过"逼供信"，制造出来一个"反特"的标本案例——"张克勤反革命特务案"。该案的出笼，不仅使得整个延安感到震惊，也使毛泽东如获至宝，不仅更加相信自己的判断，即延安确实混进来了大批特务，为他进一步开展"审干""反特"提供了充足的"根据"，而且为他有意识地抓住"审干"和"反特"大做文章提供了必不可少的条件。至于张克勤是否真是特务，该案的可靠程度究竟如何，包括毛泽东在内，几乎没有谁提出任何质疑，甚至连认真考虑一下都没有必要。随后，通过最高领导层的舆论引导，如在报刊上有组织、有计划地发表文章，或召开群众大会，让张克勤在会上现身说法等等，"张克勤特务案"的效应被不断放大。与此同时，"审干"和"反特"也开始紧锣密鼓地开展起来。不过，从1942年年底到次年春，按照中共官方的说法，"这时的反特斗争还是秘密进行的，并且局限在少数机关和少数人中"。[81]

然而，毛泽东、康生等人似乎并不满足于以秘密手段进行"反特"斗争，他们的拿手好戏是开展公开的群众性运动。在解决所谓的"半条心"问题，亦即对党员、干部进行思想改造时，他们已经这样做了。因此，在毛泽东、康生等人看来，解决"两条心"问题，亦即"除奸""反特"，同样必须如此，只是因为他们感到，时机尚未成熟，才没有这样做而已。到了1943年春，时机终于成熟了。此时，毛泽东最重要的盟友刘少奇已经回到延安，中共中央最高领导层已成功改组，毛泽东已正式担任中央政治局主席和中央书记处主席，名副其实地成为中共的最高领袖，且获得了他梦寐以求的在中央核心层执掌"最后决定权"的绝对权力，在党内的地位更加巩固；再加上几个月来的"审干"和"反特"已取得很大"成果"，并积累了许多"经验"，进一步"证明"了毛泽东、康生等人对"敌情"的认识和采取的步骤完全"正确"，自然可以放手大干了。

1943年3月16日，毛泽东在政治局会议上再次提出，整风不仅要整小资产阶级思想，同时也要"整反革命"。他说，国民党对我党实行特务政策，过去我们招军、招生、招党，招了很多人，难于识别。3月20日，中央政治局再次召开会议，会议的重要内容之一，是由康生汇报"审干"和"反特"工作。他以"张克勤案"和其他已"破获"的案件为例，大肆宣扬国民党对中共实行的奸细政策，强调1943年必须将"审干""反特"作为重要的一项工作，要将延安的经验写成文件，通知全国。[82]康生的报告得到了毛泽东、刘少奇和政治局的认可、批准。正是按照康生的报告和政治局会议的精神，4月3日，中共中央发布了旨在进一步扩大"审干""反特"的《关于继续开展整风运动的决定》，又称第二个"四三决定"。该"决定"明确指出："自抗日民族统一战线成立与我党大量发展党员以来，日寇与国民党大规模地施行其特务政策，我党各地党政军民学机关中，已被他们打入大批内奸分子，其方法非常巧妙，其数量至足惊人。"该"决定"还明确规定，继续"整风的主要斗争目标，是纠正干部中的非无产阶级思想（封建阶级思想、资产阶级思想、小资产阶级思想）与肃清党内暗藏的反革命分子。前一种是革命队伍中无产阶级思想与非无产阶级思想的斗争，后一种是革命与反革命的斗争"。"整风运动既是纠正干部错误思想的最好方法，也是发现内奸与肃清内奸的最好方法"。在"审干"和"反特"斗争中，"对于个别顽固的典型错误分子，可以发动群众斗争，借以教育本人与教育群众，同时应开始着手选择确有证据的内奸分子，开展群众斗争，这对继续发现内奸与教育群众都有极大的作用"。[83] 4月28日，中央政治局又作出决定，在中央书记处下成立"反内奸斗争专门委员会"，由刘少奇担任主任，康生、彭真、高岗等为委员。

显然，从政治局会议的召开，到第二个"四三决定"的下达和中央"反内奸斗争专门委员会"的成立，毛泽东和中共中央在1943年春的这些重大举措，不仅实现了整风运动的重点由思想整肃到"审干"和"反特"斗争的转变，实现了"审干""反特"的方式由秘密和局部到公开开展群众运动和全面开花的转变，而且迅速将"除奸""反特"运动推向高潮。尽管此时尚无"抢救运动"这一名称，但实际上，所采取的做法与后来所说的"抢救运动"毫无二致。就在3月20日中央政治局会议开过仅仅十天之后，康生等人便以胡宗南的高级参谋胡公冕要来延安谈判，必须防止特务分子与之联络为由，下令于4月1日夜里统一行动，在延安突击逮捕了数百名所谓的"敌特嫌疑"。[84] 被捕者是否真是特务，证据是否充分，康生等人根本不在乎，只要他们认为有问题，"先抓起来再说"。紧接着，4月5日，毛泽东主持召开中央书记处会议，决定号召特务奸细分子坦白自首。很可能是为了贯彻书记处的这一决定，4月9日至12日，中共中央直属机关单位在延安连续召开了约2万多工作人员参加的群众大会。

每次大会上，都是先由已经悔过自新的"特务"张克勤或其他"特务"坦白交代，作出榜样，然后再由中央领导人作动员报告。在第一天的大会上，中央书记处书记任弼时就曾代表中央作了《特务活动与中央对特务的方针》的报告。他说："根据我们长期侦察的结果，根据改过自新分子的报告，根据这次检举中被捕人犯的供词，知道国民党和敌伪的特务机关都有着很庞大的计划，要打入我们抗日根据地的党政军民学当中进行暗害破坏的特务活动，特别是集中注意到陕甘宁边区进行活动。""今天召集这次会议，其目的就是宣布中央对那些误入歧途的青年所采取的方针。""对这些一时被骗的人们，只要他们今天向党忠诚坦白，改过自新，真心诚意地摆脱特务的圈套，我们党对于他过去一时的错误和因此所造成的一些罪恶，是应当加以原谅的。但是，如果当着党采取这样宽大的政策之下，还不愿坦白地说出来，那就是一种极大的罪恶，是一种自己绝灭的死路。"[85]除任弼时外，康生等人也先后在大会上作过《报告》。所有报告的主旨都是号召当了特务的人学习张克勤等人，向党坦白交代，并宣布，凡主动坦白者，党将免治其罪，反之，对那些顽固不化，死不坦白交代者，将严惩不贷。毛泽东、康生等人似乎以为，在党的如此宽大政策的感召下，"特务"分子们定会纷纷自首坦白，要求党予以宽大处理。

可是，事态的进一步发展似乎并不如毛泽东、康生想象得那么简单。尽管党的组织一再动员，反复号召"特务"们主动坦白，且采取各种方法揭露"特务"，也确实有很多人被打成"特务"或被迫承认自己是"特务"，但近三个月过去了，被"揪出"的"特务"并不多，真正自首坦白的"特务"则更少。到7月中旬为止，延安地区自首和被查出的"特务"仅450人左右，[86]与毛泽东、康生等人所预想的数目相差很大。问题到底出在哪里？如果能够实事求是，答案其实十分清楚。因为延安根本没有那么多所谓的"特务"。虽然不能说一个"特务"都没有，却可以肯定实际情况绝非毛泽东、康生等人所估计的那样：所谓大批特务已经混入了延安。再说，如果某人真是特务，要将其查出，必须做大量细致的调查工作，获得足够的证据，这并不是搞运动能够做到的,而寄希望于真特务主动自首坦白,则更是幻想。至于根本不是特务的绝大多数人,当然不存在什么坦白不坦白的问题,非要他们坦白,承认自己是"特务",则所谓的"坦白"必然是假的。事实上,即使此前已经查出和自首的450多名"特务",其中绝大多数也是"逼供信"的产物,是"假坦白",如张克勤那样,并不是真正的特务。

然而,面对几个月来"反特""成效"不大的事实,毛泽东、康生等人的看法却完全相反。他们不但不反省自己对敌情的估计是否正确,反而继续坚持所谓"延安特务如麻"的错误观点,认为这是因为"特务"们顽固抗拒的表现。既然如此,在毛泽东、康生看来,唯一的办法就是施加更大的压力,迫使"特务"们就范。于是,中央直属机关于7月15日再次召开加紧进行反特动员大会,由具有"魔鬼"形象的康生出面,在大会上作《抢救失足者》的报告。他在该报告中强调,清除内奸已是党的急不可缓的任务,必须立即开展一个所谓的"抢救失足者"运动。他把当了特务的人称为"失足者",并且明确地说:还有一些失足的人至今没有向党坦白。现在是军事时期,时间是紧迫的,他们要在这紧迫的时间中挽救自己,而共产党员们也要在这短促的时间内抢救他们。康生还在继续号召未坦白者赶快坦白的同时,杀气腾腾地警告所谓的失足者:如果仍不坦白,将予以严厉镇压。他说,我们号召"未坦白的人赶快坦白,不要放松一秒钟的时间,失掉了这个最可宝贵的时机,将永远陷于万劫不复的境地,已经坦白而未彻底的人们,要重新反省,彻底地迅速地向党交代自己的问题","就在此地就下决心,在这里或者回去立刻坦白自己的问题"。"为了挽救失足青年,我们有菩萨的心肠,但为了镇压特务,我们又有钢铁的意志,如果他们绝对坚决,不愿改悔,甘为敌人第五纵队服务,那我们必须以严厉办法坚决镇压之"。[87]可见,这是一个软硬兼施,而以强硬为主的报告,预示着一场更大的风暴将要降临。也正是因为这个报告,延安整风中的"审干"和"反特"运动有了一个新的更具特色的名称,即"抢救运动"。不过,新的名称并没有改变整个运动的实质,在实质性的问题上,此前和此后是完全一致的，如果说有什么不同的话，只是有了"抢救运动"的新名称之后，"审干"和"反特"所采取的做法更加荒唐，所使用的手段更加惨烈而已。

果然，自从提出开展"抢救运动"的号召以后，"审干"，尤其是"除奸""反特"运动便迅速升温，"红色恐怖"的风暴也刮得越来越猛烈，被"抢救"的"特务"则越来越多，从而一度在延安和各个抗日根据地造成了人人自危，惶惶不可终日的肃杀氛围。

受到"抢救"而被"制造"成"特务"的，来自各个机关、学校和其他单位。不过，各人之所以被"抢救"的具体原因却并不完全相同。如果稍加分析，则大致上可分为以下几类：

一是通过"审干"被"挖"出来的。按照毛泽东、康生等人以党组织的名义发出的要求，在"审干"的过程中，每个党员、干部不仅都要写详细的自传，彻底地向党交代自己的历史，而且自传不止写一次，必须反复地写。而党组织则通过审查每个人的自传，尤其是在不同时间、场合所写的不同"版本"的自传发现问题，寻找漏洞和自相矛盾的地方。众所周知，由于自传所涉及的都是过去的事，时过境迁，各人的记忆能力也不一样，记不清楚或遗忘的情况在所难免，甚至也不排除少数人虽然并不是坏人，却因为各种顾虑隐瞒了自己历史上的某些经历。特别是对那些个人经历比较复杂的党员、干部，要求他们一字不漏地把自己的个人历史完全说清楚，并不是一件容易的事情，故他们在写自传的过程中难免会出现很多问题。而狡猾的康生正是看准了这一点，故而在写自传这件事上大做文章。一旦发现某人的自传有漏洞，有自相矛盾或无法自圆其说的地方，甚至只是一点蛛丝马迹，则立即抓住不放，穷追不休。至于追查的方法也很多，或由负责专门审查的人进行追问，或开小组会、大组会乃至许多人参加的群众大会，由其他群众予以追问，辅助以批判和斗争；问题"严重"的则干脆抓起来，直接由保安人员刑讯等等，总之，直到被追问、被审查者或招供，承认自己是"特务"，且交代出同犯、共犯，或完全说清楚被怀疑的疑点为止。不过，这后一种情况很少，被怀疑的大多数人都无法说得清楚，最终只能在刑讯逼供面前，被迫承认自己是"特务"。可以说,这样被打成的"特务"占有相当大的比例。

二是被别人"揭发",而又无法证明自己清白的。从"审干""反特"一开始,党就号召大家互相批评、互相揭发。为了表示自己的态度积极,很多人便开始揭发别人。然而,绝大多数的所谓"揭发"并无充分的事实根据,或根据道听途说,或只是个人的主观臆测,甚至完全是捕风捉影。但按照毛泽东、康生等人当时的逻辑,即"宁可信其有,不可信其无",凡被别人"揭发"者,自然一个也不能放过,最终都被打成了"特务",如著名的"特务"典型张克勤,就是如此,几乎无人能够幸免。

三是被已经打成的"特务"作为"同伙""共犯"被迫供出的。凡是承认自己是"特务"者,都不可能就此了事,自然都要交代"同案犯",否则还是过不了关。于是,他们只好乱咬,咬到谁,谁就跟着倒霉,成为被"抢救"的对象。如果此人顶不住酷刑,只能继续招供,继续咬别人。如此循环往复,被咬的人就像滚雪球一样,越滚越大,越滚越多。这一幕早在苏区"肃反"时就出现过,此时又在延安重演。

在延安的"抢救运动"中,通过上述三种途径"抓出"的"特务""内奸",无疑最多,占了绝大多数。此外,还有一些人被打成"特务",则更为离奇,他们的人数虽然不多,却也值得一提。例如,有人是通过所谓的"民主方式"和"引蛇出洞"被钓出来的。为了暴露党员、干部的真实思想,党组织曾号召大家大胆说话,大胆批评领导机关和领导人的所谓错误,然后抓住批评者说过的某些话,斥之为"恶毒攻击","反动言论",予以批判和"抢救"。不过,与后来中共在全国所发动的"整风反右"运动相比,延安时期搞的"引蛇出洞"只是小试牛刀而已。又如,因为上面规定了各个单位打"特务"必须达到一定的数量指标,该单位只好动员一些根本没有任何问题的人来充数;更让人哭笑不得的是,因为上面号召坦白,又说"坦白光荣",且规定主动坦白交代的"特务"还可以得到奖励,戴大红花,吃好东西,有些人仅仅为了得到奖励,竟然也会自编一套当"特务"的故事,主动"坦白"。如此离奇的事情,今天的人们听了肯定不会相信自己的耳朵，或者以为是在看电视台上演的搞笑节目呢，但在当年的延安，这却是活生生的事实。

当然，尽管上述搞笑的事情确实存在，但毕竟只是一种表面现象，或者说只是运动中的插曲，而大量的事实却是血淋淋的，充满了血腥味。对绝大多数并非特务，却被"抢救"，被打成"特务"的人来说，都不是随随便便就"坦白"，就心甘情愿地承认自己是"特务"的，而是因为"逼供"，因为熬不过酷刑而被迫"招供"的。至于"逼供"的手段，则更是五花八门。通过各种会议，对被"抢救"者施加群众压力，这是最轻的。对那些所谓比较重要的"嫌犯"，"伺候"他们的则是各种刑罚。据很多受害者回忆和历史研究者的概括，如对被"抢救"者使用"疲劳战""车轮战"；或"捆绑吊打"，打人的方法则包括使用"老虎凳"、绑在十字架上用鞭子抽打；或"饿饭"，即不给饭吃；或搞"假枪毙"等等，总之，是通过对人的肉体折磨、摧残，摧毁其精神和意志，迫使被"抢救"者招供。只是由于当时使用的各种刑罚实在太过残忍，笔者于心不忍，不愿过多地描述，并非如中共官方那样，故意隐瞒事实。不过，许多亲历者对此都有回忆，需要了解的读者可以从中看到详细的情况。如当时名义上担任"抗日军政大学"校长，却并无实权的徐向前就曾描述过"抗大"开展"抢救"运动的情景："此后两个月的时间里，抗大整风被弄得一塌糊涂。名堂多得很，什么'即席坦白''示范坦白''集体劝说''五分钟劝说''个别谈话''大会报告''抓水萝卜'（外红内白），应有尽有。更可笑的是所谓'照相'。开大会时，他们把人一批批地叫到台上站立，让大家给他们'照相'。如果面不改色，便证明没有问题；否则即是嫌疑分子，审查对象。他们大搞'逼供信''车轮战'……真是骇人听闻。"[88]徐向前所说的"他们"，指的当然是毛泽东、康生派到"抗大"主持"抢救运动"的工作组。

正是通过包括各种肉刑在内的五花八门的暴力手段，大批大批的"特务""反革命"被制造出来，其效率之高，可谓前所未有。仅仅两三个月，在总共只有四万多党员、干部的延安，就有大约一万五千人被打成"特务""内奸"等各种"反革命分子"，或"反革命"的嫌疑分子，有的单位清出的"特务"甚至达到其人员的一半以上，如西北公学390人中坦白分子就达208人。[89]由于这方面的事例和材料很多，限于篇幅，笔者不能详细罗列。"抢救"出来的"特务"大多数是知识分子、文化人，特别是抗战后从全国各地来到延安的。这是因为，来自国民党统治区的知识分子、文化人，他们的经历相比于长期战斗在军队里的干部，一般都比较复杂，他们的思想也不像工农分子那么单纯，再加上毛泽东、康生和党的组织对他们本来就不大信任，他们理所当然地成为"审干"和"反特"的重点对象和"特务""反革命"分子的主要来源。此外，在被打成"特务""反革命"，或因"嫌疑"而被"抢救"的人中，既有中下层的党员、干部，也不乏党内的高层人物，如中共执政后担任过封疆大吏，无人不知的柯庆施、陶铸等。如若将有名有姓的受害者名单详细列出，无疑又将是一大串，还有很多人则连姓名都搞不清楚了。

实际上，延安的受害者也只是整个运动中被"抢救"之人的一部分。在运动的高潮时期，按照中共中央的统一部署，中共领导的各个抗日根据地也开展了以"审干""反特"为主要内容的"抢救运动"，如晋察冀、晋绥、太行、华中等根据地都先后大刮过"抢救"风暴，也有大批党员、干部被"抢救"，被打成"特务""反革命"分子。只是因为中共官方多年来对此讳莫如深，各地究竟有多少人受害，至今无法获得一个准确的数字，人们只能从亲历者的回忆中了解其冰山一角，至于受害者的总数，估计不会少于万人。在所有的根据地中，只有以罗荣桓为首的山东分局领导的山东根据地抵制了延安的指示，没有进行大规模的"抢救运动"，而采用比较灵活的方法处理了整风、审干中出现的一些问题。[90]毫无疑问，这在当时是很了不起的。不过，在整个整风运动中，罗荣桓的做法毕竟只是凤毛麟角。罗荣桓之所以能如此，一方面是因为他认真地吸收了苏区"肃反"和抗战时期山东湖西地区"肃托"的深刻教训，另一方面也同他与毛泽东的特殊关系不无联系。

综上所述，到1943年底为止，延安和各个抗日根据地被"抢救"，被打成"特务"和"反革命"分子，或因为实在找不到"证据"而无法"确定"的"嫌疑"分子,已达到数万人。尽管我们不能肯定其中没有一个真正的"特务"分子,但毫无疑问,基本上都是冤假错案,这已为后来的事实所证明。

　　延安整风中的"抢救运动"一直持续到1943年底。由于事态的发展越来越显得荒唐,不仅党内的质疑声日趋强烈,甚至连莫斯科也不得不以一种特殊的方式加以干预;[9]更重要的是毛泽东认为以暴力方式慑服全党的目的已经达到,才决定完全停止"抢救运动",并承认运动发生了偏差,很多被"抢救",或"坦白"的人并非"特务"。接着,毛泽东和中共中央又不得不下令进行"甄别",要求对搞错的人予以"改正"。尽管事实上几乎所有的案子都是错案,但所谓的"甄别"工作却进展缓慢,既不像搞"抢救"时那样雷厉风行,也不那么"干脆利落",从1944年初开始,拖泥带水地搞了一年多,直到抗日战争结束,仍未搞完。虽然确有很多人得到"甄别",被还其好人的真面目,但也有一部分人虽然不再被定为"坏人",却在他们的结论中留有各种政治问题的尾巴,或以一时无法查清为由,不给他们作明确结论,即把他们"挂起来"。只是因为中共抗战胜利后急需大批干部,毛泽东才以所谓由实际斗争去考验干部为由,把未能明确作出组织结论的干部放出去。即便如此,仍有一些人被认为是问题最严重的,如王实味等一百多人,继续被关押。而实践也确实证明了,所有在延安尚未正式解除各种"嫌疑"者,被放出去以后,在实际斗争中都表现得很好,后来都获得了党组织的"信任"。不过,这种"信任"也是"暂时"的。在后来一次又一次的政治运动中,那些在延安时期没有明确解除"嫌疑"的干部,仍然逃脱不了再次,甚至多次被审查,被打击的命运。这当然是后话。

　　尽管毛泽东最终停止了所谓的"抢救运动",并承认运动中出了偏差,下令进行"甄别",甚至他还代表中共中央在干部群众大会上公开向被冤枉者"道歉",但他并没有承认以"反特"为主要内容的"抢救运动"是完全错误的,而只是轻描淡写地认为运动出了点"扩大化"的毛病,说什么运动的本意是要为同志们洗澡,却不料灰猛氧放多了些,伤了同志们娇嫩的皮肤等等。更重要的是,毛泽东并不承认他自己应当为发生的错误负主要责任。而且长期以来，甚至直到今天，中共官方，包括那些坚持官方观点的学者们，一直在为毛泽东掩饰，一方面尽可能地淡化"抢救运动"错误的严重性，另一方面则把错误的主要责任推给康生，而把所谓"纠正"错误的"功劳"归诸毛泽东。为此，笔者不得不多花一点笔墨，就若干重要之点谈谈自己的看法。

第一，笔者认为，事实已经充分证明，延安整风运动中所搞的，由大规模的"审干""反特"发展到所谓的"抢救运动"是完全错误的，决不只是什么"扩大化"问题。或者换句话说，应当彻底否定。

必须指出，此处笔者所说的"审干""反特"并不是按照正常的程序和方法所进行的审干和除奸、反特。因为正常的审干、反特对于纯洁自己的队伍，粉碎敌人的破坏阴谋都有必要，当然无可非议。然而，延安整风中从 1942 年底到 1943 年底进行的"审干""反特"，乃至"抢救运动"，无论是前提条件，还是采用的方法及其产生的严重后果，都是极不正常的，错误的，危害极大的。首先，毛泽东、康生和中共中央之所以要搞大规模的审干、反特，其公开的理由是大批的国民党特务和日本特务，已经混进了延安和各个抗日根据地。且不论毛泽东、康生等人如此严重地高估和宣扬敌情的真实动机，事实已经证明，这种说法完全是荒唐的。尽管国民党也好，日本人也好，确有派遣特务到延安等地的企图和计划，但由于中共始终防范严密，国民党和日本人的阴谋都惨遭破产。虽有少数特务一度混入了延安和根据地，但都无法长期立足，很快就被中共的保安机关破获。正因为国民党打入延安中共内部且成功地潜伏下来的特务几乎没有，故蒋介石和他的情报机关总是哀叹，无法搞到中共的确切情报。[92] 后来，尽管毛泽东仍然不愿完全否定所谓的"审干""反特"和"抢救运动"，但他也不得不承认：反特"应该是少而精，因为特务本来是少少的，方法应该是精精的而不是粗粗的，但我们搞的却是多而粗，错误就是在这个地方"。"所以关于特务，从前的估计是'瞎子摸鱼'，究竟有多少并不知道，现在知道了只是极少数"。[93]

可见，即使不搞大规模的审干和反特，延安和各个根据地的安全也不会有什么大问题，或者说，当时就根本没有必要搞什么大规模的审干、反特和"抢救运动"。而通过"审干""反特""抢救运动"搞出来的所谓特务，包括著名的王实味、张克勤等等，实际上也没有一个是国民党和日本人派遣进来的真特务。既然运动的前提条件完全错了，运动本身自然也就毫无正确可言。其次，毛泽东、康生等人将群众运动的方式引入审干、反特之中，把一个需要做细致工作，需要谨慎又谨慎的事情，以大轰大嗡的方式大张旗鼓地进行，甚至肆无忌惮地采取酷刑，大搞"逼供信"，其做法之荒唐，则更是无法让人认同。明知被"抢救"的"嫌疑犯"已经达到整个革命队伍总人数的三分之一以上，肯定不会有那么多的"特务"，即便有"少数人"是真的特务，却为了挖出这"少数人"，而对多数人，即自己的同志使用惨无人道的酷刑，这是无论如何都说不过去的。再次，就开展大规模的"审干""反特"和"抢救运动"的危害而言，无疑也是十分严重的，不仅大大伤害了自己的同志，酿成了数万冤假错案，而且影响深远。可以说，此举除了对毛泽东个人有一定的好处，对整个中共及其革命事业没有一点积极作用。如果说毛泽东发动延安整风，大搞所谓的"路线斗争""思想革命"，尽管动机同样不纯，危害也不小，但在客观上，毕竟还起了纠正以往的错误，使党的队伍达到某种"团结"，从而为中共成功地夺取全国的政权发挥了一定的作用。然而，所谓的审干、反特和"抢救运动"却是任何积极的作用都说不上。总之，延安时期所搞的"审干""反特"和"抢救运动"与30年代苏区的"肃反"，也与60年代"文革"一样，都必须彻底否定。从某种意义上说，它既是苏区"肃反"的继续，又是"文革"的预演。

第二，笔者认为，毛泽东不仅应当为错误的"审干""反特"和"抢救运动"负主要责任，而且是这场运动不折不扣的"主谋"，康生则是毛泽东的忠实"打手"，而其他许多高层领导人的责任虽然各不相同，却也难辞其咎。

如上所述，发动大规模的"审干""反特"乃至"抢救运动"

完全是毛泽东精心策划的部署。他曾多次发表讲话,发出指示,多次危言耸听地谈及国民党和日本特务已经大批打入延安,从而要求将整风运动深入下去,既解决所谓"半条心",也要解决"两条心"的问题,要把大批特务挖出来。正是根据毛泽东的指示,康生才胆大妄为,以"逼供信"的手段制造出了张克勤和所谓"红旗党"那样的典型。而由秘密的"审干""反特"发展到公开的群众运动,发展为所谓的"抢救运动",起了关键作用的"四三决定"也是根据毛泽东主持召开的政治局会议的精神,由毛泽东亲自主持制定的;乃至所谓的"失足者"等等名称概念也非康生的独特发明,毛泽东在所谓的"九条方针"也同样如此说,虽然所用的是"争取失足者"这样的话,但明眼人一看便知,"争取"和"抢救"在实质上并无多大区别。为毛泽东辩护者总是强调说,在审干、反特和"抢救运动"中,毛泽东曾及时地提出了"九条方针",阐明了党的正确路线,后来又先后提出要"少捉不杀",或"少捉少杀",或"一个不杀,大部不抓"的方针,只是因为康生不听,才造成了不幸,如此等等。其实,仔细地研究一下所谓的"九条方针",便不难发现,除了有上述"争取失足者"那样的话,毛泽东还强调所谓的"领导骨干与广大群众相结合",这充分表明,搞群众性的"审干""反特"和"抢救运动",把群众发动起来互相斗来斗去,正是毛泽东的主张和发明,这又有什么正确可言?此外,在说了一些冠冕堂皇的话之后,毛泽东也曾把"逼供信"作为主观主义的错误方针予以批判,[94]但它并没有能够真正纠正当时已经十分严重的"逼供信"。官方和一些学者将此归咎于康生的"抵制",其实,康生并无抵制、违背毛泽东指示的胆量,问题仍然出在毛泽东的身上。他虽然表示反对搞"逼供信",却对实际上早已存在的"逼供信"熟视无睹,所谓的批评既不严厉,也没有采取任何切实的措施去制止,态度极为暧昧。康生心领神会,继续我行我素。对此,毛泽东不仅当时未说什么,事后亦从未斥责过康生。毛泽东一言九鼎,如果他要动真格的,不可能解决不了。后来,当他意识到自己的目的已经达到,运动再继续搞下去,可能走向他的愿望的反面,不得不下令停止"抢救运动"。果然,毛泽东一旦下了决心，运动很快便就此结束。可见，人们怀疑毛泽东是嘴上一套，心里一套，嘴上反对"逼供信"，骨子里却在纵容康生，这并非空穴来风。

当然，实事求是地说，在开展"抢救运动"的过程中，毛泽东也不是一无是处。他后来强调的"一个不杀，大部不抓"，确实是他接受了苏区"肃反"的教训后，所提出的相对正确的一条方针。毛泽东显然意识到，抗日时期的形势已与当年内战时期不同，如果再大开杀戒，不仅将大大损害中共的形象，也会损害他的"宏图大业"，其结果只能让国民党和日本人拍手称快。再说，毛泽东使用暴力整肃内部，目的并不是消灭异己者的肉体，而是为了迫使其完全慑服、就范，最终能为自己所用。尽管毛泽东这样做，也不无私心，但对所谓的"特务"不杀少抓，毕竟是一种进步，避免了万千人头落地的大悲剧。不过，也不能把它吹得天花乱坠，这样的进步毕竟有限，既不能减轻毛泽东错误地发动"抢救运动"，酿成数万冤假错案的罪责，更不能掩盖运动中许许多多悲惨的事实。虽然在运动中保安部门并没有直接杀人，但由于不堪肉体和精神摧残，却有很多人被迫自杀。"抢救运动"期间，到底有多少人自杀，迄今尚无比较准确的数字。有材料称，仅延安地区自杀者就有五、六十人。[95]笔者估计，实际人数显然要高出很多，如果再加上其他根据地自杀的人，恐怕更多。此外，运动后期未被"甄别""平反"的"特务""反革命"，如王实味等一百多人，不仅仍然被关押，且在后来的内战中，中共中央被迫撤出延安后全部被处死。至于所谓的"大部不抓"，同样也有猫腻。仅延安地区被打成的"特务"就有一万五千多人，虽然只抓了一小部分，也有数千人。据说，当时中共中央社会部和边区保安处挖了许多新窑洞，充作监狱和拘留所，却仍然不够用，可见被抓者人满为患的程度。[96]大部分的"特务"虽然没有被捕，只是交给所在单位监管，但同样失去了自由，日子也并不好过，和二十多年后"文革"时期被"群众专政"，关进所谓的"牛棚"差不多。事实如此，足见所谓的"一个不杀，大部不抓"相比于苏区"肃反"虽有进步，却也不值得吹嘘。

为了给毛泽东辩解，官方和一些学者虽然不得不承认毛泽东也有责任，却又说他只是犯了主观主义的错误，即将敌情估计得过于严重，是所谓的认识问题。敌情被夸大，这是事实。也不能不说，这是毛泽东和中共中央作出错误决策的原因之一，但问题似乎并不那么简单。从苏区红军时期开始，毛泽东虽然一贯将敌情估计得过于严重，但他如此"英明"，决不可能真正相信延安三分之一的党员、干部都是特务，不可能真正相信延安已是"特务如麻"的荒唐说法。因此，毛泽东显然有自己的算计，即故意利用所谓的"特务"问题大做文章，以暴力手段震慑全党，通过大刮"红色风暴"为自己立威。否则，就很难解释毛泽东的所作所为。笔者如此说，决不是捕风捉影。从毛泽东在江西时期打所谓的"AB团"，到延安整风中发动"抢救运动"，再到中共掌握全国政权后所搞的一次又一次政治运动，直到最后的"文革"，毛泽东都是这样做的。中共官方置如此之多的历史事实而不顾，执意为毛泽东辩护，实在难以令人信服。总之，认定毛泽东必须负发动"抢救运动"最主要的责任，乃至给他戴上一顶"主谋"的帽子，是完全符合历史事实的。

至于康生，自然脱不了干系。他在"抢救运动"中的罪恶，人们已经揭露得很多，[97]无需笔者多费口舌。世人皆称其为"恶魔"，这并不为过。然而即便如此，也不能把他当作毛泽东的"替罪羊"，由他代替毛泽东承担罪责。康生虽然作恶多端，但他充其量只是毛泽东青睐的"打手"，说得刻薄一点，只是毛泽东的一条"狗"而已。他虽然也有自己不可告人的险恶居心，但他毕竟不是"首恶"，只能依仗毛泽东的权势作恶。顺便说一句，康生后来在"文革"中所作所为也是如此，简直就是延安时期的"老戏重演"。

除了毛泽东、康生，中共党内的其他高级领导人也难辞其咎。已经名正言顺地担任第二把手的刘少奇，对如此荒唐的事不仅从未提出过异议，而且在"抢救运动"开始转入高潮时担任中央"反内奸斗争专门委员会"主任，参与了运动的领导和指挥工作。他虽然没有像康生那样，亲上第一线抓"特务"，但康生等人所做的那些事，不仅获得了毛泽东的批准，无疑也为刘少奇所默许。因此，称刘少奇在

"抢救运动"中起了"为虎作伥"的作用，比较符合事实。其他如任弼时、李富春、彭真、高岗等人，地位虽不及刘少奇，但他们同样受到毛泽东的青睐，所起的作用也和刘少奇差不多。正是在他们的支持和配合下，甚至是积极参与下，毛泽东、康生才得以畅通无阻地胡作非为。此外，还有另一类领导人，如周恩来、张闻天、博古等，因为他们是整风中被整的主要对象，处境困难，没有太多的发言权，可以理解，但严格地讲，也不是毫无作为的余地。可是，周恩来等人虽然努力为一些受到诬陷的干部写材料，以证明他们的清白，却未能正面向毛泽东提出不同意见，不敢触动毛泽东的淫威，显然存有明哲保身的私心，因而客观上助长了毛泽东、康生等人的气焰，也不能说毫无责任。这也从另一方面说明了，此时中共党内毛泽东的专制独裁地位已经确立，党内的民主制度也已到了荡然无存的边缘了。

第三，笔者以为，延安整风从大规模的"审干""反特"发展到"抢救运动"，不仅在当时残酷地打击了广大的党员、干部，大伤了中共的元气，进一步破坏了党内的民主，强化了毛泽东的专制独裁，毫无积极作用可言，而且产生了深远的恶劣影响。

从许多当年受害者不堪的回忆中，人们已经清楚地看到了"抢救运动"给他们带来的巨大创伤，看到了对于"抢救运动"几乎一致的谴责。不过，这样的批判大多还停留在就事论事的层面上，很少涉及它的深远影响。但笔者认为，"抢救运动"最大的危害，恰恰就体现在它的历史影响方面。尽管将暴力引入内部斗争，大刮所谓的红色恐怖风暴，并非起始于延安整风，也不是中共的独特发明，但在延安整风中毛泽东以斯大林为师，将苏区"肃反"的故伎重演，仍不乏特殊的意义。一方面，由于延安整风是毛泽东正式确立其专制独裁地位的关键一环，毛泽东从所谓的整风，尤其是从"抢救运动"的暴力整肃中尝到了甜头，自然越来越青睐此类手段，甚至将其当作"治党""治国"的法宝，再也不愿舍弃。在中共夺取全国政权之后，毛泽东就曾一次又一次使用类似的暴力手段对付党内的党员、干部，对付全国的民众。及至到了所谓的"文革"时期，毛泽东更将其发展到"史无前例"的"极端"。另一方面，更为糟糕的是，也正是通过延安整风和"抢救运动",对于将暴力引入内部斗争的做法,即不是用暴力对付敌对阵营,而是对付权势者任意宣布的内部"敌人",从上到下,绝大多数党员、干部也由起初的不满到逐步习惯,乃至积极参与其中,最终在毛泽东和中共中央的宣传和"引导"下,不以为非,反以为是。于是,一种强大的历史"惯性",一种不成文的"制度"逐渐形成了,最终的结果是,不仅谁也无法扭转其发展趋势,谁也无法改变这样的制度,而且无论是曾经的"为虎作伥"者,还是因慑于毛泽东的淫威而随波逐流者;无论是整人者,还是被整者;也无论是作恶者,还是受害者,除了毛泽东本人和极少数幸运儿,统统都被卷入由此形成的"漩涡"之中,谁也无法逃脱由毛泽东设计,而自己曾参与编织的罗网。此后的历史已充分表明,这才是延安整风和所谓的"抢救运动"最大、最可怕的危害所在。

### 1.3.3.6 "红太阳"的升起和中共彻底毛泽东化的实现

如前所述,毛泽东发动延安整风运动的根本目的,是为了牢固地确立他自己在中共党内的绝对权威,是为了按照他自己的思想、意志彻底地改造整个中共,最终实现他夺取全国政权,改造全中国的"宏图大业"。尽管夺取全国政权和改造全中国还是以后的事,还需要继续努力,但确实,毛泽东前一部分的目的完全达到了,并且为后一部分目标的实现创造了条件。

从遵义会议到中共六届六中全会,经过他自身的努力和莫斯科的支持,毛泽东已基本确立了他在中共党内最高领导人的地位。平心而论,此时他的成功主要靠的还是他的"政绩",而非"权谋"。也就是说,由于中共的斗争实践证明了,相比于此前的其他领导者,毛泽东的路线和政策确实比较正确,对中共的革命事业更有利,从而得到了党内大多数高级领导人的认同。不过,作为全党实际上的最高领导人,毛泽东同党内历届领袖人物一样,都只是中共领袖集团中比较突出的一员而已,并未成为一言九鼎的绝对权威,并未获得如同列宁、斯大林在苏联共产党内那样的地位,或者用当时一些人的话来说,中共党内还没有出现,也不可能出现列宁、斯大林那样的"伟人"，毛泽东当然还不是中共的列宁、斯大林。无论是在高层，还是中下层，人们虽然尊崇毛泽东，却还没有什么人刻意地吹捧他，将其神化。诚然，六届六中全会之后，情况便逐渐开始发生变化，对毛泽东的"个人崇拜"之风逐渐滋长起来，不仅报刊上称呼毛泽东为"领袖""导师"的宣传文章多了起来，而且已有其他领导人在集会上呼喊"毛泽东同志万岁"的口号。然而，既便如此，似乎还不能说"神化"之风已经十分普遍，"万岁"之词也并非毛泽东所专有，朱德总司令等人也曾一度"享受"过"万岁"的待遇；在一些重要的场合和会议上，虽然挂有马、恩、列、斯、毛的肖像，但同时也挂有朱德、王明、周恩来、张闻天等中共其他领导人的肖像。[98]可以说，毛泽东此时仍然没有成为人们心目中的列宁或斯大林。此外，尽管此时也已有人开始宣传、鼓吹毛泽东在理论方面的贡献，出现了"毛泽东的思想"和"毛泽东主义"一类的提法，但可能是因为各种原因而没有得到毛泽东本人的认可，后来并没有流传开来。

真正的改变发生在延安整风开始之后。从1941年5月毛泽东作《改造我们的学习》的报告，接着于9月召开政治局扩大会议，讨论过去的路线问题，进行"上层革命"，整风运动正式拉开了序幕。由于毛泽东在整风的过程中采取了一系列违背民主原则的做法，施展了各种权谋，如垄断党的历史文献的编辑权，按照自己的需要任意对文献材料进行取舍；故意夸大历史上一些领导者所犯的错误，以不正当的手段打击历史上曾与他意见不同，或者反对过他的人，同时突显他自己的正确，甚至一贯正确等等，从而促使越来越多的人开始吹捧毛泽东，神化毛泽东，掀起了一阵又一阵后来被称为"个人崇拜"的浪潮。尤其是在1943年3月中共中央政治局会议召开，毛泽东成为党内名副其实的最高领导人，且获得了在党内最高核心层的"最后决定权"之后，首先从高层开始，人们更是争先恐后地采用各种语言，从各个方面颂扬他。

颂扬者大致可分为两类，一类本来就是毛泽东的同盟者或亲信，如刘少奇、康生等，他们的刻意吹捧自然并不令人奇怪；另一类则主要是已被批判或正在受到批判，即所谓犯了严重错误而被毛泽东整肃的,如王明、博古、张闻天、王稼祥、周恩来等。他们同样不遗余力地颂扬毛泽东,这似乎难以理解,其实也完全符合逻辑。不管他们是否出于真心,只要他们承认自己过去确实犯了严重错误,并且进行检讨,他们同时就不得不承认毛泽东的正确,不得不赞颂毛泽东。从某种意义上讲,在颂扬毛泽东的问题上,被批判犯了错误的甚至比毛泽东的同盟者和亲信们更为积极、主动。如今人们几乎都公认,1943年7月,正是王稼祥率先提出,并得到毛泽东本人首肯,后来成为经典的"毛泽东思想"的概念,从而实际上将其与马克思主义、列宁主义或列宁——斯大林主义并提。接着,同年8月2日,刚刚从重庆回来,准备接受批判的周恩来又《在延安欢迎会上的演说》中,引人注目地对毛泽东大加赞扬:"我们党在这三年中做了比过去二十年还要伟大,还有更多成就的工作","这是全党团结在毛泽东同志领导之下得到的"。他还慷慨激昂地说:"没有比这三年来事变的发展再明白的了,过去一切反对过、怀疑过毛泽东同志领导或其意见的人,现在彻头彻尾的证明其为错误了。我们党二十三年的历史,证明只有毛泽东同志的意见是贯穿着整个历史时期,发展成为一条马列主义中国化,也就是中国共产主义的路线。毛泽东同志的方向,就是中国共产党的方向,毛泽东同志的路线,就是中国的布尔什维克的路线。"[99]由于过去周恩来在党内的地位和威望,都是当时健在的其他领导人所无法相比的,因此他说这番话的分量自然也就与众不同。此外,军队中的一些高级将领们,如朱德、彭德怀、陈毅等也纷纷著文,歌颂毛泽东和他的思想、理论、路线、政策,一些在党内堪称德高望重的老同志,如徐特立、吴玉章等亦发表文章赞颂毛泽东。至于在延安从事理论工作的知识分子、文化人,如艾思奇等,则更是责无旁贷,不遗余力地宣传、阐述毛泽东及其思想的伟大和正确。"伟大的领袖""英明的领袖""伟大的革命家""伟大的理论家""中国革命的舵手""中国人民的救星""中华民族历史上空前的杰出人物"等等,各种吹捧、溢美之词,凡是能想到的,几乎都被用来歌颂毛泽东和他的思想、理论。尽管因为碍于莫斯科的反应,毛泽东还不好意思将自己比作中国的列宁、斯大林,但在中共党内,此类提法实际上也已呼之欲出了。张闻天就已明确地说："我想,我们必须最后抛弃这样一种错误观点,以为中国不能产生马克思与列宁这类伟大人物与马克思主义这类伟大的思想。"[100] 他虽然没有明指毛泽东就是这类伟大人物,毛泽东思想就是这类伟大思想,但个中的含义谁都明白。而吴玉章则比张闻天说得更明白,他首先欢呼中共有了毛泽东这样的新领袖,然后写道："我党得此领袖,也同联共有斯大林同志一样,有了高明的舵师,革命一定会胜利的。"[101]

在中共的高层领导人和理论家们纷纷鼓吹、神化毛泽东及其思想的同时,在受到中共教育与宣传影响的陕甘宁边区的民众中,似乎也掀起了歌颂毛泽东和共产党的热潮。陕北佳县名歌手李有源以当地的民歌调首先唱出了一首名为《东方红》的歌,歌中把毛泽东和共产党比作"红太阳"和"人民的大救星"。中国的百姓,特别是农民虽然并不懂得什么"个人崇拜",但本来就有神化杰出人物的传统,加之出于拥护中共及其领袖的朴素感情,以自己的方式歌颂共产党和他的领袖,这一点也不奇怪。问题是这正好同中共党内的"神化"之风相适应,正好符合中共和毛泽东的政治需要,因而被视为不可多得的"宝贝",而被大力推广。随着《东方红》歌声的不断响起,毛泽东这一"红太阳"终于冉冉升起。此后,众所周知,《东方红》不仅迅速唱遍全边区,唱遍各个抗日根据地,后来又唱遍全中国,且成为毛泽东独享的、带标志性的经典颂歌。

不过,在整风运动的过程中,虽然神化毛泽东及其思想、理论的浪潮不断涌起,却还不是最高潮。党内的各个领导人虽然都程度不同地对毛泽东及其思想、理论大加赞颂,但大多仍属于个人的看法,尚不具备党内法规的效力。而整风结束之时先后召开的中共六届七中全会和党的第七次全国代表大会,对于进一步神化毛泽东及其思想、理论则更为重要,并终于将对毛泽东的"个人崇拜"推向最高潮。

中共六届七中全会最主要的成果是起草并通过了《关于若干历史问题的决议》。该决议的主要内容是,一方面全面系统地批判了抗战以前中共历史上所犯的各种错误,批判了应对错误负责的主要责任人,用党的正式决议的方式给过去犯过错误的人套上了"紧箍咒"；另一方面则充分地肯定了毛泽东是党史上正确路线的主要代表，详细地阐述了毛泽东的正确路线的内容，并要求全党"空前自觉地团结在毛泽东的旗帜下"，[102]从而同样以党的正式决议的方式，为树立和巩固毛泽东在全党的绝对领导地位，为神化毛泽东及其思想、理论提供了充足的，带有法规效力的"根据"。

在六届七中全会结束之后，紧接着，中共就召开延缓了十几年的第七次全国代表大会。七大的内容十分丰富，在中共的历史上意义也特别重大。撇开其他方面的问题不谈，仅就吹捧、神化毛泽东这一点而言，七大亦堪称史无前例，可谓达到了革命战争年代的最高峰。

中共七大期间，对毛泽东及其思想、理论大加颂扬，最为突出的自然非刘少奇莫属。如前所述，整风开始之前，刘少奇便因为对历史问题的看法与毛泽东基本一致，而受到毛泽东的信任，被毛泽东视为主要的同盟者。1942年底，刘少奇从华中地区回到延安后，立即受到毛泽东的重用，被"破格"提拔为中共党内仅次于毛泽东的第二把手。对此，刘少奇不能不对毛泽东感恩戴德、投桃报李。在此后的整风过程中，刘少奇与毛泽东积极配合，对所谓的教条主义、经验主义者们痛加批判，发动了令人恐怖的"审干""反特"和"抢救运动"；与此同时，还责无旁贷地承担起大力颂扬毛泽东的任务。尽管大家都在争先恐后地歌颂毛泽东，但刘少奇作为第二把手，有其特殊的地位，他和毛泽东的关系也不一般，是当时党内高层少数几个可被称为毛泽东"亲密战友"的人，因此，除了毛泽东，刘少奇的讲话无疑更具有权威性、代表性。尤其是事关对毛泽东的评价，毛泽东本人自然不便自吹自擂，而由刘少奇出面无疑再合适不过了。再说，这也是刘少奇进一步表达他对毛泽东忠诚的大好机会，他自然当仁不让。正因为如此，刘少奇被推举为代表中央在大会上作《关于修改党章的报告》。

果然，刘少奇没有辜负毛泽东的期望，在他的报告中使用了大量的阿谀奉承之词，毫不吝啬地赞颂毛泽东和毛泽东思想。翻开刘少奇的报告，溢美之语比比皆是。为了使读者有所了解，笔者不得不稍稍多摘引几段。

刘少奇说："这是很重要的，就是我们的党，已经是一个有了自己伟大领袖的党。这个领袖，就是我们党和现代中国革命的组织者与领导者——毛泽东同志。我们的毛泽东同志，是我国英勇无产阶级的杰出代表，是我们伟大民族的优秀传统的杰出代表。他是天才的创造的马克思主义者，他将人类这一最高思想——马克思主义的普遍真理与中国革命的具体实践相结合，而把我国民族的思想提到了从来未有的合理的高度，并为灾难深重的中国民族与中国人民指出了达到彻底解放的唯一正确的完整的明确的道路——毛泽东道路。""我们的毛泽东同志，不只是中国有史以来最伟大的革命家和政治家，而且是中国有史以来最伟大的理论家和科学家。"

刘少奇还以很大的篇幅高度评价被首次确定为中共一切工作指针的"毛泽东思想"，认为这是七大修改党章"一个最大的历史特点"，并说："在中国共产党产生以来，产生了、发展了我们这个民族的特出的、完整的关于中国人民革命建国的正确理论。这个理论，已经指导我们党与我国人民得到了极大的胜利，并将继续指导我们党与我国人民得到最后的、彻底的胜利和解放。这是我们党和我国人民在长期奋斗中最大的收获与最大的光荣，它将造福于我国民族至遥远的后代。这个理论，就是毛泽东思想，就是毛泽东同志关于中国历史、社会与中国革命的理论与政策。""这种理论只能由中国无产阶级的代表人创造出来，而其中最杰出最伟大的代表人，便是毛泽东同志。""马克思主义的理论与帝国主义时代无产阶级革命的实践及俄国革命的实践相结合，曾经产生了俄国的布尔什维主义，列宁——斯大林主义"，"作为马克思、恩格斯、列宁、斯大林的学生，毛泽东同志所作的，也正是以马克思列宁主义的理论与中国革命的实践相结合，便产生了中国的共产主义——毛泽东思想"。"毛泽东思想，就是马克思列宁主义的理论与中国革命的实践之统一的思想，就是中国的共产主义，中国的马克思主义。毛泽东思想就是马克思主义在目前时代的殖民地、半殖民地、半封建国家民族民主革命中之继续发展，就是马克思主义民族化的优秀典型"。"过去有无数历史事实证明，当着革命是在毛泽东同志及其思想的指导之下，革命就胜利，就发展；而当着革命是脱离了毛泽东同志及其思想的指导时，革命就失败，就后退"。在报告的最后，刘少奇高呼："我们党的领袖、中国民族与中国人民革命斗争的舵师——毛泽东同志万岁！"[103]

好了！虽然刘少奇还说了很多，但笔者不能再引述了。事实上，仅仅这些，已经足够说明问题。当读者，特别是亲身经历过"文革"的人，读了上述报告后一定会感到，其中不少名词很眼熟，似曾相识。诸如"天才""创造""领袖""舵师""最伟大""最杰出""最光荣"等等，"文革"前后的人们都耳熟能详，但当时很多人只知道，这是毛泽东的"亲密战友"林彪讲的，却不了解它最早的发明权属于"文革"中正被打倒的刘少奇。

正是在代表中央，他本人又是党内地位仅次于毛泽东的第二把手刘少奇的带动下，神化毛泽东及其思想的浪潮被推向最高峰，中共七大的讲台几乎成了党内许多高级领导人争先恐后向毛泽东表达忠心的大舞台，"万岁"之声此起彼伏，不绝于耳。

作为中共最高核心领导成员之一的任弼时，是七大开幕式的主持人，他在致辞中说，中国人民"把希望寄托在我们党的身上，寄托在我们党的领袖毛泽东同志身上"。"毛泽东三个字不仅成为中国人民的旗帜，而且成为东方各民族争取解放的旗帜！"[104]

同样是中共最高核心领导成员之一的朱德，曾代表中央作《论解放区战场》的军事报告，除对"毛泽东军事思想"大加赞扬外，也对毛泽东的所谓正确领导大加吹捧。他说："我党和中国人民在一起，得到毛泽东同志这个伟大舵手的指挥，终竟越过各种艰难险阻而前进了"。"二十四年的历史证明了""我党领袖毛泽东同志的指导是完全正确的""中国人民和我党同志这种伟大勇敢和伟大智慧是全部由我党的领袖毛泽东同志集中体现出来"。"毛泽东同志万岁！"[105]

和任弼时、朱德境遇相同，在整风中没有受到严重冲击的，如康生、李富春、彭真、高岗、陆定一等人，也曾先后在大会上发言，纷纷赞颂毛泽东。由于他们都在整风中受到毛泽东的信赖，自然也同刘少奇一样，必然要投桃报李，故他们的表现顺理成章，毫不奇怪。而在整风中曾受到严厉批判,过去曾犯过错误的领导人,如张闻天、周恩来、博古等,他们在大会上的发言则有所不同,首先是要深刻检讨自己的错误,并以此作鲜明对比,说明毛泽东的英明、伟大和正确。

例如,张闻天的发言就首先把自己痛骂了一顿,说他自己长期以来就是党内"小资产阶级作风的代表者之一",是一个"小资产阶级革命家",对马克思主义并没有"'学以致用'的深刻的观念""只是为学习而学习""为个人获得马克思主义的书本知识而学习,为个人成为马克思主义的'理论家'而学习",因而犯了"教条主义""盲动冒险主义""宗派主义"等等严重错误。然后,他开始感谢毛泽东,感谢刘少奇,通过整风使之得到改造,得到新生,并真正认识到毛泽东"无愧于我们的领袖,无愧于人民的领袖"。在用了相当大的篇幅阐述毛泽东及其思想的伟大、英明、正确之后,张闻天充满感情地说:"我想我们全党同志都高兴,我们党今天有了我们自己的马克思主义,即民族化了的马克思主义,即毛泽东路线与毛泽东思想。我想我们全党同志都高兴,我们党今天有了我们自己的领袖,毛泽东同志。这实是我党二十五年来的最大胜利。这胜利也是中华民族的胜利。苦难的中华民族,在百年来长期的与流血的革命斗争中,终于产生了一个能够引导他们走向最后胜利的领袖——毛泽东同志,找到了一条能够引导他们走向最后胜利的路线——毛泽东路线,实是中华民族的幸福与光荣!""毛泽东路线与毛泽东思想胜利万岁!"[106]

同样,周恩来在大会上的演说和发言,也对过去所犯的错误再次作了所谓深刻的检讨,并再次颂扬了毛泽东。他说:中共之所以能够"锻炼成为不仅在中国而且在世界也是一个很强大很有能力的共产党","最主要的,我们还是依靠了我党领袖毛泽东同志的英明领导。他指示了我们以新民主主义的方向,他教育了我们以中国马克思主义的思想和学说,他领导了我们经过中国革命三个历史时期,创造了伟大的革命力量,经历了无数次革命斗争,克服了无数次艰难困苦,达到了今天的初步胜利"。"让我们团结起来,高举起毛泽东同志的旗帜,胜利前进"!"毛泽东同志万岁"![107]

限于篇幅，笔者不能，也无必要再引更多的发言，事实已经充分表明，中共七大对毛泽东的神化到了何种程度。诚然，与中共历史上的其他领导人相比，毛泽东相对比较正确，毛泽东在党的路线、方针、政策方面，正确的一面相对比较突出，其原因一方面确与他的聪明和智慧有关，另一方面则在于他是站在前人的肩膀上成长起来的，无论是前人的正确决策和努力的成果，还是前人所犯的错误，都给他带来许多启示，使得他能够比前人做得更好。再说，毛泽东本人在历史上同样犯过错误，不是，也不可能是什么都正确，甚至永远正确。因此，将毛泽东及其思想神化，即把人变成神，把某某个人的思想、理论变成绝对的真理，在某种特定的环境下，可能会有一定的好处，但从长远来看，不仅违背客观事实，而且终将带来巨大的危害。

从延安整风开始，到中共七大达到高峰，对于一浪高过一浪的神化之举，毛泽东本人的态度又如何呢？七大会议期间，毛泽东似乎显得十分谦虚谨慎，他曾多次说，"我也有过错误"，"决议案上把好事都挂在我的账上，所以我对此要发表点意见。写成代表，那还可以，如果只有我一个人，那就不成其为党了"。"在二十多年的工作中，无论在军事、政治各方面，或在党务工作方面，我都犯了许多错误。这些东西都没写上去，不写并不是否定它。因为按照真实历史，真实情形，我是有错误的"。"人家喊万岁，我说我五十二岁。当然不可能也不应该有什么万岁"。[108] 尽管这些话完全符合事实，并不都是虚伪的，但毫无疑问，它并不反映毛泽东对神化自己的真实态度。明知大家说的全都是过头话，毛泽东并没有采取任何切实措施予以纠正。面对着那么多阿谀奉承之词，毛泽东不仅不觉得脸红和不安，反而坦然受之。毛泽东并不是没有能力和办法予以制止，以他的权力和威望，他只要下决心，没有办不成的。可见，问题就在于毛泽东对此不但不反对，而且内心十分欣赏。说得更明白一点，就是对他的神化虽然并不科学，也不符合近现代民主的精神，却完全符合毛泽东的政治需要，有利于毛泽东在中共全党乃至全中国树立自己的绝对权威。他熟谙古代帝王驾驭臣属和子民的权术，懂得部下和民众对被神化者顶礼膜拜的巨大效应。再说，毛泽东之所以发动延安整风运动，除了打击、排斥异己外，另一个重大目的就是为了"造神"，或者说把他自己变成"神"，以巩固自己在中共党内的绝对统治地位。毛泽东认为，只有这样，他才有可能夺得全国政权，才能进一步将他的最高权威扩展到全中国。必须承认，整风中掀起的神化之风，尤其是中共七大上出现的造神大合唱表明，毛泽东完全达到了自己的目的。

不过，毛泽东在延安整风运动中的成功并非只是让异己者臣服，让自己这一"红太阳"升起，他还有一个重大成果，即使得中共全党得到彻底改造，完全毛泽东化。

在以上各章中，笔者曾多次谈到，中共创立伊始，就是一个以当时世界历史上最激进的革命理论指导的最激进的革命政党，既有明确的革命目标，又有比较严格的组织和纪律。但在党的早期，由于党的主要创始人和领导者陈独秀等，都是中国近代著名的民主主义斗士，加入党的热血青年大多也受到过五四时期民主主义潮流的影响，因而党内的民主气氛比较浓厚，相比于国内其他的革命党，中共虽然提出的革命纲领比较激进，仍不失为一个相对民主化的政党。党虽然强调必须遵守马列主义原则，但并不反对和限制党员的独立思考和思想自由；党的领导机构和领导人基本上通过民主选举产生，实行集体领导的原则，并不存在领袖个人专断甚至神化领袖个人的现象；党的组织虽然严密，纪律虽然严格，但党员的人格和个性仍能得到尊重；党虽然也要批评党内的各种错误思想，批评违反组织纪律的行为，乃至采取正常的程序对之进行处分，但党内并没有发生"残酷斗争，无情打击"的现象，更没有形成领导者以所谓阶级斗争或路线斗争的名义，故意排斥、打击异己的制度；党虽然因为加入了共产国际，接受莫斯科的指导，受到了俄国党的不少影响，但也没有达到完全"俄化"的程度。

诚然，后来由于中共在大革命运动中严重受挫，莫斯科加强了对中共的控制，"俄化"的程度不断加深，党内的民主制度遭到破坏。不仅党的领导机构和领导人唯莫斯科之命是从，党内盲目迷信共产国际和俄国党的气氛日趋浓厚，而且俄国党的各种反民主的制度和做法也越来越多地被搬到中共党内来。只是因为莫斯科的那一套并不适合中国革命的实际,而中共党内也有许多人,包括毛泽东在内予以抵制,莫斯科"俄化"中共的企图难以完全实现。

遵义会议之后,随着新的中央领导机构的逐渐形成,莫斯科的影响逐渐被削弱。尤其是随着毛泽东在中央的领导地位的形成和巩固,"去俄化",或"非俄化"的步伐逐渐加快。不管毛泽东的动机如何,"去俄化"本身并不错。问题在于,"去俄化"理当回归"民主化"。事实上,在遵义会议后的几年里,中共党内的民主确实有所恢复。然而,毛泽东的目的却并不在此。他要改造中共,虽然下了决心要改变"俄化",特别是改变党内"言必称俄国党"、把莫斯科的话当"圣旨"的现象,但他并不是对来自俄国的东西都反感,更不准备回归"民主化"。毛泽东要实现的是由他主宰,完全按照他的思想、意志、风格改造过的党的"毛泽东化"。而所谓的"毛泽东化",或"毛化",虽然并不完全同于"俄化",却在实际上继承了莫斯科反民主的许多东西,同时加上了毛泽东自己的许多"创造"。不论是"俄化",还是"毛化",其本质都一样,都是违背民主原则的,或反民主的。

从我们对延安整风运动基本过程和基本内容的剖析,可以清楚地看出,毛泽东完全达到了使中共全党彻底"毛化"的目的,一个原本相对"民主化"的中共,完全"毛泽东化"了。

首先,通过整风,党的唯一的指导思想由马克思列宁主义变成了毛泽东思想。尽管中共高层宣称,毛泽东思想就是马克思列宁主义,就是马克思列宁主义与中国革命相结合的产物,就是马克思列宁主义的新发展,但两者毕竟并不完全相同,将毛泽东思想与马列主义等同起来,混为一谈,实际上是将前者取代后者,或者说完全由毛泽东垄断了马列主义的解释权,究竟何为真正的马列主义,统统由毛泽东说了算,毛泽东可任意作出判决,甚至可以指鹿为马,不容他人置喙。笔者并不赞成神化马列主义,也不认为马列主义是绝对真理。至于"毛泽东思想",虽然并非一无是处,也包含有正确的科学的部分,但同样不能将其神化。而毛泽东一方面将马列主义奉为神圣不可侵犯的绝对真理,另一方面又将所谓的毛泽东思想定为唯一正确的马列主义，实际上是在玩弄偷梁换柱的把戏，其真实的目的自然是企图把广大党员、干部对马列主义的迷信，转变成对他的思想的迷信。这在中共历史上从未有过，无疑是"毛化"最重要的特征之一。

其次，通过整风，毛泽东不仅树立起他在中共党内最高的不容置疑的权威地位，并且被大大神化，而且成功地排除了异己，改组了党的最高领导机构，建立起一个完全听命于他个人的新的领导核心。许多曾经反对过他，或与他有过异议的领导人，如王明、博古等被排除在核心领导层之外，少数人如周恩来、张闻天等，虽然保留了下来，则已完全臣服于他，或虽然仍列名于政治局，却并无实权。从此，毛泽东即中共中央，中央即毛泽东，他得以完全主宰党中央，并据此进一步完全主宰中共全党。这是"毛化"的另一个重要表现。

再次，通过所谓的全党整风，尤其是以思想改造为名的进行的思想革命化运动，毛泽东把全党党员、干部的头脑彻底地清洗了一遍，对大家头脑中的所谓资产阶级、小资产阶级和各种非无产阶级的思想和作风打扫了一遍，并强制性地灌输了以毛泽东思想为核心的所谓无产阶级的思想和作风，泯灭了各人的个性，强化了所谓的党性，把一个个原本比较生动活泼、崇尚思想自由，敢于独立思考的党员、干部，特别是知识分子、文化人改造成了忠实于党、忠实于领袖，"非党性勿视、非党性勿听、非党性勿言、非党性勿动"，所谓党的驯服工具和革命机器上的"齿轮""螺丝钉"；或如某些老同志所说，在党所要求的忠诚面前，变得非常愚蠢，即"忠诚的愚蠢，愚蠢的忠诚"。[109] 思想的改造是根本的改造，毛泽东深知个中的奥妙，抓得非常准，效果亦非常显著。相比较而言，这可能是"毛化"最重要的成果。

其四，通过整风，主要是所搞的"路线斗争""审干""反特""肃反"等各种名堂，将所谓的阶级斗争、路线斗争的概念和做法，将暴力手段引入党内，引入革命阵营内部的斗争，并从此成为中共的一种"新传统"和未成文的"新制度"。中共七大期间，毛泽东曾经说过："权利是争来的，不是送来的，这世界上有一个'争'字，我们的同志不要忘记。有人说我们党的哲学是'斗争哲学'，榆林有一个总司令叫邓宝珊的就是这样说的。我说'你讲对了'。"[110] 可见，毛泽东是崇尚"斗争"，崇尚"暴力"的。对革命的敌人，特别是同样崇尚暴力的"反动"统治者不得不使用暴力，这当然无可非议，但在党内和革命阵营内部，不分青红皂白地滥用"暴力"，其危害之大，已为延安整风的历史所证明。在毛泽东执掌全中国政权的年代里，在中共党内，在全国民众中滥用"暴力"造成了多么严重的后果，这更是人们有目共睹的。

其五，通过整风，毛泽东还为中共制定、建立了一系列新的规范和新的制度。除了前面已经提及的成文或不成文的，还包括所谓党的一元化领导制度，党中央高度集权的制度，党的组织制度和从上到下的干部任免制度，党的思想、理论宣传制度和对思想文化界进行严格控制的制度，党员干部的等级制度和官僚制度等等，总之，内容繁杂，笔者难以一一详述。且不论这些规范和制度的优劣、是非，但它使得中共后来的发展、演变无不打上毛泽东的印记，则是谁都无法否认的事实。

"红太阳"的升起，党的完全"毛泽东化"，在中共乃至中国的历史上，标志着一个以毛泽东为名的新时代的开始。这对中共及其广大党员、干部，乃至对全中国和全国人民，究竟是福还是祸？笔者以为，这一问题比较复杂，既不能简单地一概肯定，也不能一概否定。实事求是地说，从某种角度讲，它还确实有助于中共的革命取得最后的胜利。事情似乎很奇怪，今天人们所诟病的反民主的做法，对革命竟然还有一定的积极作用？！事出有因，其实也不难理解。由于中共是一个以武装革命为主要斗争形式，且首先以夺取政权为目的的政党。而建立一支强大的有战斗力的军队是取得成功的基本条件之一。对领袖的神化和对党及其领导的军队进行整肃，不仅对此毫无妨碍，甚至在一定程度上能够起到"团结"队伍的作用，有助于提升强调服从和纪律的军队的战斗力，而不论其是否建立在民主的基础之上。加之作为最高领袖的毛泽东，在主要为夺取政权而奋斗的战争时期，在与敌对的国民党政府斗争的过程中所提出的政治路线、军事方针基本上是正确的，他本人也没有因为获得了至高无上的地位而忘乎所以，始终表现得比较谨慎，没有犯大的错误；再加上党内军内众多杰出人才的共同努力，使得中共和毛泽东像历史上许多逐鹿中原的胜利者，如秦始皇、刘邦、朱元璋等人那样，终于在战争中获得了成功。而中共夺得了全国政权，成为全国范围的执政党，不仅给广大的党员、干部带来了好处，而且使国家获得了独立、和平和统一，也在一定程度上促进了社会的进步。然而，20世纪的中国毕竟已与古代社会完全不同。从长远来看，神化毛泽东，亦即后来所说的大搞毛泽东的"个人崇拜""个人迷信"，使党内民主不断遭到破坏等等，毕竟与近代以来人类社会进步发展的主流背道而驰，因而必然为中共的进一步发展，特别是在中共成为全中国的执政党以后的发展埋下巨大的隐患，为中共乃至全中国人民带来一系列灾难。

## 1.3.4 本编小结：走向文革之路从这里起步

在对中国历史、中国的革新和革命，尤其是中共领导的革命历程进行了简要的回顾和全面的反思之后，笔者已有比较充分的根据对若干重大的问题提出自己的看法，或对以上的论述作一小结。

首先，应当对中共领导的革命予以充分的肯定。

从上述的历史回顾中，人们可以清楚地看到，由于中国的文明发展从中世纪封建社会后期就开始落后于世界上其他的先进国家，故在进入近代社会之时便陷入被欺凌、被侵略的困境。但中华民族和中国人民，特别是中国的志士仁人们于心不甘，不仅没有在灾难和痛苦面前屈服，反而因此而惊醒和奋起。一百多年来，一代又一代的志士仁人前仆后继，和逐渐觉醒起来的民众共同奋斗，为推动中国的革新和革命事业，改变国家和民族的命运不懈地努力，且取得了一个又一个重大成果。然而，由于种种复杂的原因，在中国共产党出世以前，包括辛亥革命在内的历次重大斗争虽然都取得过重大成就，推动了中国社会的不断进步，却并没有达到从根本上改变中国面貌的目的。历史需要继续前进，中国的革新和革命事业需要继续发展，需要新的政治力量承担推动社会进步发展的历史重任。

正是在这样的大气候下，中国共产党应运而生。中共出世之后，不仅顺应历史的潮流，顺应亿万中国民众的民心，继承前人未尽的革新和革命大业，以实现国家的独立、统一、民主、自由、富强为己任，而且在广大民众的支持下，经过广大共产党人和革命者的浴血奋战，终于在取得全民族抗日战争胜利的基础上，又推翻了阻碍社会继续前进的国民党专制统治，获得了中国革新和革命事业的又一个重大胜利。

对于中共领导的革命，如前所说，站在中国历史发展的立场上，无疑应当予以肯定。这不仅是因为革命是当时中国历史前进的必由之路，而且革命所取得的成果确实推动了中国社会的新进步。国家的独立得以完全实现和巩固，全国的统一基本上成为现实。虽然民主、自由的制度尚未建立，国家的繁荣、富强也有待于进一步实现，但革命的胜利也为中国进一步走向民主、自由、繁荣、富强之路扫除了障碍，准备了必要的条件，并在事实上成为新道路的起点。尽管这条新的发展之路并不平坦，革命胜利后，国家出乎人们意料地又走了一大段弯路，乃至到了六十年后的今天，中国的志士仁人们仍在为实现真正的民主和自由而奔走呼号。这虽然也与革命过程中出现过的问题有一定的关联，却并非革命之"过"，其主要责任在于革命的领导者，无论如何不能因此而否定革命本身。再说，革命的胜利虽然与包括毛泽东在内的领袖人物的功劳密不可分，但它并不能仅仅归功于领袖人物，而是无数的革命者和广大的革命民众共同奋斗的结果。因此肯定革命，不仅是对领袖人物所起作用的肯定，更是对数不清的革命者和革命民众，包括那些千千万万为革命牺牲了生命的革命志士的肯定。当年，他们都是真诚地为了救国救民而奋起的，没有他们的流血奋斗，革命不可能取得胜利。

不过，我们肯定中共领导的革命，并不等于肯定中共在革命过程中所做的一切，也不等于因此而完全肯定胜利后的中共及其领导人，更不能因此而将中共及其领导人奉为"神圣"，将其神化。中共的革命只是在中国历史长河的一个特定阶段，完成了历史赋予的若干任务，推动了中国历史的前进。人们既要实事求是地肯定中共革命所作的贡献，又不能夸大革命的功劳，更不能将其吹得天花乱坠。至于胜利以后中共的所作所为当如何评价，则完全是另一回事。

此外，在肯定中共革命的同时，同样必须对中共革命留下的各种不良遗产有清醒的认识，尤其是必须正视革命的领袖人物在革命过程中所采取的反民主手段带来的巨大隐患。

客观地肯定革命的必要性和重要性，肯定中共的革命及其所获得的胜利对推动中国社会历史进步所起的积极作用，当然也不能无视革命所带来的"后遗症"。任何事物都具有两重性，革命也不例外。尤其是，革命的发生和发展既和客观条件密切相关，又离不开人的主观努力。要取得革命的成功，无疑要求人的主观努力基本上符合客观的规律，却不能保证人的主观行为完全正确，特别无法保证领袖人物的所作所为都是完美无缺的。因此，一场大的革命运动，不论其是否获得成功，总会带来各种遗产，既有好的遗产，或人们所称的"优良传统"，也有"不良遗产"或"不良传统"。

从笔者在本编的叙述和反思中，凡是头脑清醒，立场客观的读者都能清楚地看到，从最初莫斯科的影响和"俄化"中共的企图，到后来毛泽东对中共的全面改造和完全"毛泽东化"中共的实现，总之是以各种"反民主"的手段"改造"中共的结果，使得中共及其领导的革命留下了许多"后遗症"和"不良遗产"。特别是在革命后半段崛起成为党的最高领袖人物的毛泽东，一直对外宣称要为中国民主、自由而奋斗到底的毛泽东，却在领导革命的中共党内施展"反民主"的手段，建立起各种"反民主"的制度，形成了一整套"反民主"的传统，其中包括笔者已经多次谈到的，诸如大搞神化领袖个人及其思想，亦即后人所说的对领袖个人的"个人崇拜""个人迷信"，大树毛泽东个人的绝对权威，并最终确立毛泽东个人在党内的专制独裁地位；以开展"思想斗争"和"路线斗争"为名，在党内随意进行旨在打击、排斥异己的"残酷斗争，无情打击"；将主要对付敌人的各种暴力手段引进党内和革命阵营内部，无休止地对广大党员、干部和革命同志进行"整肃"；以"思想改造"和"统一思想""舆论一律"为名，扼杀党内的独立思考和思想自由；以"发动群众"和凡事都要搞"群众运动"为名,不断地挑动"群众斗群众",如此等等。正是在革命时期,特别是延安整风运动期间由毛泽东主导而逐渐形成的上述"后遗症"或"负面传统""不良遗产",为中共和中共掌权之后的全中国进一步发展埋下了巨大的隐患。

随着中共革命胜利以后中国的历史发展,人们将会看到,很多新的严重问题的出现,其实并不都是"新的",其中都有革命时期"不良遗产"的影子。也正是这些革命的"后遗症"和"不良遗产",由于毛泽东的主导和其他党内各级领导人在革命胜利之后的推波助澜,使之不断扩展、不断膨胀,使得如同一开始只是起于"青萍之末"的微风细雨,最终却发展成巨大的暴风雨一般,二十多年后酿成了被称为"特大浩劫"的"文化大革命"。正是从这一角度出发,笔者以为,一方面,革命的胜利确实促进了中国社会历史的进步,但另一方面,革命的"后遗症"和革命时期形成的种种"不良遗产"和"不良传统"却也成了"走向文革之路"的"起点",或者说,"走向文革之路"正是从这里"起步"的。笔者之意当然不是指革命时期毛泽东已有发动"文革"的考虑,而是说明"文革"发生的源头,就深藏在中共的革命之中,如同万里长江发源于青藏高原一样。笔者自信,这一认识不仅有助于理清"文革"发生的来龙去脉,也是符合事实,可以站得住脚的。

## 第三章注释:

1. "从五四运动到人民共和国成立"课题组:《胡绳论"从五四运动到中华人民共和国成立"》,第3页,社会科学文献出版社2001年5月版。
2. 《毛泽东选集》,第2卷,第573页。
3. 转引自《红旗》杂志1967年第9期社论:《伟大的真理,锐利的武器》。
4. 参见林彪:《在中央政治局扩大会议上的讲话》(一九六六年五月十

八日），转引自中国人民解放军党史党建教研室编：《"文化大革命"研究资料》，上册，第 19 页。

5. 《毛泽东文集》，第 8 卷，第 300 页，人民出版社 1999 年 6 月版。
6. 中共中央文献研究室：《关于建国以来党的若干历史问题的决议注释本》，第 9 页，人民出版社 1983 年 6 月版。
7. 同上书，第 47 页。
8. 参见《邓小平文选》（一九七五——一九八二），第 289 页，人民出版社 1983 年 7 月版。
9. 中国人民解放军政治学院党史教研室编：《中共党史参考资料》，第 5 册，第 383 页；所说"德谟克拉西"，即"民主"的中文音译。
10. 同上书，第 383 页。
11. 参见《毛泽东选集》，第 3 卷，第 938 页。
12. 参见《刘少奇选集》，上卷，第 188 至 189 页，人民出版社 1981 年 12 月版。
13. 匡亚明，1932 年在上海做地下工作时，任共青团南汇区区委书记，曾被错误地当作"叛徒"而遭到中共特科的枪击，所幸虽受重伤而未死，后来证明是情报有错而造成的误会。解放后，匡亚明曾任南京大学校长、党委书记。参见王珺：《康生在中央社会部》，载《百年潮》2003 年第 5 期。
14. 关于中央苏区反 AB 团的"肃反"运动的详细情况，可参见高华：《红太阳是怎样升起的》，第 10 至 53 页，香港中文大学出版社 2000 年版；戴向青等：《中央革命根据地史稿》，第 307 至 312 页，上海人民出版社 1986 年 12 月版；《肖克同志谈中央苏区初期的肃反运动》，载中国革命博物馆：《党史研究资料》1982 年第 5 期（总 58 期）；戴向青：《富田事变考》，载中国人民大学报刊资料：《中国现代史》1980 年第 1 期等等。
15. 关于闽西苏区"清查""社会民主党"的"肃反"运动，参见蒋伯英：《闽西革命根据地史》，第 185 至 201 页，福建人民出版社 1988 年 4 月版；高华：《红太阳是怎样升起的》，第 40 至 50 页；蒋伯英：《闽西苏区的"肃清社会民主党"事件评述》，载福建中共党史研究室编：《党史研究参考资料》1982 年第 2 期；王勇：《闽西根据地"社会民主党"冤案》，载《炎黄春秋》2004 年第 2 期。
16. 参见《闽西"肃清社会民主党"历史冤案已平反昭雪》，载中共中央党史研究室编：《党史通讯》1986 年第 5 期。
17. 参见高华：《红太阳是怎样升起的》，第 48 页。
18. 关于鄂豫皖苏区"肃反"的详细情况，参见成仿吾：《张国焘在鄂豫皖根据地的罪行》，载《中共党史资料》1982 年第 4 辑，中共中央党校出版社 1982 年 9 月版；徐文伯：《鄂豫皖苏区肃反扩大化的一些情况》，载中国革命博物馆编：《党史研究资料》1981 年第 2 期；孙树强：《鄂豫皖"肃反"纪事》，载《安徽党史资料通讯》1984 年第 4 期；郭煜中：《张国焘在鄂豫皖根据地的所谓"肃反"经验及其后果》，载《安徽史学》1987 年第 3 期；姜义华：《论一九三一年鄂豫皖苏区的肃反》，载《复旦学报》1980 年第 8 期；徐向前：《历史的回顾》，上册，第 152 至 163 页，解放军出版社 1984 年 7 月版。

19. 参见成仿吾：《张国焘在鄂豫皖根据地的罪行》。
20. 参见郭煜中：《张国焘在鄂豫皖根据地的所谓肃反经验及其后果》，载《安徽史学》1987 年第 3 期。
21. 参见徐向前、倪亮：《鄂豫皖苏区红军历史》，转引自成仿吾：《张国焘在鄂豫皖根据地的罪行》。
22. 参见刘邦琨：《张国焘川陕肃反之罪孽》，载中共湖北省委党史研究室：《党史天地》2004 年第 11 期；徐向前：《历史的回顾》，第 312 至 319 页。
23. 徐文伯：《鄂豫皖苏区肃反扩大化的一些情况》。该文是根据其父亲徐海东生前的回忆整理的材料。载中国革命博物馆编：《党史研究资料》1981 年第 2 期。
24. 关于湘鄂西苏区的肃反，详见黎白：《忆贺龙谈湘鄂西苏区肃反》，载中共中央党史研究室：《中共党史资料》第 71 辑，中共党史出版社 1999 年 9 月版；匡镜秋：《湘鄂西革命根据地肃反的一些情况》，载《常德师专学报》1982 年第 2 期；张建德：《略述湘鄂西反"改组派"的斗争》，载《中共党史研究》1992 年第 3 期。
25. 转引自黎白：《忆贺龙谈湘鄂西肃反》。
26. 同上书。
27. 同上书。
28. 同上书。
29. 夏曦后来检查了自己的错误，改任红六军团政治部主任，并在长征途中牺牲。
30. 参见中共福建省建阳地委党史办公室：《闽北苏区革命斗争的光荣历程》，载《党史资料与研究》1985 年第 2 期；张立仁、叶建中：《闽北苏区肃反扩大化的一些情况》，载《党史资料与研究》1983 年第 4 期。
31. 参见《叶飞同志谈闽东三年游击战争概况及肃清 AB 团问题》，载《党史资料与研究》1984 年第 2 期。

32. 参见叶左能:《海陆丰革命根据地史研究综述》,载中共中央党史研究室:《党史通讯》1986 年第 9 期。
33. 参见郭洪涛:《关于陕北的错误肃反》,载《百年潮》2004 年第 5 期;陈牧、张文杰:《朱理治传略》,载《河南党史研究》1988 年第 6 期。
34. 参见李锐:《关于唐纵日记的回忆》,载《炎黄春秋》2007 年第 9 期。
35. 关于山东湖西地区"肃托"的详情,参见郭影秋等:《苏鲁豫边区(湖西)抗日根据地创建时期的回顾》,载《中共党史资料》第 34 辑,中共党史资料出版社 1990 年 4 月版;中共济宁市委党史资料征集委员会:《湖西"肃托事件"》,载《中共党史资料》第 32 辑,中共党史资料出版社 1989 年 12 月版;郭影秋口述:《往事漫忆》,第 90 至 105 页,中国人民大学出版社 2009 年 9 月版。
36. 参见中共山东省委《关于对湖西"肃托事件"遗留问题处理意见的报告》,载中共中央党史研究室:《党史通讯》1984 年第 2 期。
37. 同上书。
38. 在近二十多年的历史研究中,迄今为止,对延安整风运动研究最引人注目的成果是高华的专著《红太阳是怎样升起的——延安整风运动的来龙去脉》,香港中文大学出版社 2000 年版。此外,还有大量的论文和回忆录,如杨奎松:《毛泽东发动延安整风的台前幕后》,载《近代史研究》1998 年第 4 期;章学新:《1943 年 9 月中央政治局扩大会议》,载《中共党史资料》第 71 辑,中共党史出版社 1999 年版;《胡乔木回忆毛泽东》,人民出版社 1994 年 9 月版;薄一波:《整风、华北工作座谈会和党的七大》,载《中共党史研究》1996 年第 2 期;宋金寿:《整风运动在陕甘宁边区》,载《党史研究》1980 年第 6 期;程中原:《延安整风前后的张闻天》,载《中共党史资料》第 47 辑,中共党史出版社 1993 年版;曹瑛:《在延安参加整风运动和七大》,载《中共党史资料》,第 58 辑,中共党史出版社 1996 年版;宋金寿:《为王实味平反的前前后后》,载《中共党史资料》第 50 辑,中共党史出版社 1994 年版;朱鸿召:《延安文艺座谈会上的激烈争论》,载《百年潮》2007 年第 12 期;李东朗:《康生与延安的抢救运动》,载《百年潮》2002 年第 5 期等等。
39. 引自中国人民解放军政治学院党史教研室编:《中共党史参考资料》第 5 册,第 352 至 353 页。
40. 《胡乔木回忆毛泽东》,第 76 页。
41. 关于毛泽东主持编辑《六大以来》的过程,参见高华:《红太阳是怎样升起的》,第 200 至 206 页。
42. 同上书,第 205 页。
43. 参见中共中央党史研究室著:《中国共产党历史》,第一卷,下册,第 777 至 791 页。

44. 关于 1941 年 9 月的政治局扩大会议的情况，参见高华：《红太阳是怎样升起的》，第 279 至 295 页；《胡乔木回忆毛泽东》，第 188 至 204 页。

45. 参见杨奎松：《毛泽东发动延安整风的台前幕后》。

46. 关于 1943 年 9 月开始的政治局扩大会议详情，参见高华：《红太阳是怎样升起的》，第 615 至 625 页；杨奎松：《毛泽东发动延安整风的台前幕后》；《胡乔木回忆毛泽东》，第 271 至 304 页；章学新：《1943 年 9 月中央政治局扩大会议》。

47. 参见杨奎松：《毛泽东发动延安整风的台前幕后》。

48. 参见薄一波：《整风、华北工作座谈会和党的七大》，载《中共党史研究》1996 年第 2 期；高华：《红太阳是怎样升起的》，第 619 至 625 页。

49. 参见高华：《红太阳是怎样升起的》，第 636 至 641 页；程中原：《延安整风前后的张闻天》；张闻天：《在中国共产党第七次全国代表大会上的发言》，载《中共党史资料》第 53 辑，中共党史出版社 1995 年版。

50. 参见中共中央党史研究室著：《中国共产党历史》，第一卷，下册，第 788 页。

51. 参见《胡乔木回忆毛泽东》，第 214 页。

52. 参见杨奎松：《毛泽东发动延安整风的台前幕后》。

53. 同上书。

54. 参见高华：《红太阳是怎样升起的》，第 616 页。

55. 参见章学新：《1943 年 9 月中央政治局扩大会议》。

56. 参见杨奎松：《毛泽东发动延安整风的台前幕后》。

57. 参见何方：《从陈独秀张闻天到胡耀邦》，载《炎黄春秋》2006 年第 6 期。

58. 同上书。

59. 参见毛泽东：《关于整顿三风》（一九四二年四月二十日），载中共中央文献研究室、中央档案馆编：《党的文献》1992 年第 2 期。

60. 关于党内中下层的整风情况，也有大量的回忆录谈及。尽管人们的认识不尽相同，但所谈的基本做法却无多大差别。参见高华：《红太阳是怎样升起的》，第 299 至 337 页，第 393 至 436 页。

61. 参见杨奎松：《毛泽东发动延安整风的台前幕后》。

62. 中央档案馆：《中共中央文件选集》第 12 辑，第 56 至 57 页。

63. 毛泽东：《关于整顿三风》（一九四二年四月二十日）。

64. 关于王实味一案的详情，参见高华：《红太阳是怎样升起的》，第319至337页；宋金寿：《为王实味平反的前前后后》；温济泽：《王实味冤案平反纪实》，载《炎黄春秋》1992年第1期。

65. 转引自高华：《红太阳是怎样升起的》，第300页。

66. 同上书。

67. 关于延安整风中知识分子进行思想改造的痛苦过程，具体事例参见上书第423至436页。

68. 同上书，第337页。

69. 对于延安文艺座谈会及毛泽东在会上的讲话，可参见高华：《红太阳是怎样升起的》，第337至356页；还可参见《毛泽东选集》，第3卷，第804至835页。该书所载毛泽东的讲话内容是经过多次修改的所谓正式文本，与当时的讲话有许多不同；另见朱鸿召：《延安文艺座谈会上的激烈争论》，载《百年潮》2007年第12期；李洁非、杨劼：《解读延安——文学、知识分子和文化》，当代中国出版社2010年8月版。

70. 此处及以下所引毛泽东的观点均见于《毛泽东选集》，第3卷，第804至835页。

71. 转引自李洁非、杨劼：《解读延安——文学、知识分子和文化》，第129页。

72. 参见高华：《红太阳是怎样升起的》，第388页。

73. 参见中共中央党史研究室著：《中国共产党历史》，第一卷，下册，第789、791页。

74. 参见中央党校彭真传记编写组：《延安整风运动与审干运动的联系与区别》，载《中共党史研究》2000年第3期。

75. 参见邓立群：《回忆延安整风》，载《党的文献》1992年第2期。

76. 持这类观点的文章相当多，可谓数不胜数，包括很多老同志，即当年的受害者，也都只骂康生，而不提毛泽东的责任。

77. 关于"审干"和"抢救运动"的发生、发展过程，参见高华：《红太阳是怎样升起的》，第448至604页；《胡乔木回忆毛泽东》，第276至281页；王素园：《陕甘宁边区"抢救运动"始末》，载《中共党史资料》第37辑，中共党史出版社1991年3月版；王秀鑫：《延安"抢救运动"述评》，载《党的文献》1990年第3期；贺晋：《对延安抢救运动的初步探讨》，载《党史研究》1980年第6期；李东朗：《康生与延安抢救运动》，载《百年潮》2002年第5期。

78. 参见师哲：《在历史的巨人身边——师哲回忆录》，第249页，转引自高华：《红太阳是怎样升起的》，第 461 页。
79. 参见高华：《红太阳是怎样升起的》，第 479、480 页。
80. 参见中共中央党史研究室：《中国共产党历史》，第一卷，下册，第 789 页。
81. 同上书，第 789 页。
82. 参见高华：《红太阳是怎样升起的》，第 485、486 页；王秀鑫：《延安"抢救运动"述评》；李东朗：《康生与延安抢救运动》。
83. 转引自《胡乔木回忆毛泽东》，第 276 页；李东朗：《康生与延安抢救运动》。
84. 关于 1943 年 4 月 1 日夜延安等地突击逮捕的所谓"特嫌"人数，至今说法不一。有人说二百人，也有人说三、四百人。笔者以为，实际数字大概还要高。参见高华：《红太阳是怎样升起的》，第 488 页。
85. 参见王秀鑫：《延安："抢救运动"述评》。
86. 同上书。
87. 同上书；另见李东朗：《康生与延安抢救运动》。
88. 参见徐向前：《历史的回顾》，转引自高华：《红太阳是怎样升起的》，第 518、519 页。
89. 参见《胡乔木回忆毛泽东》，第 280 页。也有材料说，西北公学 500 多人中，只有 20 多人没有被"抢救"，参见王素园：《陕甘宁边区"抢救运动"始末》。
90. 关于各个抗日根据地开展"抢救运动"的情况，可参见高华：《红太阳是怎样升起的》，第 541 至 568 页。
91. 当时共产国际已经解散，莫斯科只能以共产国际原总书记季米特洛夫个人的名义致函毛泽东，以表示对中共中央通过整风打击王明、周恩来等人的做法不满，并对康生的作为提出明确的质疑。毛泽东虽然并不接受莫斯科的意见，却也不能不考虑与莫斯科的关系。故此事也对毛泽东最终停止"抢救运动"产生了一定的影响。参见杨奎松：《毛泽东发动延安整风的台前幕后》。
92. 参见李锐：《关于唐纵日记的回忆》，《炎黄春秋》2007 年第 9 期。
93. 参见《毛泽东在七大的报告和讲话集》，第 215 页，中央文献出版社 1995 年 4 月版。
94. 参见王秀鑫：《延安"抢救运动"述评》。
95. 参见王素园：《陕甘宁边区"抢救运动"始末》。
96. 同上书。

97. 参见李东朗：《康生与延安抢救运动》。

98. 参见李继华：《对毛泽东个人崇拜的滋生》，载《炎黄春秋》2010年第3期。

99. 参见高华：《红太阳是怎样升起的》，第614页；李继华：《对毛泽东个人崇拜的滋生》。

100. 参见张闻天：《在中国共产党第七次全国代表大会上的发言》，载《中共党史资料》第53辑，中共党史出版社1995年4月版。

101. 转引自高华：《红太阳是怎样升起的》，第613页。

102. 参见《毛泽东选集》，第3卷，第904至951页。

103. 引自刘少奇：《论党》，第7至29页，第124页，人民出版社1950年3月版。

104. 参见林蕴晖：《〈论党〉与刘少奇的晚年悲剧》，载《炎黄春秋》2005年第12期。

105. 同上书。

106. 参见张闻天：《在中国共产党第七次全国代表大会上的发言》。

107. 参见林蕴晖：《〈论党〉与刘少奇的晚年悲剧》。

108. 参见《毛泽东在七大的报告和讲话集》，第13、14页。

109. 参见萧岛泉：《杨献珍的自责与反思》，载《炎黄春秋》2002年第9期。

110. 参见《毛泽东在七大的报告和讲话集》，第119页。

## 2. 第二编

## 喜忧参半的新国家和新制度

  在取得革命的胜利，推翻了国民党政府的专制统治，用武力占领了除台湾、香港和澳门地区的中国大陆之后，中国共产党及其领导人获得了国家的执政权，开始建立名为"中华人民共和国"，又被中共和广大民众称为"新中国"的新国家及一整套新制度，开始推行一系列新的治国方针，实现了中国历史上的新一轮"改朝换代"。经过六、七年的努力，全国民众所期盼的，与过去不同的新国家和新制度终于在有着六亿多人口的神州大地上基本确立，整个中国的面貌也确实发生了巨大变化。然而，中共革命后建立的新国家和新制度究竟"新"在哪里；它对于全国民众究竟是"祸"，还是"福"；它在中国历史的发展进程中究竟意味着进步，还是倒退；它与"新中国"后来发生的一个又一个大灾难，特别是被称为"特大浩劫"，亦即"文化大革命"有着什么关联等等，所有这些问题虽然都难以用简单的语言作出回答，而对于所有关心国家命运的人们，却又不能不思索，不能不去寻找真正的答案。作为客观的历史研究，努力地拨开因为各种原因而形成的迷雾，恢复历史的真实面目，对所谓的新国家和新制度进行深入的剖析，对上述疑问提供令人信服的解答，不仅是义不容辞的责任，也是本书的主题，即进行文革研究无法回避的重要一环。

## 2.4 从"联合政府"到中共的"党天下"

中共在革命胜利后,为了建立新国家,首先建立了由中共完全主导和掌控的,被称为"联合政府"的新政权。中共认为,新政权是新民主主义性质的人民民主专政,与西方国家的资产阶级专政不同,也不是苏联式的无产阶级专政,属于中共领导下的"多党合作"的政府。最初几年里,"联合政府"不仅为中共主政之新政权的合法性增添了光彩,扩大了民众对新政权的认同,而且对新政权的巩固,对国民经济的恢复和发展,对社会新秩序的建立都起了重要的作用。然而,由于苏联的影响和中共背弃了革命时期关于实行民主政治的承诺,并在暗中施展权谋,使得一定程度上具有民主色彩,本应进一步向民主政治方向发展的"联合政府",并没有真正"民主化",却在所谓人民民主的外衣下,逐渐演变为中共"一党专政"的政权。中共虽然由此完全垄断了新国家的政治权力,却未能给中国的政治带来多少进步,也未能给全国民众带来新的福祉,反而在国家和民族前进的道路上埋下了巨大的隐患。

### 2.4.1 新政协的召开和新政权的初创

#### 2.4.1.1 革命时期中共关于新政权的蓝图和对民主政治的承诺

在中共正式成立时,党的一大所确定的党纲曾规定,党所从事的是社会主义革命,革命成功后要在中国建立无产阶级专政的国家政权。但很快,在共产国际和俄国共产党的帮助下,以陈独秀为首的中共中央就认识到,立即在中国开展社会主义革命并不符合中国的国情,因而在中共二大前后对党的纲领作出了重大调整,明确地提出党首先必须在中国进行民主主义革命,以实现推翻国际帝国主义的压迫，打倒军阀，使国家获得独立、和平、统一，成为真正的民主共和国等目标。这是中共首次提出建立民主共和国的主张，它所针对的显然是中国当时的现状，即虽然号称"中华民国"，号称"民主共和"，却因为北洋军阀仍然大搞专制统治，中国的"民主共和"并没有真正实现。尽管这一新纲领还比较笼统，它的具体内容并未得到详细阐述，但如笔者已经说过的，其意义不可小觑，标志着中共从"空想"回归到了"现实"，获得了立足于中国政治历史舞台的可能。此后，由于国民党在国民革命后期背叛了同盟者，致使中共遭受重大挫折，而蒋介石在独占了革命的胜利果实之后，又走上了袁世凯和北洋军阀的老路，大搞专制独裁，使得中国建立真正的民主共和国的理想成了泡影。

中共虽然在国民革命中受挫，却并没有气馁。在后来的土地革命战争时期，中共创建了农村革命根据地，还一度建立了"中华苏维埃共和国"。尽管中共借用了源自苏联的"苏维埃"这一名称，[1]但却明确表示，"中华苏维埃共和国"与苏联的无产阶级专政并不完全相同，属于"工农民主政权"的性质。此后，随着形势的变化，尤其是以第二次国共合作为基础的抗日民族统一战线的建立，中共宣布取消"中华苏维埃共和国"，在自己控制的地区建立地方性的抗日民主政权，服从国民党和蒋介石领导的中央政府。整个抗日战争时期，在建设陕甘宁边区和各个敌后抗日根据地政权的实践中，中共采取了名为"三三制"的方式，以表示中共虽然是当地政府的领导者，却要团结其他抗日党派和抗日民主人士，按照民主的原则施政，并不谋求垄断政权。与此同时，中共则不断地敦促国民党和蒋介石完全掌控的中央政府实行民主改革，取消国民党的"一党专政"，给全国各抗日党派和广大民众以真正的民主和自由。中共认为，只有进行民主改革，抗战才有可能取得胜利，战后的中国才有光明的前途。

也正是出于对中国的前途和命运的关注，1940年1月，毛泽东撰写发表了著名的《新民主主义论》，比较系统地阐述了中共对未来国家建设的主张，为国人描绘出了第一张"新中国"的蓝图。他首先说："我们共产党人，多年以来，不但为中国的政治革命和经济革命而奋斗，而且为中国的文化革命而奋斗；一切这些的目的，在于建设一个中华民族的新社会和新国家。在这个新社会和新国家中，不但有新政治、新经济，而且有新文化。这就是说，我们不但要把一个政治上受压迫、经济上受剥削的中国，变为一个政治上自由和经济上繁荣的中国，而且要把一个被旧文化统治因而愚昧落后的中国，变为一个被新文化统治因而文明先进的中国。一句话，我们要建立一个新中国。"[2]毛泽东进一步发展了陈独秀等早期共产党人关于中共必须首先进行民主革命的思想，提出了一个被称为"新民主主义"的理论，并因此将未来的新中国称作"新民主主义的中国"，其政治、经济和文化都是新民主主义的。他认为，"新民主主义"与"旧民主主义"重要的区别之一，为无论是在革命，还是在未来的国家建设时期，都只能由无产阶级充当领导阶级，包括资产阶级在内的其他阶级都没有资格领导革命和建设。接着，毛泽东又分别对什么是新民主主义政治、经济、文化作了论述。在谈及政治，亦即国家政权问题时，他明确地说："现在所要建立的中华民主共和国，只能是在无产阶级领导下的一切反帝反封建的人们联合专政的民主共和国，这就是新民主主义的共和国，也就是真正革命的三大政策的新三民主义共和国。"毛泽东还说："这种新民主主义共和国"既不是"欧美式的、资产阶级专政的、资本主义的共和国"，也不是"苏联式的无产阶级专政的、社会主义的共和国"，而是"一切殖民地半殖民地国家的革命，在一定历史时期中所采取的国家形式"。[3]为了进一步说明"新民主主义共和国"的内涵和本质特征，毛泽东除了继续强调无产阶级的领导权外，便是强调实行民主的重要性。他说："在今日，谁能领导人民驱逐日本帝国主义，并实施民主政治，谁就是人民的救星。"[4]毫无疑问，《新民主主义论》是中共和毛泽东比较详细地阐述未来新国家新政权的首篇重要文献。今天看来，尽管毛泽东的不少论述主观武断，并不完全符合实际，很多观点，包括对"民主"的理解，明显地带有意识形态的偏见，但他强调民主建国，承认中国必须实行民主政治，则是不争的事实，且基本正确。

就在《新民主主义论》发表一个月之后，毛泽东又在延安宪政促进会上发表演说，继续强调民主的重要，并对国民党政府反民主的倒行逆施予以鞭挞。他说："抗日，大家赞成，这件事已经做了，问题只在于坚持。但是，还有一件事，叫做民主，这件事现在还没有做。这两件事，是目前中国的头等大事。中国缺少的东西固然很多，但是主要的就是少了两样东西，一件是独立，一件是民主。这两样东西少了一件，中国的事情就办不好。"他又说："没有民主，抗日是要失败的，没有民主，抗日就抗不下去。"针对国民党政府内以蒋介石为首的顽固派企图搞假宪政、假民主的伎俩，毛泽东尖锐地抨击说："中国的顽固派所说的宪政，就是外国的旧式的资产阶级的民主政治。他们口里说要这种宪政，并不是真正要这种宪政，而是借此欺骗人民。他们实际上要的是法西斯主义的一党专政。""他们的宪政，是骗人的东西。你们可以看得见，在不久的将来，也许会来一个宪法，再来一个大总统。但是民主自由呢？那就不知何年何月才给你。""他们口里的宪政，不过是'挂羊头卖狗肉'。他们是在挂宪政的羊头，卖一党专政的狗肉。我并不是随便骂他们，我的话是有根据的，这根据就在于他们一面谈宪政，一面却不给人民以丝毫的自由。"[5]必须承认，毛泽东对国民党专制政府的批评，虽然比较刻薄，却符合事实。

然而，对于中共的呼吁和批评，以蒋介石为首的国民党政府却始终置若罔闻，直到抗战后期，仍不愿采取任何具体的行动，进行民主改革。有鉴于此，从1943年开始，中共和毛泽东不得不加大宣传攻势。他们通过《解放日报》《新华日报》等报刊，并利用各种机会，继续倡导民主政治，抨击国民党的一党专政，甚至一反常态，改变了过去否定所谓资产阶级民主的立场，开始肯定和赞扬美国式的民主。

1944年6月12日，毛泽东在接见到延安采访的中外记者团时，再次重申过去多次说过的观点："中国是有缺点，而且是很大的缺点，这种缺点，一言以蔽之，就是缺乏民主。"[6]与此同时，中共领导的《解放日报》和《新华日报》也不断地发表文章，反复强调实行民主政治的重要，认为："民主的潮流正在汹涌，现在是民权的时代，人民应有言论、出版、集会、结社和身体的自由是真理，实现民主政治是真理，真理是要胜利的，所以高举民主的大旗奋斗着的世界和中国人民是一定要胜利的。"[7]此外，对国民党政府"一党专政"批评的调子也更高了。《解放日报》的文章说："目前推行民主政治，主要关键在于结束一党治国……因为此问题一日不解决，则国事势必包揽于一党之手；才智之士，无从引进；良好建议，不能实行。因而所谓民主，无论搬出何种花样，只是空有其名而已。唯有党治结束之后，全国人才，才能悉力从公，施展其抱负；而各党派人士亦得彼此观摩，相互砥砺，共求进步，发挥政治上最大的效果。有人说，国民党有功民国，不可结束党治，使之削弱。不知国民党今日的弱点，都是在独揽政权之下形成的。当其他党派起来竞争时，国民党只有更加奋勉、添加新血液、振起新精神，日趋进步。因此结束党治，不会使国民党削弱，只会使它加强起来。"[8]《新华日报》则批评国民党政府企图在坚持一党专政的情况下，以所谓的国会和舆论充当民主的代用品，来欺骗民众："法西斯国家中也有国会，有舆论，但国会和舆论都在法西斯的统治包办之下——是代用品！中国人民为争取民主而努力，所要的自然是真货，不是代用品。把一党专政化一下妆，当作民主的代用品，方法虽然巧妙，然而和人民的愿望相去十万八千里。中国的人民都在睁着眼看：不要拿民主的代用品来欺骗我们啊！"[9]《新华日报》的文章还针对国民党散布的所谓"国情特殊论"和"国家安定论"，明确的指出："科学为求真理，而真理是不分国界的……民主制度比不民主制度好，这和机器工业比手工业更好一些，在外国如此，在中国也如此。"独裁专制者希望的"安定"，"并不是全中国的安定，并不是全中国人民的安定，而仅仅是他们坐在压迫人民的宝座上的'安定'。他们那个小集团可以统治全国，为所欲为的'安定'"。"中国人民早已知道什么是拨乱反治的办法了，那就是——停止内战！取消特务！废止国民党的一党专政！"[10]

让人感到有点意外的还有，多年来，中共虽然认为西方国家的所谓资产阶级民主，在人类历史上曾经起过进步作用，但后来已经失去了生命力，变为既反动又落后的东西了。然而，1944年前后，当美国在中国抗战中的影响越来越大时，中共和毛泽东的态度似乎有了改变，开始称赞起美国的民主来，并一再希望美国人在帮助中国实现民主方面发挥影响。

在美国军事观察组进入延安之后，毛泽东曾多次与时任美国驻华使馆的二等秘书，此时也作为观察组成员来到延安的谢伟思谈话。谈话的内容十分丰富，其中也涉及到在中国实行民主政治的问题。毛泽东对谢伟思强调说："中国需要和平，更需要民主，因为民主是和平的基础。"他告诉谢伟思，尽管中共一再要求国民党政府进行民主改革，但他们却一直无动于衷。毛泽东希望美国人能对国民党政府发挥影响和施加压力。他说："美国现在的地位完全不同于珍珠港事变刚发生的时候，不再有任何需要或任何理由去栽培、哺育或抚慰蒋介石。美国可以告诉蒋介石，为战争计，他应当做些什么。美国只能在蒋介石顺从美国要求的条件下帮助他。美国人发挥美国影响的其他方法是多谈论美国的理想。在中国或在美国，每一个美国官员和任何中国官员谈话时，可以谈论民主。""每一个在中国的美国士兵都应当成为民主的活广告。他应当对他遇到的每一个中国人谈论民主。美国官员应当对中国官员谈论民主。总之，中国人尊重你们美国人民主的理想。"当谢伟思表示，美国不允许把军队作为政治宣传队来使用时，毛泽东又说："即使你们的美国士兵不作积极宣传，但只要他们出现并同中国人接触，就会产生好的影响。正因为这个缘故，我们欢迎他们在中国。国民党却不是这样，它需要把他们加以隔离，不让他们知道事情的真相。"[11]抗战胜利后，毛泽东应蒋介石的邀请，到重庆与蒋介石谈判。在重庆期间，英国记者甘贝尔以书面方式向毛泽东提出12个问题，请毛泽东回答。其中的一个问题是：中共对"自由民主的中国"的概念及界说为何？毛泽东则明确地回答说："'自由民主的中国'将是这样一个国家，它的各级政府直至中央政府都由普遍、平等、无记名的选举所产生，并向选举它的人民负责。它将实现孙中山先生的三民主义，林肯的民有、民治、民享的原则与罗斯福的四大自由。它将保证国家的独立、团结、统一及与各民主强国合作。"[12]毛泽东在这里所说罗斯福的四大自由，指的是罗斯福在二战中提出的"言论和表达的自由""信仰上帝的自由""免于匮乏的自由"和"免于恐惧的自由"。众所周知,在毛泽东和共产党人的心目中,美国的民主政治,林肯的民有、民治、民享原则和罗斯福的四大自由等等,都是资产阶级民主的典型表现,是与所谓的无产阶级民主,或中共的"新式民主",即新民主主义不相容的,而现在却得到了毛泽东和中共的认同。这不能不使广大民众的眼睛为之一亮。不过,对这种所谓资产阶级民主的新态度,中共报刊的文章似乎比毛泽东表达得更加明白。

7月4日,是美国的国庆日。抗战后期,中共的报纸几乎每年都为此发表纪念文章。1943年的这一天,《新华日报》在题为《民主颂——献给美国的独立纪念日》中写道:"每年的这一天,世界上每个善良而诚实的人都会感到喜悦和光荣;自从世界上诞生了这个新的国家之后,民主和科学才在自由的新世界里种下了根基。"[13]次年的7月4日,《解放日报》和《新华日报》又同时发表同名社论《美国国庆日——自由民主的伟大斗争节日》。社论说:"民主的美国已经有了它的同伴,孙中山的事业已经有了它的继承者,这就是中国共产党和其他的民主势力。我们共产党人现在所进行的工作,乃是华盛顿、杰斐逊、林肯等早已在美国进行过了的工作。"[14]除了纪念美国的国庆日,中共的报刊还多次发表社论或文章,纪念华盛顿、杰斐逊、林肯等人的诞生日。在1945年4月13日发表的题为《纪念杰斐逊先生》的社论中,《新华日报》称赞杰斐逊当年起草的美国《独立宣言》和倡导的《权利法案》,早已"成为整个民主世界的基本概念",并指出:"人有天赋的人权,人的自由与尊严不该为不正势力所侵犯与亵渎,人民是政府的主人而不是奴隶……这从十八世纪以来,应该早已经是全人类共知共认的常识了。"[15]且不论其发表上述言论时的动机如何,是真情还是假意,也不论其后来的态度发生了什么变化,所有这些写在白纸黑字上的话都表明,中共当时不仅赞成美国式的所谓资产阶级民主,而且认同自由、民主的普世价值。

此外,在大力宣传自由、民主思想,批评国民党一党专政的过程中,中共还多次谈及民主政治的一些重要内容和重要特征,如必须实行真正的普遍的自由的选举,坚决反对"事先限定一种被选举的资格,甚或由官方提出一定的候选人",把选民当作投票的工具;必须确实保障人民应有的言论、出版、集会、结社和身体的自由权利;必须实行新闻自由,因为"新闻自由,是民主的标帜,没有新闻自由,便没有真正的民主"等等。无疑,中共当时的这些主张,不仅十分可贵,而且切中时弊,与国民党当时的所作所为形成了鲜明的对照,受到了除专制独裁者外广大民众的欢迎,甚至成为吸引众多有识之士和知识青年纷纷加入革命阵营的重要原因。

毋庸讳言,中共关于民主、自由的主张虽然得到了多数民众的拥护,但也有一些民主人士并不完全相信中共,尤其对中共能否言行一致,中共掌握政权后能否兑现诺言有所怀疑。为此,中共中央的第二把手刘少奇曾专门表示:"有人说:共产党要夺取政权,要建立共产党的'一党专政'。这是一种恶意的造谣与诬蔑。共产党反对国民党的'一党专政',但并不要建立共产党的'一党专政'。"他还以中共领导的敌后抗日民主政府为例,说明共产党人决不会垄断政权:"只要一有可能,当人民的组织已有相当的程度,人民能够选择自己所愿意的人来管理自己事情的时候,共产党和八路军、新四军就毫无保留地还政于民,将政权全部交给人民所选举的政府来管理。"[16]对于一些人的疑虑,毛泽东后来也在中共七大的报告中作过解释,但说得比较婉转,甚至暗藏玄机:"有些人怀疑共产党得势以后,是否会学俄国那样,来一个无产阶级专政和一党制度。我们的答复是:几个民主阶级联盟的新民主主义国家,和无产阶级专政的社会主义国家,是有原则上的不同的。毫无疑义,我们这个新民主主义制度是在无产阶级的领导之下,在共产党的领导之下建立起来的,但是中国在整个新民主主义制度期间,不可能、因此就不应该是一个阶级专政和一党独占政府机构的制度。"[17]值得注意的是,毛泽东只是强调新民主主义时期不能搞无产阶级专政和一党制度,而且将"无产阶级专政"与"一党制度"等同,可对将来的社会主义时期会不会实行"一党制度"并未作明确的答复。至于刘少奇和毛泽东的表态能否解除一部分人的疑虑,因缺乏资料,笔者不得而知。不过,多数民众却看不出其中的奥妙,不仅相信中共的承诺,且为此感到无比兴奋。确实,中国民众受专制之苦早就受够了，盼望自由与民主，就像盼星星盼月亮一样。抗战已经抗了八年，国民党和蒋介石仍然不愿给人们以民主、自由，现在终于从共产党那里看到了希望，民众怎么能不高兴呢？

中共关于民主、自由的承诺虽然在当时受到多数民众的欢迎，但笔者行文至此，仍然无法回避这样一个问题：即在几十年之后的今天，当人们发现中共和毛泽东后来完全违背了自己的诺言时，应如何看待他们当年的承诺？尽管直到今天仍然有人不遗余力地在为中共和毛泽东辩护，但更多的人则不得不对此深感"遗憾"。包括很多的学者在内，不少人甚至认为当年中共对于民主、自由的宣传和承诺，纯粹就是骗人的把戏。但笔者以为，违背诺言确是不争的事实，至于是不是欺骗，问题似乎并不那么简单。

中共革命的根本目的首先是要夺取全国政权，然后再像苏联那样，搞社会主义，建立无产阶级专政，亦即共产党的一党政权。多年来，中共一直声称，西方英美式的资产阶级民主已经过时，无产阶级专政的民主或社会主义民主才是真正的民主。但是，由于中国的特殊国情，中共不可能立即在中国建立无产阶级专政，故不得不首先实行"无产阶级领导的新民主主义"，亦即所谓"新式的资产阶级民主"。对于这些，中共倒是直言不讳的。不过，要达到上述目的，中共必须首先推翻国民党的统治，否则，一切都是空话。然而，中共的力量虽然在抗日战争中获得了大发展，但即便到了抗战胜利前夕，与国民党相比，并没有取得优势地位，尚无以武力推翻国民党政府的绝对把握。再说，当时仍处于国共合作之中，统一战线并未破裂，而全国人民一致反对内战，要求和平。中共自然不能冒可能战败和丧失民心的双重风险，贸然挑起武装打倒国民党的战火。如此形势之下，中共只能举起和平与民主的旗帜，开展和平与民主的攻势，一方面迫使国民党进行民主改革，另一方面争取民心。在国民党掌握中央政权，处于强势地位，而中共处于弱势，甚至连合法的政治地位都没有的情况下，向国民党要民主，要自由，以取得合法地位，扩大中共的活动空间，不仅十分必要，且对中共有百利而无一害。况且，所谓的资产阶级民主，包括美国式的民主、自由，虽然不合中共的口味，但在当时却能用来打击连资产阶级民主都不愿实行的国民党政府，还能用来拉拢美国对国民党施加压力。既能揭露国民党专制独裁的真面目，又能争得民心，如此好事，中共又何乐而不为呢？可见，中共当年大唱包括美国式民主、自由在内的民主政治的赞歌，虽然有点言不由衷，却并不完全是"欺骗"，而主要是形势使然也。形势一变，中共和毛泽东后来的调子自然也就不同，过去的诺言自然也就被抛到一边去了。说得好听一点，中共和毛泽东是正视现实，因势利导；说得不好听，则是实用主义，或施展权谋，或翻手为云、覆手为雨。其实，当时中国两个对立的最重要的领袖人物蒋介石和毛泽东，都是玩弄权谋的高手，只是相比之下，毛泽东更加高明而已。

也正是当时力量对比的客观状况和整个形势使然，抗战胜利前夕的1944年秋，在大搞和平民主攻势的同时，中共正式提出了建立民主联合政府的主张，作为中共实现和平民主的具体纲领，并以此作为同国民党政府谈判的主要内容。对于民主联合政府的提出，毛泽东曾在中共七大期间有过说明："联合政府是具体纲领，它是统一战线政权的具体形式。这个口号好久没有想出来，可见找一个口号、一个形式之不易。这个口号是由于国民党在军事上的大溃退、欧洲一些国家建立联合政府、国民党说我们讲民主不着边际这三点而来的。这个口号一提出，重庆的同志如获至宝，人民如此广泛拥护，我是没有料到的。"[18]事实的确如此，不仅中国的广大民众赞同中共建立联合政府的主张，甚至连美国总统特使赫尔利访问延安时，也一度表示赞成建立联合政府，只是因为后来蒋介石和国民党坚决反对，赫尔利才食言自肥，转而反对中共的这一主张。

尽管遭到蒋介石和国民党的拒绝，中共仍然毫不动摇地坚持立即建立民主联合政府的要求。为了更清楚地阐明民主联合政府所涉及的各种问题，毛泽东将他自己代表中共中央在七大所作的政治报告定名为《论联合政府》，并且全面地论述了如何建立联合政府，联合政府的性质及其内外政策等等。因此，称这一报告是毛泽东继《新民主主义论》之后，又一详细描绘新国家蓝图的代表作，并不为过。

在《论联合政府》的报告中，毛泽东首先重申中共的基本纲领或一般纲领："我们的主张是什么呢？我们主张在彻底地打败日本侵略者之后，建立一个以全国绝大多数人民为基础而在工人阶级领导之下的统一战线的民主联盟的国家制度，我们把这样的国家制度称之为新民主主义的国家制度。"[19]接着，毛泽东又宣布了中共的具体纲领或具体要求，而其中最重要的是："动员一切力量，配合同盟国，彻底打败日本侵略者，并建立国际和平；要求废止国民党一党专政，建立民主的联合政府和联合统帅部"，"建立一个包括一切抗日党派和无党派的代表人物在内的举国一致的民主的联合的临时的中央政府"。[20]他强调说："为着彻底消灭日本侵略者，必须在全国范围内实行民主改革。而要这样做，不废止国民党的一党专政，建立民主的联合政府，是不可能的。"[21]至于如何结束"一党专政"，建立联合政府，毛泽东说："我们共产党人提出结束国民党一党专政的两个步骤：第一个步骤，目前时期，经过各党各派和无党无派代表人物的协议，成立临时的联合政府；第二个步骤，将来时期，经过自由的无拘束的选举，召开国民大会，成立正式的联合政府。总之，都是联合政府，团结一切愿意参加的阶级和政党的代表在一起，在一个民主的共同的纲领之下，为现在的抗日和将来的建国而奋斗。"[22]毛泽东还明确指出："自由是人民争来的，不是什么人恩赐的。""中国人民争得的自由越多，有组织的民主力量越大，一个统一的临时的联合政府便越有成立的可能。这种联合政府一经成立，它将转过来给予人民以充分的自由，巩固联合政府的基础。然后才有可能，在日本侵略者被打倒之后，在全部国土上进行自由的无拘束的选举，产生民主的国民大会，成立统一的正式的联合政府。没有人民的自由，就没有真正民选的国民大会，就没有真正民选的政府。"而对于什么是真正的自由，毛泽东同样明确地说："人民的言论、出版、集会、结社、思想、信仰和身体这几项自由，是最重要的自由。"[23]

除了政治方面的内容外，在《论联合政府》的报告中，毛泽东还谈了新国家的经济、文化等等。对此，笔者还将在下面各章中涉及，此处不再赘述。

以上所引关于政治方面的这些话说得再明白不过了。必须承认，除了某些看法仍然受到意识形态偏见的影响，如继续强调所谓无产阶级的领导，对所谓旧式资产阶级民主并不正确的批评外，毛泽东和中共就建立民主联合政府提出的主张基本上是正确的，不仅符合中国当时的国情和未来历史发展的要求，符合世界潮流，而且符合绝大多数民众的愿望。如果真能实现，不啻是中华民族之福，中国人民之福。

平心而论，在抗战胜利之后举行的重庆谈判和政治协商会议期间，中共基本也是以上述原则为蓝本与国民党交涉的，而且经过中共和其他民主党派、民主人士的努力，初步达成了符合上述原则、在和平民主的基础上共建新中国的协议。尽管因为国民党的反对，协议规定建立的新政府不用"联合政府"这一名称，但并不能改变联合政府的实质。正如笔者在本书第二章中已经说过的，协议的达成曾经给全国人民带来过莫大的喜悦和希望，但希望很快就像肥皂泡一样破灭了。对此，国民党和蒋介石无疑应当负主要责任。至于中共方面，赞成政协协议，虽然也是权宜之计，但形势使然，态度还是比较真诚的，基本上没有多少可非议之处。

通过对历史的简要回顾，我们可以清楚地看到，直到抗战胜利初期，革命时期的中共始终是以在中国实现民主和自由为己任的。由于当时为所处的弱势地位和所拥有的实力所限，中共一直以人民所向往的民主自由为旗帜。这样做似乎并不完全是欺骗，既是形势使然，也是中共的高明之处，无疑对中共争取人心，最终获得革命的胜利产生了极大的作用。反过来说，如果不高举民主和自由的旗帜，中共就不可能取得所谓革命的胜利，不可能最终推翻反民主的国民党的统治。然而，随着中共的胜利，新的考验出现了：中共能不能真正兑现革命时期的诺言，把中国建设成一个真正民主自由的国家？实事求是地说，新国家建立之初，绝大多数中国人对中共是相信的，对未来的前途不仅抱有希望，而且满怀憧憬。谁也想不到，此后中国走向民主、自由的道路竟会那么的曲折，那么的漫长！

### 2.4.1.2 《论人民民主专政》的发表意味着什么？

众所周知，重庆谈判和政协会议达成的协议被国民党撕毁以后，便是全面内战的爆发。迷信武力，且军事上确实掌握优势的蒋介石，原以为很快就可以打败中共的军队，却不料事与愿违，才打了一年多，战场上的形势就发生了根本性的变化。1947年下半年，国民党政府的军队因作战不断失利，而不得不放弃战略进攻，反之，正式改称"中国人民解放军"的中共军队却由战略防御转为战略进攻，开始掌握战争的主动权。尽管蒋介石此时尚未认输，仍要死撑下去；虽然中共要取得完全胜利，还有一段路要走，但毛泽东和中共中央却已敏锐地看到，历史正在发生转折。毛泽东当时曾经兴奋地写道："中国人民解放军已经在中国这一块土地上扭转了美国帝国主义及其走狗蒋介石匪帮的反革命车轮，使之走向覆灭的道路，推进了自己的革命车轮，使之走向胜利的道路。这是一个历史的转折点。这是蒋介石的二十年反革命统治由发展到消灭的转折点。这是一百多年以来帝国主义在中国的统治由发展到消灭的转折点。这是一个伟大的事变。"[24] 事实确实如此。此后不到两年，解放军便"百万雄师过大江""横扫千军如卷席"，将蒋介石连同残存的国民党军队赶出了大陆。

整个国内形势所发生的天翻地覆的变化，意味着中共已经取得了决定性的胜利，即将替代国民党执掌全国的大权，这不仅促使中共立即开始考虑建立新国家新政权的问题，也使得中共原先的主张开始发生虽然微妙却十分重要的变化。

对中共来说，过去达成的协议已被国民党和蒋介石撕毁，自然已无任何约束力。只是由于民主、自由和联合政府的口号深受民众的欢迎和拥护，对中共夺取最后胜利及未来新政权的巩固仍然十分重要，中共当然不能轻率地放弃。但中共对以前因为形势所迫不得不作的若干承诺，并不十分满意。既然形势已经发生根本性的变化，中共完全掌握了主动权，显然不愿再做违背自己意愿的事。从某种意义上说，中共改变某些看法，也是可以理解的。问题在于，某些具体做法虽然可以改变，但民主和自由的基本原则和基本精神却是不应和不能违背的，对于民主、自由所体现的核心价值和普世价值的认可和承诺更是必须坚持。随着形势的变化，中共的地位和责任也与过去完全不同了。以前是中共和广大民众向国民党政府争民主，争自由，要求专制的国民党政府"还政于民"，而现在则是中共能否兑现诺言，真正"给"民众以民主、自由，真正实现国民党政府拒绝的"还政于民"。中共将如何表现，无疑是一个严峻的考验。

正是在形势发生根本性的变化，如毛泽东所说出现了一个"历史的转折点"之后，中共中央发布了一个名为《中国人民解放军宣言》的文告，正式提出了"打倒蒋介石，解放全中国"和"打倒蒋介石独裁政府，成立民主联合政府"的口号。[25]它表明，尽管此时国民党政府尚未被推翻，但中共已经明确地称其为反动势力，将其排除在新的联合政府之外。这样做，今天看来似乎也有问题，但在当时的历史条件下，却可以理解。随后不久，在1947年12月底召开的中共中央会议上，毛泽东又作了名为《目前形势和我们的任务》的重要报告。除了分析当时的形势外，毛泽东在该报告中还着重谈了中共未来的政治、经济政策。值得注意的是，他虽然重申了此前已经宣布的"打倒蒋介石独裁政府，成立民主联合政府"的主张，称其是中共最基本的政治纲领，却又开始批判所谓的第三条道路。毛泽东说："如果说，在一九四六年，在蒋介石统治下的上层小资产阶级和中等资产阶级的知识分子中，还有一部分人怀着所谓第三条道路的幻想，那么，在现在，这种想法已经破产了。"[26]这是迄今为止笔者所看到的，抗战胜利后毛泽东批判"第三条道路"最早的文字。毛泽东所称的"第三条道路"，就是当年很多民主党派和民主人士主张的民主政治，或"英美式的民主、自由"。中共早期虽然也反对过这种所谓的资产阶级民主，但如前所述，抗战胜利前后，毛泽东和中共都称赞过它，且表示认同民主、自由的普世价值，将其当作批判国民党政府"一党专政"的武器。可现在，毛泽东却以自己的意识形态偏见，将其斥为"上层小资产阶级和中等资产阶级的"幻想。撇开所谓的资产阶级民主是不是幻想不谈，对"第三条道路"的批判，清楚地表明,中共关于民主问题的看法又有了新的变化,本来具有普世价值的"民主""自由"又被扣上了"阶级"的大帽子,完全变成了"阶级"的工具。随着对民主、自由等等观念的如此解读,客观的原则和标准也随之荡然无存,甚至以往中共对国民党反民主和实行"一党专政"的批判也失去了意义。既然各个不同的"阶级"对是否民主、自由,判断的标准完全不同,那么所谓的正确与错误,进步与反动,又如何判定呢?

对"第三条道路"的批判,对民主、自由的所谓"阶级"分析所释放的信息十分重要,决不能小觑。历史证明,它后来成了中共的一项最重要的理论原则,成了中共否认民主、自由的普世价值,为自己的所作所为进行辩护的思想武器,并因此而带来了无穷的后患。当然,这是后话。

在国内军事、政治形势发生根本性的变化和中共开始考虑建立新政权之际,毛泽东等人不仅开始批判所谓的第三条道路,并且一度萌生出由中共单独执掌政权的想法。据俄罗斯公布的前苏联的档案披露,1947年11月30日,毛泽东曾在发给斯大林的一封电报中表示:"随着民盟的解散,中国中小资产阶级政治派别已不复存在。民盟中有同情我们党的人,虽然它的多数领导人是动摇分子。他们迫于国民党的压力解散了同盟,从而表明了中等资产阶级的软弱性。"他又说:"在中国革命取得彻底胜利的时期,要像苏联和南斯拉夫那样,所有政党,除中共之外,都应离开政治舞台,这样做会大大巩固中国革命。"[27]这些话表明,中共不仅要彻底打倒国民党,而且曾经设想,胜利后将民盟和中共以外的所有党派都排除出中国的政治舞台。这一材料在中国的报刊上发表后,一度引起国内学术界的哗然。很多人竟然不相信,一贯标榜要与其他民主党派合作的毛泽东当时会有如此主张。但白纸黑字,谁也否认不了。其实,这不仅是事实,而且也在情理之中。由于中共最终或根本的目标是实现自己对国家政权的完全垄断,故对待其他党派的态度,纯属因形势而异的策略问题;加之当时国共两党之间最大的民主党派民盟,又在国民党的压迫下一度被迫解散,而其他的小党派或因依附国民党而遭到中共的唾弃，或因力量太小而不可能发挥什么作用。在这样的形势下，毛泽东出此"奇想"情有可原，并不奇怪。况且，实事求是地说，此时毛泽东虽然认为无须采取党派合作的方式建立联合政府，但仍然准备吸收无党派组织的"民主人士"，以个人的身份参加政府，尚未完全放弃联合政府的口号。不过，后来形势又很快发生了变化。一则，在部分领导人的努力下，民盟得以恢复重建；二则，几个月后，斯大林来了复电，明确地表示不赞成毛泽东的意见。斯大林在1948年4月20日的复电中说："我们认为，中国各在野政党代表着中国居民中的中间阶层，并且它们反对国民党集团，它们还将长期存在，中共将不得不同它们合作，反对中国的反动派和帝国主义列强，同时要保留自己的领导权，也就是领导地位。可能还需要让这些政党的一些代表参加中国人民民主政府，而政府本身要宣布为联合政府，从而扩大它在居民中的基础和孤立帝国主义及国民党代理人。要考虑到，中国人民解放军取得胜利后的中国政府，按其政策，至少在胜利后的时期（这个时期多长现在很难确定）将是民族革命民主政府，而不是共产主义政府。"[28]应当承认，斯大林的看法有一定的道理，并对中共和毛泽东的决策产生了较大的影响。

　　正是在收到斯大林的电报以后，毛泽东和中共中央才完全放弃了让其他党派全部退出政治舞台的想法，正式作出了邀请各民主党派与中共共同组织民主联合政府的决定，并公布于众。1948年4月30日，即中共收到斯大林的电报仅仅10天之后，中共中央便以发布庆祝五一国际劳动节口号的方式，正式提出了由"各民主党派、各人民团体、各社会贤达迅速召开政治协商会议，讨论并实现召集人民代表大会，成立民主联合政府"的号召。尽管毛泽东有关让其他党派完全退出政治舞台的设想，最终并没有付诸实施，但它毕竟反映出一个事实：即中共和毛泽东并没有将各党派合作的联合政府，作为中国走向政治民主化的根本性举措，充其量只是将其视为一定形势下和特定时期的"权宜之计"，是"为了革命的利益"而加以利用而已。一旦条件成熟，即毛泽东心目中的社会主义革命开始，社会主义社会建立时，斯大林所说的"共产主义政府"，也就是共产党的"一党政府",必然要代替联合政府。显然,从他们来往的电报中可以看出,在这一点上,斯大林和毛泽东的观点完全一致。同样,在如何掌控联合政府的问题上,斯大林和毛泽东的看法也毫无区别,都强调共产党必须牢牢地掌握领导权,虽然可以允许其他党派的代表加入联合政府,却不能按照这些党派的主张去"建设"联合政府,尤其不能搞所谓的第三条道路或资产阶级民主。所有这些都说明,从1947年下半年开始,中共虽然仍然继续以成立联合政府为号召,但它的具体设想与此前的承诺相比,已有很大的不同。

正是为了确保中共在未来联合政府中的领导权,毛泽东还"创造性"地提出了一个被称为"人民民主专政"的新名词。据许多学者的研究,这一新提法最早出现在1948年6月1日,中共中央宣传部为重印列宁《共产主义运动中的"左派"幼稚病》的部分内容所写的前言中。该《前言》说:中国不是要建立无产阶级专政,而是建立人民民主专政。二者的主要区别是:"人民民主专政是无产阶级领导的、人民大众的、反帝反封建反官僚资本的新民主主义革命,这种革命的社会性质,不是推翻一般资本主义,而是建立新民主主义的社会与建立各个革命阶级联合专政的国家;而无产阶级专政则是推翻资本主义,建设社会主义。"[29]值得注意的是,尽管中共声称,人民民主专政就是此前所说的"各个革命阶级的联合专政",属于"新民主主义政治"的范畴,仍与社会主义社会的无产阶级专政有区别,但这一新概念的提出,并非只是简单的名词变动,无疑有着深刻的含义。随后不久,亦即同年9月,中共中央召开了著名的九月政治局扩大会议,专门讨论筹建新国家的问题。会上,毛泽东重申了新国家必须"建立无产阶级领导的以工农联盟为基础的人民民主专政","打倒帝国主义,封建主义和官僚资本主义的反动专政"。同时,他还明确地说:在"人民民主专政"之下,"我们政权的制度是采取议会制呢,还是采取民主集中制?""我们采用民主集中制,而不采用资产阶级议会制"。"我看我们可以这样决定,不必搞资产阶级的国会制和三权鼎立等。"[30]这是迄今为止笔者看到的中共就新政权组织形式最早的表态。其实,议会制也好,三权鼎立也好,都是为了确保民主政治的实施而采取的具体组织形式，是被实践证明对于民主政治确有重要作用的，人类社会政治文明发展的产物，它虽然并不是所有国家都必须照搬的教条，却也不能简单地将其视为资产阶级的东西予以否定。每个国家的人民自然都有权选择具体的政权组织形式，但形式并不是毫无意义的，各种不同的形式对于能否真正实现民主政治的精神，其作用不仅有差别，甚至可能完全相反。中共和毛泽东以反对资产阶级的民主为名，提出建立"人民民主专政"，并决定不搞议会制和三权鼎立，要搞所谓民主集中制的人民代表大会制，人们虽然不能因此就妄加非议，但问题的实质在于，中共决定采用的所谓人民民主专政及其政权的组织形式，能否如毛泽东等人宣传的那样，确保真正的民主政治的实施？对此，自然不能靠自我标榜，而只能靠事实来回答。

随着1949年的到来，中国的军事、政治形势进一步发生巨大的变化，中共距离最终胜利的日子也越来越近了。于是，从年初开始，一直到新国家的诞生，中共中央和毛泽东加快了筹建新国家，尤其是新政权的步伐。在不到十个月的时间里，中共和毛泽东等领导人通过召开会议、发表文章等各种途径大造舆论，同时采取一系列具体的行动和措施，紧锣密鼓地为新国家新政权的建立做准备。中共和毛泽东为这个新国家新政权设计的蓝图也因此更加清晰了。笔者认为，其中最值得提及的主要有以下两大方面。

其一，中共不断地加大对所谓第三条道路等主张所体现的"资产阶级民主"批判的力度，以此严重警告那些崇尚英美式的民主，希望中国效仿西方国家建立民主政治制度，甚至企图坚持独立的政治立场，准备充当新政权反对派的民主党派和民主人士。

当1949年元旦即将到来，自知胜利在望，却不可掉以轻心，深明"宜将剩勇追穷寇，不可沽名学霸王"之理的毛泽东，亲自为新华社撰写了名为《将革命进行到底》的新年献词。他首先说：敌人是不会自行消灭的，也不会自行退出历史舞台。当他们看到无法用军事手段阻止革命时，必然更加重视政治斗争的方法，即一方面利用现存的国民党政府来进行"和平"阴谋，"另一方面则正在设计使用某些既同中国反动派和美国侵略者有联系，又同革命阵营有联系的人们，向他们进行挑拨和策动，叫他们好生工作，力求混入革命阵营，构成革命阵营中的所谓反对派，以便保存反动势力，破坏革命势力"。[31]他还说，美国"在革命阵营内部组织反对派"，其目的是"极力使革命就此止步；如果再要前进，则应带上温和的色彩，务必不要太多地侵犯帝国主义及其走狗的利益"。显然是为了向他认为企图成为"反对派"的人发出严厉警告，毛泽东又耸人听闻地说：现在有两条路摆在世人面前，一条是将革命进行到底，一条是"违背人民的意志，接受外国侵略者和中国反动派的意志，使国民党赢得养好创伤的机会，然后在一个早上猛扑过来，，将革命扼死，使全国回到黑暗世界"。"两条路究竟选择那一条呢？中国每一个民主党派，每一个人民团体，都必须考虑这个问题，都必须选择自己要走的路，都必须表明自己的态度。中国各民主党派、各人民团体是否能够真诚地合作，而不致半途拆伙，就是要看它们在这个问题上是否采取一致的意见，是否能够为着推翻中国人民的共同敌人而采取一致的步骤。这里是要一致，要合作，而不是建立什么'反对派'，也不是走什么'中间路线'"。[32]

这些话已经说得十分明白，只要真正站在民主的立场上，都能听得懂其中的真实含义。在这篇文章中，毛泽东不仅首次提出了所谓"反对派"的概念，且对之进行了严厉的批判，将其与帝国主义的反革命阴谋和反革命利益联系在一起，并把它说成是阻止革命前进，破坏革命成功的反动分子，还把所谓的"中间路线"与"反对派"绑在一起予以鞭挞。由于毛泽东没有点名，笔者不知道当时是否真有人企图充当"反对派"，但确有一些民主党派主张走"中间路线"，亦即此前毛泽东批判过的"第三条道路"，希望新国家仿效西方国家实行民主政治。撇开究竟有没有"反对派"和中共是否应当采纳"中间路线"的问题不谈，仅就真正的民主政治制度而言，无疑应当允许非暴力的"反对派"的存在，也应当允许各个不同的党派和团体保持自己的独立地位、独立主张，即便是因为有共识而愿意互相合作，乃至组成联合政府，也应在求同存异的基础上互相尊重各自不同的意见，不应当将自己的主张强加给他党或他人，尤其是处于强势地位的政党，更不应该这样做。过去，国民党对中共，对其他民主党派就是因为专制和霸道，而遭到了中共和各个民主党派的强烈反对。现在，国民党已被打倒，中共成了最大、最有力量的政党，又宣称要建立真正民主的联合政府，本不该重蹈国民党的覆辙。然而，上述言论却表明，中共和毛泽东并不真正尊重其他党派，也不允许其他党派有自己独立的主张，更不允许别人反对自己，一旦其他民主党派有不同的意见和看法，就给对方扣大帽子，大加讨伐，而不是采取平等讨论的态度；一味要求其他党派必须与自己保持"一致"，与自己"合作"，实质上也就是要求他们完全放弃独立性，完全服从中共，或完全听命于中共。在如此前提之下形成的"合作"，建立的"联合政府"将会是什么样的"合作"，将会是一个什么样的"联合政府"，明眼人都能够心领神会个中的奥妙，用不着笔者多说。

更让人无法理解的是，在随后的日子里，毛泽东和中共中央一方面对民主党派和无党派的许多著名人士笑脸相迎，显示出一种前所未有的礼贤下士的高姿态，另一方面却继续大批特批所谓的"第三条道路""中间路线""反对派"以及此后陆续出台的所谓"中间派""右派""民主个人主义者""自由主义分子""美国在中国的第五纵队"，如此等等。不仅大帽子越来越多，且上纲也越来越高。尤其是在1949年夏秋之际，美国政府发表了对华政策的《白皮书》之后，毛泽东更是借机大做文章，一面批驳美帝国主义，一面继续大批所谓的民主个人主义者和"资产阶级民主"。他在文章中说："有一部分知识分子还要看一看。他们想，国民党是不好的，共产党也不见得好，看一看再说。其中有些人口头上说拥护，骨子里是看。正是这些人，他们对美国存有幻想。""他们的头脑中还残留着许多反动的即反人民的思想，但他们不是国民党反动派，他们是人民中国的中间派，或右派。他们就是艾奇逊所说的'民主个人主义'的拥护者。"[33] 类似的话，毛泽东还说了很多，限于篇幅，恕笔者不能一一引述。

究竟应当如何看待中共和毛泽东当年对所谓中间路线、第三条道路及所谓民主个人主义者的批判呢？多年来，甚至一直到今天，中共官方及其持官方立场的学者对此都是完全肯定的，认为所谓的中间路线和第三条道路的主张是完全错误的，对其进行批判，有助于排除干扰，确立中共领导的"人民民主专政"的政治制度。然而，经过了六、七十年的风风雨雨之后，越来越多的人开始认识到，这种做法是与真正的民主政治、民主精神背道而驰的。在真正的民主政治制度的条件下，不论各个民主党派和民主人士的主张是对是错，他们都有权提出和保留自己的看法，中共可以不赞成，也有权提出自己的不同意见，但所有的党派在政治上都是独立、平等的，可以在平等的基础上互相讨论，甚至互相批评，但谁也不能强加给谁。只有这样做，中国才有可能建立真正的民主政治制度，拟议中的联合政府才有可能成为真正民主的联合政府。而这，也正是所谓中间路线、第三条道路强调的观点，是一切民主政治的真谛所在。可是，中共当年的做法并非如此。由于新政权处于初创时期，中共仍然需要更广泛的民意支持，以增加新政权的合法性，故不得不继续采用抗战胜利前后中共自己提出的建立联合政府的方针，并尽可能地吸收更多的党外人士加入联合政府。然而，尽管抗战胜利前后迫于形势，中共也赞成过、甚至许诺过，以西方式的民主，实即人类文明发展共同成果的民主政治作为联合政府的基本原则，但无论是因为意识形态的偏见，还是出于自身利益的考虑，中共并不真正喜欢这种西方式的民主，更不情愿在自己的力量已经占绝对优势的形势下，再去兑现自己过去的诺言。于是，以批判所谓资产阶级的民主为名，打压那些崇尚所谓的西方民主，甚至坚持自己主张的民主党派和民主人士，迫其彻底放弃主张，彻底消除其影响，也就不可避免了。中共就是要通过使用包括威胁和恐吓等手段的打压，完全堵住他们的嘴，以便于顺利地实现中共自己设计的新政权的蓝图。这就是问题的实质。事实上，中共确实如愿以偿地达到了自己的目的。虽然也有少数人并没有被说服，却毕竟被压服了，从此闭嘴，不再说三道四，而社会上要求实行西方式民主的呼声也随之销声匿迹也。

其二，在批判"资产阶级民主"的同时，中共和毛泽东又以很大的精力,全面地论述和宣传中共准备实行的"人民民主专政",以确立新政权的理论基础和指导思想。

中共中央虽然已在1948年6月正式提出了即将建立的新政权是人民民主专政的观点,并通过各种途径作了初步的阐述,但直到毛泽东发表《论人民民主专政》一文之前,人们对所谓的人民民主专政究竟如何理解却并不十分清楚。鉴于新政权成立在即,需要进一步阐明自己的主张,为新政权奠定理论基础,也为了解答人们的疑惑,甚至还有向苏联、美国等世界各国明确表态的考虑,毛泽东以纪念中共创立28周年为由,亲自撰写发表了题为《论人民民主专政》的重要文章,对即将登台的中共新政权的若干重大问题作出了堪称"坦白"的宣示。

首先,《论人民民主专政》在回顾了所谓中国人找到了马克思列宁主义真理的过程之后,便武断地宣称:"西方资产阶级的文明,资产阶级的民主主义,资产阶级共和国的方案,在中国人民的心目中,一起破了产。资产阶级的民主主义让位给工人阶级领导的人民民主主义,资产阶级共和国让位给人民共和国。""康有为写了《大同书》,他没有也不可能找到一条到达大同的路。资产阶级的共和国,外国有过的,中国不能有,因为中国是受帝国主义压迫的国家。唯一的路是经过工人阶级领导的人民共和国。"[34]尽管这些话并无多少新意,只是重申中共一贯的观点,但也值得世人重视。对这样的说法,当年很多人都曾表示信服,甚至直到今天仍有不少人相信中共官方的话,但越来越多的人对此已经不再认同。笔者在本书的前面各章中也已多次谈到,所谓资产阶级的文明,资产阶级的民主主义,乃至资产阶级的共和国等等,实际上都是人类文明发展共同的成果和共同的财富,具有普世价值。它虽然主要产生于所谓的资本主义社会,为资产阶级所创立,却如同市场经济制度等其他成果一样,其基本的原则和精神并非资产阶级所专有,而是所有的国家走向文明进步的必由之路。将其"阶级化",冠之以不同阶级的大帽子,只能成为拒不实行真正的民主制度,贩卖假民主真专制的借口和"挡箭牌"。笔者也说过,近代以来,一代又一代中国的志士仁人前仆后继,除了为国家和民族的独立而奋斗外，就是在为真正的民主制度建立而努力。尽管许多人奋斗了多年并未完全实现民主的梦想，但并非毫无成果。再说，过去的失败，并不是因为国人追求的是被中共"命名"的什么"资产阶级的民主"或"资产阶级的共和国"，而是由于中国的专制主义影响至大至深，而实现民主制度的各种主客观条件均未完全具备；也不能简单地将其归咎于帝国主义的压迫，虽然丧失独立确实使得真正的民主制度无法建立，因此中国人民的斗争必须将争取独立和民主的目标紧密地联系在一起。一旦获得了独立，因外国的侵略和干涉而使民主制度无法建立的一大障碍自然被消除，民主的理想为什么就不能实现呢？可见，毛泽东的断言并不能令人信服。此后60多年的历史证明，这只能是中共出于意识形态的偏见，为背弃过去关于实现民主的诺言，为最终达到垄断政权的目的而制造的理由而已。

其次，毛泽东在《论人民民主专政》一文中再次重申只有工人阶级及其"先锋队"共产党才是新政权，亦即人民民主专政的领导者，而资产阶级现阶段虽然可以参加新政府，但既不能在新政权中占据主要地位，更不能充当新政权的领导者。

毛泽东说："总结我们的经验，集中到一点，就是工人阶级（经过共产党）领导的以工农联盟为基础的人民民主专政。""人民民主专政需要工人阶级的领导。因为只有工人阶级最有远见，大公无私，最富于革命的彻底性。整个革命历史证明，没有工人阶级的领导，革命就要失败，有了工人阶级的领导，革命就胜利了。"[35]

对于始终奉行马克思主义理论的中共而言，这都是老生常谈，似乎也无多少新意。把社会上的人分为各个不同的阶级，然后再以其对待革命的不同态度，将其归入革命或反革命的不同阵营，再对革命阵营内部进行阶级分析，找出"最革命"的阶级，予以神化，赋予其领导革命的资格。在革命时期，使用这种被共产党人称为阶级斗争的观点和阶级分析的方法，客观上确实对动员和组织下层受剥削压迫的民众，从事反对上层统治者的斗争有着相当大的作用。然而，即便是在当时，这样的理论所起的也主要是宣传作用，且带有很大的虚妄性。革命胜利后，在被中共称之为新的社会里，再套用这种公式化的理论和方法，无疑更不合适，更显得虚无缥缈，且会对社会的正常发展造成极大危害。诚然，由于经济和社会地位的差别，社会中确实存在着不同的群体，或不同的阶级与阶层。但先将一些人和群体划为"敌人"或"敌对阶级"，再将被中共归入"人民"范围，同是国家"主人"的各个社会群体分出高低贵贱，把所谓最革命的工人阶级捧为最高，是什么天生的领导阶级，农民阶级次之，城市小资产阶级又次之，资产阶级则位居末位。这种做法的荒唐，与不文明的古代社会的各种等级制度有何不同？与近代文明的民主社会所强调的"人人生而平等"的原则又有什么共同之处？！

其实，包括中共在内的马克思主义者之所以要神化工人阶级，亦即无产阶级，真正的目的和作用是为了神化自称是工人阶级或无产阶级的先锋队，是唯一代表工人阶级或无产阶级利益的政党。在中国，这样的党称为共产党，而在其他国家，则还有"社会民主党""工人党""劳动党"等等各种不同的名称，不管叫什么，性质都一样。作为一个阶级去发挥什么领导作用，本来就是一件虚无缥缈之事，只有党才是真正有组织有力量的实体。因此，在马克思、恩格斯逝世以后，列宁创立了名为"阶级、政党、领袖"的理论，强调阶级只能通过政党才能发挥领导作用。也因此，毛泽东才在工人阶级的领导后面加上括号，注明"经过共产党"。于是，所谓工人阶级或无产阶级的领导，就是共产党的领导；由于工人阶级或无产阶级最革命，是天生的领导者，则共产党也是承天命的领导者；不论是革命胜利前，还是胜利后，工人阶级或无产阶级都将永远领导下去，直到阶级和政党消亡，共产党自然也要永远领导下去，不允许任何他人他党替代。所有这些都是顺理成章、理所当然、天经地义之事。按照现代的政治制度，如果换一个说法，"领导"就是"执政"，"领导党"就是"执政党"，也就等于说，中共将永远执政，永远是执政党。这与中国历史上的"皇朝世袭制"有什么区别，而与现代民主政治的理念相差何止十万八千里！

顺便提一下，得到毛泽东青睐的列宁关于"阶级、政党、领袖"

的理论，还涉及到领袖与政党的关系，它对毛泽东个人独裁专制的形成，也起了很大的作用。对此，笔者将在下文述及，此处不赘。

在强调工人阶级和共产党领导权的同时，毛泽东还明确地排除了其他阶级和政党，特别是资产阶级及其政党充当领导者或执政者的可能性。他虽然承认"民族资产阶级在现阶段上，有其很大的重要性"，但"是因为民族资产阶级的社会经济地位规定了他们的软弱性，他们缺乏远见，缺乏足够的勇气，并且有不少人害怕民众"，故"民族资产阶级不能充当革命的领导者，也不应当在国家政权中占主要地位"。[36]也许是担心资产阶级会因此产生不满，毛泽东还严厉地警告说："人民手里有强大的国家机器，不怕民族资产阶级造反。"[37]

对于自称是马列主义者的中共来说，最终目的是要消灭资产阶级，尽管因为中国的国情特殊，中共不得不在"现阶段"允许资产阶级存在，甚至允许资产阶级的政治代表参加新的联合政府，却无论如何不能让其成为国家政权的主要掌控者或领导者。因此，毛泽东的话似乎是理所当然，不容置疑的。然而，"符合"马列主义，并不等于"符合"世界上绝大多数人公认的民主政治原则。暂且不论中共和毛泽东对中国民族资产阶级的评价是否正确，也不论资产阶级最终能否被消灭，只要是在一个真正实行民主政治制度的国家里，合法的政府领导权或执政权的获得，都只能靠政党之间的和平竞争，靠多数民众的拥护和选择。任何人，任何政党既不能自封是天生的不变的领导者，也无权剥夺其他党派争取执政权和民众选择执政党的权利。可见，毛泽东的上述说法不仅同样武断，只是共产党人的意识形态偏见，而且也暴露出了中共企图长期垄断政权的"私心"。

再次，在《论人民民主专政》中，毛泽东还详细阐述了所谓人民民主专政的内涵，亦即所谓的民主和专政，宣示了新政权基本的政策。

毛泽东首先说："对人民内部的民主方面和对反动派的专政方面，互相结合起来，就是人民民主专政。""中国人民在几十年中积累起来的一切经验，都叫我们实行人民民主专政，或曰人民民主独裁，总之是一样，就是剥夺反动派的发言权，只让人民有发言权。"[38]

一般说来，对于以往历史上的国家政权，大致可分为两大类，即实行民主政治的和搞专制独裁的。当然，如果再细分，每个大类中也可按照其民主或专制的程度，分成各种不同的状况，但总体上仍不出上述两大种类。只是在马克思主义诞生之后，才出现了完全以"阶级"划分和确定各种政权的性质，并以"专政"一词，亦即最初曾被译为中文"独裁"的词加以概括，如奴隶阶级专政、封建地主阶级专政、资产阶级专政、无产阶级专政等等。至于将"民主"和"专政"或"独裁"合在一起，称之为"人民民主专政"或"人民民主独裁"，则完全是中共和毛泽东的发明。如此叫法，显然是因为中共和毛泽东一方面不好公然与民众多年盼的民主政治唱对台戏，立即在中国实行"无产阶级专政"，才不能不保留"民主"；却又不愿违背马克思主义，放弃"专政"一类的教条。但这种既有"民主"，又是"专政"或"独裁"的说法，似乎有点不伦不类。不过，重要的倒也不是名词，而是其实质性的内容。那么，所谓的人民民主专政究竟是何含义？对此，毛泽东倒是从所"专政"和"民主"两个方面作了说明。

对于"专政"或"独裁"，他首先强调，由于"帝国主义还存在，国内反动派还存在，国内阶级还存在"，因此，"我们现在的任务是要强化国家机器，这主要地是指人民的军队、人民的警察和人民的法庭"。"军队、警察、法庭等项国家机器，是阶级压迫的工具。对于敌对的阶级，它是压迫的工具，它是暴力，并不是什么'仁慈'的东西。'你们不仁。'正是这样。我们对于反动派和反动阶级的反动行为，决不施仁政"。[39]他还说，"对于反动阶级和反动派的人们，在他们的政权被推翻以后，只要他们不造反，不破坏，不捣乱，也给土地，给工作，让他们活下去，让他们在劳动中改造自己，成为新人。他们如果不愿意劳动，人民的国家就要强迫他们劳动"。[40]针对所谓反动派攻击中共搞"独裁""极权主义"，毛泽东则反驳说："革命的专政和反革命的专政，性质是相反的，而前者是从后者学来的。革命的人民如果不学会这一项对待反革命阶级的统治方法，他们就不能维持政权，他们的政权就会被内外反动派所推翻，内外反动派就会在中国复辟，革命的人民就会遭殃。""宋朝的哲学家朱熹，写了许多书，说了许多话，大家都忘记了，但有一句话还没有忘记：'即以其人之道，还治其人之身。'我们就是这样做的，即以帝国主义及其走狗蒋介石反动派之道，还治帝国主义及其走狗蒋介石反动派之身。如此而已，岂有他哉！"[41]

不论哪一类国家政权，都有被称为"暴力"的国家机器，都会惩办和镇压危害统治者或社会大众利益者，也就是说具有所谓"专政"或"镇压"的职能。但在实行民主政治的国家和实行专制独裁统治的国家里，其做法却完全不同。前者注重保护每一个公民的民主权利和人身权利，奉行"依法治国"的原则，只能对确实证明触犯法律，并通过严格的法律程序判定其有罪者，才能予以惩办或"镇压"。尽管各国的法律并不完全相同，且都有维护统治者利益的一面，并非十分公正，但所有的公民在法律面前一律平等，既不会有生来就带有"原罪"的人，也不允许任何人，包括所有执掌大权的人置身法外，享有特权。而后者则相反，对什么人、什么群体进行专政或镇压，完全按照统治者的利益和掌权者的旨意进行，根本没有法律依据，或虽有法律，也形同虚设；专制独裁者可以以各种理由，甚至是"莫须有"的罪名，随心所欲地宣布任何人、任何群体、任何社会阶级或阶层为"罪人""敌对阶级""敌对分子"等等，定其为"专政对象"或必须加以镇压者。

中共和毛泽东既然许诺实行民主政治，新政权理当按照民主政治和"法治"的原则行使国家政权的所谓专政职能。然而，中共和毛泽东所遵循的却是马列主义和所谓革命的原则，新政权尚未正式建立，就以阶级斗争观点和阶级分析的方法，将国人分成敌我两大阵营，宣布"反动派和反动阶级"为敌人和敌对阶级，是新政权主要的"专政"和"镇压"对象。众所周知，毛泽东所说的"反动派"，指的是国外的帝国主义者，在国内已经被推翻的，以蒋介石为首的国民党统治集团及其军队等各种残余势力，而"反动阶级"则是指被称为国民党统治集团的社会基础的官僚资产阶级和封建地主阶级。由于它们本来就是中共革命的对象，它们虽然已经或即将完全被推翻，中共仍担心它们不甘心失败，会使用暴力继续反抗新政权，因此，为了新政权的巩固，必须对继续以暴力或其他非法手段进行反抗者加以"专政"和"镇压"，这完全可以理解。然而，即便如此，在新政权已经建立的条件下，这样的"专政"和"镇压"也必须依法进行，而不应当再沿袭革命时期或战争年代的做法，随意处置；至于过去客观上虽然属于革命对象或所谓敌对阶级，却并无明显的"罪恶"，或虽有"反革命"行为，而新政权建立后已经悔改，且确实守法的许多人，更不应当将其与所谓的反动阶级一起，在毫无正当法律依据的情况下，统统打成敌人，归入"专政"和"镇压"的对象。此外，毛泽东还声称，对"反动派"和"反动阶级"决不能施"仁政"，只能严厉镇压，且辩解说使用暴力手段对付他们，是"以其人之道，还治其人之身"，也就是公然表明中共的新政权要采取"以暴易暴"的方针。当掌权的统治者使用暴力镇压革命者，革命派被迫"以暴易暴"时，这还说得过去，但"反动"的统治已被推翻之后，革命派建立的以实现民主政治为己任的新政权，仍然奉行"以暴易暴"的原则，显然带有"报复"的味道，不仅有违民主政治的精神，而且势必造成恶性循环。当年，刚刚翻过身来的革命者和革命的民众，得知毛泽东说要对反动派"以牙还牙"时，虽会产生一种快感，却并不懂得这是一把"双刃剑"，既能带来好处，也会引来大祸。总起来说，分清所谓的敌我界限未尝不可，但不依法行事，仅仅以掌权者的政治需要乃至专制独裁者个人的旨意，随意判定所谓的"专政"对象，又崇尚"以牙还牙""以暴易暴"，或"冤冤相报"的做法，历史证明，必然给国家和民众带来大灾难。不仅被"专政""镇压"的名目越来越广，范围越来越大，人数越来越多，从最初的国民党残余势力、官僚资产阶级、地主阶级，到富农分子、反革命分子、坏分子、资产阶级右派；从中共党外的敌人到混入党内的所谓资产阶级代理人、叛徒、特务、走资派等等。最具有讽刺意味的是，许多执行"专政"职能，曾经"镇压"过别人的人，后来也都成了被"专政"的对象，曾经主持建造"监狱"的人，最终成了"监狱"的"住客"。此外，以暴力为特征的"专政"和"镇压"手段也越来越残酷，到了令人发指的程度，惨死在非法暴力之下的冤魂无以计数。总之，冤假错案多如牛毛，真可谓"史无前例"。即便是仍在千方百计为之辩护，轻描淡写地名之曰"阶级斗争扩大化"或"专政扩大化"的人，也不能不承认有严重的错误。这虽然是后话，但凡过来者至今仍然记忆犹新，且足以说明毛泽东所谓"专政"的真实含义，说明所谓马列主义的革命的原则，与民主政治和法治的精神，无异于南辕北辙。

除了专政，所谓的人民民主专政还有"民主"的一面。对此，毛泽东说："对于人民内部，则实行民主制度，人民有言论集会结社等项的自由权。选举权，只给人民，不给反动派。"他又说："人民的国家是保护人民的。有了人民的国家，人民才有可能在全国范围内和全体规模上，用民主的方法，教育自己和改造自己，使自己脱离内外反动派的影响（这个影响现在还是很大的，并将在长时期内存在着，不能很快地消灭），改造自己从旧社会来的坏习惯和坏思想，不使自己走入反动派指引的错误路上去，并继续前进，向着社会主义社会和共产主义社会前进。"他还说："我们在这方面使用的方法，是民主的说服的方法，而不是强迫的方法。"[42]

一般说来，在实行民主政治的国家里，合法的民众或老百姓都被称为"公民"，所有的公民都平等地享有包括民主权利在内的各种权利。可毛泽东却以"人民"的概念代之，如前所述，还将所谓的"人民"分成等级，其享有的权利也有所不同。这并非只是简单的名词差异，同样与是否"依法"有关。对此，笔者已经作过分析，无须赘述。至于毛泽东许诺在人民内部实行民主制度，允许人民有言论集会结社的自由权和选举权，这当然是民主制度的必然要求，不可或缺。问题只是在于，如同过去中共批判国民党政府时所说，是真给，还是假给，或给的是真民主、真自由，还是假民主、假自由？对此，历史总会作出公正的判决。不过，必须指出，民主政治的内涵极为丰富，而其真谛则是公民或人民真正当家作主，真正成为国家的主人、社会的主人，与专制制度下的专制统治者才是主人，而人民只是奴隶完全不同。中共和毛泽东当然明白此理，故口口声声称新国家、新政府是人民的国家、人民的政府等等，但在实际上似乎并不完全懂得，或虽然知道，却故意偷梁换柱。从上述笔者所引毛泽东的话来看，他并未论述采取何种措施确保公民或人民当家作主，却以人民受到了反动派的思想影响为由，强调什么用"民主"的方法"教育"和"改造"人民自己，将所谓人民的民主的权利曲解为主要是"教育""改造"人民自己的权利，并以所谓的"民主的方法"与"强迫的方法"相区别。也许，这就是毛泽东所了解的"民主"。诚然，公民或人民确实需要自我教育和自我改造，且只能用民主的方法，决不能强迫。然而，难道这就是人民所要的民主权利和民主制度吗？！历史证明，毛泽东如此曲解民主政治和民主权利并非偶然。新政权建立后的中共不仅天天要求对人民所受的"反动思想"影响进行"教育"和"改造"，甚至还违背了采用"民主"方法的承诺，常以暴力相胁迫，用的也完全是强迫的手段。至于真正的民主政治制度和真正的人民当家作主，却始终无影无踪。

除了以上几点外，值得一提的还有，毛泽东的《论人民民主专政》从头到尾只字未提"联合政府"，也未说"人民民主专政"与"联合政府"是什么关系，与他在中共七大时的报告完全不同。这虽然并不说明中共已经放弃了联合政府的口号，但毛泽东有意淡化联合政府的色彩却是确定无疑的。毛泽东也没有像过去那样，说明"人民民主专政"与"无产阶级专政"的关系，更未强调两者之间的区别，这同样不是无意之举。他虽然已在党内说过，却还没有像几年以后那样明确地声称"人民民主专政"必然向"无产阶级专政"过渡，或曰"人民民主专政"实质上就是"无产阶级专政"，但在字里行间已经埋下了伏笔。

笔者之所以花费相当长的篇幅，对胜利前夕中共开始筹建新国家和新政权之后的思想变化，特别是对至今仍被尊为经典的《论人民民主专政》一文进行详细的引证、剖析，意在告诉读者，早在新国家新政权创立之前，中共和毛泽东已经不动声色地改变了自己的主张，实际上以整套新理论取代了过去关于实行民主政治制度的承诺，只是当年许多人并未注意，更未发觉个中的奥妙，完全相信了中共和毛泽东的宣传而已。既如此，人们也就不难想见，在毛泽东新理论的指导下，或按毛泽东所定的基调建立的新国家新政权，将是何等真面目，又会走向何方。

### 2.4.1.3 新政协与《共同纲领》，"联合政府"的建立

1949年春，在开过了中共七届二中全会之后，毛泽东和刘少奇、周恩来等中共中央领导人离开河北省的西柏坡，带着所谓"进京赶考"的心情，踌躇满志地踏上了前往有着近千年历史的古都，时称北平，今为北京之路。由此，古老中国再一次揭开了"改朝换代"的大幕。

随着国内军事、政治形势的飞速发展，尤其是解放军成功地渡过长江天堑，占领了国民党政府所在地南京之后，中共中央和毛泽东也加快了筹建新国家新政权的步伐。除了为新国家新政权奠定理论基础，起草各种必不可少的文件，另一项重要的工作就是尽可能多地"邀请"党外人士参与新国家新政权的工作。为此，不但中共的统战部门忙得不亦乐乎，而且毛泽东、周恩来等中央主要领导人亲自出马，或写信，或发电报给民主党派的领袖和有重大影响的党外人士，敦请他们共同参与"建国大业"。在中共的盛情感召和精心安排下，许多党外民主人士，秘密地从香港、上海等地出发，或辗转绕道东北，或直接来到北平。毛泽东等中共中央领导人抵达北平后，尽管日理万机，工作异常繁忙，仍不忘安排时间分别会见业已到达北平的党外民主人士，使得许多党外人士倍受感动。据说，成立不久的国民党革命委员会主席、在中国政坛上颇有威望的李济深，在受到毛泽东的接见时，曾紧紧地拉着毛泽东的手说：只有中国共产党才能救中国，这个认识终于实现了。现在全国即将解放，我们的全体同志都拥护中国共产党。而毛泽东则回答说：你不要对我们说夸奖的话，应该给我们多提意见，多提批评。在会见同样德高望重的民主斗士，时任民盟副主席的沈钧儒时，毛泽东显得更为谦逊，他说：沈老先生，我们要向你请教。现在打败了蒋介石，要建立人民共和国政府，建立人民的法律，还要请你多出力呀。沈钧儒则感慨地回答说：蒋介石政府践踏

法律，草菅人命，实行独裁的反动统治，人民活不下去了，必然起来反对它。这是蒋介石失败的主要原因。中国人民在共产党和您的领导下，取得了伟大的胜利。我虽然年纪大了，但我很高兴，一定在共产党的领导下做一点力所能及的工作。"[43]可见，毛泽东当时是多么的谦恭，多么的礼贤下士，与蒋介石完全不同，怪不得党外人士佩服得五体投地。中共和毛泽东如此表现，并不奇怪。虽然革命大胜，但初掌国柄，毛泽东等人毕竟心中无底，而许多党外人士都是国家和民族的精英，既有经验，又有影响，将其拢在中共身边，对内可以避免出错和稳定人心，对外则有助于显示新政权的形象和力量。事实上，中共和毛泽东也确实达到了自己的目的。

对于如何建立新政权的程序，中共和毛泽东最初的设想是：第一步，邀请各民主党派及人民团体的代表和无党派民主人士一起，在解放区召开新的区别于1946年的政治协商会议，商讨如何召开人民代表大会；第二步，再举行人民代表大会，选举产生中央人民政府。然而，一则形势发展太快，国民党的中央政府很快就被推翻了，必须尽快建立新的中央政府，否则有可能出现国家的无政府状态；二则，内战尚未完全结束，要选举人民代表，不仅费时，且在实际上无法操作。据说，有些民主人士如章伯钧、蔡廷锴等因此建议，新政协即等于人民代表会议，即可选举产生临时中央人民政府。[44]中共中央接受了这一建议。但也有人说毛泽东等人当时已经考虑到了调整程序的必要，并非因民主人士提议才改变的。总之，此办法简单易行，既具有一定的合法性，又能适合对内对外的需要，不管是谁首先提出，中共中央确实因此改变了原来的设想。

于是，1949年6月15日，在中共的领导下，由各党派、各团体代表参加的新政协筹备会首次会议开始在北平举行。此次会议通过了《新政治协商会议筹备会组织条例》和《关于参加新政治协商会议的单位及其代表名额的规定》，选出了以毛泽东为主任，周恩来、李济深、沈钧儒、郭沫若、陈叔通为副主任的筹备会常务委员会。接着，9月17日，又在北平召开了新政协筹备会第二次全体会议，一致通过将"新政治协商会议"更名为"中国人民政治协商会议"的决定，通过了《中国人民政治协商会议组织法（草案）》和《中华人民共和国中央人民政府组织法（草案）》。随后，9月21日至30日，由中国共产党、各民主党派、各人民团体、各地区、各少数民族、解放军和海外华侨及其他爱国分子的代表共662人组成的新政协，即中国人民政治协商会议第一届全体会议正式在北平举行。会议代行当时还无法举行的全国人民代表大会的职权，通过了起临时宪法作用的《中国人民政治协商会议共同纲领》《中华人民共和国中央人民政府组织法》等重要文献，选举产生了以毛泽东为主席，朱德、刘少奇、宋庆龄、李济深、张澜、高岗为副主席，以陈毅等56人为委员的中央人民政府委员会，并通过了关于国旗、国歌和纪年，关于定都北平和将北平改名为北京的决议，从而完成了建立新国家和新政权的历史使命。

1949年10月1日下午2时，中央人民政府委员会召开第一次会议，正、副主席及委员宣布就职，中央人民政府正式宣告成立。会议决定接受《中国人民政治协商会议共同纲领》为中央人民政府的施政方针，选举林伯渠为中央人民政府秘书长，任命周恩来为中央人民政府政务院总理兼外交部长，毛泽东为中央人民政府军事委员会主席，朱德为中国人民解放军总司令，沈钧儒为中央人民政府最高人民法院院长，罗荣桓为中央人民政府最高检察院检察长。同日下午3时，30万民众和新政府的领导人一起，在天安门广场举行开国大典，毛泽东宣告中华人民共和国中央人民政府于本日成立，并宣读了《中华人民共和国中央人民政府公告》，宣布本政府接受《中国人民政治协商会议共同纲领》为施政方针，为代表中华人民共和国和全国人民的唯一合法政府。随后，举行了解放军的阅兵式和群众游行。至此，创建新国家和新政权的主要工作基本完成。

从新政协会议的召开，到开国大典的举行，其间的具体过程已有许多人、许多文章和著作作过详细描述，无需笔者过多地重复。笔者只想就若干重要问题谈谈自己的看法。

其一，是关于新政协和新政府的人员组成问题。

首先是新政协。当时曾宣称新政协由45个单位的662名代表组成,分为党派、区域、军队、团体和特邀五大类。其中,党派代表共14个单位,除中国共产党和新民主主义青年团外,还有简称"民革"的中国国民党革命委员会、简称"民盟"的中国民主同盟、简称"民进"的中国民主促进会、简称"第三党"的中国农工民主党、简称"台盟"的台湾民主自治同盟、简称"民建"的民主建国会,以及中国致公党、中国人民救国会、中国国民党民主促进会、三民主义同志联合会、九三学社及无党派人士。各党派、各单位的代表名额均由中共与各方面协商确定。据今年刚刚出版的中共官方党史说:"中国共产党作为发起政协会议的最大的政党,代表名额与中国国民党革命委员会、中国民主同盟相当,同为正式代表 16 人,候补代表 2 人。"[45]其意自然是为了表明中共对待其他政党的态度是平等的,并不以大欺小。而事实上,中共是玩了花招的。表面上,作为党派代表,中共与民革、民盟相同,但由于参加政协的还有解放军、解放区、工会、妇联、青联、青年团等单位的代表。而这些单位都在中共的领导和掌控之下,其绝大多数代表无疑也都是共产党员。尽管官方党史也承认这一点,却并未透露其真实的人数。虽然如此,笔者仍然可以肯定地说,在总数 662 名代表中,中共党员的人数肯定大大超过民主党派、无党派人士加一般工人、农民的总数。其实,出现这种情况并不奇怪,也无可非议。只是在叙述历史时,应当实事求是才对。

值得一提的还有,中共完全主导了新政协的组成和召开,不仅哪些党派可以参加新政协,而且各个民主党派内哪些人可以当代表,基本上都由中共根据其政治态度决定。据说,最初申请参加新政协的还有民社党革新派、孙文主义同盟、中国少年劳动党、中国农民党、光复会、中国民治党、人民民主自由联盟、民主进步党、中国人民自由党等等,后来都以"组织不纯""成分复杂",甚至"性质多属反动"为由,被中共拒绝参与新政协,其中有些表现较好的则被中共邀以个人身份出席新政协。至于获得以党派组织名义参加新政协的民主党派,其代表名单也大多由中共方面提出,或虽由其所在党组织提出,但"名单必经统战部同意"。[46]这里所说的,当然是中共中央的统战部。

其次是中央人民政府和政务院及政务院各部、会、院、署、行的负责官员。据新版的官方党史说："政府领导成员的遴选，均由共产党同各民主党派反复协商后提名。中央人民政府委员会 6 位副主席中，共产党员 3 人，民主党派和无党派民主人士 3 人；中央人民政府委员会 56 位委员中，共产党员 29 人，民主党派和无党派人士 27 人。政务院 4 位副总理中，共产党员 2 人，民主党派和无党派民主人士 2 人；15 位政务委员中，共产党员 6 人，民主党派和无党派民主人士 9 人。"[47]另据 1949 年 10 月 20 日《人民日报》所公布的《政务院各部、会、院、署、行负责人员名单》，在周恩来等 93 人中，注明为共产党员的为 49 人。由此，有人推算认为，其中非中共人士应为 42 人，占全部正副职人员的比例为 45%。[48]但近年来，有学者对此提出质疑，认为上述材料有水分，并指出当年公布的名单中，很多列名为民主党派和无党派民主人士的人中，有不少就是中共的秘密党员，如救国会的沙千里（贸易部副部长）、民主建国会的王新元（轻工业部副部长）、民盟的胡愈之（出版总署署长）等等。因此，实际上，在政务院所辖机构的负责人中，中共党员应是 62 人，占总数的 66.67%，非中共党员 31 人，占 33.33%。[49]必须承认，这些学者所提供的材料颇有说服力。其实，数字和比例都不是关键，学者们所追求的主要是历史的真实。

其二，是关于《共同纲领》的评价问题。

当年，即新政协讨论和通过《共同纲领》时，中共中央的第二号人物刘少奇曾代表中共在会上发言说："我们认为这个共同纲领是中国历史上一个极端重要的文献。""这是总结了中国人民在近一百多年来特别是最近二十多年来反对帝国主义、封建主义和官僚资本主义的革命斗争的经验，而制定出来的一部人民革命建国纲领。这是目前时期全国人民的大宪章。"[50]如此评价不谓不高也。此后直到今天，中共官方一直延续此高调。诚然，当时能够制定出，且使得新政协通过这一文献，确实是中共的得意之作。朝野各方似乎也都对此感到满意。然而，事实却并不像中共所吹嘘的那样完美无缺。

首先，《共同纲领》无疑是按照毛泽东在《论人民民主专政》一文中提出的思想设计的。它虽然提出"以新民主主义即人民民主主义为中华人民共和国建国的政治基础",却与真正的民主政治精神有很大的差距。《共同纲领》强调"中华人民共和国为新民主主义即人民民主主义国家,实行工人阶级领导的,以工农联盟为基础的,团结各民主阶级和国内各民族的人民民主专政"。[51]笔者已在前文中说过,所谓的人民民主专政,就是先将国内的民众分成"敌我",即"反动派和反动阶级"与"人民""民主阶级"等,然后对前者实行专政,对后者实行民主;又在所谓的人民中,再分出三、六、九等,确定最革命的阶级为领导阶级,这种理论和思想虽然符合中共奉行的马列主义,却并不符合真正的民主政治的原则和精神。笔者也说过,神化工人阶级,强调所谓工人阶级的领导权,其真正的目的是神化共产党,强调共产党不可变更的领导权、执政权。这无疑也是真正的民主政治所不能接受的。对于上述观点,无需笔者再作重复。此外,《共同纲领》仍以"人民"替代"公民"的概念,这既不科学,也与真正的"法治"精神相去甚远。两者虽然意思相近,含义却大有区别,如今许多人都已懂得,亦无需多说。《共同纲领》还用了一个"国民"的词。对此,在新政协会议上,周恩来曾经专门作过解释:"有一个定义须要说明,就是'人民'与'国民'是有区别的。'人民'是指工人阶级、农民阶级、小资产阶级、民族资产阶级,以及从反动阶级觉悟过来的某些爱国民主分子。而对官僚资产阶级在其财产被没收和地主阶级在其土地被分配以后,消极的是要严厉镇压他们中间的反动活动,积极的是更多地要强迫他们劳动,使他们改造成为新人。在改变以前,他们不属于人民范围,但仍然是中国的一个国民,暂时不给他们享受人民的权利,却需要使他们遵守国民的义务。"[52]真不知应当如何评述此番高论。显然,周恩来的用意仍是要以马列主义的阶级斗争观点和阶级分析方法区分所谓的敌我,为"人民民主专政",即对何人实行专政,对何人实行"民主"寻找理论根据,但结果却使得所谓"人民""国民"的概念变得更加混乱,暴露出中共死守马列主义教条,却对真正的民主政治不是无知便是故意曲解的真相。历史表明,后来中共犯了数不清的,连中共官方自己也不得不承认的所谓"混淆敌我、颠倒是非"的严重错误,其实是与建国伊始就混淆了"公民""人民""国民"等等概念不无关系。

其次,《共同纲领》虽然明确地规定:"在普选的全国人民代表大会召开以前,由中国人民政治协商会议的全体会议执行全国人民代表大会的职权,制定中华人民共和国中央人民政府组织法,选举中华人民共和国中央人民政府委员会,并付之以行使国家权力的职权。"[53] 以往,很多人都对此作了错误的解读,认为在全国人大召开前,政协都可以"执行"或"代行"全国人大的职权,实际上并非如此。按照董必武的解释,《共同纲领》所说政协"执行"的全国人大的"职权仅仅限于通过共同的纲领和"制定中华人民共和国中央人民政府组织法,选举中华人民共和国中央人民政府委员会,并付之于行使国家权力的职权",此后即将包括召开全国人大在内的所有权力移交给了中央人民政府委员会,使之成为集立法、行政、司法等全部大权于一身的最高权力机构,或如董必武所说:"中国人民政治协商会议的全体会议虽然选举出中央人民政府委员会,但在中央人民政府委员会选出之后,后者即为行使全国最高权力的机关。"[54] 这就清楚地表明,新政协在完成了上述任务之后,就与全国人大再没有关系,更谈不上什么"执行"和"代行"全国人大的职权了。可见,所谓新政协"执行"或"代行"全国人大的职权只是一次性的"消费"。此后的新政协除了还有对政府毫无约束力的"建议权"外,再没有任何实际权力,《共同纲领》甚至连"政协"对"中央政府"进行监督的权力也未给予。而在此前通过的《中国人民政治协商会议组织法》和《中华人民共和国中央人民政府组织法》同样既没有赋予"政协"监督中央政府的权力,也未规定其他机构可以监督中央政府。这等于说,至少在普选的全国人民代表大会召开之前,中央政府一经选出,便不受监督;或者说,政协只有权选举中央政府,却无权监督之,反正都是一样的意思。如此便使得中央政府拥有最高权力,却不受任何监督。毫无疑问,这是明显违背民主政治原则的。显然,这并不是偶然的疏忽,而是中共刻意为之,一方面确保中共领导的政府权力不受或少受干扰；另一方面则意在限制政协的作用。此后的事实表明，中共虽然需要政协这样的形式选出政府，以显示新政权的合法性，却不再需要，也不允许政协完成此任务后继续拥有任何实际权力，必须使之逐渐淡化为只有"建议权"的"清谈馆"。

除了上述各点外，还有一些问题，因限于篇幅而无法一一列举。

诚然，《共同纲领》也不是一无是处。实事求是地说，也有很多重要且正确的规定，至少从字面上看是如此。例如，《共同纲领》第四条明确地规定："中华人民共和国人民依法有选举权和被选举权。"第五条说："中华人民共和国人民有思想、言论、出版、集会、结社、通讯、人身、居住、迁徙、宗教信仰及示威游行的自由权。"第十条和第二十条则规定："中华人民共和国的武装力量，即人民解放军、人民公安部队和人民警察，是属于人民的武力。""中华人民共和国建立统一的军队，即人民解放军和人民公安部队，受中央人民政府人民革命军事委员会统率，实行统一的指挥，统一的制度，统一的编制，统一的纪律。"[55]这些规定，除笔者已经指出的，除不当地以"人民"替代"公民"外，基本原则都是民主政治必须具备的，与抗战胜利前后人们所强调的"政治民主化"和"军队国家化"相吻合。不过，写在纸上的东西，中共及其新政权能否真正兑现，这才是问题的关键。虽然刘少奇当年也曾信誓旦旦地表示，"中国共产党以一个政党的资格参加人民政治协商会议，和其他各民主党派、各人民团体、各少数民族、国外华侨及其他爱国民主分子一起，在新民主主义的共同纲领的基础上忠诚合作，来决定中国一切重要的问题。凡是中国共产党参加并一道通过的人民政治协商会议的决议，中国共产党都将坚决地执行并为其彻底实现而奋斗"，[56]但最终还是要靠事实来说话。此外，《共同纲领》还有一些规定，如关于保护公有和私有财产权，关于新政权的经济政策等等，也应得到肯定。有关这方面的内容，笔者将在下一章详细述及。

由此可见，《共同纲领》虽然也有许多符合民主政治原则的规定，但违背民主政治精神之处同样存在，无疑是当时特殊历史条件下的产物，而将其作为所谓的"临时宪法"则差强人意，更不可能成为什么建国的"大宪章"。

其三，是关于新政权是不是"联合政府"的问题。

1948年中共提出召开由各民主党派、各人民团体、各社会贤达参加的新政协时，曾明确地说要成立"民主的联合政府"。此后，随着形势的变化，中共又提出了"人民民主专政"的口号，且逐渐地淡化"联合政府"，但也没有正式宣布放弃这一口号。值得注意的是，新政协通过的《共同纲领》虽然称"中国人民民主专政是中国工人阶级、农民阶级、小资产阶级、民族资产阶级及其他爱国民主分子的人民民主统一战线的政权"，[57]却只字未提"联合政府"。于是，人们必然要提出质疑，新政权是不是"联合政府"，或是否具有"联合政府"的性质？

以笔者之见，尽管中共后来一直淡化新政权"联合政府"的色彩，却也没有立即完全摒弃之。毕竟中共的新政权当时还需要用"联合政府"来证明自己的合法性，需要以"全国人民大团结"的表象来向国内外显示新政权是得民心的，也需要以此尽可能地减少敌对者，缓解其反抗的程度，利于新政权的巩固。此外，从新政协通过的《共同纲领》和选出的新的中央政府的组成人员状况来看，如笔者已经分析过的，除中共党员以外的各民主党派和无党派民主人士所占的比例，虽然并非当年夸大的那么多，却也是中国历史上破天荒的，相比较于过去的国民党政府确实好得多，故能给人以面貌一新的感觉，也使得新政权诞生之后，曾一度被称为"中国的精英政府"。因此，笔者认为，尽管中共已不想用"联合政府"的名称，但新政权初创时，或至少在表面上，基本上还算得上是一个"联合政府"，或具有一定的"联合政府"的性质。

然而，毋庸讳言，如以真正的"联合政府"的要求，以真正实行民主政治制度的要求来衡量，则不能不承认，新建立的"联合政府"是差强人意的。如前所述，它不仅在许多方面有违民主政治的原则，而且由于参加"联合政府"的各党各派无论是在政治上，还是在组织上都不同程度地受制于中共，各党派实际上既不是完全独立的，相互之间也不是完全平等的。按照常理，联合也好，合作也好，都必须建立在各自独立,互相平等的基础之上,否则就不可能有真正的联合和合作。多年来,中共官方一直吹嘘所谓的"多党合作"和"政治协商",最近出版的官方党史仍然大言不惭的说:"第一届中国人民政治协商会议全体会议的召开,标志着中国共产党领导的多党合作和政治协商制度正式确立为新中国的一项基本的政治制度。这种从中国革命历史发展中产生出来的、适合于中国民主政治发展需要的新型政党制度,在新中国建设事业的发展和社会进步中发挥了重要作用。"[58]不客气地说,官方党史的作者们不是对历史无知,就是患了健忘症。历史的事实是,即便是一届新政协体现了所谓的"多党合作"和"政治协商",也可以说是比较好的制度,但这一制度根本就没有"确立",而是很快就被中共和毛泽东破坏了,更谈不上后来发挥什么"重要作用"。就中共的内心而言,对于"多党合作""政治协商",只是在必要的时候加以利用而已。正因为如此,客观的学者指出,一届政协也好,最初的联合政府也好,均具有"过渡"的性质,或充其量只是一种"过渡"型的政权。[59]那么,既然是"过渡"性质的,其发展前途就会有各种可能,或向真正的民主政治方向发展,或完全相反。其最终的结果既取决于当权者,也取决于广大民众。当然,这是后话。

其四,是关于中共执政和新政权的合法性问题。

有意思的是,最早对中共执政和新政权的合法性提出质疑的并不是中国人自己,而是被中共称为"老大哥"的苏联领导人斯大林。1949年夏,即新政权尚未正式成立时,刘少奇代表中共中央和毛泽东,访问了莫斯科。在谈及即将建立的新政权过程中,斯大林对刘少奇说,敌人可用两种说法向工农群众进行宣传,反对你们,一是说你们没有进行选举,政府不是选举产生的;二是国家没有宪法。政协不是选举的,人家可以说你们是用武力控制了位子,是自封的;共同纲领不是全民代表提供的,而是由一党提出,其他党派予以同意的东西。你们应从敌人手中拿掉这个武器。[60]斯大林当然是站在中共方面的,但他虽然在苏联不搞什么民主政治,却懂得西方国家民主、法治的要求,包括程序合法性的问题。他之所以提出这方面的问题当然是要提醒中共，注意程序合法性。如果真按斯大林所说，或按照民主政治的严格要求，中共执政和新政权的建立就很难说是合法的。多年来，国内外确实一直有人质疑这样的合法性，而且也不是毫无道理。

不过，在民主政治的制度下，程序的合法性确实很重要，在客观条件具备的情况下，必须确保程序的合法性，但程序合法性并不是万能的，"实质合法性"同样十分重要。即便由于当时的条件所限，暂时无法做到程序合法，如果执政的新政权确实得到了民众的拥护，则不能完全否认其具有一定的合法性。反之，即使程序看起来是合法的，而实质上并不反映真正的民意，那么所谓的合法性也是有问题的。

以此推论，在中共取得革命胜利，旧的国民党政府已被推翻，但战争状态尚未完全结束，社会秩序尚未稳定，立即召开真正经过民众自由选举的人民代表大会实际上并不可能。在一时无法经过选举产生新政权的情况下，采取变通的办法，即通过召开包括社会各界代表参加的政治协商会议，制定必不可少的法律文件，选举新的政府，虽然程序并不完备，却是可以允许的，且得到了全国多数民众的认可。更重要的是，中共作为最主要的执政者，当时确实得到了全国大多数民众的支持和拥护。其中，中国"胜者王、败者寇"的传统观念无疑起了一定的作用，或因为胜者掌握了强大的武力，其他政党的政治、军事力量无法与之匹敌，不得不拥戴中共。这些都是客观存在的事实，无法否认。但事情也似乎并不那么简单。除了胜利和实力的因素，中共所倡导的"革命"，为国家的独立和进步，为维护民众利益所作的承诺，共产党人和革命军队在战时和战后所表现出来的严明纪律，乃至与旧的国民党政权的专制、腐败形成的鲜明对比等等，都是中共得人心的重要原因。正因为如此，国内大多数民众当时支持和拥护中共，乃至对中共和新政权寄予莫大的希望，都是发自内心的。故虽然在程序合法性方面有欠缺，但中共当时得到民众认可确是不争的事实，它成为主要的执政者或由它建立的新政权无疑也就具有一定的合法性。

然而，在肯定新国家创建之初中共执政和新政权合法性的同时，也必须指出,这种合法性只是相对的,是在特定的历史条件下产生的,既不完备,更不是永久不变的。在经过一段时间的过渡之后,不仅应当完整地履行合法的程序,而且必须真正让民众根据各种政治力量的现实表现,不受任何控制地自由地选择执政者。这样产生的国家政权也才具有真正的完备的合法性。遗憾的是,此后的中共虽然搞了"普选",召开了"人民代表大会",制定了正式的"宪法",选出了包括新的中央政府在内的各级政权机构,似乎补救了"程序"的不足,但在实际上却偷梁换柱,使得所谓的选举和人民代表大会统统变了味道,目的当然是为了使中共能够"长期执政""永远执政"。如此产生的所谓各级政府,恐怕连新国家初创时的"合法性"都谈不上了。

## 2.4.2 "联合政府"的消亡与中共"一党专政"的确立

### 2.4.2.1 "以党代政"开了中共独揽政权之先河

尽管新成立的中央和地方的各级政权作为"联合政府"似乎差强人意,但最初毕竟还有"联合政府"的味道。中共和毛泽东最初一、二年里对待"多党合作"和"政治协商"的态度也还比较认真。毛泽东就曾多次强调合作的重要。1949年10月24日,他对傅作义等人说:"现在共产党成了全国性的大党,又有了政协全国委员会,我当主席有责任使各个方面都有利,使别的党派也有利,否则会引起不满,会被人骂,甚至会被推翻。""中国永远是党与非党的联盟,长期合作。双方要把干部都当成自己的干部看,打破关门主义。关门主义过去是有的,'三怕'的说法就是证明。没有统一战线,革命不能胜利,胜利了也不能巩固。搞统一战线哪能怕麻烦,怕捣乱,怕人家吃了你的饭?切不可叶公好龙。"[61]1950年4月21日,毛泽东在同中共中央统战部李维汉、徐冰等人谈话时又说:"对民主党派及非党人物不重视,是一种社会舆论。不仅党内有,党外也有。民主党派是联系小资产阶级、资产阶级的,政权中要有他们的代表。对民主党派要给事做,尊重他们,把他们当作自己的干部一样。要团结他们,使他们进步，帮助他们解决问题，如党派经费、民主人士旅费等。华南分局陪送张治中来北京的人，一下车就向张治中要求交路费。聘请到东北去工作的教员，发现是民主党派分子的，就不愿要，让他们在东北周游一下又送回去。等等。这是不公平的。资产阶级要求平等、博爱、自由，我们这样做就不是平等，不是博爱而是偏爱。手掌是肉，手背是肉，不能有厚薄。我们要解放全人类，资产阶级、地主也要帮助他们解放，改造他们。这就是博爱。要实行民主。现在有人有好多气没有机会出，要让他们出，除了泄密的、破坏性的，都让人家说。"[62]持官方观点的《毛泽东传》认为："这个谈话，展示了毛泽东的无产阶级革命家的气魄和胸怀。"[63]这虽然带有吹嘘的成分，但毛泽东如此说，确实很"感人"，反映出他当时对党外人士确实还比较重视。

　　此外，尽管中共一方面强调自己是国家的领导者或主要的执政党，但一开始在处理党与政府的关系时也还比较谨慎。1950年3月16日，时任政务院总理的周恩来主持政务院中共党组干事会，议定了同党外人士合作的指导原则，强调党组会议不能代替行政会议，要健全政务院各部门行政会议制度，要使党外负责人加强责任感，在其职权范围内敢于做主。[64]同年4月13日，在全国统战会议上，周恩来就讲得更加明确了。他说，由于过去长期战争的历史原因，使我们形成了常常以党的名义下达命令的习惯，"现在进入和平时期，又建立了全国政权，就应当改变这种习惯"。"党政有联系也有区别。党的方针、政策要组织实施，必须通过政府，党组织保证贯彻。党不能向群众发命令。""一切号令应该经政权机构发出。"[65]差不多在此前后，担任政务院政法委员会主任的董必武也专门就此作过论述："党领导国家政权，但决不是直接管理国家事务，决不是说可以把党和国家看作是一个东西。党对国家政权机关的领导应当理解为经过它，把它强化起来，使它能发挥其正确的作用。党无论在什么情况下，不应把党的机关的职能和国家机关的职能混同起来。党不能因为领导政权机关就包办代替政权机关的工作，也不能因领导政权机关而取消党本身组织的职能。关于党对国家政权机关的正确关系，可概括为以下三条：一是对政权机关工作的性质和方向给予确定的指示；二是通过政权机关及其工作部门实施党的政策，并对它们的活动实施监督；三是挑选和提拔忠诚而有能力的干部（党与非党的）到政权机关去工作。"[66]必须承认，这是中共内部对执政党与政权的关系说得最清楚的，虽然并非完全正确，但与周恩来所强调的合在一起，基本上符合民主政治的原则和精神。如果真能这样做，并坚持下去，定能对中国民主政治的建设产生积极的作用。

然而，如此严格地将"党"和"政"分开的做法并没有持续多久，再加上"联合政府"存在着先天的缺陷，情况很快发生了变化。所谓的"先天缺陷"，指的是由于实力相差悬殊，中共与其他民主党派的实际地位并不平等，民主党派在政治上组织上并不是完全独立的。当然，各民主党派都宣布拥护中共的领导。如果这仅仅意味着赞成中共在国家政权中的领导地位和执政地位，倒也不成问题。但中共的解释却认为，在彼此的党际关系上，中共也是领导民主党派的。1956年春中共中央统战部的《关于帮助民主党派工作的意见》就曾明确指出："共产党和民主党派之间，有着领导（共产党）与被领导（民主党派）的关系。"[67]事实上，从召开新政协会议开始，乃至邀请哪些党外人士参加新政府，虽然中共与各民主党派确有"协商"，但中共始终处于主导地位。此后，各民主党派在政治上组织上的重大问题都必须请示中共的统战部。此外，还有一点同样很重要，且常常为一般人所忽视，即民主党派自身所需要的活动经费，也只能依靠政府所掌握的财政供给。在民主政治的制度下，各党派，包括执政党在内，党的活动经费只能自行筹措，无权动用国家的财政经费，亦即纳税人的钱。但中共从建立新政权的第一天开始，就不仅以财政经费用于自身纯粹党的活动开支，而且还通过财政拨款，供给其他中共所认可的民主党派使用。俗话说，吃人家的嘴软，拿人家的手短。暂且不论这种做法是多么荒唐，仅就民主党派只能依靠中共控制的国家财政维持生存而言，就能明白民主党派要保持自己的独立性是多么的困难了。在一方不能完全独立，双方地位不平等的条件下，所谓的"合作""联合""协商"等等又能有多大的实际意义呢？而变化的出现，则是必然的。

不过，变化倒也不是突然发生的，其间有一个渐进的过程。而在这过程中，中共和毛泽东的"以党代政"，最终导致"党政不分"，显然起了"开先河"的重要作用，亦即开了中共独揽政权的先河。

所谓"以党代政"，就是上文所引周恩来、董必武批评过的做法，即以中共党的名义直接向民众发号施令，包办代替政府的行政工作。由于周恩来、董必武都不是中共的最高领导人，所说的话并不算数，再加上他们的意见也没有成为全党的共识，因而无法得到真正的贯彻，更没有固定为新政权的制度。而中共在战争年代十分习惯的"以党代政"那一套很快又盛行起来。

毋庸讳言，带头恢复过去那一套的当然是中共的最高领袖毛泽东。他在新政权建立的最初一、二年里还比较谨慎，甚至还表示过赞同董必武等人的意见。他和中共中央的一些重大决策，如在新解放区开展土地改革等，也基本上通过国家的行政机构予以推行。尽管后来在土改的过程中，毛泽东也常常以中共中央的名义发号施令，使得土改出现了本来不该出现的问题，但总的来说，似乎还未出大格。但从开展所谓的"镇压反革命运动"开始，毛泽东不仅亲自指导运动，而且明显地开始抛开政府机构，更多地以中共中央甚至他个人的名义，向各地的中共党组织发指示，发命令，而各级党组织也更多地直接推动运动的发展。对于像"镇反"这样与全国民众生死攸关的重大举措，作为国家政权机关的各级政府部门，除了中共直接指挥的"公、检、法"外，各级政府基本上无权置喙；尤其是在政府内工作的民主党派和民主人士，除了不定期地获得中共的若干通报外，便无法了解运动的详细过程，更谈不上对运动提出自己的看法和意见了。这一点，人们只要仔细地研究一下中共官方编辑出版的《建国以来毛泽东文稿》，读一读毛泽东为此所发的大量电报，就能很清楚地看到，毛泽东是如何做的。[68]诚然，在"镇压反革命"运动中，中共和毛泽东也通过中央人民政府批准制定了一个《中华人民共和国惩治反革命条例》，但那也只是一个原则性的文件，很多具体的政策乃至如何判刑等等，都由中共各级党的组织决定，既无法可依，也不需要什么法律。如此"以党代政""以党代法",不可避免地造成了笔者将在以后各节中提到的许多严重后果。

实际上,毛泽东和中共中央在"镇反"运动中的做法只是刚刚开了一个头而已。在此后的"三反""五反"运动中,在其他很多重大的问题上,毛泽东和中共也都是如法炮制,且愈来愈毫无顾忌。发展到后来,毛泽东干脆采取措施,改变了最初由中共设在政府中的党组领导、监督政府行政机构的做法,由中共中央和地方各级党的组织,或直接指挥,或代替中央政府及各级政府机构行使国家权力。

新政权初创时,为了确保和体现党对政府的领导,中共在从中央到地方的各级政府机构中都设立了党的组织,分别称"党委"和"党组"。这是只有中共才能享有的特权,其他参加政府的党派是不能如此做的。党委主要是管理政府机构中的共产党员,尽管也有确保行政机构完成工作任务的责任,但所处理的主要是党内事务。"党组"则不同,它是中共在中央和地方政府中党的领导机构,其主要职责是确保中共制定的路线、方针、政策在中央和各级政府中得到贯彻,由在中央和各级地方政府担任负责工作的共产党员组成,分别向中共中央和中共设在各个地区,即省、市、县等等各级党委负责并报告工作。显然,"党组"的设立已经为中共控制从中央到地方的各级政府开了不好的先例,为党包办政府事务创造了条件,只是因为当时中共党内如周恩来、董必武等人担心,强调不能以党组会议代替行政会议,不能以党的名义直接向政府和民众下达命令,中共的主张应当通过政府机构的决定或决议加以贯彻,故党组越俎代庖,包办政府事务,致使政府内的党外人士有职无权,甚至无事可做的情况尚不严重。然而,经过一段时间的运作之后,毛泽东对此似乎仍不满意。他首先在中央发难,以加强中共中央对中央政府的领导为由,最终撤销了以周恩来为书记的中央人民政府党组干事会,开始实行各级党委直接指挥、管理政府机构的制度。

中央政府刚成立时,按照中共中央的规定,首先在中央政府的整个系统建立了以周恩来为书记的"政务院党组干事会",总领中央政府各个部门的"分党组干事会"和"党组小组",亦即代表中共中央实施其对中央政府的领导，向中共中央负责并汇报工作。此后，"政务院党组干事会"一度更名为"中央人民政府党组干事会"，目的是更加名正言顺，实际的职责和任务却并无变化。[69]由于中央政府的机构设置庞大，具体事务繁多，以毛泽东为首的中共中央难以了解各机构的工作情况，再加上各个部门都只能通过"政务院党组干事会"，或后来的"中央政府党组干事会"向毛泽东和中共中央报告工作，使得毛泽东感到了所谓政府有脱离党中央领导的危险。正是在这样的背景下，从1950年下半年开始，毛泽东开始不断地批评政务院各部门没有及时向他和中共中央请示汇报。该年8月7日，他在一份文件中批示说："政务院所属各部每次召集会议决定政策方针，都应如中财委所属某些部门一样，做出总结性报告，呈报我及中央书记处看过，经同意后，除用政务院、各委或各部自己的名义公告执行外，有些须用内部电报通知各地。"他还要求周恩来"通知所属一律照办"。[70]同年9月13日，毛泽东又在给周恩来的批示中严厉批评政务院的若干部门："政法系统各部门，除李维汉管的民族事务委员会与中央有接触外，其余各部门，一年之久，干了些什么事，推行的是些什么方针政策，谁也不知道，是何原因，请查询。中财委所属各部门，经过中财委向中央反映，有些是慢一点，但大体上是好的；也有若干部门，例如重工业，燃料，农、林、水利等还没有反映。文委系统状况，略同于财委。以上情况，请作一总检查，并加督促。"[71]上述批示虽然还没有"上纲上线"，但毛泽东对政府工作的不满却是显而易见的，批评的矛头不仅针对的是那些未作报告的部门，也包括周恩来在内。

尽管周恩来等人按照毛泽东的要求，对中央政府各部门的工作努力予以检查和改进，却似乎很难使毛泽东真正满意。1952年底和次年初，出了一个后来被称为"新税制"的事件，并立即被毛泽东抓住大做文章。当时，据说是为了简化纳税手续和使各类工商企业的税收负担更加公平，中央财经委员会经过政务院批准，调整并公布了新的税收政策，并宣布立即实行。不料，"新税制"一公布，便遭到许多国营企业和地方政府负责人的批评、责难，并引起毛泽东的重视。

毛泽东认为这是一个严重错误，一是"新税制"公布实行前没有请示他，也没有经过中共中央的讨论和批准；二是"新税制"主张公私企业"一律平等"纳税，违背了党优待公营企业，限制私营企业的政策，遂立即给周恩来等人写信，严厉批评此事。他说："新税制事，中央既未讨论，对各中央局、分局、省市委亦未下达通知，匆卒发表，毫无准备。此事似已在全国引起波动，不但上海、北京两地而已，究应如何处理，请你们研究告我。"[72]此后，据时任中财委副主任的薄一波回忆，毛泽东在听取有关人员的报告时又批评说："'公私一律平等纳税'的口号违背了七届二中全会的决议；修正税制事先没有报告中央，可是找资本家商量了，把资本家看得比党中央还重；这个新税制得到资本家叫好，是'右倾机会主义'的错误。"[73]批评如此尖锐，上纲如此之高，"新税制"事件遂成为当时政府工作中的一大严重错误，闹得沸沸扬扬。其实，撇开这一事件的是非不谈，即便政务院、中财委对此事的处理有所不当，充其量也只是工作上的某种疏忽，上不了那么高的纲。毛泽东之所以抓住此事大做文章，显然是"醉翁之意不在酒"，其目的之一是发泄他对政务院，对周恩来等政府工作人员不重视向他和党中央报告工作，甚至怀疑他们有意架空自己的不满，并下决心采取措施，分周恩来等人的权，加强他和党中央对政府机构的直接控制；目的之二则是借此发动对所谓党内外资产阶级思想的批判，以扫清障碍，为即将公开出台的"过渡时期总路线"鸣锣开道。对于后一目的，毛泽东毫不隐讳，曾多次谈及，且引发了包括"高饶事件"在内的党内风波，笔者将在以下各章中详细述及；对于前一目的，毛泽东虽心照不宣，但他随后采取的行动则证明了他确实有此想法。"新税制"事件发生之后不久，毛泽东的举措便陆续出台。

1953年3月10日，按照毛泽东的旨意，中共中央作出了一个《关于加强中央人民政府系统各部门向中央请示报告制度及加强中央对于政府工作领导的决定（草案）》。该《决定》强调，为使政府工作避免脱离党中央领导的危险，特作出以下规定：一是今后政府工作一切主要的和重要的方针、政策、计划和重大事项，均须事先请示中央，经中央讨论和决定或批准后，始得执行。政府各部门须定期地和及时地向中央报告或请示，以便能取得中央经常的、直接的指导；二是今后政府各部门的党组工作必须加强，并应直接接受党中央的领导，因此，现在的中央人民政府党组干事会已无存在的必要，应即撤销；三是今后政务院各委和不属于各委的其他政府部门一切主要的和重要的工作均应分别向中央直接请示报告。为了更好地做到现在政府工作中各领导同志直接向中央负责，并加重其责任，特规定国家计划工作由高岗负责，政法工作（包括公安、检察和法院工作）由董必武、彭真、罗瑞卿负责，财经工作由陈云、薄一波、邓子恢、李富春、曾山、贾拓夫、叶季壮负责，文教工作由习仲勋负责，外交工作（包括对外贸易、对外经济、文化联络和侨务工作）由周恩来负责，其他不属前述五个范围的工作（包括监察、民族、人事工作等）由邓小平负责。凡应向中央请示报告的事项而竟未向中央提出，则最后经手的政府负责同志应负主要责任；四是中央人民政府党组干事会撤销后，政务院各委的党组暂时仍应存在，直接受党中央领导，并分管其所属的各部、会、院、署、行的党组，凡不属于各委而直属政务院的其他部门，如外交、民族、华侨、人事等部门的党组，则直接受中央领导。[74]随后不久，根据上述决定，中央人民政府党组干事会书记周恩来发出《撤销政府党组干事会的通知》，正式宣布中央人民政府党组干事会即日起停止工作，所属各部门的党组或党组小组均由党中央直接领导。[75]同年5月，中共中央和毛泽东再一次作出规定，将政务院及政府的经济工作划分为五至六个方面，由高岗、邓小平、周恩来、陈云、薄一波等14位领导人分别向中共中央和毛泽东主席直接负责，而毛泽东则通过他们直接领导和控制包括政务院在内的中央政府各部门的工作。[76]

从表面上看，毛泽东上述的一系列举措，似乎主要是在削弱周恩来的权力和强化他自己对中央政府的控制。这确是不争的事实。周恩来从一个既代表党中央，又是政务院总理，亦即权力很大的中央政府行政机构的总管，实际上被降为只负责外交系统工作的领导人了，这自然是对周恩来的一个重大打击，而毛泽东本人的权力自然也因此得以加强,与笔者将在下文谈到的当时中共高层的权力斗争密切相关。然而,如果仅仅如此解读,显然是不够的。由于毛泽东是以党和党中央的名义,以其作为中共中央主席的身份,而非中央人民政府委员会主席的名义作出上述各种决定的,因而必须从中共与政府的关系,亦即所谓的"党政"关系来看待此举的意义。也就是说,毛泽东更为重要更为长远的考虑,是在为中共如何处理"党政"关系建立一种制度,或者说是在为中共,为中共中央,也为他自己独揽国家政权建立一种制度,即"以党代政"或"以党控政""党政不分"的制度。

按照民主政治和政党政治的原则,政府是国家法定的权力机构,政党可以自己的成员参加政府,但党政必须分开,包括执政党在内的任何政党都不能包办代替政府行使政权的职能,更不能凌驾于政府之上。1949年新政权建立之初,大致上尚能做到这一点。但是如上所述,很快毛泽东就以实际的行动破坏了这一规矩,而在作出了上面所说的规定后,更是明目张胆地开始全面实行"以党代政"的新制度。此后,从中央到地方,中共的党组织不仅名正言顺地成为各级政府的"太上皇",而且直接地行使国家政权的职能。"党政不分""党政一体",党就是政府,政府就是党,"党和政府"也成了习惯用语,成了官员和百姓的口头禅。即便是后来,全国人民代表大会召开和通过了宪法以后,全国人大虽被宪法规定为国家的最高权力机构,那也不过是一纸空文,中共中央才是真正的最高权力机构。同样,中共设在各地的党委才是当地的最高权力执掌者。多年来,在中国的政坛上盛行着一种其他国家少有的奇怪现象,即在各地执掌政府实际权力的第一把手,并不是担任省长、市长、县长等职务的人,而是中共的省委书记、市委书记、县委书记等等。其实,这种怪现象的源头盖出于此。发展到后来,不仅党和政府的关系如此,而且在全国所有的机关、学校、团体、企业和事业单位里,"最高"的权力都掌握在中共的党组织和该组织的头头手中,而这些单位的行政负责人只能充当配角。如此状况之下,政府也好,各单位的行政机构也好,完全变成了共产党的工具,至于参加政府工作的其他党派的成员和无党派人士，除了充当"工具"外，则更谈不上有什么作为了，所谓的"联合政府"自然也只能徒有其表了。而这一切，也正是在中共不断地加强党的领导的旗号下才逐步形成的。

对于中共和毛泽东"以党代政"的事实，如今的中共官方也不得不承认。最近出版的官方党史一方面羞羞答答地例举了当时中共"以党代政"的现象，如"在干部人事制度方面，实行党管干部的原则"，"在政法系统实行有关案件的党内审批制度"等等，也承认这些做法"导致'以党代政'，对我国的法制建设产生了长期不利影响"；另一方面又为之辩护，认为这是由于中共在战争年代实行党的"一元化"领导的习惯所致，并产生过积极的作用，即便有错，也只是党的领导方式的不当。[77]对于这样的论调，笔者实在不敢苟同。诚然，究其原因，这确实与中共在战争年代长期实行所谓党的"一元化"领导有关，但却不是后来大搞"以党代政"的主要原因或根本原因。它涉及到中共对民主政治的根本态度问题。包括毛泽东在内的中共许多领导人并非不懂民主政治中执政党与国家政府的正确关系，并非不懂得"党政分开"的必要性，但他们更明白这样做对于中共独揽政权极为不利，尤其是毛泽东本人更清楚搞什么"党政分开"，对于确立自己在党内外的绝对权威没有任何好处。因此，他们将此斥为西方资产阶级的东西，同时以强化党的领导为名，反其道而行之。历史证明，"以党代政"，乃至发展到后来的"以党治国"，既是走向专制独裁必不可少的一步，又是实行专制独裁制度的必然结果。仅仅将其视为"党的领导方式"的不当，显然只是"文过饰非"的伎俩而已。

### 2.4.2.2 意味深长的"梁漱溟事件"

在"以党代政"，走出独揽政权重要一步的同时，中共和毛泽东对待其他党派和无党派民主人士的态度也开始发生重大变化。诚然，对于那些臣服者，中共和毛泽东仍然比较客气，但对那些依然不肯完全顺从，继续坚持自己的独立思想，且常常在各种问题上公开唱点不同调子的人，则显得越来越不耐烦，乃至终于开始大加挞伐。

如前所述，在战争年代，为了争取人心，夺取革命的胜利，中共和毛泽东都十分强调实行"统一战线"方针的重要，尤其努力争取被中共称之为"中间势力"或民主党派的多数人，因而大大加快了中共在内战中胜利的步伐；而在革命刚刚取得胜利，为使中共建立的新政权更具合法性，也为了安抚人心，减缓反抗，中共和毛泽东继续采用过去一度使用过的"联合政府"的口号，主动邀请其他民主党派和无党派民主人士参加新政府。在新的联合政府成立之初，中共和毛泽东对待党外人士的态度也极令人感动，颇有"圣君""明主"礼贤下士的古风，不管党外人士是否完全赞同中共，基本上都能按照"求同存异"的原则待之，并不歧视。尽管在实际上，中共和毛泽东对所有党外人士的思想观念、政治立场都极为关注，从未放松过对所谓错误思想观念的批判，不断地以各种方式影响和改造他们，对之进行西方所说的"洗脑"，但尚未出现针对特定的某某个人予以整治，或以某某个人为典型，"杀鸡儆猴"的案例。然而，随着新政权和中共的统治地位日趋巩固，尤其是自认为在国内外都取得了包括土地改革、镇压反革命运动和抗美援朝在内的越来越"伟大"的胜利，中共和毛泽东对待新政权内的党外人士，除了让他们完全成为"驯服"的工具，继续为中共抬抬"轿子"，提供一点"建设性"的意见外，已别无他求。事实上，绝大多数党外人士也都已"臣服"。残存的仍然时不时发出点不同声音的党外人士已寥寥无几。但人数虽然不多，却仍有一定的影响。对此，中共和毛泽东自然也就难以继续容忍。正是在这样的背景下，1953年秋，发生了著名的"梁漱溟事件"。

谈"梁漱溟事件"，首先必须简要地回顾一下梁漱溟与毛泽东及中共交往的历史。[78]

梁漱溟1893年生于北京的一个"仕宦之家"，与毛泽东同庚，祖籍广西桂林。他既没有上过"大学"，也没有"留过洋"，年轻时主要靠自学成才。他酷爱哲学、佛学，多年来潜心研究，颇有成就，后来成为中国新儒学的代表性学者之一。但他并非只是把自己关在书房里钻故纸堆的书生，而是一个时时关注国家、民族、社会和世人命运的知识精英。早年，他支持辛亥革命，参加过同盟会和国民党。

北洋军阀统治时期，他曾与革命的同志一起创办报纸，当过新闻记者。1917年秋，他应当时的北京大学校长蔡元培之聘，当上了北大的教授，主讲印度哲学。正是在北大任教期间，他结识了后来成为中共主要创始人的陈独秀、李大钊，并成为他们的好友。由于他也和时任北大伦理学教授，后来成为毛泽东岳父的杨怀中交往甚密，故曾多次与当时在北大图书馆临时"打工"，而借住在杨家的毛泽东见过面，只是因为杨怀中未作详细介绍，两人从未正式交谈过，梁漱溟对毛泽东并无深刻印象，但毛泽东却由此而认识并记住了梁漱溟。

此后，陈独秀、李大钊、毛泽东等人都成了共产主义者，梁漱溟虽然与之有交往，也读过马克思、恩格斯的一些著作，却并不赞成共产主义理论。不过，他虽然没有成为马克思主义的信徒，却并不反共。他仍然一如既往地关心国家和民族的命运，关心普通百姓的生死，走上了以改良的方法改造中国的道路，不仅创立了一套"乡村建设"的理论，而且致力于"乡村建设"的实践，成为中国著名的"乡村建设派"的代表人物。然而，日本帝国主义的侵略打碎了梁漱溟改良中国的迷梦。全面抗战开始后，梁漱溟在山东持续了7年的乡村建设工作被迫停止。"八一三"上海抗战爆发，蒋介石和国民党政府终于被迫兑现西安事变时许下的诺言，与中共"合作"抗日，同时为了争取社会各界的支持，成立了一个咨询性质的机构"参议会"，亦即后来的"国民参政会"，邀请共产党和各界有代表性的人物参与其中。梁漱溟作为无党无派而有影响的"社会贤达"也在被邀之列。出于为抗战出力的考虑，梁漱溟接受了蒋介石的邀请，先后从山东赶到南京、武汉，参与"参政会"的活动。由于在赶赴南京、武汉的途中，以及在受蒋介石之托陪同蒋百里视察山东抗战期间，梁漱溟看到了各地百姓流离失所，争相逃难的悲惨状况，又看到国民党的党国要员们无心抗日，只顾自己逃跑，不顾百姓死活，甚至大发国难财的腐败景象，不能不对国民党政府深感失望，对抗战的前途感到悲观。另一方面，已在延安和陕甘宁边区建立基地的共产党所提出的一系列抗日主张，则引起了他的注意。为了一探究竟，他决定访问延安，亲自去了解共产党的看法和边区的实际情况。他的要求先后得到了蒋介石的批准和中共方面周恩来、毛泽东等人的欢迎。于是，1938年1月，经过周恩来的周密安排，梁漱溟辗转来到延安，开始了后来持续了十几年他与中共，特别是与毛泽东堪称"亲密"的交往。

到延安后。他受到了中共当时的领导人张闻天、毛泽东等的热烈欢迎和热情接待。其中，最让他难忘的当然是与毛泽东的两次长时间畅谈。颇有意思的是，首次交谈时，由于毛泽东主动提及20年前在北京的往事，梁漱溟才知道，原来毛泽东就是当年在杨怀中家经常给他开门的那位高个子青年。正是当年那位他连姓名都未记住的青年，如今竟成了在中国政治历史舞台上叱咤风云的共产党的领袖之一，真可谓世事难料也。也许是"故人重逢"格外使人感到亲切的缘故，或因梁漱溟不远千里前来求教之诚吧，毛泽东对梁漱溟极为友好和尊重，谈话的气氛也极佳。据梁漱溟回忆，首次交谈进入正题后，首先由他谈及对于国民党政府抗战不力的反感和对抗战前途的担心，而毛泽东只是耐心地听着，也不插话。待梁漱溟说完，毛泽东才开始滔滔不绝地发表自己的看法。他虽然对梁漱溟就国民党政府的抗战表现所作的评价表示赞同，但不同意梁漱溟对抗战前途的悲观看法。他斩钉截铁地说："中国的前途大可不必悲观，应该非常乐观！最终中国必胜，日本必败，只能是这个结局，别的可能没有！"[79]接着，毛泽东便详细地分析了国内外形势和敌、我、友三方的力量对比，分析了彼此强弱的必然转化及其原因，以证明其中国必胜和日本必败的论断。毛泽东的这番话说得头头是道，入情入理，使梁漱溟十分佩服。多年后，梁漱溟仍然发自内心地认为："可以这样说，几年来对于抗战必胜，以至如何抗日，怎样发展，还没有人对我作过这样使我信服的谈话，也没有看到过这样的文章。蒋介石的讲话、文告我听过、看过多次，个别交谈也有若干次了，都没有像这一次毛泽东那样有这么大的吸引力和说服力。"[80]可见，他们的首次交谈，从下午六点一直持续到次日凌晨，自始至终十分投机。

紧接着，梁漱溟又同毛泽东进行了第二次交谈，话题是如何才能成功地改造和建设中国。如果说在抗战问题上，双方很快就达成了一致，但在改造和建设中国的看法上，彼此的分歧就比较大了，且不容易弥合。据说，第一次谈话结束时，梁漱溟曾将自己新出版的数十万字的著作《乡村建设理论》送给了毛泽东，请他指教。毛泽东也很认真，第二天就把此书大致看了一遍，并写了不少批语，还将书中的主要观点摘录下来。因此此次谈话一开始，便由毛泽东就梁漱溟书中的观点发表评论。他直言不讳地对梁漱溟说："你的著作对中国社会历史的分析有独到的见解，不少认识是对的，但你的主张总的说是走改良主义的路，不是革命的路。改良主义解决不了中国的问题，中国的社会需要彻底的革命。"[81]毛泽东认为，只有走革命的路，通过阶级斗争，才能真正达到改造旧中国，建设新中国的目的。不料，毛泽东此次滔滔不绝地谈了很多，梁漱溟却并未接受，他仍然坚持自己的观点。他以中国的社会历史与西方不同为由争辩说，仅靠阶级斗争并不能解决中国的问题。既然双方的观点如此不同，而且彼此都很自信，两个人的性格又都十分倔犟，争论自然不可避免。双方你来我往，各执己见，此次谈话从下午六点开始，一直持续到天亮，比首次交谈的时间还要长，最后仍然是谁也说服不了谁。不过，争归争，辩归辩，双方都没有因此而产生不快，均表现出"君子之风"，十分尊重对方。多年以后梁漱溟回忆说："现在回想起这场争论，使我终生难忘的是毛泽东的政治家的风貌和气度。他穿着一件皮袍子，有时踱步，有时坐下，有时在床上一躺，十分轻松自如，从容不迫。他不动气，不强辩，说话幽默，常有出人意外的妙语。明明是各不相让的争论，却使你心情舒坦，如老友交谈。他送我出门时，天已大亮。我还记得他最后说：梁先生是有心之人，我们今天的争论不必先作结论，姑且存留听下回分解吧。"[82]

从笔者的简要叙述中，人们可以清楚地看到，一是梁漱溟是一个坚持独立思考和独立见解，只信服真理而不愿阿谀奉承之人，且性格倔犟且不肯轻易服输。二是当时中共和毛泽东对党外民主人士不仅十分尊重，而且真正实行了"求同存异"的原则，既不苛求对方，也不把自己的意见强加给对方。其实，这种态度也不只是对待梁漱溟个人的，按照中共的"统一战线"方针，中共和毛泽东对待其他党外民主人士也都是如此，如黄炎培等人访问延安时也都受到了中共和毛泽东程度不同的礼遇。三是梁漱溟与中共，特别是与毛泽东的正式交往虽然一开始就很顺利，但也种下了双方不可能始终保持和谐相处的种子。这不仅是因为彼此之间存在着原则性的分歧，而且也与前面提到的个人性格有关。一旦继续保持"求同存异"和相互容忍的大气候不再存在，则事情必然要发生变化。当然，这是后话。

1938年的首次畅谈之后，梁漱溟回到大后方，继续为抗战的胜利和实现国家的民主改革而奔走。他参与创建了国内除国共两党之外最大的中间党派，即最初称为"统一建国同志会"，后来相继改名为"中国民主政团同盟""中国民主同盟"的民主党派。在整个抗日战争中及战后初期，民盟和梁漱溟等人的政治主张和实践，主要是争取抗战的胜利和反对国民党政府的"一党专政"，力促民主政治的实现。这与中共当时的政治立场和目标基本吻合，因而成为中共重要的同盟力量，始终与中共方面站在一起。毋庸讳言，"基本一致"并非"完全相同"，在建立怎样的民主制度，采取何种办法达到这一目标等等方面，分歧仍然存在，只是因为当时大的目标基本相同，彼此之间仍能"求同存异"，故双方的合作仍能持续下去。在此期间，梁漱溟还于1946年春再次访问延安，并受到中共和毛泽东的热情接待。不过，后来也发生过短暂的不愉快。1946年秋，民盟诸公包括梁漱溟在内，以中间党派的身份参与国共双方的调解，但由于他们缺乏政治斗争的经验，事前未能与中共方面的周恩来等人通气，竟然草率地自作主张，向国共双方提出了一个中共无法接受的建议，致使周恩来大发脾气。好在民盟诸公立即知错，并迅即采取补救措施，才没有酿成大的麻烦。但此事却给了梁漱溟一个极大的教训，并使之在政治上变得十分消极。事后，他不但退出了民盟，而且不愿再参加实际的政治活动，只身回到四川重庆，重执教鞭。

虽然远离了政治舞台，但他并非从此不关心时政，只是因为他深感自己无力左右时局的发展，只好采取"呆在书房里默观静思"的态度。他没有想到，内战全面爆发后才打了二、三年，形势便发生了翻天覆地的变化，中共的优势日趋明显，国民党政府则一败涂地。当1949年开始时，蒋介石被迫"下野"，李宗仁"上台"，而国内的

"和谈"之声再起。为了扭转颓势,李宗仁曾派人找到梁漱溟这位广西老乡,希望他出山帮助国民党政府,但遭到他婉言谢绝。可他并不是一个完全坐得住、不吭声的人。随着时局的发展,再加上别人的劝诱,他终于又站出来,想为国家和民众说几句话了。1949 年 1 月至 2 月,梁漱溟应重庆《大公报》记者之请,接连撰写发表了题为《内战的责任在谁》《给各方朋友的信》《论和谈中的一个难题》《敬告中国国民党》《敬告中国共产党》等若干篇评论文章。他本着自己一贯的中间立场和客观态度,一方面严厉地批评国民党是挑起内战的罪人,认为战犯应该受到惩办等等,另一方面又认为国民党虽然必须为发动内战负责,共产党虽然是被迫应战,但战争毕竟给人民带来了巨大苦难,共产党也应同感歉疚。他还特别劝告说,共产党虽然已经取得了战争的优势,但也不应当再打下去,认为:"共产党如再用武力打下去,我不否认有在一年内外统一全国之可能,但到那时便既没有联合也没有民主。虽然中共在主观上无意于不要联合、不要民主,而其事实结果则必致如此。"他还说:"不要联合、不要民主,而真能统一稳定下去,如布尔什维克之在苏联那样,我并不是不欢迎——我欢迎。不过我认为实际结果是不会稳定,即统一则不会长久。这正是我对中国问题的一贯主张:以武力求统一,只有再迟延中国的统一。"且不论梁漱溟的看法是对是错,也不论他自己是如何的自信,他的这些话肯定白说,国共双方都不会听他的。骂国民党,无论是蒋介石,还是李宗仁都不会理睬他;他虽然与中共的观点有相同之处,但他希望正在节节胜利,誓言要将革命进行到底的共产党人停下战争的脚步,同样无异于对牛弹琴,而且必然遭到中共方面的忌恨,后来的事实也充分地证明了这一点。

由于梁漱溟一直待在四川,他未能参与新政协和建立新政权的活动。这倒不是中共没有邀请他,是因为当时四川尚未解放。四川一解放,他就接到了中共邀其进京的通知。1950 年初,梁漱溟离开重庆,经武汉北上,一路上均由中共四川省委统战部的专人护送。他抵京时,毛泽东、周恩来正在莫斯科访问。同年 3 月 10 日,毛泽东、周恩来回到北京,他也被邀去北京前门火车站迎接。毛泽东下了火车,与欢迎者见面时很快便发现了他,并热情地对梁漱溟说:"梁先生,您也到了北京,我们又见面了,改日再约您长谈。"毛泽东还问候了他的身体和家人。虽然只有寥寥数语,但梁漱溟却很感动,觉得毛泽东仍如对待老朋友一样待他。这是中共在全国掌权后,他们两人的第一次见面。次日,毛泽东设公宴招待各界人士,梁漱溟亦应邀出席,再次与毛泽东见面。就在此宴席上,毛泽东约梁漱溟次日晚到中南海颐年堂他的住所聚谈。刚刚回到北京才两天,国事十分繁忙的毛泽东仍像过去在延安时那样马上约见他,不能不使梁漱溟深感荣幸。

3月12日傍晚,毛泽东派车将梁漱溟接到中南海,开始了建国后他们的第一次长谈,当时在座的还有林伯渠,他和梁漱溟也很熟,但他只是听,几乎没有插话。彼此寒暄过后,谈话转入正题。[83]毛泽东谦逊地问梁漱溟对国事有何意见。梁漱溟对此似乎并未深思熟虑,只是随口说道:"如今中共得了天下,上下一片欢腾。但得天下易而治天下难,这也可算是中国的古训吧。尤其是20世纪以来的中国,要长治久安,是不容易啊。"毛泽东却笑着说:"治天下固然难,得天下也不容易啊!"他又说:"众人拾柴火焰高,大家齐心协力,治天下也就不难了。"显然,这都是泛泛而谈,并无多少实质性内容。后来,毛泽东又问道:"梁先生这一次到了北京,可以参加我们政府的工作了吧?"毛泽东的意思很清楚,是想邀请梁漱溟在新政府中担任一定的职务。对一般人来说,这当然是求之不得的好事,但对早就打定主意不再"入朝为官"的梁漱溟,却因此而犯了难。他后来回忆说:"毛主席提出的这个问题可难住了我,说不同意吧,颇有清高之嫌;说同意吧,又违背我当时的真实思想。我考虑了片刻,答复说,主席,像我这样的人,如果先把我摆在政府外边,不是更好吗?我的答复显然出乎毛主席的意外,他显露出不悦之色,但并未形成僵局,很快又东南西北,古今中外地扯了起来。"就这样,他们一直谈到开饭之时,毛泽东又请梁漱溟一起晚餐。

显然,此次面谈似乎并不十分融洽,原因在于双方的想法有一定的距离。毛泽东希望梁漱溟改变过去的"三心二意",完全支持新政权;而梁漱溟却尚未消除多年来的疑虑,并未达到毛泽东要求的那种思想境界，正如他后来所承认的："我当时思想状况，仍认为全国的大局还不会从此稳定统一下去。而我是曾经以第三方面的身份，为国事奔走过的人。一旦大局发生变化，仍需要我这样的人为国事奔走。如果我自身参加了新政府，就失去为各方说话的身份了。在国民党时代，远在我对政局失望之前，就有人请我参加政府，我也没有接受。我总以为，自己不是一个做官的人，不具备这方面的才干。我虽然到了北京，加入了新的阵营，但还想站在边上看看，旁观者清，我的作用也许正在这里。"[84]平心而论，对一个执着于独立思考，并不喜欢趋炎附势的知识分子而言，尽管梁漱溟的想法明显地落后于形势的发展，却完全可以理解，无可非议。事实上，毛泽东对此也看得一清二楚，虽然不悦，却仍能容忍，并未强求。他只是希望梁漱溟到解放后的各地农村去走走看看，意思是让他在实际中接受教育，转变思想，而梁漱溟也欣然表示同意。

在此后的半年多时间里，梁漱溟遵嘱在中共统战部门的安排下，先后去了东北各地参观，去了四川亲眼目睹了土地改革的过程，且在回北京的间隙及以后，多次应邀到中南海与毛泽东面谈。由于他亲眼看到了国家欣欣向荣，确实发生了新的变化，再加上同毛泽东谈话受到的启发，梁漱溟的思想果然也随之发生很大变化，终于于1951年10月在《光明日报》上发表了题为《两年来我有了哪些转变？》的长篇文章，将自己的新认识公诸于众。他写道："三年来整个中国有了很大转变，不但是面貌一新，气象不同，而且几乎每个角落的人，彼此互相影响着，从内心亦都起了变化。就我个人来说，亦许旁人看着变化不大，其实我自己是'打破纪录'了。因我平素比较肯用心，对于什么问题自有见解主张，而我的行事又必本于自己之所知所信，不苟同于人，积几十年如此。所以说到思想转变这句话，在我谈何容易！更简捷地来说，我过去虽对于共产党的朋友有好感，乃至在政治上行动有配合；但在思想见解上却一直有很大距离。直到1949年全国解放前夕，我还是坚信我的对。等到最近亲眼看到共产党在建国上种种成功，凤昔我的见解多已站不住，乃始生极大惭愧心，检讨自己错误所在，而后恍然中共之所以对。现在那个距离确实大大缩短了，且还在缩短中。"[85] 从笔者所引的这段话中可以清楚地看出，一方面，尽管有外界的影响，但梁漱溟的思想主要还是通过自己的独立思考，确实有了大的转变，有了发自内心的新认识，这当然是中共和毛泽东希望看到，且十分欢迎的结果；另一方面，梁漱溟并没有完全接受中共的思想和理论。他在回忆中曾坦率地承认，说他在政治立场、观点上已与中共基本一致，更符合事实，但在思想理论方面，仍有若干问题并没有解决，他仍不同程度地保留自己的观点，并没有也不可能全部接受马克思主义观点。更为"麻烦"的是，梁漱溟是一个"江山易改，秉性难移"，始终坚持独立思考和独立人格的人，正如他自己所说："我这个人脾气硬，素来知为知，不知为不知，不会随风倒，说违心之言。自己看着真话说出来不合适，宁可不说，也不附和。"[86] 毫无疑问，这当然是中共和毛泽东所不喜欢的，也正是他总有一天要"闯大祸"的根源所在。

不过，在1953年秋出事之前，中共和毛泽东似乎并未在意梁漱溟的"保留"意见，仍然待之如上宾。毛泽东仍然经常约他到中南海交谈。这样的谈话大体上每一、二个月就会有一次，一年中若干次。说实在的，当时能够得到毛泽东如此厚遇的其他党外人士，虽然不是没有，却也为数甚少。使人感到十分意外的是，正是这样一个与毛泽东关系特别密切的党外朋友，却突然在大庭广众面前，和毛泽东发生了公开的"言语冲突"，从而震动了新政权的朝里朝外。

1953年秋"梁漱溟事件"的发生，对于一般不了解内情的人来说，确实会感到"突然"，但实际上，"冰冻三尺，非一日之寒"，既有偶然的因素，也有必然性。为了使读者了解事情的来龙去脉，有必要啰嗦一点，从头说起。[87]

事情的导火线是梁漱溟在政协会议上的发言。1953年9月8日至11日，政协在北京召开全国委员会常委会扩大会议，梁漱溟以政协委员的身份自始至终列席了这次会议。头一天，周恩来在会上作了关于过渡时期总路线的报告。次日与会者进行分组讨论，梁漱溟也发了言，表示完全赞同这一总路线，并认为中共的路线既无问题，实际工作也是做得好的，尤其是在及时了解下面的情况，发扬民主方面，都比较重视。他认为，在路线正确的前提下，关键是要把事情做好。"只有自始至终发扬民主，领导党又能认真听取意见，这建国运动才能变成人民群众的自觉行动，其效率就能倍增"。[88]梁漱溟所讲，看起来并无多少惊人之语，但他在和别人一样表示拥护总路线的同时，却也反映出他的关注点与众不同，即特别强调中共应当更加重视发扬民主，多多听取各种意见。也许，正是这一点引起了周恩来的注意。故在当天下午的大会发言结束之后，周恩来特意要梁漱溟在次日的大会上再专门讲一讲自己的意见，梁漱溟也答应了。

梁漱溟本来就是一个做事十分认真的人。既然应允了周恩来发言的要求，他自然要认真考虑，认真准备。后来他回忆说："我觉得没有必要再把小组会上说的话再重复一遍。那天小组会上全是中共之外的非党人士，我的话是就党外广大群众彼此间说的。而现在是领导党负责人要我说话，我应该说些对领导党有所贡献的话。这是我当时的真实思想。"[89]正是出于这样的动机，梁漱溟决定讲一点新的看法，以引起所谓领导党，即中共的注意。不过，由于第二天的大会发言人太多，梁漱溟未能讲成。他曾考虑不在大会上讲了，将自己的发言内容以书面形式提交给大会。但周恩来却决定会议延长一天，仍然要他在大会上讲一讲。

政协会议的第四天，即9月11日下午，终于轮到梁漱溟发言了。他的话并不长，概括起来只讲了三点。第一点是表态拥护总路线，特别是表达他对即将开展大规模经济建设的兴奋之情。第二点则是关于做好群众工作，特别是农村工作的意见。他认为，"农会虽在土改中起了主要作用，土改后似已作用渐微"，现在只能依靠乡村干部，但"乡村干部的作风，很有强迫命令、包办代替的，其质量似乎都不大够"，故"对于乡村的群众，尤其必须多下教育功夫，单单传达命令是不行的"。从口气上看，他似乎对中共在农村的工作和农村干部有一点批评的味道，但后来引发争议的主要并不是这，而是第三点。梁漱溟在发言中说道："还有其三，是我想着重点出的，那就是农民问题或乡村问题。过去中国将近三十年的革命中，中共都是依靠农民而以乡村为根据的，但自进入大城市之后，工作重点转移于城市，从农民成长起来的干部亦都转入城市，乡村便不免空虚。特别是近几年来，城里的工人生活提高得快，而乡村的农民生活却依然很苦，所以各地乡下人都向城里（包括北京）跑，城里不能容，又赶他们回去，形成矛盾。有人说，如今工人的生活在九天，农民的生活在九地，有'九天九地'之差，这话值得引起注意。我们的建国运动如果忽略或遗漏了中国人民的大多数——农民，那是不相宜的，尤其中共之成为领导党，主要亦在过去依靠了农民，今天要忽略了他们，人家会说你们进了城，嫌弃他们了。这一问题，望政府引起重视。"[90]且不论后来人们如何看，梁漱溟的这番话讲完后，当时并没有引起争论或负面反应。据说，时任农业部长的李书城还在梁漱溟发言后，就农村工作的问题作了答复，周恩来在作会议总结时，也就此作了补充。据梁漱溟说，包括周恩来在内，他们都丝毫没有批评自己的意思。参加会议，时任中央人民政府委员会副主席的李济深还明确表示赞同梁漱溟的发言，说计划建设应该发动群众，注意到广大乡村的工作，如梁先生所云等等。既如此，梁漱溟当然想不到，正是这个发言会在此后的几天里激起轩然大波。

转折就发生在第二天。9月12日，参加政协常委扩大会议的人员又全部列席当天召开的中央人民政府会议。彭德怀作了关于抗美援朝的报告后，毛泽东在会上发表即席讲话。其中，他说道："有人不同意我们的总路线，认为农民生活太苦，要求照顾农民。这大概是孔孟之徒施仁政的意思吧。然须知有大仁政小仁政者，照顾农民是小仁政，发展重工业、打美帝是大仁政。施小仁政而不施大仁政，便是帮助了美国人。""有人竟班门弄斧，似乎我们共产党搞了几十年农民运动，还不了解农民。笑话！我们今天的政权基础是工农联盟，工人农民在根本利益上是一致的，这一基础是不容分裂，不容破坏的！"[91]由于毛泽东并没有点名，对于许多不明就里的人当然无法知道他批评的是谁，也不会知道他批评得对不对，但梁漱溟和那些听过梁漱溟发言的人一听就明白毛泽东的矛头所指。更加重要的是，如果毛泽东仅仅是就梁漱溟的看法发表不同的意见，如同过去他们彼此之间的"争辩"那样，那倒也没有什么，但此次毛泽东的批评，话虽不多，却不仅完全曲解了梁漱溟发言的动机和内容，而且无限上纲，一下子把梁漱溟完全推到了中共，乃至国家的对立面，成了所谓故意破坏工农联盟，甚至是在为当时中国的敌国美帝帮忙的"敌人"。无论是当时，还是今天，无论怎样"分析"，从梁漱溟的发言中都不可能得出这样的结论。无怪乎梁漱溟的反应是"一方面出乎意外，一方面深感不快"，"实在是莫大的冤屈"。偏偏他又是一个秉性倔犟，不肯信邪的人，自然不愿把"冤屈"不声不响地吞进肚子里。于是，梁漱溟当场便开始给毛泽东写信，只是信尚未写完，当天的会就结束了。回到家，梁漱溟又继续写。

他在信中说："听了主席的一番话，明白实为我昨日的讲话而发。但我不能领受主席的批评，我不仅不反对总路线，而且是拥护总路线的。主席在这样的场合，说这样的话，是不妥当的。不仅我本人受屈，而且会波及他人，谁还敢对领导党贡献肺腑之言呢？希望主席给我机会当面复述一遍我原来的发言而后指教。"[92]第二天，即9月13日上午，梁漱溟将写好的信面交毛泽东，毛泽东也约他当晚面谈。由于晚上是看京剧演出，谈话只能在演出前的二十分钟内进行，时间极为短促。梁漱溟要求毛泽东解除对他的误会，毛泽东却坚谓他是反对总路线之人，只是自己不得自明或不愿承认而已。梁漱溟为此深感失望，力辩时彼此言语频频冲突，短短的谈话以不欢而散告终。今天看来，此次谈话实际上也成了多年来两人的最后一次个别交谈，弥漫着"朋友"之间"绝交"的气味。

也许是因为梁漱溟执意要在大会上重申自己的观点，毛泽东同意给他一个发言的机会。9月16日，梁漱溟终于获准在大会上复述了他在政协会议上讲过的话。他讲完后，当天的会上并没有任何人批评他。梁漱溟以为说清了事情的真相，心情似乎也平静了一些。他万万想不到，一场更大的风暴正向他袭来。

说到这里，笔者必须稍稍打断一下，讲一个迄今尚无正式材料证明的推断。笔者认为，16日的会上梁漱溟发言后，虽然无人当场批判他，但当天晚上中共中央的最高领导层显然开过会或碰过头，专门讨论过如何对待梁漱溟的问题，并且达成了共识。否则，就很难理解次日大会上周恩来揭批梁漱溟的长篇讲话和毛泽东的严厉批判。只是目前尚未见到任何材料证明这一点，也没能看到其他著作、文章提到这一点，自然更无法了解最高领导层讨论此事的具体内容了。尽管如此，笔者仍然深信自己的推测是有道理的。笔者还以为，如果说，在16日以前，毛泽东对梁漱溟的批评还带有他个人看法的性质，而16日以后，则是中共中央集体的决策了。

正是根据中共中央的决定，17日的大会便有了周恩来的长篇讲话，其主要内容是所谓揭发梁漱溟的老底和算他的历史旧账，以说明梁漱溟"一贯反动"。周恩来所提到的主要是笔者已经在前文述及的两件事。一是1946年国共谈判时梁漱溟等人未与中共方面商量，便向国共双方提交了一份"调解建议"所犯下的"大错"；二是1949年初梁漱溟所发表的向国共双方"劝和"的几篇文章。尽管从中共的立场上看，梁漱溟当年似乎确有"错误"，但就此便给梁漱溟扣上"一贯反动"的大帽子，实在有点过分。在算过历史旧账后，周恩来又按照中共中央定下的调子批判了梁漱溟所谓反对总路线的严重错误，他说："梁说总路线很容易作不好，实际上就是不要我们搞工业，就是使中国不能工业化，违背《共同纲领》，不能变农业国为工业国。中国如果不能工业化，农民的生活有什么办法能够进一步改善，乃至走上社会主义彻底改善呢？梁说工农生活'悬殊'，相差'九天九地'，好像他代表的是农民，实际上他是代表地主说话，是挑拨工农联盟的。对梁的那套主张，我们不能接受，我们应该断然地拒绝。"[93]笔者所引的这些话是不是周恩来的原话，我无法肯定。因为中国素有替尊者讳的传统，大多对周恩来在大会上批判梁漱溟一事避而不提，即便不能不提，也只是寥寥数语。笔者无法看到周恩来的讲话原文，只能照抄官方的《周恩来年谱》所提供的材料，并"擅自"打上引号，以示"重要"。必须指出，梁漱溟9月11日在政协会议上的发言本是应周恩来的一再要求而作的，当天听梁漱溟讲完后，周恩来虽然并未表示赞成，但也没有批评他有什么错误。然而，17日的批判发言却是如此的严厉，周恩来的态度变化之大，确实令人费解。其实，关键问题仍是毛泽东的态度和中共中央作出了决定，不管周恩来的真实想法如何，他都不能不执行。有意思的是，如果笔者所引确是周恩来的原话，那么仔细分析一下，人们便不难发现，周恩来的批判明显地使人感到底气不足，甚至令人有逻辑混乱之感。也许，这正说明周恩来似有难言之隐吧。

相比之下，毛泽东的批判则完全不同，充分显示出他那主观武断，蛮横跋扈的风格。据梁漱溟回忆，毛泽东并没有作专门的讲话，他对梁漱溟的批判，都是在周恩来发言中间所作的插话，虽然有时所插的话很长。后来《毛泽东选集》第五卷所载是经过"秀才"们整理汇集而成的。梁漱溟还说，《毛选》中有些话，他当时并没有听到，不知是怎么加上去的。这样的情况，《毛选》的编者并未作出说明，笔者自然也无法考证。但不管怎么说，其中的大部分内容还是确实的。只是毛泽东的讲话内容很多，笔者只能摘其要点。读者如有兴趣，可从《毛选》五卷中阅读全文。

毛泽东在插话中同样首先算梁漱溟的历史旧账，他说：

"梁先生自称是'有骨气的人'，香港的反动报纸也说梁先生是大陆上'最有骨气的人'，台湾的广播也对你大捧。你究竟有没有'骨气'？如果你是一个有'骨气'的人，那就把你的历史，过去怎样反共反人民，怎样用笔杆子杀人，跟韩复榘、张东荪、陈立夫、张群究竟是什么关系，向大家交代交代嘛！他们都是你的密切朋友，我就没有这么多朋友。他们那样高兴你，骂我是'土匪'，称你是先生！我就怀疑，你这个人是那一党那一派！不仅我怀疑，还有许多人怀疑。"[94]

"从周总理刚才的发言中，大家可以看出，在我们同国民党两次和平谈判的紧要关头，梁先生的立场是完全帮助蒋介石的。"

"讲老实话，蒋介石是用枪杆子杀人，梁漱溟是用笔杆子杀人。杀人有两种，一种是用枪杆子杀人，一种是用笔杆子杀人。伪装得最巧妙，杀人不见血的，是用笔杀人。你就是这样一个杀人犯。"

"梁漱溟反动透顶，他就是不承认，他说他美得很。……你梁漱溟的功在那里？你一生一世对人民有什么功？一丝也没有，一毫也没有。而你却把自己描写成了不起的天下第一美人，比西施还美，比王昭君还美，还比得上杨贵妃。"

接着，毛泽东批判了所谓梁漱溟说"农民生活很苦"的"反动谬论"：

"梁漱溟提出所谓'九天九地'，'工人在九天之上，农民在九地之下'，'工人有工会可靠，农会却靠不住，党、团、妇联等也靠不住，质、量都不行，比工商联也差，因此无信心'。这是赞成总路线吗？否！完全的彻底的反动思想，这是反动化的建议，不是合理化的建议，人民政府是否能采纳这种建议呢？我认为是不能的。"

"梁先生把自己的像画得很美，他是在几十年前就有计划建国的伟大梦想，据他自己说，很接近于新民主主义，或社会主义。"

"果然这样美吗？不见得。我同他比较熟，没有一次见面我不批评他的错误思想。我曾当面向他说过，我是从不相信你那一套的。什么'中国没有阶级'，什么'中国的问题是一个文化失调的问题'，什么'无色透明政府'，什么'中国革命只有外来原因没有内在原因'，这回又听见什么'九天九地'的高论，什么'共产党丢了农民'，'共产党不如工商联可靠'等等高论，这一切能使我相信吗？不能。我对他说过，中国的特点是半殖民地和半封建，你不承认这点，你就帮助了帝国主义和封建主义。所以，什么人也不相信你那一套，人民都相信了共产党，你的书没有人看，你的话没有人听，除非反动分子，或者一些头脑糊涂的人们。"

"梁漱溟是野心家，伪君子。他不问政治是假的，不想做官也是假的。他搞所谓'乡村建设'，有什么'乡村建设'呀？是地主建设，是乡村破坏，是国家灭亡！"

"照梁先生提高的纲，中国不但不能建成社会主义，而且要亡党（共产党及其他）亡国。他的路线是资产阶级路线。薄一波的错误是资产阶级思想在党内的反映。但薄一波比梁漱溟好。"

"你的路线是资产阶级路线。实行你的，结果就要亡国，中国就要回到半殖民地半封建的老路，北京就要开会欢迎蒋介石、艾森豪威尔。我再说一遍，我们绝不采纳你的路线。"

好了，已经引得够多了，尽管毛泽东的话还有很多，限于篇幅，恕笔者不能再引。听了这些话，暂且不论毛泽东的批判是对还是错，仅就其给笔者的印象而言，与过去他对待梁漱溟的态度相比，毛泽东正可谓判若两人也。也许，这正好印证了后来梁漱溟的一种评说，即毛泽东并不是一个，而是多个。显然，过去梁漱溟所面对的那个和蔼可亲、礼贤下士的毛泽东已无处可寻，现在站在梁漱溟面前的则是一个他从未见过，独断专行、蛮横无理、言语刻薄的毛泽东。

梁漱溟的思想、立场被如此歪曲，人格被如此践踏，这自然使他感到无比的寒心、愤怒和无法接受。自尊心本来就极强的梁漱溟似乎并没有考虑过什么后果，便决定奋起抗争。当天回到家里，梁漱溟感慨万千。他后来回忆说："这突如其来的倾盆大雨般的袭击，使我深知，因自己出言不慎而造成的误会已经很深很深了。但不甘被误解。不甘受委屈的心态和倔强不服的个性支配着我，主席台上的人讲话后，我即要求发言作答，主席台嘱我先作准备，明日再讲。散会后回到家里，我反复思考，心情沉重。或检讨，或沉默，或申辩，我毫不犹豫地选择了后者。"[95]

第二天，即9月18日，中央人民政府委员会的会议继续举行。这天到会的人很多，竟有二百多人。主持人为高岗。会议中间，梁漱溟获准上台发言。一开始他就开门见山地说："昨天会上周恩来总理的讲话，很出乎我的意外。当局认为我在政协的发言是恶意的，特别是主席的口气很重，很肯定我是恶意。但是，单从这一次发言就判断我是恶意的，论据尚不充足，因此就追溯过去的事情，证明我一贯反动，因而现在的胸怀才存有很多恶意。但我却因此增加了交代历史的任务，也就是在讲清当前的意见初衷之外，还涉及历史上的是非。我在解放前几十年与中共之异同，却不是三言两语说得清楚的，这需要给我较充裕的时间。"[96]

梁漱溟的意思很清楚，他要求有更多的发言时间进行申辩。然而，才开了个头，就被一些与会者打断了，要轰他下台。他一看自己无法讲下去,便将话头转向坐在主席台上的毛泽东,以争取发言权。他说:"我现在唯一的要求是给我充分说话的时间。我还觉得,昨天的会上各位为我说了那么多话,今天不给我充分的时间,是不公平的。我想共产党总不会如此。我很希望领导党以至于在座的党外同志考验我,考察我,给我一个机会,就在今天;同时我也表明,我还想考验一下领导党,想看看毛主席有无雅量。"既然梁漱溟把球踢给了毛泽东,他就不能不接了。于是,梁漱溟和毛泽东,便在大庭广众之下,你一言,我一语地争执起来,演出了很多人感到匪夷所思的一幕。

毛泽东首先回答说:"你要的这个雅量,我大概不会有。"[97]

梁漱溟则说:"主席您有这个雅量,我就更加敬重您;若您真没有这个雅量,我将失掉对您的尊敬。"

毛泽东又说:"这一点'雅量'还是有的,那就是你的政协委员还可以当下去。"

梁漱溟却回答;"这一点倒无关重要。"

毛泽东似乎有点生气:"无关重要?如果你认为无关重要,那就是另一回事了;如果有关重要,等到第二届政协开会,我还准备提名你当政协委员。至于你的那些思想观点,那肯定是不对头的。"

梁漱溟似乎仍然十分"固执":"当不当政协委员,那是以后的事,可以慢慢再谈。我现在的意思是想考验一下领导党。因为领导党常常告诉我们要自我批评,我倒要看看自我批评到底是真是假。毛主席如有这个雅量,我将对你更加尊敬。"

而毛泽东的回答却是:"批评有两条,一条是自我批评,一条是批评。对于你实行哪一条?是实行自我批评吗?不是,是批评!"

但梁漱溟仍不服输:"我的意思是说主席有没有自我批评的这个雅量……"

显然,如此争论下去,谁也说服不了谁。会场上许多人开始大声呼喊:梁漱溟胡说八道,民主的权利不能给反动分子,剥夺他的发言权,让他滚下台,停止他的胡言乱语,等等。

然而,不管下面怎样起哄,倔犟的梁漱溟就是不下台。他打定主意，就看毛泽东和台上的各位领导人，特别是毛泽东的态度。据说，毛泽东倒也没有让他下台，只是口气缓和地说："梁先生，你今天不要讲长了，把要点讲一讲好不好？"但梁漱溟却回答："我刚才说过了，希望主席给我充分的时间。"毛泽东说："你讲到四点钟好不好？"梁漱溟一看表，已经三点过了好多了，便又坚持说：我有很多事实要讲，让我讲到四点哪能成！"这样一来，又形成了僵局。

会场上再次大哗。很多人抢着发言，指责梁漱溟狂妄至极，反动成性，不许他再发言。

此时的毛泽东倒比较冷静，对大家说："让他再讲十分钟好不好？"可梁漱溟却不依不饶："我要求主席给我一个公平待遇。"毛泽东只好说："不给他充分的说话时间，他说是不公平；让他充分说吧，他就可以讲几个钟头，而他的问题又不是几个钟头，也不是几天，甚至不是几个月可以搞清楚的。而特别是在场的许多人都不愿听他再讲下去，我也觉得，他的问题可以移交给政协全国委员会辩论、处理。"随后，毛泽东又建议让梁漱溟再讲十分钟。不料，梁漱溟仍然坚持说："我有许多事实要讲，十分钟讲不清楚。"

到了这个份上，毛泽东似乎也感到为难了。他最后说："你这个人啊，就是只听自己的，不听大家的。不让你讲长话，你说我没有'雅量'，可大家都不让你讲，难道说大家都没有'雅量'吗？你又说不给你充分的时间讲话是不公平的，可现在大家又都不赞成也不想听你讲话。那么，什么是公平呢？在此时此地，公平就是不让你在今天这个会上讲话，而让你在另一个会上讲话。梁先生，你看怎么办？"而梁漱溟的答复仍然是："听主席决定。"

可毛泽东却似乎不好作什么决定。僵持中有人建议，请主席让大家表决，少数服从多数。主席台表示同意。于是，会议执行主席高岗宣布进行表决，先请同意梁漱溟继续发言的人举手。毛泽东带头举起了手，政府委员中的共产党员也都举起了手，但在会场上却是少数。毛泽东一边举手，一边说："梁先生，我们是少数呵。"果然，不赞成的人占多数。会场上立即有人大喊，"服从决定，梁漱溟滚下来"！高岗也对梁漱溟说，你不要讲了，好好准备，到另外的会议上讲吧。

至此，梁漱溟终于被轰下了台，中共掌权以后一场前所未有的"冲突"终于告一段落。

至于后来，政协倒是开了会，也让梁漱溟作过申辩性的发言，但没有人真正愿意听他说什么，大家几乎都是一边倒地批判他的反动思想。只有极少数的人，如何香凝、陈铭枢等，虽然也批评他，却又在发言中委婉地为他说点好话。对于这样的结果，梁漱溟倒并不感到突然，他曾自我解嘲说："我这个人一生做了许多错事，特别是思想理论上，长时间不赞成马列主义，与中共的主张格格不入。要对我进行批判，自有许多话可说。"不过，批归批，中共当时并没有给他什么处罚，甚至仍然让他当政协委员，允许他参加政协会议。至于他本人是否愿意参加会议，则听便。此外，中共仍然宽宏大量地照常给梁漱溟发工资，让他继续过着毛泽东所说的"九天之上"的生活。有人问起原因，毛泽东解释说："梁漱溟这个人很反动，但没有发现他暗中有什么活动，也没有发现他与美帝国主义、台湾有什么联系，因此他的问题仍属于思想范围的问题。这也是我提出保留他的政协委员资格的依据之一。但这人的反动性不充分揭露不行，不严厉批判也不行。"这样看来，梁漱溟还算是"幸运"的。也许，这也与他同毛泽东的交往不一般不无关系吧。

应当如何看待"梁漱溟事件"？它的发生究竟意味着什么？多年来，梁漱溟本人也曾不断地进行"反省"。他虽然始终不愿违心地承认自己当年有反对总路线的思想，也不承认自己是所谓的"一贯反动"，但也逐渐地接受了中共认为他的阶级立场和阶级感情有问题的批评。对于"冲突"的发生，梁漱溟也自我检讨，认为自己当时过于固执、过于意气用事，目空一切，忘记了毛泽东是"伟人"，不顾影响，要"在大庭广众之下与毛主席争是非，是必定要引起人们的公愤的"。梁漱溟严于责己，精神固然可嘉，但如果仅仅以为这只是毛泽东和他两人之间的冲突，以为只是因为他个人的性格过于倔犟所致，就未免太低估了此事的意义了。此外，多年来除了官方刻意回避此事，甚至在字里行间继续肯定当年的"批判"外，[98]很多学者虽然谈及这一事件，也几乎没有涉及它的重要的政治作用。正因为如此，笔者才不厌其烦地叙述此事的详细过程，并尝试着揭示其内在含义。

诚然，"冲突"似乎主要发生在梁漱溟和毛泽东之间，"冲突"中确实带有个人的性格与意气之争的因素，特别是在9月18日大会上的僵局，如果梁漱溟不那么固执，也许可以避免。客观地说，当天毛泽东的态度则相对比较平和。然而，这并不是主要的问题。事情的本质根本不是什么意气之争，而是毛泽东和中共中央为实现其战略部署必然采取的举措，或戳穿了说，是毛泽东和中共中央为了自己的政治需要而刻意制造的一起"事件"。

众所周知，从1952年秋开始酝酿，到1953年夏，毛泽东就正式提出了"过渡时期总路线"，亦即立即开始社会主义工业化建设和对农业、手工业、资本主义工商业实行社会主义改造的路线。由于毛泽东背弃了过去的承诺，下决心要提前搞社会主义，不论是在中共党内，还是在党外，都出现了思想阻力。党内，包括刘少奇在内的很多高层人士对此缺乏思想准备，一时难以跟上毛泽东的步伐；党外，很多人更是无法理解为什么要提前搞社会主义，一时议论纷纷，虽然并无公开表示反对之人，但私底下表达自己的疑虑则是无法避免的。但这些不仅不能动摇毛泽东的决心，反而促使他开展一场思想斗争，以彻底扫除一切障碍。为此，毛泽东施展其惯用的手段，不仅要对他心目中的错误思想普遍予以批判，还要抓住所谓的典型大做文章。在中共党内，薄一波等人正好撞到了枪口上。毛泽东便立即抓住他们在所谓"新税制"问题上所犯的错误，通过1953年夏召开的全国财经会议，对薄一波等人进行批判，斥责其违反中共七届二中全会精神，是资产阶级思想在对内的反映，以扫除党内的思想障碍；同样，在党外，毛泽东也要抓一个典型，而梁漱溟则"不幸"成了牺牲品。

此外，抓梁漱溟这个典型，除了适应贯彻总路线的需要外，毛泽东还有更为深远的考虑。随着形势的发展，特别是中共取得了包括与苏联成功地结盟、镇压反革命、抗美援朝、"三反""五反"、国民经济恢复等等的所谓伟大胜利，中共的新政权日趋巩固，共产党在新政权建立之初需要的民主党派和党外人士的支持，越来越变得无足轻重，而更多的是要求他们彻底地臣服。事实上，经过中共的一系列思想改造的举措，民主党派和党外人士的绝大多数也已变得十分听话了。尽管如此，总还有极少数人虽然并不反对共产党，却仍坚持自己的独立思想，并不是在任何时候、任何事情上都赞成中共的一套。而梁漱溟就是其中的代表人物。毛泽东对此显然心知肚明。以前，毛泽东还可以容忍，现在却难以再容忍下去了。因此，抓住梁漱溟这个典型，是为了杀鸡给猴看，目的就是让那些不知好歹的人，甚至所有的党外人士明白，必须无条件地服从中共的领导，必须拥护总路线和中共的一切政策、方针，必须闭上自己的嘴巴，要讲话，也只能讲拥护、歌颂的话，绝不能唱反调。对这一点，毛泽东其实并不隐晦。他在批判梁漱溟时明确地说："是不是拒谏饰非呢？如果梁先生的这类意见也可以称作'谏'，我声明：确是'拒谏'。饰非则不是，我们是坚持无产阶级对于一切问题的领导权（工人，农民，工商业者，各民族，各民主党派，各民众团体，工业、农业、政治、军事，总之一切），又团结，又斗争。如果想摸底，这又是一个底，这是一个带根本性质的底。"他还说："批判梁漱溟，不是对他一个人的问题，而是借他这个人揭露他代表的这种反动思想……同他辩论是有益处的，不要以为是小题大做，不值得辩论。跟他辩论可以把问题说清楚。要说他有什么好处，就是有这么一个好处。现在辩论的是什么问题呢？不就是总路线的问题吗？把这个问题搞清楚，对我们大家是有好处的。"[99]话讲得如此明白，自然无须笔者多费口舌了。可见，这并非只是梁漱溟和毛泽东两个人之间的"冲突"，也不是因为两人之间有多少个人恩怨，而是以梁漱溟为代表的党外人士与毛泽东为首的中共之间的"冲突"，是民主党派和党外人士是否完全拥护中共的总路线，是否完全"臣服"于中共的"冲突"。这才是"梁漱溟事件"的真正意义。从某种意义上说，"梁漱溟事件"就是后来更大规模的"反右"斗争的预演。

至于毛泽东和中共为什么单单选中梁漱溟作典型，显然也不是偶然的。以笔者之见，前面已经提到过的，梁漱溟虽然并不反对中共的领导，也没有反对总路线，但他总是坚持独立思考，坚持自己的意见，不愿无条件地附和中共的一切，更不会阿谀奉承，无疑是主要原因。事件发生以后，梁漱溟也曾为此百思不得其解，但儿子梁培宽的一席话和好友的规劝才使他开了窍。儿子对他说：你不要以为这件事是意料不及突然发生的，虽然看上去有许多偶然因素；也不要看成只对你个人，偶然因素、个人因素都不居主要地位。它有一个发展过程，只是你自己还没有认识到而已。几年来，你在会上的发言，或同毛主席谈话，或给毛主席写信，总提出自己的不同意见。你总说自己是善意的，是爱护党，爱护政府，但实际上好像总是站在政府的外面，都好像在监督政府的神气。父亲这样一次又一次刺激政府积两三年之久，这在政府的感受上自有其发展。毛主席认为父亲有恶意，便不足为怪……[100] 其他好友也如此劝他。梁漱溟终于不得不"承认"所谓自己的阶级立场和阶级感情有问题。他想改，但还是那句老话，"江山易改，秉性难移"，十年后，他的老毛病又犯了，结果又招来一顿严厉的批判。尽管如此，梁漱溟毕竟也从中汲取了某种教训，故在1957年那个大风大浪的年代，他始终沉默不语，从而避免了一场横祸。这是后话。

除了他难改的性格外，还有两个因素不能不提。一是因为梁漱溟有独立思想，不能完全臣服新政权，故当时台湾的报刊便发文章称赞他。毛泽东的批判也多次提到这一点，说有些人"特别不愿意反对蒋介石，所以台湾的广播和香港的报纸对于这些人特别表示好感，从来不骂，而且说是在大陆上'最有骨气的人'，其中就有梁漱溟。而对有些朋友则放肆地污蔑漫骂。被台湾不骂，或者吹捧的人，当然是少数，但是很值得注意"。[101] 这不能不成为毛泽东选择典型的重要原因之一。二是梁漱溟虽然过去参与创建过民盟，且曾是民盟的重要领导人之一，但他后来却退出了民盟，成了无党无派的社会贤达，在他的身后没有组织支持，他本人也因性格关系，在人际关系方面相对比较孤立。因此笔者推测，选他作为"开刀"的对象，震动性相对较小，不会有多少人对之伸出援手。事实也果然如此，梁漱溟被批判之后，能够出面为他说话的人，并不是一个没有，但确实寥寥无几。这大概也是毛泽东和中共中央考虑的一个因素。总之，毛泽东和中共中央的计划还是相当周密的。不过，也许是智者千虑，必有一失，他们没有想到，以梁漱溟为典型，却碰到了一块硬石头，遭致反弹，虽然谈不上弄巧成拙，却也显得并不那么完美。

说到这里，也许会有读者问，梁漱溟同毛泽东的关系不是很好吗，毛泽东为什么要将其置于死地，一点情谊都不讲？对此，凡是懂得政治或真正了解毛泽东的人都不会感到奇怪。对毛泽东这样的"政治家"来说，私人之间的感情或一般人的朋友之情，虽不能说一点没有，但它都必须服从政治的需要，说得更明白一点，就是都必须服从权力斗争的需要，决不能讲什么"书生气"，或所谓的"妇人之仁"，决不能手软。这一点，从毛泽东投身于政治历史舞台的第一天开始，直到它离开人世，都表现得十分充分，从对待陈独秀，到后来对付高岗、彭德怀、刘少奇、林彪等等，这样的例子可谓多得数不胜数。

不管怎么说吧，"梁漱溟事件"的后果不仅严重，而且影响深远。在毛泽东和中共如此出手一击之后，质疑总路线的声音再也听不到了，对新政权的任何批评意见，甚至真正的建设性意见基本上也销声匿迹了，参加政府工作的党外人士更是噤若寒蝉。对于他们大多数人而言，个人历史上的辫子，如同维吾尔族的姑娘那样，实在太多了，谁能不怕抓？在这样的氛围下，谁还敢说三道四呢？而这样一来，所谓的联合政府也就命在旦夕，距离名实皆亡的日子已经不远了。

### 2.4.2.3 一届全国人大与首部宪法："联合政府"名实皆亡

1949年10月，中共虽然通过召开新的政协会议，建立了一个差强人意、多党合作的"联合政府"，但并未将其作为根本的，或理想的政治制度来对待。在中共的心目中，所谓的"联合政府"充其量也只是一种过渡形式。因此，新政权建立后，中共和毛泽东便以各种方式，来达到实际上垄断政权的目的。在不动声色地改变"联合政府"性质的同时，中共和毛泽东也在不断地制造舆论，为在理论和实践两个方面完全实现中共的"一党专政"做准备。

如笔者前文所述，1948年"五一"前中共发出了建立多党合作的民主联合政府的号召，但不久，中共就提出了一个所谓"人民民主专政"的概念，实际上取代了"联合政府"的口号。尽管一开始中共还公开强调，"人民民主专政"既不同于西方式的资产阶级专政，也不同于苏联式的无产阶级专政，但私下里，毛泽东却对1949年初来访的苏联领导人米高扬说："在工农联盟基础上的人民民主专政，而究其实质就是无产阶级专政。"[102] 这种说法显然与中共的公开解释有区别，很可能是因为当时中共摸不清苏联的看法，为了试探而故意说的。但因为米高扬声称他只是带着耳朵来中国，无权发表看法，故并没有对此表态。不过，由于当时新政权尚未正式建立，同时中共对人民民主专政的提法，能否得到莫斯科的首肯尚无把握，故高层尚未就"人民民主专政"性质的解读完全达成共识或定论。同年夏，刘少奇应邀访问苏联，就新国家和新政权的建立请示斯大林。他在给斯大林的一份报告中仍然说，新中国将实行工人阶级领导的，工人、农民与革命知识分子联盟为基础的，小资产阶级与自由资产阶级及其代表人物和政治派别参加的人民民主专政。它"不是资产阶级专政，也不是无产阶级专政"，而"特别是反对帝国主义的政权"。在推翻国民党政权以后一个相当长的时期内，主要矛盾仍是"与帝国主义、封建主义、官僚资本主义及其国民党残余势力的矛盾和斗争"。"有人说：'在推翻国民党政权之后，中国无产阶级与资产阶级的矛盾，便立即成为主要矛盾，工人和资本家的斗争，便立即成为主要斗争。'这种说法，我们认为是不正确的。因为一个政权如果以主要的火力去反对资产阶级，那便是或开始变成无产阶级专政了。这将把目前尚能与我们合作的民族资产阶级赶到帝国主义那一边去。这在目前的中国实行起来，将是一种危险的冒险主义的政策。"[103] 在同斯大林进行会谈时，刘少奇的这些看法得到了斯大林的肯定。

刘少奇所说，实际上是过去包括毛泽东在内的中共的一贯观点，但他把所谓"人民民主专政"与"无产阶级专政"的区别具体化了，即认为是否反对资产阶级或对资产阶级实行专政，是两者不同的根本性标志。由于这一看法得到了斯大林的"批准"，再加上当时中国的客观形势也要求中共必须联合民族资产阶级及其政治代表，既与所谓的资产阶级专政不同，又与无产阶级的专政不一样的"人民民主专政"理论，也就成了建立"联合政府"的理论依据。故刘少奇从苏联回来后，便十分自信地在东北局干部会上发表讲话，对此观点予以强调。他说："中国因为帝国主义的威胁，资产阶级和我们合作，而且我们要在相当长时期内和资产阶级合作，所以不能建立无产阶级专政而只是人民民主专政。不要想东欧搞无产阶级专政，我们就也要搞无产阶级专政，'言必称希腊'那就变成教条主义，我们的问题要根据中国的具体情况决定。"[104]

且不论这些话的含义是什么，必须承认，就中共的理论而言，刘少奇是讲得最明白的领导人之一。更重要的是，在新政权建立的最初二、三年里，尽管毛泽东和中共已在实际上逐渐开始垄断政权，但在名义上并没有否定"联合政府"，理论上也没有改变上述观点和说法。

刘少奇也好，毛泽东也罢，虽然都曾承诺过，中国将在一个相当长的时期里都要与资产阶级合作，不搞社会主义，也不搞无产阶级专政，然而，事实上三年不到，首先是毛泽东，口气就开始变了。在所谓胜利地进行了"三反""五反"运动，"打退"了"资产阶级的猖狂进攻"之后，1952年6月6日，毛泽东便明确地提出，资产阶级已成为社会主义革命的对象。他说："在打倒地主阶级和官僚资产阶级以后，中国内部的主要矛盾即是工人阶级与民族资产阶级的矛盾，故不应再将民族资产阶级称为中间阶级。"[105]接着，他又提出中国应当提前开始向社会主义过渡的设想。在受到毛泽东的批评之后，刘少奇也紧跟和接受了毛泽东的思想。既然要搞社会主义，便意味着要"改造"和"消灭"资产阶级，那就当然不可能再把资产阶级及其政治代表当作联合和合作的对象了，或用毛泽东的话来说，资产阶级已经不是什么"中间阶级"了。这样一来，原来认为可以"联合"资产阶级及其政治代表的"人民民主专政"，其性质无疑也要发生变化了。不过，一方面，中共还未征求过莫斯科的意见，尚未作出定论；另一方面，从策略上考虑，也要避免过早地引起社会的震荡，故毛泽东和中共在一段时间里并没有对外公开上述观点和设想。

1952年10月，苏联共产党召开第十九次代表大会，以刘少奇为首的中共代表团也应邀出席。中共决定利用刘少奇再次访苏的机会，征求斯大林对于中国向社会主义过渡和召开全国人民代表大会等问题的意见。在会谈中，斯大林首先明确表示赞成中共从现在起，就采取措施逐步向社会主义过渡的设想，但对何时召开全国人民代表大会的问题，斯大林却并不完全赞成中共的想法，提出了自己的意见。

在给斯大林的"请示"报告中，刘少奇写道："中国人民政治协商会议的第一次会议在一九四九年开过后，已有三年了，最近就应该召开第二次会议。而如果在最近不召开人民政协的第二次全体会议，那就应该在明年或至迟后年召开第一次全国人民代表大会。因为人民政协在全国有很好的信誉，各民主党派也愿意召开人民政协，而不积极要求召开全国人民代表大会，全国选举的准备工作也还有些不够，因此，我们考虑在明年春夏之间召开人民政协的第二次全体会议，而把全国人民代表大会推到三年以后去召开。"刘少奇还说："在中国党内有人提出了制订宪法的问题。当然，如果要制订宪法就应召开全国人民代表大会。但在中国是否要急于制订宪法也还可以考虑。因为中国已有一个共同纲领，而且它在群众中在各阶层中均有很好的威信，在目前过渡时期即以共同纲领为国家的根本大法是可以过得去的。如果在目前要制订，其绝大部分特别是对资产阶级和小资产阶级的关系也还是要重复共同纲领，在基本上不会有什么改变，不过把条文的形式及共同纲领的名称加以改变而已。因此，我们考虑在目前过渡时期是否可以不制订宪法，而以共同纲领代替宪法，共同纲领则可以在历次政协全体会议或全国人民代表大会加以修改补充，待中国目前的阶级关系有了基本的改变以后，即中国在基本上进入社会主义以后，再来制订宪法。而那时我们在基本上就可以制订一个社会主义的宪法。"[106]

对于中共的上述想法，会谈中斯大林先问全国人民代表大会是否即国会，刘少奇答曰，是国会，但更接近于苏联的最高苏维埃，不过有资产阶级的代表参加。斯大林说："如果你们没有准备好，全国人民代表大会可暂不召开，而开政治协商会议，但政协不是人民选举的，这是一个缺点，对外来说，如果有人在这一点上加以攻击，人们会不大了解。"他还说，同意你们目前使用共同纲领，但应准备宪法。这是会谈期间斯大林第一次谈及他的看法。从口气上看，斯大林虽然表示同意中共的设想，但似乎很勉强，不过也没有多说什么。然而，在几天以后的第二次会谈中，当刘少奇再次问起应当准备的宪法是否是社会主义宪法时，斯大林一方面明确地说，这还不是社会主义宪法，而是现阶段的宪法，另一方面则接着说了"一长篇的话，并坚持他的看法"。他所说的大意是："如果你们不制订宪法，不进行选举，敌人可以用两种说法向工农群众进行宣传反对你们：一是说你们的政府不是人民选举的；二是说你们国家没有宪法。因政协不是人民经选举产生的，人家就可以说你们的政权是建立在刺刀上的，是自封的。此外，共同纲领也不是人民选举的代表大会通过的，而是由一党提出，其他党派同意的东西，人家也可以说你们国家没有法律。你们应从敌人（中国和外国的敌人）那里拿掉这些武器，不给他们这些藉口。我同意你在信中所提出的意见把共同纲领改变成宪法——基本大法，这种宪法自然是一种粗制品，但有一个宪法，比没有要好。在宪法中，你们可以规定这样的条文：第一，全体人民包括资本家富农在内均有选举权。第二，承认企业主和富农的财产权。第三，承认外国人在中国的企业的租借权：但这种权利如果政府不愿给外国人，可以在实行时不给或少给。这些事实，都是在中国存在的，并不妨碍你们搞宪法。我想你们可以在一九五四年搞选举和宪法。我认为这样作，对你们是有利的。你们可以考虑。因为我不大了解中国的情形，上次谈话时我没有展开肯定地讲这个问题，今天因为你问到这个问题，所以把我肯定的意见告诉你们。"

斯大林还说："对中国国内还有一个问题，你们现在的政府是联合政府，因此，政府就不能只对一党负责，而应向各党派负责。这样，国家的机密就很难保障。我感到你们有些重要机密情况外国人都知道，例如：你们政府代表团这次来苏联，[107]英美就知道要谈旅顺口问题。有了其他党派，政府要向其他党派负责，国家重要问题就不能不和其他党派商量，其他党派的人很多是和英美有关系的，他们知道了，等于英美也知道了。你们的计划如事先被敌人知道，对你们是很不利的。如果人民选举的结果，当选者共产党员占大多数，你们就可以组织一党的政府。其他党派在选举中落选了，但你们在组织政府时可给其他党派以恩惠，这样对你们更好。各党派在选举中如落选了，你们不应使统一战线破裂，你们应继续在经济上和他们合作。"

说到这里，刘少奇插话说："中国其他党派有些害怕选举，因为人民不选举他们而要选举共产党员。"斯大林则回答："这是一种很好的情形，但这并不妨碍你们在组织政府时任用一些其他党派的人。我对中国情况不熟悉，这样作不知是否还有困难？请诸同志考虑。"刘少奇表示："在一九五四年进行选举和制订宪法，我想是没有特殊困难的。"斯大林对刘少奇的表态似乎感到满意："那你们这样作是比较要好些。"大概是为了进一步阐明选举和制订宪法的重要性，斯大林又说了一番话："印度有宪法并已实行选举，因此，尼赫鲁就可以说印度是民主的，而中国是不民主的。蒋介石说：中国进行选举，条件还不成熟。这种说法是没有理由的。阿尔巴尼亚是落后的，现在也有了宪法并实行了选举，中国不应比阿尔巴尼亚落后。波兰最近进行了选举，选民投票者有百分之九十五，杜鲁门当选总统时，才得票百分之四十八，有百分之二十五的选民没有投票。"最后，刘少奇明确表示，他将把斯大林的意见报告中共中央和毛泽东主席。

笔者之所以如此详尽地引用斯大林的话，一是因为多年来中共的官方史书基本上对此采取了避而不谈的态度，个中的原因究竟是什么，人们很难猜透；二是斯大林的这番话实在耐人寻味，所包含的信息也很丰富，要想予以完整、准确的解读并不是一件易事。但笔者深感，有一点是可以肯定的，即它对于今天的人们了解中共新政权的演变，了解莫斯科在此演变中的影响无疑是十分重要的材料。

从整个会谈中双方所谈的内容至少可以清楚地看出以下两点：一是中共起初似乎对进行选举和制订宪法并不十分重视，并不感到特别迫切和特别需要，比较倾向于维持现状。其理由就是刘少奇在信中写到的那些，是因为维持包括表面上的联合政府在内的现状，对中共并无大的妨碍,它反映出中共领导人法制观念的淡薄。而斯大林对此似乎很不满意,既对中共迟迟不搞选举,不搞宪法不满,更对中共企图继续维护"联合政府"的现状不满。尽管实际上斯大林并不真正重视所谓的法制,但他却更比中共领导人懂得,必须在表面上做足"民主"和"法制"的文章,否则必然影响中共新政权的形象,且很难在国际舞台上立足。此外,斯大林之所以对所谓必须向各党派负责的联合政府不满,表面的理由似乎是这样的政府容易泄漏国家机密,其实是他担心民主党派人士与英美的联系以及英美可能对中国产生的影响。因此,斯大林不仅明确地表达了自己的不同意见,而且给了中共极不客气的批评;不仅借"敌人"的话质疑中共政权的合法性,甚至令人难堪地将其与印度、阿尔巴尼亚等国相比,以此刺激中共。二是斯大林不仅明确地要求中共尽快进行选举和制订宪法,且希望中共在选举成功后废除联合政府,建立共产党的"一党政府"。虽然这个"一党政府"仍可以安排若干其他党派人士进政府任职,但那只是共产党的"恩惠",不再是什么党派之间的"联合"或"合作"了。对于政府将要发生的变化,斯大林倒没有使用什么"人民民主专政"或"无产阶级专政"一类名词,玩文字游戏,甚至明确地认为,现在制订的宪法也不是什么社会主义性质的宪法,中国也没有必要"一步到位",一搞宪法就是"社会主义的宪法"。

毫无疑问,从后来中共采取的行动可以看出,斯大林的意见对中国新政权的变化产生了十分重要的影响,尽管这并不是唯一的影响。刘少奇因为会谈后暂留苏联休养,尚未回国,中共中央就完全改变了过去犹豫不决的态度,正式向全国政协常委会提出了关于1953年召开全国人民代表大会和各地人民代表大会的建议。1953年1月13日,即刘少奇从莫斯科回国的第三天,中央人民政府委员会便举行会议,正式作出了《关于召开全国人民代表大会及地方各级人民代表大会的决议》,决定于1953年召开由人民"普选"方法产生的乡、县、省(市)各级人民代表大会,并在此基础上召开全国人民代表大会;决定成立以毛泽东为首的宪法起草委员会和周恩来为首的选举法起草委员会,分别负责起草宪法和选举法。可见,中共此次接受莫斯科

"指示"之迅速前所未有，而且把开全国人大和制订宪法的时间提前至 1953 年，比斯大林要求的还早了一年。不过，在贯彻莫斯科指示时，中共和毛泽东也不是完全"照葫芦画瓢"，而是有自己的"发展"，如后来中共仍把通过的宪法说成是"社会主义性质的宪法"，与斯大林所说的有所不同。也许，这与宪法通过时斯大林已经逝世不无关系。但总的来看，由于斯大林的意见确实比中共高明，对中共只有好处，并无坏处，中共还是遵循斯大林的意见的，通过全国人大的召开和宪法的制订，正式取消了原本已经名存实亡的联合政府，也通过"请客"的方式继续安排部分非中共人士在政府任职，以示共产党的"恩惠"。

由于刘少奇访苏时，斯大林还"批准"了中共和毛泽东提前向社会主义过渡的计划，毛泽东很快便进一步明确了所谓过渡时期总路线的内容，并且逐渐予以公布和开始大张旗鼓的宣传。与此同时，热衷于在理论上做文章的中共各级干部又提出了一个问题，既然要消灭资产阶级了，那么是否应当把"人民民主专政"变成"无产阶级专政"呢？下面有疑问，高层就不能不回答。于是，1953 年 12 月 19 日，中共中央专门发了一个内部文件，即《关于目前政权性质问题的指示》。该指示写道：

关于现阶段我国政权性质问题，各地在学习总路线时有很多讨论，有些同志在向一般干部作报告时宣布我国的人民民主专政实质上就是无产阶级专政，甚至片面地引用中央同志的话，说其他阶级（主要指民主人士）在联合专政中只等于零（忘记了又不等于零的一个方面）。中央认为人民民主专政和无产阶级专政本无实质上的区别，省级以上高级干部了解这个问题是有必要的，但对一般干部这样解释和宣传却是不适宜的，发展这一讨论也是不必要的。这是因为：

（一）从实际上说，现在的政权的统一战线的组成并没有妨碍共产党和工人阶级的领导，相反地是有利于这一领导的，并没有妨碍社会主义工业化和社会主义改造的事业，相反地是有利于这一事业的，因此在相当长的时期内，应当继续保持政权的统一战线性，而如果广泛地宣传它实质上是无产阶级专政，就势必引起许多民主人士的不安、不满和种种揣测，引起资产阶级的恐慌心理，这在目前时期就是不利的，不策略的，必须将对党内省市以上高级干部在谈到此问题时加以说明和目前有些地方那样对很多人普遍讲的办法加以区别，我们应取前者，不取后者，尤其不要引用中央同志的话。

（二）从理论上说，毛泽东同志在《新民主主义论》和《论人民民主专政》两书中都已明确说明我们的政权是无产阶级领导下的各革命阶级的联合专政，是工人阶级（经过共产党）领导的以工农联盟为基础的人民民主专政，这个说明对于这个工人阶级在目前和今后一个时期中的领导地位是适合的，不加修改并无不便，如目前即加以修改则反而不便。因此，各级领导机关应注意控制这一问题的宣传，停止在广泛的干部中关于人民民主专政实质上就是无产阶级专政，（即实质上由共产党一个党决定纲领政策和计划）的宣传和讨论，如已宣布过的应予停止，并说明理由。[108]

这一"红头文件"说得十分清楚，即中共已正式改变看法，明确认为所谓的"人民民主专政"实质上就是"无产阶级专政"，就是"实质上由共产党一个党决定纲领政策和计划"。过去多次说过的"人民民主专政"与"资产阶级专政"，与"无产阶级专政"的"区别"，前者还有效，而后者已不存在，以前如此说只是为了"宣传"而已。不过，从策略上考虑，目前仍不应公开这一观点，即便对党内中下层干部也没有必要多说，也无需公开改变过去的提法，因为实际上已经这样做了，已经是"由共产党一个党决定纲领政策和计划"了，或者说，共产党的领导地位早已十分巩固了。当然，不公开也只是暂时的。几年以后，随着所谓社会主义改造的胜利和共产党领导地位的进一步巩固，中共就在公开发表的文章和刘少奇在中共八大的报告中，公开宣布"人民民主专政"实质上就是"无产阶级专政"。乃至发展到"文革"时期，所谓"无产阶级要在一切领域实行全面专政"的口号更是响遍了全中国。

尽管在实际上中共已经独揽政权，但表面上政府的组成仍是最初的样子，还是"联合政府"的"架子"，与斯大林所要求的"一党政府"仍有区别。只是在第一届全国人民代表大会召开和新国家的首部宪法通过之后，这种表里不一致的状况才得到完全的改变。

从1953年1月中央人民政府委员会作出召开全国人大和各级人大，制订宪法和选举法的决定之后，到1954年9月一届人大的正式召开、首部宪法的通过和新一届中央政府的建立，无论是官方史书，还是学者的研究，都对其详细过程，包括在全国范围内进行的"普选"、宪法的起草、通过等等作过描述，[109]无需笔者重复。笔者所要说的只是对一届全国人大的"成果"做出自己的评述，揭示其在新政权和新的政治制度的演变过程中所起的真实作用。

官方的史书甚至很多学者的著作、文章都认为，一届全国人大第一次会议的召开，中华人民共和国首部宪法的制订和颁布"意义重大"，是一个重要"标志"，"在健全民主制度、加强法制建设、调整国内政治关系等方面迈出了重要的一步"。[110] 笔者虽然赞成"标志"的说法，却不敢苟同它是走向"健全民主制度、加强法制建设""重要一步"的评论。笔者认为，恰恰相反，一届全国人大及其通过的宪法是走向"专制制度"的重要一步，是正式确立中共"一党专政"的政治制度，使"联合政府"名实皆亡的"标志"。

官方的史书说："第一届全国人民代表大会的召开，标志着人民代表大会制度作为新中国根本政治制度的正式确立。从反动统治者专制独裁政治到人民民主政治，到社会主义民主政治，中国共产党领导中国人民长期为之奋斗的民主制度从此建立在更加稳固的基础之上。这是中国政治制度的一次伟大变革。"又说："它不仅为国家的政治民主化进程确定了一种新型政权组织形式和总的民主程序，更重要的是确立了同中华人民共和国的国体相适应的社会主义根本政治制度。这种符合中国国情、体现中国社会主义国家性质的民主政治制度，为实现人民当家作主提供了根本保证，显示出强大的生命力和巨大的优越性。"[111] 这些话，充其量也只是几十年来的老调重弹而已。如果说，几十年前它还能使大多数人相信中共如此自吹自擂的话，今天则只能使许多人感到十分可笑了。

诚然，所谓的人民代表大会制度确是中共的一个"创造"，是中共为了区别于所谓西方实行的"资产阶级议会制度"，建立一个自称是"适合中国国情"或具有"中国特色"的"人民民主"，却并不是什么真正的民主政治制度。其一，真正的民主政治必须进行完全自由的选举，但并不是有了"选举"，就意味着"民主"。尽管在召开人民代表大会的过程中，中共也在表面上做足了"普选"之类的文章，然而，众所周知，从当年乃至直到今天，所有的人民代表候选人，不论是地方各级的，还是全国的；不论是中共党内的，还是党外的；也不论是什么"直接选举"，还是"间接选举"，从代表名额到具体人选，都是由中共的党组织决定的，而普通选民和有资格选举上一级代表的"下一级代表"们，基本上都只是按照党的旨意"画圈"而已。非经中共党组织认定，其他选民既没有参与候选人资格竞争的可能，也无法选择自己真正中意的他人当代表。再加上多年来实行的所谓"等额选举"，不允许搞所谓资产阶级式的"竞选活动"等等一系列规定，各级人民代表的选举自然根本无法真正反映选民的意志，自然谈不上是真正自由的选举。其二，是在所谓的当选代表中，虽然也有其他党派的成员或非中共党员，但他们也都是经过中共批准，或直接由中共提名的，且不像政协会议那样，是作为其他党派的代表当选的，包括那些被选进全国人大常委会担任领导职务的，也都是作为中共对党外人士个人的一种安排而当选的。在"人大"中，只有中共可以以党的名义存在，可以建立所谓的"党组"，其他党派的成员既不能以该党的身份活动，更不能建立什么自己的"党组"。因此，"人大"自然不再像政协那样，具有所谓的"党派合作"或"党派联合"的含义了，只能是中共一个党完全控制的政治组织。此外，由于"人大"主要是立法机构，与其他各国的议会相似，且具有选举产生和监督政府行政机构的职能，按照民主政治制度的一般原则，已在或将在政府行政机构任职的官员，是不能再做"人大"代表的。但中国的"人大"却正好相反，"当选"的各级"人大代表"中，很多人是现职或即将任职的政府官员，从基层的乡、镇长，到地方政府的省长、市长和中央政府的部长等等。他们在各级"人大代表"中究竟占多大比例，笔者从未看到过官方正式公布的资料，但可以肯定，官员们所占比例决不会低。他们既是监督者，又是被监督者，这样的监督会有什么效果呢？其三，过去的《共同纲领》以及新通过的《中华人民共和国宪法》虽然都明确规定，"全国人民代表大会是最高国家权力机构""地方各级人民代表大会都是地方国家权力机构"，但历史已经证明，真正的最高国家权力并不掌握在全国人大手中，而是在中共中央；地方真正的国家权力也不在地方人大手中，而在当地的共产党党委。说得更形象一点，中共中央如同全国人大的"太上皇"，才是国家真正的最高权力机构，同样，各地的共产党党委才是当地最有权力的机构。从国家的大政方针，到各种具体的路线、方针、政策；从法律的制定，到计划的实施等等，无不由中共中央和各级党委说了算，有些并不通过"人大"，有些虽然通过"人大"讨论、批准，但大多也只是走走过场而已，"没有"或根本不允许有反对的意见。难怪多年来国内外很多人都将中国的"人民代表大会"视为中共的"橡皮图章"，并不重视它的价值。更有甚者，对于这样的"橡皮图章"，中共，特别是毛泽东时代，也只是需要时才用，不需要时便弃如敝履，原本应当每年开一次的人民代表大会，竟然在十年内连一次会议也不开。总之，在如此的"人民代表大会"制度下，人民根本当不了家，作不了主，只能是毛泽东当家，中共的党政官员作主，可它竟然仍被官方史书吹捧成"为实现人民当家作主提供了根本保证，显示出强大的生命力和巨大的优越性"，岂不让人笑掉大牙。

所谓的人大是这样，一届人大一次会议通过的新宪法又如何呢？官方史书的评价同样很高，写道：宪法的制定"是中国制宪史上的一次革命"，[112]它表明，"中国各族人民经过长期的艰难的斗争，终于有了一部代表自己利益的、体现民主原则和社会主义原则的宪法。中国的民主法制建设有了一个重要的良好开端"。[113]其实，这些话并无新意，只是重复当年毛泽东、刘少奇等人在宪法通过时所讲的话而已。如今，经过几十年的实践的检验，官方史书仍然毫无自我反省，实在说不过去。

实事求是地说，全面地评价新国家的首部宪法，并不是本书的任务，笔者不是法学专家，也没有能力这样做，因而只能就与本书的主题有关的问题谈几点看法。

首先，毛泽东当时曾说过，宪法就是要"从法律上保证国家的民主化"，还说，"国家的社会主义化从根本上保证国家的民主化。同时国家的社会主义化也要求国家的进一步民主化"。[114]将实现和保证国家的民主化作为宪法的重要内容，当然是对的。但如何才能实现和保证国家的民主化呢？毛泽东认为宪法规定实施自下而上的人民代表大会制，一方面确保了人民经过全国人民代表大会和地方各级人民代表大会行使政权，亦即由人民来当家作主；另一方面选出从国务院到地方各级人民政府作为国家的行政管理机关，选出各级人大常委会作为人大这一权力机构的日常工作机关，并规定了人大及其常委会与国务院及地方各级政府的关系，并称"这种既彻底民主而又不互相掣肘的制度，是任何资本主义国家所没有和不能有的"。[115]对于"人民代表大会"制度能否保证人民当家作主的问题，笔者已在前面作过评论，无需重复；对于"人大"与"政府"的关系，则需要多说两句。按照民主政治的基本原则，前者主要是立法机构，后者则是行政机关，权力应当分开，且能互相监督。由于中共明确主张不搞所谓资产阶级的"三权分立"，故将"人大"及其常委会变成了所谓"议行合一"的权力机构，且权力极大。按照宪法的规定，"人大"及其常委会负有监督政府的责任，但没有任何机构监督"人大"及其常委会。那么，所谓的"彻底民主"又如何实现呢？暂且不论所有的这些规定是否合理，更重要的是，实际上这都是纸上谈兵，做做样子而已。毛泽东早就说过，共产党要领导一切。因此，国家的最高权力或各地的实际权力都掌握在中共中央和各级党组织手中，"人大"也好，国务院和地方各级政府也好，还有我们将要谈到的司法机关也好，都得听命于党中央和各级党委的。既如此，则毛泽东所说的"又不互相掣肘"自然能够毫无障碍地得以实现了。然而，这样一来，所谓的"彻底民主"也就成了一句空话。

不仅如此，宪法也像最初的《共同纲领》一样，继续规定国家是由"工人阶级领导的"。笔者已经说过，这种提法本身就是违背民主政治原则的，而所谓的工人阶级领导又是虚无缥缈的东西，实际上就是强调共产党的领导权和执政权。中共通过宪法这一"根本大法"，不仅使自己的领导权或执政权完全合法化，而且使其永久化了。这就如同历史上封建王朝的统治者自封为受命于天，应当永久统治下去一样荒唐，与真正的民主政治原则相差何止十万八千里！

当然，宪法似乎也不是一无是处。从字面上看，宪法也对包括人权在内的公民各种民主权利作了规定，诸如："中华人民共和国公民在法律上一律平等"；"年满十八岁的公民""都有选举权和被选举权"；"中华人民共和国公民有言论、出版、集会、游行、示威的自由。国家供给必需的物质上的便利，以保证公民享受这些自由"；"中华人民共和国公民有宗教信仰的自由"；"中华人民共和国公民的人身自由不受侵犯。任何公民，非经人民法院决定或者人民检察院批准，不受逮捕"；"中华人民共和国公民的住宅不受侵犯，通信秘密受法律的保护。中华人民共和国公民有居住和迁徙的自由"；公民还有劳动、休息、受教育、进行科学研究、文学艺术创作、从事其他文化活动的权利；"中华人民共和国公民对于任何违法失职的国家机关工作人员，有向各级国家机关提出书面控告或者口头控告的权利。由于国家机关工作人员侵犯公民权利而受到损失的人，有取得赔偿的权利"，等等。此外，宪法还规定，"人民法院独立进行审判，只服从法律"。"人民法院审理案件，除法律规定的特别情况外，一律公开进行。被告人有权获得辩护"。"地方各级人民检察院独立行使职权，不受地方国家机关的干涉"。[116]从上面的引述中可以看出，相比于《共同纲领》，宪法有了一个很大的进步，即不再泛泛地使用"人民"这一概念，改用"公民"和"公民的权利"等，这当然应该予以肯定。同样必须肯定的是宪法对公民的各种民主权利规定得十分详细和全面，仅就这方面而言，堪比包括西方发达国家在内的各国宪法。如果当政者真能遵守宪法，能将宪法规定的保护公民权利的各种条文付诸实施，即便宪法并不那么完美，那也是很好的一件事，也是国家和民众之福。然而十分可惜的是，尽管在宪法制定和通过时，中共及其领导人刘少奇、彭真等都曾信誓旦旦地表示："中国共产党的党员必须在遵守宪法和一切其他法律中起模范作用。""我国全体公民和所有的国家机关、民主党派、人民团体都必须严格地遵守宪法，都必须用宪法规定的标准来检查我们的思想和行动，并且和一切违法现象进行斗争"，[117]但实际的情况却与宪法的规定背道而驰。从首部宪法通过的那一天起，直到今天，首先是最高领导人和领导层，就开始违背宪法，乃至发展到后来，完全将宪法践踏于地，致使宪法沦为一纸空文，不仅不能保护普通公民的民主权利和人身权利，连当年代表中共中央作关于宪法草案报告的刘少奇，也因得不到宪法的保护而惨遭厄运。说起来，这并不奇怪。当宪法变成空话，无法保护千千万万的普通公民的民主权利、人身权利，使之免遭迫害时，包括贵为"国家主席"的刘少奇以及彭真等许多高官在内的任何人，也同样不可能得到宪法的"保护"。历史的规律就是如此！可见，不论是宪法，还是其他法律，写在纸上的条文虽然很重要，但更重要的是实行，是真正的落实。对此，官方的史书也不得不说："从五十年代到六十年代初对这部宪法的执行是比较好的。六十年代后期中国的政治生活出现了严重的曲折。"[118]但这句话只说对了一半，而且后一半仍然羞羞答答，吞吞吐吐。事实上，所谓的五十年代宪法已经被践踏得不成样子了，而六十年代更是到了无法无天的程度。

不过，如同对待人民代表大会制度一样，中共也是以实用主义的态度对待宪法的，与其利益符合者则用之，不合者则弃之。在制定首部宪法的过程中，中共最为重视，最需要，也是收获最大的，就是将毛泽东和中共提出的所谓"过渡时期总路线"，即开始向社会主义过渡的决定写进宪法，使之合法化。为此，毛泽东也好，刘少奇也好，都先后反复强调中国只能走社会主义道路，只有社会主义才能救中国等等。由此，不仅在宪法的《序言》中全文写上了"过渡时期总路线"的内容，而且在《总纲》的许多条文中反映了要对农业、手工业、资本主义工商业进行社会主义改造的要求。因此，这也被中共视为宪法的最大亮点，多年来津津乐道，直到今天官方史书仍大加吹嘘："1954年宪法是保证中国逐步过渡到社会主义社会的宪法"，宪法的颁布实施,"为全国人民指明了一条清晰、明确的通往社会主义的道路,调动了广大人民群众接受社会主义的积极性,有力地推动了社会主义各项事业的蓬勃发展。这是中国走向社会主义民主与法制建设的良好开端"。[119]对于总路线和所谓社会主义改造的是是非非,它给中国人民带来的究竟是福还是祸,至今仍在争论不休,笔者当然有自己的看法,也将在下一章予以分析。撇开总路线的是非暂且不论,有一点却是可以肯定的,即宪法中中共最为重视的就是两条:一是所谓的无产阶级,亦即共产党的领导权;二是中国只能走社会主义道路,建立社会主义制度。经过宪法这样的"根本大法"将其固定化、合法化,对中共和毛泽东而言无疑是最重要、最有用的。从此,除了绝对权威毛泽东,不管是谁,只要有"不利于"上述两条的言和行,都是违法或犯法的,都必须予以惩处;或者反过来说,只要是中共和毛泽东想要整治的人,都可以给他扣上"反党反社会主义"的大帽子。在此后的二十多年里,党外党内被戴上"反党反社会主义"的帽子而遭殃的,从百万"右派""准右派",到"一人之下,万人之上"的刘少奇,实在难以计数。总之,"反党反社会主义"从此成了"合法"的罪名,与"反革命"一样。而一旦被打成"反党反社会主义分子",就要被"专政",则宪法规定的公民的所有民主权利,都可以在这一罪名下统统被取消。这,就是中国特色的"社会主义类型""宪法"的"奥秘"!

最后,还有一点也不能不提,即一届全国人大还根据新通过的宪法,选出了国家新一届中央政府的领导人,其中包括国家主席、副主席,全国人大常委会的委员长、副委员长,最高人民法院院长,最高人民检察院检察长,任命了国务院总理、副总理、各委员会主任、各部部长等等。任职于上届政府的所谓党外民主人士大多被"安排"进了没有多少实事可做的人大常委会,只有少数几个在国务院留任部长。由此,中共基本上实现了斯大林所说的建立"一党政府"的要求。尽管政府中仍有少数几个非中共人士,却并不表明它还有"联合政府"的色彩,而只是斯大林所说的中共可以给予部分党外人士以"恩惠"而已。即便中共自己没有公开宣布取消"联合政府",但从此再也不用"联合政府"或"统一战线政府"之类的词了。可见,在一届全国人大召开和宪法通过之后,"联合政府"已"名""实"皆亡了。当然,"一党政府"并不等于"一党专政"。在真正的民主制度下,经过自由选举,凡能够获得大多数选民支持的政党,也可以组织自己的"一党政府"。但它并不是固定的、永久的,一旦其他政党在以后的选举中获胜,它就得让位。因此,这样的"一党政府"不仅合法,而且也不是"一党专政"。反过来,如果所建立的"一党政府"是"世袭"的,或以种种理论为借口,或以宪法规定不容许任何人改变,或以其手中掌握的暴力控制政局,打压所有企图挑战其统治地位的人,反正是不让民众自由地选择执政者,那就实实在在地变成了"一党专政",或一个党的专制政权了。中共最终建立的"一党政府"无疑就是这样的"一党专政"。

综上所述,中共和毛泽东曾以反对国民党的"一党专政",实行民主政治为旗帜,获得了中国广大民众的支持,推翻了国民党的统治。胜利之初,为了继续取得民众的支持和取得合法性,中共建立了名为"民主的联合政府"的新政权。但随着统治地位的巩固,中共和毛泽东开始食言自肥,背弃过去的承诺,逐渐走上了独揽政权的道路,一步一步地改变了"联合政府"的性质,从实行"以党代政"开始,继而以各种手段排斥其他党派和党外人士,到以"国家大法"规定自己垄断政权的特权,最终建立了以中共的"一党专政"为特征的专制的政治制度。不管中共用什么名称,"人民民主专政"也好,"无产阶级专政"也好,其实质都一样。尽管在形式上,中共的"一党专政"与国民党的"一党专政"不完全相同,但"反民主"的本质并无二致,甚至在很多方面堪称"青出于蓝,而胜于蓝"。至于为什么会出现这种状况,本是全国人民寄予希望的共产党人为何最终也走上了专制的道路,原因极为复杂,必须进行专门的研究,非本书所能说得清楚。其中,从中国专制思想的流毒至大至深,到"老大哥"苏联的影响;从中共革命后留下的不良遗产,到延安时期形成的负面传统在新的历史时期的延续和扩展;从中共信奉的马克思列宁主义意识形态局限,到中共自身的利益需要;从中共大多数干部缺乏民主的精神，到普通民众公民意识的淡薄等等，所有的因素都在不同的程度上发生作用。再就形成此政治制度的责任而言，中共的最高领导人毛泽东当然要负主要责任，但其他领导人如周恩来、刘少奇等等，也难辞其咎。他们虽然曾提出过一些相对正确的主张，却都没能坚持下去，都在毛泽东的淫威下放弃了。而更多的共产党人虽在过去真心实意地为追求民主而参加革命，胜利后却因为盲目地服从党的领袖，或虽有看法却无能为力，既成了专制统治机器的"螺丝钉"，又成了它的"受害者"。最后，对于中共"一党专政"的成败得失，平心而论，虽然在特定的时期里中共的"一党政府"也干了不少有利于民族和国家的好事，但无疑也是此后新国家发展严重受挫，出现一系列灾难的最重要的根源之一。关于这后一方面的无数事实，读者将在笔者下面的叙述中一一看到。

**第四章注释：**

1. 苏维埃，系俄文"代表大会"的音译。
2. 《毛泽东选集》，第2卷，第624页，人民出版社1966年7月版（横排本）。
3. 同上书，第635至636页。
4. 同上书，第635页。
5. 同上书，第687至697页。
6. 转引自王铁群：《中共抗战时期的民主主张与实践》，载《炎黄春秋》2007年第10期。
7. 同上书。
8. 同上书。
9. 同上书。
10. 同上书。
11. 《毛泽东等中共中央领导人与谢伟思的六次谈话》，载《党史通讯》1983年第20—21期。
12. 《毛泽东文集》，第4卷，第27页，人民出版社1996年8月版。
13. 参见王铁群：《中共抗战时期的民主主张与实践》；李凌：《毛泽东称

赞美国的民主和天赋人权》，载《炎黄春秋》2010年第2期。

14. 同上书。
15. 同上书。
16. 《刘少奇选集》，上卷，第172至177页，人民出版社1981年12月版。
17. 《毛泽东选集》，第3卷，第1010至1011页。
18. 《毛泽东文集》，第3卷，第275至276页。
19. 《毛泽东选集》，第3卷，第1005页。
20. 同上书，第1012页，第1014页。
21. 同上书，第1015页。
22. 同上书，第1017至1018页。
23. 同上书，第1019页。
24. 同上书，第4卷，第1140页。
25. 同上书，第1133页。
26. 同上书，第1152页。
27. 参见马贵凡译：《毛泽东一九四七年十一月三十日给斯大林的电报全文》，载《中共党史研究》2002年第1期。
28. 参见秦立海：《解读历史的真实——1947至1948年毛泽东与斯大林两封往来电报之研究》，载《中共党史研究》2003年第2期。
29. 转引自梅丽虹：《中国共产党对新民主主义社会主要矛盾的判断与人民民主专政性质的认定》，载《中共党史研究》2001年第2期。
30. 毛泽东：《在中央政治局会议上的报告和结论》，载《党的文献》1989年第5期。
31. 《毛泽东选集》，第4卷，第1265页。
32. 同上书，第1266页。
33. 同上书，第1374页。
34. 同上书，第1360页。
35. 同上书，第1369页、第1368页。
36. 同上书，第1368页。
37. 同上书，第1366页。
38. 同上书，第1364页。
39. 同上书，第1365页。
40. 同上书，第1365至1366页。
41. 同上书，第1367页。

42. 同上书，第 1364 页、第 1365 页。

43. 参见乔东光：《毛泽东与新中国的建立》，载《党的文献》1989 年第 5 期。

44. 参见杨火林：《新中国建国程序的调整与中国人民政治协商会议的过渡性特点》，载《中共党史研究》2004 年第 6 期。

45. 参见中共中央党史研究室著：《中国共产党历史》，第二卷（1949—1978），上册，第 6 页，中共党史出版社 2011 年 1 月版。

46. 参见章立凡：《民主协商建国的历史回顾》，载《炎黄春秋》2009 年第 4 期。

47. 《中国共产党历史》，第二卷（1949—1978），上册，第 18 页。

48. 参见章立凡：《民主协商建国的历史回顾》。

49. 参见胡泊：《首届中央政府党外人士所占比例》，载《炎黄春秋》2009 年第 9 期；另见李墨龙：《关于协商建国首届中央人民政府担任领导职务党外人士所占比例新识》，载上海《联合时报》，2010 年 10 月 26 日。

50. 《刘少奇选集》，上卷，第 434 页，人民出版社 1981 年 12 月版。

51. 《建国以来重要文献选编》，第 1 册，第 1 页、第 2 页，中央文献出版社 1992 年 5 月版。

52. 同上书，第 17 页。

53. 同上书，第 4 页。

54. 参见李格：《关于 1949—1954 年中央人民政府的若干问题》，载《党的文献》1996 年第 4 期。

55. 《建国以来重要文献选编》，第 1 册，第 2 页、第 3 页、第 6 页。

56. 《刘少奇选集》，上卷，第 433 页。

57. 《建国以来重要文献选编》，第 1 册，第 1 页。

58. 《中国共产党历史》，第二卷（1949—1978），上册，第 11 页。

59. 参见杨火林：《新中国建国程序的调整与中国人民政治协商会议的过渡性特点》。

60. 同上书。

61. 《毛泽东传》（1949—1976），上卷，第 17 至 18 页。中央文献出版社 2003 年 12 月版。

62. 同上书，第 19 至 20 页。

63. 同上书，第 20 页。

64. 参见中共中央文献研究室：《周恩来年谱（1949—1976）》，上卷，第 28 页，中央文献出版社 1997 年 5 月版。

65. 同上书，第 33 页。
66. 转引自《中国共产党历史》，第二卷（1949—1978），第 175 页。
67. 转引自刘国新主编：《中华人民共和国实录》，第 1 卷，下册，第 1399 页，吉林人民出版社 1994 年版。
68. 《建国以来毛泽东文稿》收录了毛泽东起草的大量指示，包括大量信件和电报，1987 年以后由中央文献出版社陆续出版。此处所涉及的关于"镇压反革命"的指示参见第 1 册第 675 至 751 页，第 2 册第 1 至 371 页。
69. 参见李格:《建国初期"政务院党组干事会"的演变及中央人民政府调整的原因》，载《中共党史资料》第 69 期，中共党史出版社 1999 年 3 月版。
70. 参见《建国以来毛泽东文稿》，第 1 册，第 460 页。
71. 同上书，第 1 册，第 513 页。
72. 同上书，第 4 册，第 27 页。
73. 转引自薄一波：《若干重大决策与事件的回顾》，上卷，第 235 页，中共中央党校出版社 1991 年 5 月版。
74. 参见《中华人民共和国实录》，第 1 卷，下册，第 834 至 835 页；另见李格:《建国初期"政务院党组干事会"演变及中央人民政府调整的原因》。
75. 参见《中华人民共和国实录》，第 1 卷，下册，第 839 页。
76. 参见李格:《建国初期"政务院党组干事会"演变及中央人民政府调整的原因》。
77. 参见《中国共产党历史》，第二卷（1949—1978），上册，第 173 至 175 页。
78. 关于梁漱溟与毛泽东及中共交往的历史详情，参见梁漱溟：《忆往谈旧录》，中国文史出版社 1987 年 2 月版；汪东林：《梁漱溟问答录》，湖北人民出版社 2004 年 2 月版；戴晴：《梁漱溟、王实味、储安平》，江苏人民出版社 1989 年 6 月版。
79. 参见汪东林：《梁漱溟问答录》，第 84 页。
80. 同上书。
81. 同上书，第 85 页。
82. 同上书，第 86 至 87 页。
83. 此次毛泽东与梁漱溟的谈话内容，所引均参见汪东林：《梁漱溟问答录》，第 184 至 185 页。
84. 同上书，第 145 页。

85. 同上书，第 155 页。
86. 同上书，第 161 页。
87. 对于"梁漱溟事件"的详细过程，参见汪东林：《梁漱溟问答录》；戴晴：《梁漱溟、王实味、储安平》；林蕴晖、范守信、张弓：《凯歌行进的时期》，第 274 至 281 页，人民出版社 2009 年 5 月版。
88. 参见汪东林：《梁漱溟问答录》，第 164 页、165 页。
89. 同上书，第 165 页。
90. 同上书，第 166 页。
91. 同上书，第 168 页；另见《毛泽东选集》，第 5 卷，第 104 至 106 页。该书所载毛泽东的讲话显然经过整理，与梁漱溟的回忆略有差别，但基本内容并无不同。
92. 同上书，第 168 页。
93. 参见《周恩来年谱（1949—1976）》，上卷，第 326 页。关于周恩来在中央人民政府委员会会议上讲话的日期，亦参照此书确定。
94. 此处及以下所引，凡未另注出处的，均见于《毛泽东选集》，第 5 卷，第 107 至 115 页，人民出版社 1977 年 4 月版。
95. 参见汪东林：《梁漱溟问答录》，第 171 页。
96. 同上书，第 172 页。
97. 同上书，第 173 页。此处及以下毛泽东与梁漱溟的争执，凡不另注者，均出于此书。《毛泽东选集》第 5 卷和最新出版的《毛泽东年谱》亦载有毛泽东的某些话，但有所不同，可能与整理者的选择有关。
98. 参见《毛泽东传》（1949—1976），上卷，第 274、275 页。
99. 参见《毛泽东选集》，第 5 卷，第 114、115 页。
100. 参见汪东林：《梁漱溟问答录》，第 178、179 页。
101. 参见《毛泽东选集》，第 5 卷，第 110 页。
102. 参见师哲：《在历史巨人身边》，第 376 页，中央文献出版社 1991 年版。转引自梅丽虹：《中国共产党对新民主主义社会主要矛盾的判断与人民民主专政性质的认定》。
103. 转引自梅丽虹：《中国共产党对新民主主义社会主要矛盾的判断与人民民主专政性质的认定》。
104. 中共中央文献研究室：《刘少奇年谱（1898—1969）》，下卷，第 222 页，中央文献出版社 1996 年 9 月版。
105. 参见《建国以来毛泽东文稿》，第 3 册，第 458 页，中央文献出版社 1989 年 11 月版。
106. 参见《刘少奇一九五二年访苏文献选载》，载《党的文献》2005 年第 1 期。以下所引此次访苏时与斯大林会谈的内容，凡不另注者，均见于此文。
107. 此指与刘少奇几乎同时访苏的以周恩来为首的中国政府代表团。
108. 参见《建国以来重要文献选编》，第 4 册，第 682、683 页。
109. 对于一届全国人大的筹备和召开过程，包括宪法的起草和通过等等，参见《毛泽东传》(1949—1976)，上卷，第 308 至 342 页；《中国共产党历史》，第二卷（1949—1978），上册，第 246 至 256 页。
110. 参见《中国共产党历史》，第二卷（1949—1978），上册，第 246 页。
111. 同上书，第 251 页。
112. 同上书，第 253 页。
113. 《毛泽东传》(1949—1976)，上册，第 342 页。
114. 同上书，第 323 页。
115. 同上书，第 323 页。
116. 参见《建国以来重要文献选编》，第 5 册，第 520 至 542 页。
117. 同上书，第 511 页、第 518 页。
118. 参见《毛泽东传》(1949—1976)，上册，第 342 页。
119. 参见《中国共产党历史》，第二卷（1949—1978），上册，第 256 页。

# 作者简介

孙其明，1945年2月生于江苏省丹徒县（现为江苏省镇江市丹徒区），1968年12月毕业于中国人民大学历史系中共党史专业，本科学历。同年分配到安徽省砀山县棉花原种场劳动锻炼，次年进入县革命委员会机关工作。1976年调到安徽大学，先后在政治系、马列主义教研室，担任政治理论课教师。1988年6月调至南京师范大学历史系，任副教授、副系主任。1992年12月，调同济大学，先后任社会科学系副系主任、系主任，文法学院院长，1994年任教授和硕士生导师。2005年退休。

自大学毕业后，即开始从事马克思主义理论的宣传和研究工作，曾在安徽省砀山县革委会宣传部门担任理论宣传、教育干事和县委常委学习秘书；1976年调入安徽大学后，即一直从事高校政治理论课的教学和研究，先后为所在学校的本科生、研究生开设过诸如中共党史、中国革命史、马克思主义经典著作选读、中国革命与共产国际、近现代国际关系等近10门课程，主编或参编过中国革命史讲义等教材；在担任马克思主义理论教育专业硕士生导师的过程中，直接指导、培养了数十名硕士研究生，此外，还为同济大学社会科学学科的硕士点建设作了大量的工作，主持创立了10多个硕士点。

在主要从事教学工作的同时，还积极地进行学术研究，主要的研究方向为陈独秀研究、毛泽东思想研究、中国革命和社会主义建设研究、中苏关系的研究等。由于在教学和研究工作中取得了一定的成绩，先后获得过各种奖励，其中比较重要的有：所撰写的人物传记《陈延年》，1986年获得安徽省社会科学优秀成果二等奖；论文《共产国际和农村包围城市的中国革命道路》，1991年获得中国中共党史学会优秀论文一等奖；1997年获宝钢优秀教师奖；1998年获国务院特殊津贴。

在从事教学和研究工作的同时，多年来还兼任过学术界和教育界的若干职务，如安徽省中共党史学会秘书长、全国党史人物研究会理事、新四军和华中抗日根据地研究会常务理事、中国文化学会陈独秀研究会副会长、上海市学位委员会硕士点评审会的专家组成员、上海市高校职称评审委员会专家组成员、《同济大学学报》（社会科学版）主编等等。

近30多年来先后独立编撰、主编或参编过10多部专著和辞书，主要著作有：《中国革命史辞典》（1987）、《和谈、内战交响曲》（1992）、《东北王张作霖》（1997）、《陈独秀身世、婚恋和后代》（1995）、《中苏关系始末》（2002）、《抗日战争事件人物录》（1986）、《抗战时期的对外关系》（1997）等。

论文、人物传记60余篇，其中比较有影响的有：《陈独秀是否汉奸问题的探讨》《陈延年》《陈乔年》《试评斯大林在大革命时期关于中国革命理论和策略》《试评抗日战争时期国民党政府的外交政策》《1945年的中苏谈判和中苏条约及其影响》《民主革命时期中国共产党外交政策的演变》《试评建国初期实行"一边倒"政策的利弊得失》《试评抗日战争时期中日苏三国关系的演变》《意识形态分歧与中苏关系的恶化》《国家利益冲突与中苏关系的破裂》等。

Milton Keynes UK
Ingram Content Group UK Ltd.
UKHW020741170524
442738UK00006B/64